形与心·儿童的生命觉醒

基础美术课"学科本位"辨析

李力加 著

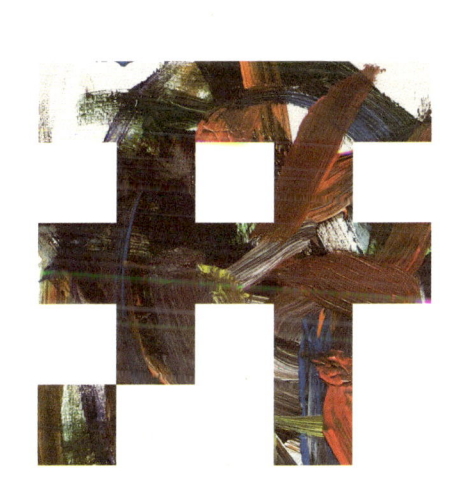

西南大学出版社
国家一级出版社 全国百佳图书出版单位

图书在版编目（CIP）数据

形与心·儿童的生命觉醒：基础美术课"学科本位"辨析/李力加著.--重庆：西南大学出版社，2023.1

ISBN 978-7-5697-1448-7

Ⅰ.①形… Ⅱ.①李… Ⅲ.①儿童教育—美术教育—研究 Ⅳ.①J114-4

中国版本图书馆 CIP 数据核字(2022)第 162721 号

形与心·儿童的生命觉醒——基础美术课"学科本位"辨析
XING YU XIN · ERTONG DE SHENGMING JUEXING——JICHU MEISHUKE "XUEKE BENWEI" BIANXI

李力加 著

责任编辑：邓　慧
责任校对：徐庆兰
装帧设计：殳十堂＿未氓
排　　版：张　艳
出版发行：西南大学出版社（原西南师范大学出版社）
地　　址：重庆市北碚区天生路2号
邮　　编：400715
电　　话：（023）68860895
传　　真：（023）68208984
印　　刷：重庆建新印务有限公司
幅面尺寸：170 mm×240 mm
印　　张：23
字　　数：398千字
版　　次：2023年1月第1版
印　　次：2023年1月第1次印刷
书　　号：ISBN 978-7-5697-1448-7
定　　价：168.00元

本书如有印装质量问题，请与我社市场营销部联系更换。
市场营销部电话：（023）68868624　68253705
西南大学出版社美术分社欢迎赐稿。
美术分社电话：（023）68254657　68254107

序言

形心相映

  这本《形与心·儿童的生命觉醒——基础美术课"学科本位"辨析》是力加最新谈儿童美术教育的力作。他约我为之写序，理由竟是他第一本书的序言就是我写的。其背后的逻辑是第一本书的序言是你写的，那么我后面书的序言也应该由你来写。"我的天！这是什么逻辑呀！"力加出书的速度如此之快，频次如此之密，我得为其写多少序啊！转而又想，力加快速地出书，对中国美术教育难道不是一件好事吗？力加勇于出书，我自然乐于写序。况且，写序远比写书快，也更轻松，于是我"屈从"了这一逻辑。

  力加，在写作上堪称快手！写书如此，写博文如此，写微信也是如此。这不，他近期同时完成两部著作，而且都是洋洋洒洒数百页，数十万字。我常开玩笑，力加这个齐鲁大汉，身材魁梧，从中枢神经到神经末梢的距离应该比常人要远，相应抵达的时间也应更长。事实却并非如此，他常常是倚马千言，不阻不滞。这反映出他对一些问题早已深思熟虑，相关素材的收集也是钵满仓满，达到了"即需即用"的程度。更为重要的是力加具有常人不可多得的澎湃激情，这种激情是完成研究和写作的持续动力，激情的内核正是他对美术教育，尤其是对儿童美术教育发自内心的热爱。

  在我看来，做事一般包含三个层次。第一层次是操作，即把构想、设计的东西变成有形或无形的产品；第二层次是拥有助于完成操作的结构、程序和模式，它可以帮助我们有效地重复这类实践和操作活动，同时也能推而广之，帮助他人高效地完成；第三层次是思想观念的生产，它是一种高级的创造，可以开阔我们的视野，为我们第二层次的建构和第一层次的操作提供理论基础。总而言之，这三个层次共同解决了"是什么""为什么"和"怎样做"的问题。就第三层次而言，也可以分为不同的层级。一般而言，只要触及宇宙、人、生命、时间、空间、永恒这样的概念以及相应的观念，这个理论就触及了天花板。力加的儿童美术教育理论，一直在触及儿童的生命和人的发展。在他的眼中，儿童的美术学习体验实际上是儿童对生命的一种体验。在这本书中，力加将形与心联系在一起，实际是将儿童的美术发展与儿童的心智发展紧密地联系在一起。儿童美术是心的结果，心的运动引发了儿童美术的产生。两者互为支撑，共同成长。由此也引出了儿童美术的价值问题。

我们为什么要让儿童学美术？为什么家长要支持儿童学美术？学校为什么要开美术课程？为什么校外美术机构如雨后春笋，蔚然大观？对这些问题的回答，应该从价值分析和判断出发。司马迁说过："天下熙熙皆为利来，天下攘攘皆为利往。"大千世界，芸芸众生，人们忙忙碌碌究竟为什么呢？我认为是为了获取价值。价值是人与物构成的需要关系。人有某种需要，而外物和他人能够满足这种需要，价值关系随即产生。一旦在分析的基础上，确定了一件事情的价值，人们才会做这样的事情。其价值越大，人们越可能投入做这种事情。人类主观上不会去做毫无价值的事情。但凡愿意去做，就说明这件事情本身能够满足我们的需要。

回到刚才这个问题上，对美术学习的投入恰恰说明我们有着学习美术的需要，因为学习美术能够满足我们的某种价值。不同的人，不同行业的人，对美术教育的价值认识是不同的。心理学家认为儿童美术是儿童心理的外化痕迹，由此可以判断儿童的心理状态。教育学者把儿童美术看成是普通教育的组成部分，它能够推进儿童心智的正常发展。美术理论家基于儿童美术研究探索美术的发生及早期社会和民间美术的相似性。美术家把儿童美术当作一种风格，以此作为参照，突出自己的艺术个性和风格。家长和校外机构也有不同的态度，有的立意高远，值得褒奖；有的急功近利，应该贬抑。在诸多儿童美术教育的价值选项中，我一直认为最主要和最重要的应该是促进儿童的发展。

从儿童美术研究的发展历程看，以往成人社会并不重视儿童美术。在中国古代文献中，我们很少见到关于儿童美术的记载和文献。即使有，也是碎片式的。譬如，苏东坡的"论画以形似，见与儿童邻"，以及"涂鸦"的概念。在西方文明中，儿童大多不受待见，因为他们被认为一出生就带有原罪，在学校和家庭，体罚、惩戒是家常便饭。儿童美术也入不了学者们的法眼。直到19世纪末在欧洲出现了儿童研究运动，儿童美术才正式进入学者们的视野，其价值突然被重视起来了。学者们开始用实证的方法收集大量的儿童绘画作品，对其进行分析、比较，随即提出了儿童美术发展的不同分期理论，影响了以后的美术教学。人类学家和艺术史家也通过观察儿童美术来研究艺术发生学的问题，所谓"复演说"就是当时提出来的。其假设儿童从蒙昧到理性的成长过程，实际上复演了人类从愚昧到文明的发展历程。

事实上，儿童美术无处不在，无时不在，一直伴随儿童成长，具有促进儿童发展的积极价值。朋友彭勇送给我一本他责编的名为《回望童年：儿童美术新视角》的书，编著者是美国著名艺术评论家、费城艺术大学教授乔纳森·费恩伯格。我最看重的是书里面的《儿童美术编年》一文，它太宝贵了。文中，我们见到了儿童美术的最早证据，即1980年左右发现的，在俄罗斯诺夫哥罗德这个地方考古发掘出的7块绘有图画的桦树皮碎片，它们是一个名叫翁费姆的儿童所刻下的图案。它的时间可追溯到1224年至1238年间。这一史料把我们关于儿童美术认知的历史大幅度向前推进了，通过进一步研究可见，它印证了儿童美术普遍存在的这一认识，也证明了儿童美术始终在发挥它的独特价值。在充分认识了美术教育的价值之后，应该如何更好地实现这种价值是每一个美术教育工作者必须思考的问题。

在力加的书中，他选择了客观与主观两个象征物，一个是形，一个是心。他对形给予了充分强调，用具有形式感的语言表达了他对形的认识：形是儿童参与美术活动过程与自己内心意图反复纠结的一道坎，形是每个儿童能否对美术活动持续保有兴趣征程上的一座大山，形是美术造型表现中需要儿童自主认识、把握、解释的学科元素，形是儿童用于重构生命力量，表达主题思想的痕迹、符号、样态。这一表述是契合美术和美术教育本质的。

美术正是一种造"形"活动。中国古代先贤智慧感悟及此，《尔雅》有云："画，形也。"此语干净利落，直指本质。形因要素的差别而显现和存在，因此我把它叫作分形（与其背景或其他形相分离）。差异表现在色彩、材质、明暗、肌理等方面，存在差异分形乃成。以线条规约特定外形，也是一种分形的方法。成人美术如此，儿童美术也是如此。分形是满足视觉需要的。

相比之下，心更为复杂。它跟感官有关，跟思维有关，跟情感有关，跟兴趣有关，而这些都是因人而异的。正是形与心的关系构成了儿童美术的基本架构。它们彼此支持，携手成长。对形的感受、欣赏、理解和创造直接影响到心的成长。心的成长又反过来影响对形的感受、理解和创造。在不否认形的重要基础上，作为普通教育的一部分，更强调形对心的促益。在当下教育改革的背景下，这被称为育人导向的儿童美术教育。力加在书中提出了他的儿童美术教育的基本观念（他谓之基本原理）：美术活动中，儿童生命自然生长与恰当教育干预之间的平衡。几乎所有美术教育的问题都是以此演绎开的，并在这个过程中展示出种种的精彩。在这本书里力加回答了许多读者关心的美术教育问题，诸如核心素养问题，"三维目标"问题，儿童视觉思维问题，儿童美术转型期问题，水墨教学和民间美术问题，单元课的设计与实施问题。

总之，这本书自上而下包含了我所谈及的三个层次的问题，理论上探赜索隐，程序上多样建构，案例上丰富精彩，适应不同层次学习者的阅读要求，读者诸君可以从中"予取予求"，满足自己的不同需要。

是为序。

尹少淳

教育部美术课程标准研制组组长

教育部艺术教育委员会委员

中国美术家协会少儿美术艺委会主任

首都师范大学博导、教授

前言

怎样才能实现以美育人的美术课

研究背景

　　培养什么人，是教育的本质问题。2000年，国家启动第八次基础教育课程改革。提出"为了中华民族的复兴、为了每位学生的发展"这一改革宗旨，努力推进素质教育。实现"两个为了"的目标，持续深化课程改革力度空前，时间跨度20年的课程改革，持续到核心素养时代[①]。2014年，启动普通高中课程标准修订，提出核心素养。2016年，普通高中教材修订，依据"立德树人"教育目标，落实核心素养成为课程改革的方向。2019年，启动义务教育阶段课程标准修订，2022年4月21日，艺术课程标准颁布，全面进入核心素养新时代。

　　2000年，第八次基础教育课程改革伊始，各学科课程标准研制阶段，依据课程改革目标，实施以创新精神和实践能力为重点的素质教育，着眼点是改变学生的学习方式。笔者作为国家艺术课程标准制定与研制组核心成员、美术子课题负责人，经历了称为"课程改革亮点"的国家艺术教育课程标准研制，在全国实验区推进课程教学实践。同时，参与美术课程改革实践研究。在"研究性学习"教育理念下，"要求学生改变学习方式，必然要求教师改变教学观念和教学行为观念"。21年之后，

---

① 教育部课程中心陈云龙2019年10月10日讲话：21世纪核心素养，世界各国都在做。未来培养什么样的人，由价值取向决定。思考这个问题要从2000年第八次基础教育课程改革开始。分两个阶段：第一阶段是2000年，课程方案、中办、国办、教育部义件，是以努力推进素质教育为目标的课程改革。第二阶段是2014年进入，普通高中课程标准修订，核心素养提出，特别是党的十八大提出"立德树人"，全面深化课程改革，2018年的全国教育大会提出"五育并举"，2019年9月10日，习近平总书记在教师节接见优秀教师的讲话。课程改革不忘本来、吸收外来、面向未来。

《义务教育艺术课程标准（2022年版）》，以新的面貌呈现，美术、音乐、戏剧、舞蹈、影视五个学科领域统一纳入其中，基础艺术课程整体结构、内容、教学实施、学业评价发生重大变化。面对由学科本位向育人导向的转换，深化课程改革、育人方式变革带来的巨大挑战，在"五育并举"这一美育总目标下，如何为党育人、为国育才，是学校美术课实施过程必须解决的问题。落实核心素养目标的美术课，涉及如何应对课程整合教育趋势，怎样在真实的生活情境中，引导学生探究问题、解决问题，发生深度学习。课堂教学究竟如何应对课程改革方向，美术课如何落实育人，成为小学到高中美术教师必须重新思考与亲历的重大抉择。

纵观21年基础教育课程改革历史，培养什么人，始终是为师者必须回答的重大问题。美术，造型艺术，视觉艺术。儿童如何造型、怎样表现、得到何种评价，决定其是否会持续对美术学习保有兴趣。2001年，《全日制义务教育美术课程标准（实验稿）》确立"造型·表现"等四个学习领域。"造型·表现"艺术实践活动，是中小学美术课涉及最多的学习内容。但是，人的儿童期总共十四五年时间，儿童个体的自主动手表现能力，在其生命自然生长中，会自然发生消亡，这是任何人都无法回避的一段生命发展历程。学校美术课，究竟如何应对儿童期这不能绕过去的心理、生理阶段？本著作本着记述美术课历史状况，反思先哲教诲，实录当下课程教学实践，围绕儿童自主造"形"活动中感知与表现问题，展开研究与思考。

核心观念

形，是儿童参与美术活动过程与自己内心意图反复纠结的"一道坎"。

形，是每个儿童能否对美术活动持续保有兴趣征程上的一座"大山"。

形，是美术造型表现中需要儿童自主认识、把握、解释的学科元素。

形，是儿童用以重构生命力量，表达主题思维的痕迹、符号、样态。

儿童由早期自发涂鸦，到参与美术学习活动，若干年中，对"形"的认识、理解、运用水平，决定其是否乐意持续参与美术学习的心理基础，任何教师都无法保证所有学生在初中毕业时，能够具备让自己看上去满意的造"形"表现结果，也无法让全体学生获得自由造"形"的、一生可受用的手艺。儿童特有的视知觉思维、把控造型的方式与线描表现手段关系紧密。儿童美术感知能力的整体发展，成于对"形"

的自由把握。但是，儿童离开美术学习，源于被"形"所困、所累，对"形"的认识不到位，将使儿童选择远离美术学习。2016年迄今，已经实施三轮的国家基础教育质量监测"美术表现性能力"测试中所呈现出的学生水平状况，证明基础美术教育美术课学习唯有摆脱美术学科知识体系、技能表现规则对儿童身心发展状态的桎梏，向着儿童个体视觉观看、感知体验基础上的独立思考转换，逐渐建构其特有的思维方法。在发现问题、探究解决问题的过程中，不断获取新的体验、实践历练，在强化儿童基于个体视觉感性能力丰富及发展过程中，真正体现出美术活动对于人的可持续发展所具有的不可替代作用。

落实义务教育阶段艺术课程美术学科育人目标，教师需要关注儿童视觉感知生活物象"形"的过程中的个体意识，破解儿童在对"形"的感知觉时不断发生的微妙心理变化，引领儿童思维由"脱形"走向个人"意愿"的主观感受及自主表达。自由自在地造"形"表达和体悟表现主题意涵，帮助儿童持续拥有鲜活的感性和想象力，培养儿童的思考力、判断力、表现力。儿童是在理解自己生活世界的过程中，逐步达成形与心的共生融合，走向儿童自身的生命觉醒，最终实现其"热爱生活、感受艺术、分享体验、净化心灵、生发创想"的美术课育人效果。

基础原理

美术活动中儿童生命自然生长与恰当教育干预之间的平衡。

目录

第一章　回归儿童生命自然生长的教育

问题　儿童为何天生会画画？
解析　对儿童画应有的态度和指导方法。

第一节　读懂孩子的画 ··· 3
　　一、儿童心智发展的社会现实 ····································· 3
　　二、儿童生命的原发性表现状态 ································· 6
　　三、面对儿童自发表现天性怎么办 ···························· 15
第二节　呵护儿童的生命本原 ·· 22
　　一、学前儿童美术教育面临的问题 ···························· 22
　　二、儿童造"形"潜能与美术课 ································· 26
　　三、由画的"形"到视觉造物观 ································· 33

第二章　由育人目标认识美术学科教学

问题　影响儿童几十年的"简笔画"是什么？
解析　美术教师应把握的思维方法与图绘能力。

第一节　基础教育中的美术学科教学 ································· 44
　　一、基础美术课应该教什么 ······································· 44
　　二、"三维目标"与美术学科核心素养之辨 ················ 53
　　三、缺乏读书及历史局限的制约 ································ 58
第二节　淡化美术学科与关注儿童生活 ····························· 62
　　一、由辨析儿童美术作品认识儿童美术 ····················· 62

1

二、儿童的造"形"表现能用"专业"提升吗……………… 64
　　三、儿童自主造"形"的美术课……………………………… 70

第三章　儿童感知觉方式与民间美术造型

问题　儿童造"形"与民间剪纸造型原理契合吗？
解析　儿童造"形"表现方式与"复演论"的关系。

第一节　儿童的视觉心理与自主表达…………………………… 85
　　一、儿童为何都这样画……………………………………… 86
　　二、儿童这样画的心理及相关问题………………………… 91
　　三、从视知觉思维的角度认识儿童美术…………………… 99
第二节　儿童造"形"与民间剪纸造型复演探析……………… 110
　　一、基于生命本体感悟的自由创造………………………… 110
　　二、儿童造出的图形样态复演了什么……………………… 116
　　三、儿童本原的造"形"方法与民间剪纸的造型方式…… 118
第三节　民间剪纸造型语言与美术教学设计…………………… 120
　　一、民间剪纸造"形"的观念形态………………………… 120
　　二、民间剪纸主题单元教学设计…………………………… 123

第四章　儿童绘画发展的历史研究与实践

问题　为何有史以来如此重视儿童画研究？
解析　儿童画中可以看到人类未来的发展。

第一节　罗达·凯洛格告诉成人应该怎样对待儿童…………… 132
　　一、由孩子的画认识理解儿童身心发展过程……………… 132
　　二、读懂儿童是实施美术教育的基础……………………… 142
　　三、儿童的艺术心理与儿童画……………………………… 149
第二节　儿童涂鸦的图式规律与表达…………………………… 155
　　一、认识儿童涂鸦的样式配置……………………………… 156
　　二、由"复演论"学说到儿童"自由画"研究…………… 160

三、研究儿童绘画心理是美术教育之路⋯⋯⋯⋯⋯⋯⋯⋯⋯⋯ 165

第五章　儿童生命自然生长与视觉思维理解

问题 九"简笔画"课后教师如何"教"？
解析 自由手绘、手作的造"形"实践。

第一节　美术活动应以儿童生命体的自然生长为基础⋯⋯⋯⋯⋯ 177
　　一、概念辨析与观念确立⋯⋯⋯⋯⋯⋯⋯⋯⋯⋯⋯⋯⋯⋯ 177
　　二、基于儿童生命体自然生长的育人活动⋯⋯⋯⋯⋯⋯⋯⋯ 181
　　三、教师必须尊重儿童的自主表达⋯⋯⋯⋯⋯⋯⋯⋯⋯⋯⋯ 186
　　四、在保护儿童天性的基础上恰当引领⋯⋯⋯⋯⋯⋯⋯⋯⋯ 194
第二节　基于儿童视觉思维个性理解的自主创造⋯⋯⋯⋯⋯⋯⋯ 198
　　一、启迪儿童以自己的想法参与创造⋯⋯⋯⋯⋯⋯⋯⋯⋯⋯ 198
　　二、儿童画是孩子真情实感的自主表达⋯⋯⋯⋯⋯⋯⋯⋯⋯ 204
　　三、美术活动中如何平衡儿童直觉和理性思维⋯⋯⋯⋯⋯⋯ 209
　　四、儿童"自由手绘"持续发展的重要性⋯⋯⋯⋯⋯⋯⋯⋯ 212

第六章　美术活动中怎样呵护与引导儿童

问题 儿童个体美术能力自然发展的路径是什么？
解析 教师以美育人、润泽儿童心灵的教育观。

第一节　儿童自主造"形"表达能力如何发展⋯⋯⋯⋯⋯⋯⋯⋯ 219
　　一、怎样引导学生看得上自己的画⋯⋯⋯⋯⋯⋯⋯⋯⋯⋯⋯ 219
　　二、儿童造"形"表现能力发展为何是这样的⋯⋯⋯⋯⋯⋯ 225
第二节　儿童造"形"能力发展需要"转型"吗⋯⋯⋯⋯⋯⋯⋯ 232
　　一、儿童美术表现"转型期"究竟转向何方⋯⋯⋯⋯⋯⋯⋯ 232
　　二、"转型期"别论之"高原期"辨析⋯⋯⋯⋯⋯⋯⋯⋯⋯ 237
第三节　美术活动中为何特别需要呵护与引导儿童⋯⋯⋯⋯⋯⋯ 240
　　一、实现育人的美术课堂⋯⋯⋯⋯⋯⋯⋯⋯⋯⋯⋯⋯⋯⋯⋯ 241
　　二、对现场展示课的点评⋯⋯⋯⋯⋯⋯⋯⋯⋯⋯⋯⋯⋯⋯⋯ 249

3

三、教学引出的问题讨论⋯⋯⋯⋯⋯⋯⋯⋯⋯⋯⋯⋯⋯⋯⋯⋯ 254

第七章　儿童美术活动与人的可持续发展

问题　如何打破美术学科体系对儿童身心发展的制约？
解析　基础美术学科课程体系的重构与实践。

第一节　如何由美术学科本位转向育人为本⋯⋯⋯⋯⋯⋯⋯⋯ 261
　　一、美术学科技能习得中的育人路径⋯⋯⋯⋯⋯⋯⋯⋯ 262
　　二、教学方式与学习方式的转变⋯⋯⋯⋯⋯⋯⋯⋯⋯⋯ 271
第二节　构建基于视觉感知的独特思维方法⋯⋯⋯⋯⋯⋯⋯⋯ 280
　　一、以儿童视角体验水墨之意⋯⋯⋯⋯⋯⋯⋯⋯⋯⋯⋯ 281
　　二、发现"原生态"美术作业⋯⋯⋯⋯⋯⋯⋯⋯⋯⋯⋯ 288
　　三、审美感知转变儿童思维方式⋯⋯⋯⋯⋯⋯⋯⋯⋯⋯ 294

第八章　不忘初心与落实核心素养目标

问题　普通公民一生发展需要何种美术教育？
解析　回归儿童生命本体自然生长的美术课程。

第一节　以史镜鉴，不忘初心⋯⋯⋯⋯⋯⋯⋯⋯⋯⋯⋯⋯⋯⋯ 305
　　一、先哲的教育研究和思想给我们的警示⋯⋯⋯⋯⋯⋯ 305
　　二、为师者应有的教育观共识⋯⋯⋯⋯⋯⋯⋯⋯⋯⋯⋯ 311
　　三、高师教师教育（美术学）课程需要转型⋯⋯⋯⋯⋯ 314
第二节　实现核心素养目标的美术课⋯⋯⋯⋯⋯⋯⋯⋯⋯⋯⋯ 319
　　一、由"一课一练"走向单元学习探究⋯⋯⋯⋯⋯⋯⋯ 319
　　二、儿童的美术能力与人的可持续发展⋯⋯⋯⋯⋯⋯⋯ 328

附录⋯⋯⋯⋯⋯⋯⋯⋯⋯⋯⋯⋯⋯⋯⋯⋯⋯⋯⋯⋯⋯⋯⋯⋯⋯⋯ 343
参考文献⋯⋯⋯⋯⋯⋯⋯⋯⋯⋯⋯⋯⋯⋯⋯⋯⋯⋯⋯⋯⋯⋯⋯⋯ 347
后记⋯⋯⋯⋯⋯⋯⋯⋯⋯⋯⋯⋯⋯⋯⋯⋯⋯⋯⋯⋯⋯⋯⋯⋯⋯⋯ 348

| 第一章 |

回归儿童生命自然生长的教育

问题 儿童为何天生会画画?
解析 对儿童画应有的态度和指导方法。

从古至今，人类从未停止过"画画"的行为。也许我们生来就携带着"画画的基因和看画的基因"[①]。儿童的自由造"形"活动，源自所有孩童个体心理、生理的生命自然生长状态。儿童为何天生会画画？为何这是每个孩子父母都难以弄明白的问题？主要原因是整个社会对儿童生命自然生长、对美术、对艺术教育本质意义认识的偏差、肤浅或错误。儿童美术教育的本质，是引导儿童感知生活、发现生活中可用于自发造"形"的材料，尝试体验美术学科领域不同工具、材料、表现方式，展开自主、快乐、有趣的探究活动，以期在活动过程彰显儿童的感性认知经验，提升其自我肯定的心理状态，深化个体对生活世界各类事物的看法、想法，体悟感受方式，培育丰富的情操、独特的思维方式、自主的动手能力。美术活动所培育的儿童学习能力，是以儿童心底孕育而成的探究问题的内驱力、独立思维为基础，形成一种基于个体情感、感性知觉与自主表达的心理活动。

[①] [日]结城昌子：绘本作家、艺术总监，1993年开始策划并编撰有关孩子生命成长的艺术图画书。绘本《你好，艺术！》（全13册）由中信出版社于2020年出版。

第一节 读懂孩子的画

读懂孩子的画，是读懂儿童生命的基础。在成人的生活里，几乎都要遇到自己的孩子、他人的孩子在童年期自主涂鸦、个体感悟生活的线画活动。但大多成人都视而不见，无视孩子笔下的自主表现和情感诉说。

一、儿童心智发展的社会现实

学前教育中，诸多幼儿教师与家长常忽视孩子的本能表达与无意识心理。当幼儿不断依据无意识心理进行涂鸦表达与造"形"表达时，成人总是将改造孩童的思维意志贯穿于自己对儿童的管教、训诫中，试图让儿童从小就远离生命本能与无意识，甚至试图通过特殊手段，去纠正和强行改变儿童无意识生活中的内容。

案例1：某重点师范大学附属幼儿园的一次儿童美术活动

背景描述：在一所标榜以教师教育为主、多学科发展的某重点师范大学，其学前教育专业有博士点，几十年来学校一直以教师人才培养富有成果为荣。该学校的附属幼儿园是由"懂教育的人"办的幼儿园，是大学教师子女就读的幼儿园。某天下午，该幼儿园某教师在小小班家长微信群，发出若干幅图片。（图1-1）

图片信息识读：可以看出，图片展示的是孩子们的美术活动。

图片里的孩子都在涂鸦，是正常的美术表达。仔细看图片的局部，会发现所有孩子的画纸上都印有一只"鸡"的形象，但画纸上几乎都是孩子自由的涂鸦痕迹。

图片传递的信息令人震惊：该幼儿园教师给孩子们发印有"鸡"造型范作的纸，要求孩子们在空白处临摹那只"鸡"的形象。从正面理解，可能是由"鸡年画鸡"的视角来实施的教学活动。但为何所有孩子都在画纸空白处涂鸦？从积极角度分析教师初衷，可能是教师发布指令，要求孩子们在印好的"鸡"造

图 1-1 看看孩子们在画什么

型下方，自己画出"椭圆形的"鸡蛋。不管该教师的做法如何，我们应分析的问题是如此违背儿童心理、生理发展的所谓教学指令、教学过程等，将会给孩子们自然的生命成长带来什么影响？

讨论： 2012年，教育部颁布《3–6岁儿童学习与发展指南》。"艺术领域""教育建议"明确提出："幼儿绘画时，不宜提供范画，特别不应要求幼儿完全按照范画来画。"此案例中，即便是让孩子们画出"鸡生蛋"所谓"椭圆形鸡蛋"，但活动设计本身抑制儿童生命自然生长，没有从儿童生活经验出发实施艺术领域活动，没有以儿童的社会经验和感知为先导，启迪其视觉思维方法的形成。教育部法规文件颁布实施以来，这一具体教学建议，在幼儿园落实起来相当困难。迄今，一些师范大学、幼师学院学前教育专业，还在教那些未来幼儿教师学画"简笔画"，还固化地认为开设这样的课是在培育幼儿教师应该掌握的基本技能，殊不知学前教育专业课程体系、课程安排、教学本身，已违背了儿童心理、生理的发展规律。

叹息1：为何这样教孩子？

扼杀孩子视觉心理自然生长的案例，发生在某重点师范大学附属幼儿园。该幼儿园师资队伍与其他园所相比是有档次的，园长是具有省特级教师荣誉称号的正高级教师，在整个省的学前教育领域有着"了得"的影响力。但为何在学前儿童日常艺术活动中使用传递低水平技能的教学方式，将孩子当作"小动物"一样来训？该园教师为何给孩子"简笔画"图形，园长是否知道此教学现状呢？东部发达省域高规格幼儿园都这样教学，全国范围学前儿童美术活动实际情况肯定不容乐观。

叹息 2：缺失良好的社会美育环境。

孩子的爸爸妈妈、爷爷奶奶、外公外婆及诸多亲戚们，似乎都不明白涂鸦活动要延续儿童生命早期的 4—5 年甚至更长时间，这是每个儿童都要经历的生命自然生长过程。更不明白学前艺术领域活动，应在充分保护儿童自主表达、自由涂鸦的基础上，全面实施基于儿童个体视觉感知体验的图像识读活动，结合语言描述的形象思维，引导儿童的整体身心体验和自发活动。更严重的是，相当多中小学美术教师，当自己有了孩子之后，也迫不及待地要求孩子能够早一天把某种"形"画出来。

讨论：小孩子自然会画画，此问题之所以不被诸多成人所认识和理解，不仅是因为普通人对美术认识和理解的局限性，更重要的是成年人根本没有把孩子当作"人"看待，总认为小孩子就是"屎娃娃""是没有长大的""如小动物一般"等。实际上，每个孩子身上都有成人无法估量的潜能，都有生命自我成长和进步的欲望。无论是天真的孩子、淘气的孩子，还是一言不发的害羞的孩子，他们都有实现自己心中理想的信心，并具有实现愿望的自我调节能力。儿童身心具有的巨大潜在能量大多一直被成年人、被社会环境所压抑着，没有释放出来。这是社会整体对教育的狭隘认识，也是特定社会环境中形成的习惯思维。

普通人不明白美术、美术教育的本质意义，似乎可以谅解，这是需要几十年甚至上百年社会变革之后，才可以改变的国民教育系统工程。身为教师，面对儿童的生命自然生长，按照学科表现规则去管教，太不应该！学校教育、家庭教育等社会环境各方现状，与落实教育部《3-6岁儿童学习与发展指南》具体目标，有如此巨大差异的严峻社会现实，应该怎么办？

二、儿童生命的原发性表现状态

所有儿童的生命成长，不能脱离其本能与无意识心理状态。小孩子在生命原初的几年中，视觉造物表现的"自然化生长状态是不可改良的"，孩子留在各种载体上的线条痕迹里蕴含的本能与无意识表现也是无法改变的。儿童在美术活动中，由与生俱来的、古老的、动物式的、无意识的本能萌发自主表达，这一生命自然生长过程特别有意义。它们是儿童个体精神系统中的重要内容，不仅作为其意识成长的根基而存在着，也作为儿童心理生态学上不可或缺的内容而存在着。在儿童的身上，蕴含着一个人成年以后复杂意识状态的始基。

◆ **案例 2：保护原创，尊重生命**

用线条说自己的话，是儿童早期的原发创造性表现，是儿童美术能力发展的必然过程。成年人是否能够保护儿童以线造"形"的涂鸦，尊重儿童早期生活中源自个体生命感悟的原发创造，是一个民族能否具备创造性的关键性认识和基本育人观。近100年以来，随着社会的迅猛发展，知晓并懂得尊重儿童早期生命创造的育人观，逐渐被世界各国教育者和民众所认同、接受。同时，研究者在儿童早期生命创造过程中，也发现人类早期生命创造的形态发生复演。

高峰老师指导的儿童作业，遵循保护原创、尊重生命、读懂孩子的宗旨。其眼光和引领，体现了为师的品质与水准。儿童早期美术活动中的创想与表现，是每个人生命成长的历程，是每个儿童个体基于对生活世界点滴感知后的自发表达。学前以及小学低段（1—2年级）的孩童，在用线条表达自己感悟的时候，都会用自由线画的方式——无论使用何种工具、媒材，他们都会采用这种表现形式，呈现出成人看不明白的画作。（图1-2）

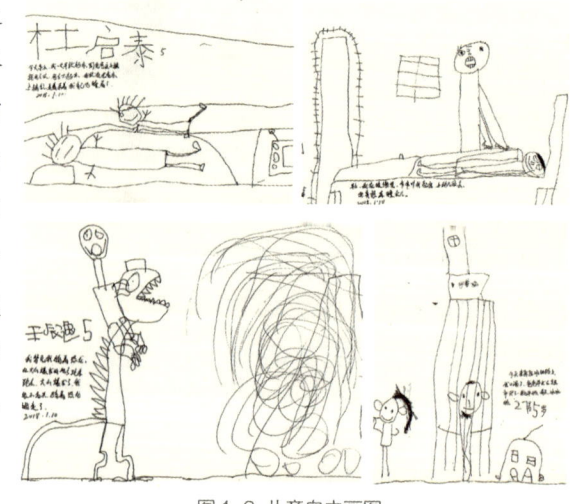

图 1-2 儿童自由画图

讨论： 部分家长及教师，对美术的基本认识还停留在儿童画形态"像与不像"的初级状态。似乎，具备这种认识和追求就是对的。就美术学科本身来讲，其发展与传承需要依据学科本体的脉络。但从人的生命发展讲，美术活动是人类从生命诞生开始，伴随一个人成长的生命体自由创造活动——视觉造物转换。人，由眼睛感受自然世界开始，为了生存需要的所有视觉造物活动，均是人有了学科分类之后，对美术学科发展历史梳理归纳的源头。在人的生命自然成长过程中，应淡化美术学科知识技能教学传递，强化教育人，培养人的目标取向。高峰老师在活动引导中保护儿童原创、尊重生命本能的做法弥足珍贵。社会需要更多这样的美术教师，以帮助儿童自由释放个人心境，用画笔留下自己童年的生命感悟印记。

大多数成人在面对儿童自由线造型表现时，往往期待教师用容易看得到的指导方式，去提升他们认可的某种表现能力。不明白教育的人，都会对这样的教学投"赞成票"。殊不知，这一选择放在所有儿童身上肯定是大错特错的事情。儿童期的美术教育，如果以"学科知识化"设计课程、实施教学，必然以伤害儿童心理及生命健康成长为代价。只有充分尊重儿童身心发展规律，方能为国家、社会的未来发展培育合格的有用之人。

1. 为何要在保护儿童天性中实现育人功能

成人面对儿童，有两个要点：第一，不能说假话、做假事。儿童自小开始的视觉心理、感觉思维、行为表达不应掺杂任何的虚假。成人不能靠虚假的行为表征来构建孩子的童年，这既是自欺欺人，更是"坑害"儿童。第二，儿童生命的自然生长是动态的。儿童潜在的、原发表达能力的释放，以及如何向提升视觉感知力、构建独特思维方式、促进动手能力发展转化，要服从于尊重儿童生命自然生长基础上的生活体验。不能用美术学科知识和技能强行改造儿童，任何教育目标的实现，都要服从于儿童生命体的本能。教师要有容纳儿童多种发展可能的胸襟，更要有抛弃旧知识、另辟新径的勇气。每个儿童在美术活动里有怎样的童年记忆，在一定程度上影响着这个儿童在未来成人生活中将走向何方。一个在童年阶段被家长逼着去参加"儿童画考级"的孩子，幼小的心灵里多会留下一颗畸形的种子。儿童早期美术活动里留下的每个细微的童年记忆，都有可能是每个人人生这棵大树心灵年轮中的核心记忆，它始终在为每个儿童之后的人生发展提供源源不断的养分。

在庞杂的成人世界里，遇到的那些依然拥有着自己童年世界记忆和印象的人，那些始终将自己童年生命自然生长痕迹留存于生命深处的人，那些不断从自己童年生活中挖掘出"矿藏资源"的人，往往都是被成人誉为的"成功的人"。按照心理学家的论点，一个人拥有并保持着自己的"童心""稚气"，是保持心理健康的重要条件之一，也是其人生成功的必要条件。"孩子气"是成功人士几乎共有的特性，"永远年轻"是人生不断进取的基础动力。不少教师会说：上述道理自己也明白，但美术教学必定要给孩子学科知识，要不然家长不理解怎么办？这是校外儿童美术机构、也是不少学校美术教师感到特别困惑的问题。在浙江绍兴高峰老师工作室，在浙江诸暨梁裴老师工作室，在浙江庄海勇老师引导学生阅读古诗词进行水墨表现教学中，在湖南朱文智老师的儿童线描写生表现教学中，都可以看到这些老师对于孩子童心、童趣以及儿童原发性美术表现的充分保护与赞扬。诸位教师对儿童可贵的呵护，是其能够自由生长的基础。儿童美术教育不能用美术学科知识与技能作为评价基准，而应该以儿童自己的社会生活经验标准来判断，这是儿童与生活世界相遇而获取的经验。任何一个儿童不是生活在虚空里，乃是在特定生活环境里生长的。前人已有的、由经验总结出的美术学科知识、技能等，不能成为训导儿童的标准。即便3岁的孩子，也有基于自己生命短暂实践积累的经验，这些经验是孩子进行判断的基础。儿童参与美术活动的时候，如果成人强行给予某种美术学科知识概念与技能表现技法的要求，孩子的"经验"包括个体主动"尝试"和被动"承受"的过程，就降低为孩子接受某种结果的过程。教师（成人）对儿童实施美术教育是否有意义，并不是靠美术学科知识的权威和传统技能的规则来获得，而是主要通过儿童的生活经验和自身行动来检验。任何美术教育活动不能孤立于社会生活，不能与孩子的生活经验相割裂，儿童自主的美术表达是伴随着共同分享的经验而来的。（图1-3至图1-5）

丰子恺先生早就称儿童时代是人生的"黄金时代"。所有关注儿童原发性表现的教师，所有热爱、尊重儿童的成人都会发现，任何儿童在美术活动中的游戏状态，他们"过家家"时的假扮，他们心境的自然释放与心灵思绪的跳跃，他们自发性的涂鸦与描绘，他们对生活的感悟、发想，对生命世界的想象，对神话、童话故事的热爱等，都表明儿童的心理世界是一个神秘的、诗意的、艺

第一章　回归儿童生命自然生长的教育

术的世界。成人必须尊重儿童的世界。美术学科知识与技能，是被成人归纳、总结、提炼的一种规则，面对儿童纯真的心灵世界、生活经验的时候，如果去强制实施，必然付出损伤、损害儿童心灵的沉痛代价。

图1-3　庄海勇老师辅导《凉州词》水墨联想表现

图1-4　"儿童美术之家"学生作业

图1-5　"金脚印"学生作业

案例3：学者的预言

2004年，一位参与国家《四库全书》修编的学者，举例预言和论证儿童早期艺术教育：英国伦敦、中国杭州，这两个城市的儿童音乐教育、儿童美术教育整体环境和育人成效将出现不太理想的状况。为何？因为两座城市里的两所著名高等艺术院校，即伦敦皇家音乐学院和中国美术学院，都属于专业、科班性质的艺术学院。生活在两座城市里的市民，在面对何为艺术（音乐、美术）的认识、理解上，必然发生某种群体性思维偏差，会普遍出现一种"童年生命意义遗忘症"现象。狭隘学科专业思维影响下的症结点在于，普通市民所认识、知道的关于音乐、美术的基本样态，都是从自己城市里著名艺术院校获得。社会整体环境使民众自然对儿童期音乐教育和美术活动出现认识盲点，一般市民和教师尚认识不到此问题的严重性。况且，儿童美术活动和儿童音乐学习不一样，儿童期原发性、潜在表达力的自主释放，是儿童人生大树中心灵年轮的积淀。当人成长中最核心的东西失去了，儿童被动在某学科技能"空心树"状态里生活，心灵中不再持有童年纯真的记忆，其成人之后自然就缺乏童年美术活动里不断释放出的执着、淳朴、率真元素的持续滋养。当"人生的大树失去了心灵年轮"，缺乏或没有这些童年元素持续滋养的人，将会是精神世界残缺的人。

为何毕加索在晚年声称，自己用了一生时间去学习像6岁幼童一样作画？这句话被很多美术教师作为口头禅，但在具体教学里，将其弱化成简单临摹毕加索作品表面样式，没有关注儿童的原发性表现本原，也没有从生命体自然成长的心理、生理根源上，去认识和理解毕加索为何这样说、为何这样表现，更没有认识和理解到儿童为何不应该成为美术学科知识与技能的"接盘者"。当城市市民基于美术学科知识与技能水平来要求儿童期自发性美术活动时，当成人总以把握美术学科知识与技能作为评价儿童参与美术活动的标准时，儿童心灵受到压抑会成为普遍的社会现实。这是社会整体坏境造成民众对美育目标、对儿童美术教育低层次认识的原因。从"儿童本体论"教育视角，从落实人的可持续发展目标来讲，基础美术教育课程体系、高师教师教育美术专业课程体系、学前儿童美术教育课程体系必须重建！

讨论：儿童生命的自然生长，是独立于成人世界之外的生物物种衍生系统。这个系统的奇妙在于，任何肤色、任何族群、任何经济社会发展条件下诞生的孩童，都将重复地走入这一生命自然生长的"老路"。儿童潜在表达能力的发展（感知生活世界的方式、认识新事物的眼光、自我表达个人感知认识的方式），完全有别于成人世界已经建立起的美术学科知识与技能体系以及行为规范。在儿童与类人猿生物种属共同经历的生命自然生长过程里，儿童与其不同在于，在独特思维方法作用下，小手为自我认识、感悟、交流、表达不断地在这个星球上留下自己的痕迹。由于每位儿童都具有这一生命自然生长的独特性，因此成年人（无论是孩子的亲人，还是教师，或是社会中相遇的、对孩子有所关注人）在面对孩子实施教育的时候，必须呈现"动态"的呵护与关爱，这也是陈鹤琴先生提出"活的教育"思想的具体化和行动指南。（图1-6）

图1-6 陕西安康留守儿童画的水墨画

2. 面对儿童的本能表达成人应该怎样做

一般民众所认识和理解的美术知识与技能规则、学科要素，特别是一度"苏化"的美术学院学科体系，可以说是与儿童生命生长中自然的表达潜能生发状态相背离的另外一条路。成年人不应要求儿童更不应强迫儿童在一种规定性的美术学习环境中，硬性地走上这条路。世界上一切人文资源中，童心源头和内核，是最重要的人文资源。成人只有真正明白孩子的童年如此珍贵，真正意识到儿童世界独特的价值，方可以真正懂得童心是艺术创造、艺术发展的内核，是推进人的创造力不断生发的源泉所在！童年期原发性美术活动引出的独特思维方式，是推动社会发展、人类进步的巨大力量。

🍊 案例4：与好妈妈对话

在微信"朋友圈"转发2018年1月4日《中国美术报》尹少淳先生《不种地的收割者——论美术考级之不合情理》一文。感言："浙江是'儿童美考级'重灾区！"引起了诸多美术教师共鸣，反响甚大。新疆某大学教师为此发很长一段微信：

"李老师您好，刚读完您今天发的美术考级的文章。深有感触，今年我做了一个培训机构的美术考级巡考工作，深入接触了考级，为了应付考级好多小孩子都在背画，每个考场都有类似的图画出现，一整天下来，对儿童画考级极其反感。我的点评主要就几句话：画自己想画的、喜欢画的，保持爱画画的心……别的说不出来，说重了，怕伤害小孩子，说假了违背自己的心。考级很大程度是对艺术知识无知家长的需要和应试教育下的畸形需求，因为许多理想的中学有个特长加分项，如果说特长是美术，校方要看证据……于是等级证书就成了判断是否有特长的标准。乌鲁木齐的几所有名的中学就是这样，为了那10分的加分，甚至有高校美术老师也委曲求全地叫孩子考级……骨子里痛恨这个制度，但又不得不求全……根子上的问题还是整个教育选拔的衡量标准不当。毕竟不是每个画画的都能坚持自己的骄傲，于是在对待孩子的问题上，圈子内也出现了妥协。"

"我和先生都是美术专业的，家里客厅放置的都是画架、画、静物……画画对我们家来说像平常的吃饭睡觉一样。但是，有了孩子后我们都没在家画画了，怕她一开始就模仿我们。画具都是现成的，她画，我们陪伴。最近我在学她画，为的是游戏般叫她开心而已，本来音乐、美术都该是自由的内心的状态……是自我的享受……给您发去两个视频……我觉得孩子自发的享受过程才是真的美好的状态。"（图1-7）

图1-7 孩子涂鸦时的照片。这样的涂鸦活动照片应该是每个家庭教育中孩子不可或缺的日常生活记录

"这些照片是小时候她玩颜料激动的时候往我身上涂,开始我往后退,怕弄脏衣服,但是我一想女儿的画是我的荣幸,画吧,多美的色彩,多骄傲的装饰。"

我非常感慨地回复她:"你是好妈妈!"

若干幅照片是她家娃娃在涂鸦中尽情释放个人情绪、情感的状态记录。现实生活中有多少妈妈这样做呢?作为大学美术教师,他们夫妇为了孩子的自由发展而避免在家进行美术创作,为了孩子的纯真表达而妥协,他们夫妇就是怕孩子被美术学科的视觉图像过早"污染"清澈的眼睛,其做法太珍贵了!

在日常生活里,普通国民和不明白儿童美术教育目标的美术教师,过早地让孩子接触成人美术中的学科要素、技能,这样的做法看起来似乎是对的,似乎很专业,但实际上却是在伤害自己的孩子,因为它直接将孩子的眼睛蒙蔽了。在儿童个体的精神世界中,存在着无意识生发出的野蛮、神秘、梦幻、荒唐等本能状态,成人对此往往会觉得那是孩子的无意识状态。儿童自发的美术表达中,完全依靠自己的感受表现内心的意愿,成人没有必要过早给予孩子美术学科知识和技能,如果要给,也应该是在生活情境中,在游戏状态里,帮助孩子接触、体验如何在生活细节中认识和理解美术。感悟式教育是家长需要好好学习的。

讨论: 美术教育应当尊重儿童生命的本能和无意识状态。在儿童自发的美术表现活动不影响其自身健康和其他人生活的情况下,父母和教师应当尊重儿童自发的涂鸦表现游戏,尊重儿童涂鸦出的似乎荒唐的、基于个人梦想的独特表达,尊重在儿童心理生理基础上反映自己发展特点的创作主题和创作方式,尊重儿童反映自己本性的生活需要,并通过游戏、文学作品、艺术创作等活动适当满足儿童的这些自然需要。

一般国人所认识的美术学科知识与技能体系,和儿童潜在表达能力的发展是两条不同的路,是否需要经过教育控制孩子的行为呢?

2000年以来,国家两个"美术课程标准"(全日制义务教育、普通高中),经历从实验稿到修订版课程改革历程。《普通高中美术课程标准(2017年版2020年修订)》提出美术学科核心素养目标,《义务教育艺术课程标准(2022年版)》,从艺术课程核心素养,到美术关键能力,顶层设计走到了世界教育、社会发展、国家振兴、人类幸福、全人发展诸目标的最前沿。教师群体和社会层面是怎样的状态呢?

中间层（全国 30 多万中小学美术教师、329 万幼儿教师（2021 年底统计）、不少于 10 万的校外美术培训机构从业者）现实状态错位。其表现为：在职美术教师、幼儿教师对"何为美术"认识肤浅，对美术教育的认识存在较大盲区，系统地接触过儿童心理、生理发展理论的教师较少，对儿童生命体自然生长的认识和对儿童潜在表达能力发展的认识处于初级阶段。

准中间层，师范教育（准美术教师、学前教师教育课程、实施现状、人才评价指标）整体滞后，育人方向错位。2000 年，第八次国家基础教育课程改革的启动，倒逼教师教育人才培养体系"扭捏"露脸，"羞答答"地应声说"我错了"。虽然 2005 年启动高师（美术学）课程改革，但在实际行动上，根本没有改弦易辙。面对"为了中华民族的复兴""为了每位学生的发展"的教育目标，高师美术教师教育、学前教师教育课程中，究竟怎样落实的呢？

基础层（普通国民），对教育、美育、育人目标普遍"盲视化"，认识基础错位。在人工智能等信息技术覆盖百姓生活的当下，虽然中央"两办"《关于全面加强和改进新时代学校美育工作的意见》鼓舞人心，整个国家美育的春天到来，国民可能知道教育、美育、育人目标的一般概念和关键词，但对如何落实教育、美育、育人目标的切实行动（包括家教、早教）依然处于"盲点"。

在上述"三个错位"相对严重情况下，如何实现育人目标？如何实现中华民族的伟大复兴目标？重构基础美术教育课程，提升对教育、美育、育人的深入认识和理解是当务之急。当下教师群体迷茫的是：如何基于真实问题情境，将美术学科知识、技能，在单元化人文主题包裹中，以体验探究活动，引领学生自主探究与独立思考，达到育人效果，实现以美育人的目的。

讨论：人本精神，是中国文化精神的核心。但在很多儿童美术活动乃至整个教育活动中，长期以来一直存在用不当的方法做着损伤孩童身心、抑制儿童个体创造性思维生发、导致人本精神丧失的事情。学习、反思中国古代先哲思想，首先要思考人类自身的存在。"自然不是作为纯客体的对象存在，而是对象化了的为我存在；社会不是作为外在于个人的异己力量，而是内在于个人的人的社会；人在自然界中具有崇高的地位，人的存在、生命的存在具有他物不可比拟和取代的普遍意义和价值。"[①] 在儿童的学前期、小学中年级之前，就

---

① 邵汉明主编《中国文化精神》，商务印书馆，2000，第 2-3 页。

开始强行灌输美术学科知识与技能，不仅制约孩童的身心发展，反而会使孩童在之后的生命成长中出现远离美术，无法形成作为完整的人应该有的基本审美感知素养的情况。儿童期的美术活动，应该以儿童自己生命的自然生长为基础，应建立在为儿童一生寻找坚实落脚点，再思考如何实施教育的相对控制上。要思考和研究如何启迪儿童在美术活动中自我探究、自我发现、自我突破，形成独特的观察方法、思维方法、行动力量的中国美术教育范式。

三、面对儿童自发表现天性怎么办

在儿童期美术活动中，面对的矛盾是，儿童绘画表现的天性和传承美术文化、学科知识与技能之间的冲突。保护天性，教与不教，美术课如何对儿童施教？如何在充分保护儿童原发性的线画活动里，恰当实施可持续发展的教学引导？此问题不解决，肯定会扼杀儿童绘画活动里的天性，而使教学行为进入"害儿童""以学科知识技能抑制儿童心理生理发展"的错误路径。相信任何一位成人都不愿意背负这个罪名。

1. 教与不教的辩证法

现头生活中的所有人，都是在个人天性与文化化人的矛盾运动中成长。教师往往以美术学科知识与技能体系来"化"儿童的天性，强调"教"的重要性，强调自己的"可教"，强调如何表明自己的"教"是合理的。然而，在儿童的美术表现能力发展过程中，每个儿童独特的天性是美术文化能够在其身上得以接受、实施的根基和尺度，假如教师忽视了儿童在美术活动中释放出的天性，对其生命自然生长以及美术文化润泽后整体可持续发展做前置性规定与制约，那么，儿童生命自身与美术文化之间必定会在融合过程中产生异化。（图1-8）

在儿童期的美术活动中，要想帮助儿童成为健全的人，要想让儿童接受完整的美术文化，教师及家长必须尊崇儿童在生命早期涂鸦活动里不断释放出的天性。需要想办法帮助儿童在自己天性使然中呈现出不同的图画样态。教师需要在日常生活里帮助儿童将自己不同的天性尽量多保留几年时间，不能过早地灌输给儿童一些美术学科知识、技能方法，以此去替代儿童天性的表达。美术学科知识与技能，是美术文化内涵的一部分。天性是每个身心健康儿童自身的

图1-8 谢丽芳老师进行原生态儿童涂鸦的考察及研究　李力加摄

自然状态，教师尊崇每位儿童自发绘画表达时释放出的天性表现，就意味着尊重儿童身心发展的自然规律，尊重自然，崇尚儿童个性，给予儿童自由发展的空间，也意味着他是尊重儿童生命、崇尚科学、民主的好教师。

儿童在美术活动中释放出的天性是不可教的。实施美术教育时，教师、家长对儿童的天性应保持敬畏。每个儿童身上释放出的美术表现的天性（图式），这些不可教的东西，恰恰是美术文化在儿童身上能够得以生根、可以持续生长、独立发展的基础，这是人类艺术创造力量生生不息的秘诀，是人类之所以富于创造性的决定性元素，是人类创造性思维生发的核心秘密。美术活动里那些可教的东西（美术知识与技能），只是某种材料、工具的使用方法和程序等。不可教的天性释放与保护，以及让其能够多保留几年时间的呵护与引导，是美术教师的责任。教师如果仅看到能让儿童完成某些美术学科小技能和表现，完成某种自己想要的作业样态，势必会让儿童远离美术的时间段更早到来。美术学科知识与技能体系，应当为儿童可持续发展服务。教育应当合目的性，儿童发展是美术教育的目的，合目的性的便是为儿童可持续发展的美术教育。普通国民可能也知道教育应当以儿童的可持续发展为目的，应该以儿童为中心。但是，当社会功利性包围国民的时候，国民育子想法上的随波逐流成了社会常态。（图1-9）

美术文化，归根结底是每个儿童天性的外化、客观化，是儿童的自然化。长久以来的美术文化经典作品，都是人类不间断的探索，都是人类不同的情感、不同的感受，以及人类诗性积淀的产物。美术活动中，教师给予儿童的美术文

图1-9 乡村留守儿童自由画作业,李力加摄。在很多幼儿园及小学里,孩子经常因作业被教师训斥,因为教师总感觉孩子在"乱"画,没有跟着教师指令的主题画,教师的这种做法会直接抑制儿童的心理发展。

化引领,需要儿童自己内化。儿童在接受美术文化的活动中,教师如果没有将儿童个体独有的天性释放出来,没有将个体可以萌芽的文化基因的种子在传递过程中给予唤醒,那儿童先天的所有潜在能量都不会生根、发芽、生长和结出良好果子。无论教师怎样称谓自己实施的"美术教育",也都是空话。

人类历史上所有美术文化经典成果进入课堂之前,都需要教师对其进行审思、选择和重新组织。人类历史上美术文化经典成果内部的偏差,在面对教育的时候,是以面对儿童的天性为尺度而度量出来的。教师没有资格也无权从美术学科知识与技能的层面,去改变儿童天性或使儿童的自发表现发生所谓的改良。美术教学中,应不断消除教师、家长对儿童天性认识不足的意识偏差,通过传递人类历史美术文化经典前的精心教学设计,逐渐引导儿童天性的复归,从而实现美术教育的目标。这是儿童美术教育中"教"与"不教"的辩证思维。这也是在美术文化的演进中不断纠正所产生的结果,使美术文化本身不断回归天性,即艺术的本真。

2.儿童究竟如何画

◆ 案例5:有必要按照成人作画步骤学画写生吗?

某教师发来某教材图片,并质疑:这样讲步骤有必要吗?直接局部下笔凭感觉画更合适吧!应该允许学生移动观察吧,这样才有模特和作者的交流在里面。允许他们说说笑笑,会融入情感在画面里。移动观察才不会拘泥于实物,才有意外之象。(图1-10)

图1-10 某教材图片

教师留言:"开始时,学生会说,他动来动去我怎么画啊?后来带他们去街上画写生后,就不说这话了。""还有问题:成人是否也可以不用切形的方式画素描、速写,而是像小孩一样直接下笔?我看很多西方大师的素描和速写就没有用切形的方法。中国传统的画家更是如此,画个圆都是一挥而就。中国美协的朱凡老师画速写好像也是直接下笔的啊。而经过高考训练的人都只会切形了。"

讨论:

(1)儿童用线条表现对象时,并不是按照成人的绘画步骤一步步画下去。儿童是依据自己对眼前物象某个最感兴趣的地方画下第一笔。任何儿童在用线造型的时候,都是依据自己的直觉感受去造型。当然,用线表现初始,儿童并不知道"造型"这个词语,他们用线画出眼睛看到的对象,完全凭个人感觉,并非成人的要求。

(2)此教材呈现用步骤标识出所谓"专业"表现流程,是一些教师、教材编写者已有的习惯。美术工作者在给初学者传递美术学科造型方法时认为,不这样教师就是没有教到位,教学就是缺乏程序性。殊不知,在小学、初中阶段教学中,在校外机构美术教学中,采用这一流程都是背离儿童心理、生理发展规律的。儿童用线造型的表现,不应按照这一流程去实施。

(3)儿童线描教学里,教师不需要提前给儿童专门讲述所画对象蕴含的美术学科知识,只需要根据眼睛所看到的物象,引导儿童用生活化语言,主动描绘所观察到的对象细节,教师给予发现细节的指导即可。至于如何落笔,在第一次线描表现作业时,建议儿童由自己感兴趣的某个局部进入。具体要求:线条落笔肯定,尽量流畅地描绘,拒绝对形的修改。当儿童养成大胆、自主的表现习惯后,其线描表现就可以走向正常发展的状态。

(4)儿童线描教学关键:教师要以美术欣赏活动触动儿童的感知觉,对相关美术作品的图像识读，作用远大于所谓表现技能的指导。如，该教材版面有若干幅中国古代白描作品、艺术家人物写生作品等欣赏性学习素材，要启发儿童感知作品的线造型表现语言，使之逐渐产生认识、理解及独特的审美判断。在第一次线描表现后，教师需要对全班作业进行分析，此环节相当重要，可帮助大家提高线描表现认识水平，如某同学作业为何比较好，自己应该如何向他人学习，等等。同时，中国古代白描作品欣赏活动，要配以单独课时以充分引导学生临摹、反思，发表自己临习作品的感受等，进而促进大家对于传统中国绘画的认识和理解。

（5）成人绘画中的"切形"，是我国"学院美术"体系中一种表现操作"程序"，对于成人初学者此方法比较实用，但对儿童来说，它并不合适。面对全体学生，更不能以此要求作为美术学科规范来发布教学指令。成人美术中，如何表现实际上也是凭着艺术家自己的感觉来，并非都是用"古板"的"切形"来开始作画，因为每位艺术家都有自己的表现方式。该教师提到中国美术家协会理事、国家一级美术师朱凡先生的速写，起笔时就是由自己感受最深刻的某个局部进入，而不是呆板的所谓"切形"。

图1-11是1989年出版的全国统编美术教科书，其与上述教材在编写上有什么异同？教材体现的教学思想是否符合"以儿童为本"的教育目标？

图1-11 《小学美术课本（普及版）试用本第四册》（人美版）

30多年过去，美术教科书对于美术教学的认识和理解，似乎仍没有建立在"以儿童为本"教育观基础上，还是以学科性来指导儿童的方式实施美术教学。从美术学科知识、技能视角看，图1-11小学美术教科书中的作画步骤，首先是讲述人物"重心"这个知识点，然后步步推进完成作画。此步骤怎样结合儿童自己的感知、体验，来引导其作画的方式，是需要教师研究的。

儿童线描表现指导，应基于儿童心理、生理成长各个阶段水平，以儿童自我感悟为基础，引导其独立表现与自我表达。教师的工作是为儿童提供尽可能多的感悟生活的平台及表现自我的机会。美术教师应该学习历史上著名美术教育学者罗恩菲德、里德、艾斯纳，以及我国学者陈鹤琴等提出的儿童美术表现分期理论，要在理论学习的基础上，结合自己对儿童个性的了解，在充分保护儿童生命成长原发性表现前提下，恰当地进行指导。首要的教学内容和指导，是欣赏感知体验活动，感知在前，动手表现是基于个人感知美术作品基础上的心理内化与促动。

◆ 案例6：朱文智老师指导的儿童线描写生

面对写生对象，朱文智老师并非按照成人美术的表现方式要求儿童，而是在充分保护儿童独特感知基础上，放手让他们自由、自然地表现。

面对同一对象（人物）时，不同儿童会有不同的感觉。于是，在儿童个人感觉作用下，会呈现出不同的画面样态。成人不应对儿童作业进行指责，更不应强行要求儿童作业都画成某个样子。

图1-12的作业很有意思。家长们不相信自家孩子在朱老师的课堂上会

图1-12 朱文智老师辅导的儿童线描写生

这样画，疑惑与不解："我家的孩子怎么画成了这样？""老师，为何我家孩子画得和别人不一样？这不都画的一个人吗？""老师，你帮孩子画两笔吧，这样的画我都看不下去。"对于家长上述质疑，很多成年人都会有所共鸣。有美术教师会问："难道小孩子在写生的时候，不管对象长啥样，就是主观描绘吗？""孩子画成这样，要不要纠正？""提升小孩子造型能力究竟应该怎么做？就放任他们自己画吗？难道说一直这样画下去？"

发出疑问与提出质疑的美术教师和家长，其出发点源于自己的认知。他们几乎都把儿童能够像成人那样画画看得特别重，他们认为，只要在儿童期若干年中，孩子能画出像成人美术那样的画作，就是成功的美术教学。家长并不清楚，儿童期美术教学目标，是儿童在自己独立视觉感知基础上，产生一定的看法和想法，建立起自己独特的思维方法，以及在这一思维方法指引下，儿童能够有自我探究表现，有赋予特殊意义的表达，有个人想法（创意）的画作。儿童参加美术活动不应局限于画个什么，更不应是画出"像个什么"的作业。

讨论：老庄主张因性意识，这是道家尊重人性和尊重人的理论表述。因性而行、顺性而动，任人之原始纯真本性自然生发、自然展露，不加任何人为干扰和阻隔的论点，都是儿童美术教育应该遵循的思想。思考老庄的观点，人的自然纯真本性是人之内在的性命之情，是不可违背、不可造作、不可压制的。儿童用涂鸦方式，留在世界上的所有痕迹，都是一个有生命的人，其个性自然发挥、身心自然发展的表现，都是儿童生命个体潜在的创造性思想元素的展现。老子的"人法地，地法天，天法道，道法自然"，从字面看，老了视人、地、天、道、自然为一种相互递进的关系，其实，老子是说天、地、人乃至道均须以自然为法，均须效法自然内在的规律。也就是事物的初始状态、天然状态，体现在人身上，就是指人的先天性状。儿童美术活动，需要尊重儿童天性之状态，需要在儿童天性完全释放基础上，考虑采用什么样的方式施行教育。人的先天性之状，老子称之为"朴"，也称之为"婴儿"。"朴"，未经雕饰也。未经雕饰的儿童绘画为何珍贵？为何朱文智老师指导的儿童人物写生是优秀的儿童画作？他的教法为何值得推广，值得教育者深入研究？在教师教育课程体系中，需要设立专门课程对此进行研习，需要美术教育工作者、学前教育工作者对此有深刻的认识。"婴儿"，是自然原始状态的人化或人化了的自然。"婴儿""朴"，二者都是指"清水出芙蓉，天然去雕饰"。老子强调的"抱朴"，是为了保护人类实而不华、厚而不薄的原始天真品性。老子所强调的"复归于婴儿",是为了恢复人类的先天性状。如果所有教师都能够明白上述道理,我国儿童美育现状将会有很大的改观。

第二节 呵护儿童的生命本原

中国古代文明之终极关怀原本就植根于"人"。教育的终极目标是关怀人性和人本,育人是教育之本。幼儿期儿童画作,多源自儿童个体对生活世界感悟当中的直觉,落在墙壁、木板门、黑板、画纸上的所有痕迹,都与儿童生命本能及无意识心理紧密相关。本能和无意识心理恰恰是孩子生命成长过程中某种意识不断形成的发源地,儿童本能和无意识是其意识系统成长的根基。

一、学前儿童美术教育面临的问题

在学前美术活动中,某些成人无视儿童的无意识表现涂鸦,忽视儿童涂鸦画作,是很常态的情况。在幼儿园艺术领域活动中,不尊重儿童,抑制儿童心理、生理发展规律的事情经常发生。幼儿教师陷入"教"儿童画画的轨道而无法自拔。他们总认为,如果自己班里的孩子拿不出像样的画作,说明自己无能。要给儿童教美术知识、技能,成为学前教育中严峻的问题。(图1-13)

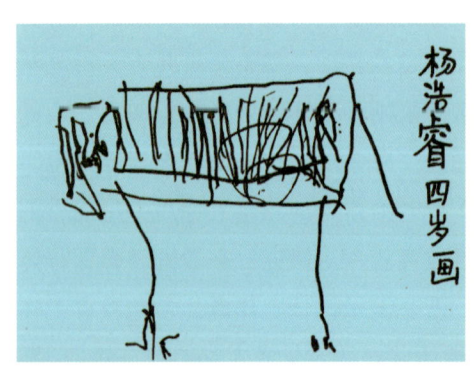

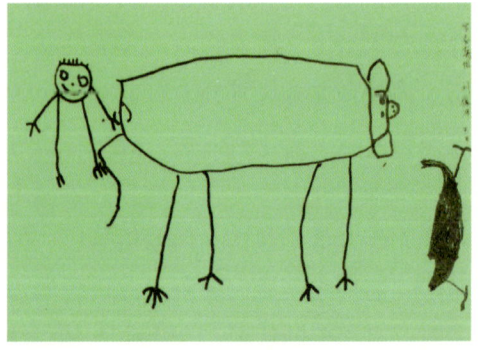

图1-13 这是4岁孩子的作品,已经呈现出了某种动物(家畜)的外形,是孩子根据教师给的照片来画的,还是自己依据生活观察所画的呢?

案例7：儿童生活中的自然表达（三则）

（1）儿童这样表现（图1-14），发生在2020年春节之时。前3幅图，在儿童居住的楼顶平台，提供粉笔让孩子自由表现。第4幅图是孩子在家中自己表现的状态。明白儿童艺术心理的家长，充分保护孩子自由表现的心境，给孩子提供可以表现、展示的平台。但是，家庭生活里，这样的情况并不多见，大多数年轻父母或者祖父母，都无法容忍自家的孩子这样"乱画"。

（2）这幅儿童画作特别有意思（图1-15）。画作的生活背景是抗击疫情的日子，它表现家长（爸爸）和孩子在家玩耍（在床上打滚）得非常开心的场景。孩子处于自然且尽情抒发的表现状态，画作的感觉似乎还没有从床上"蹦"的欢喜和快乐气氛中脱离。人物与形态都呈现交叉、重叠状，有着纯正的儿童画特征。

（3）深圳某教师的娃娃在用毛笔涂鸦（图1-16）。父母的评价标准及方法决定教育效果。由两三岁开始的自由涂鸦，到十四五岁的长达十多年的美术活动中，提供与开设儿童持续的自由手绘造"形"活动，是唯一能够解决所有儿童手绘造型能力全面提升的方法。美术教科书里的美术学科造型知识与方法、数以十万计校外机构的教学手段，都无法解决全体儿童持续发展的造型能力，更无法同步提升儿童的感知能力。

图1-14 这是孩子完全独立的涂鸦表现，有了人物的形态，这样的形态是孩子脑海中的。

图1-15 一幅有意思的儿童画　　　　图1-16 用毛笔涂鸦的孩子

讨论：学前教师、美术教师、家长群体，普遍特别重视儿童从幼儿期开始究竟如何画的问题。这是由如何评价儿童期的艺术成长、如何评价儿童画而来的。教师及家长认同儿童从2岁多开始，源自个体生命发展内在心理释放的自主涂鸦表现，完全尊重儿童期孩子的美术表现，关爱与呵护儿童个人心理的表达，为儿童提供不教而教的启迪和心境释放的平台，是落实以美育人教育目标的基础。

达成美术学科核心素养目标，是面向人人的美育工程。全体儿童手绘造"形"能力的提升，绝不是个别儿童画出个像什么的"物"这样狭隘的学科表现。儿童唯有在长达6至10年，乃至更长的时间里，持续敢于用线条自由表现，且有信心表现，才能对美术学习葆有持续的兴趣，才能为自身素养和国民素养的整体提高奠定基础。自由手绘活动需要以美术欣赏感知为先导，改变眼睛观看之后的想法，是美术活动中关键教育行为，欣赏感知美术作品后有了新想法的儿童，会逐渐对生活世界及美术作品产生自己的新看法，这一新看法又会指挥他们的小手在表现中展示出特殊的线条、形态、色彩，对主题做出自己独特的诠释。

❖ 案例8：24年前一位儿童的画作

1998年5月31日—6月12日，"童谣童画"展在中国美术馆举办。其中，5岁孩子轩晓宇的版画作品引起著名画家卢沉先生的特别关注。在展览专家座谈会上，卢沉先生请学术主持范迪安先生，以及中国美术馆理论部主任刘曦林先生找到我，提出想现场采访这位小作者的意愿。当把轩晓宇叫到画作展出现场时，卢沉先生半蹲在她面前，指着悬挂在展板上的作品问道："好孩子，给爷爷说说看，你画里的颜色都是怎么调出来的？"此刻轩晓宇看着陌生的卢沉爷爷，怯生生地说："是　是　是调色盒里的颜色被我弄脏了！"听到此话，卢沉先生、刘曦林先生、范迪安先生等哈哈大笑，此乃童真也。22年后，2020年3月8日，远在澳洲的轩晓宇在她公众号的一篇文章里回忆了此画的诞生过程。虽然她已经不记得当年在北京中国美术馆回答著名美术家问题的事情，更不记得当时的细节了，但作为指导教师看到她反思自己童年的美术生活，感慨万分，如何尊重儿童，是教师的责任。她在自己那篇文章中这样描述："我对小时候的记忆不深，但是第一次上画画课的场景我还有点儿印象。我个子矮

第一章　回归儿童生命自然生长的教育

矮的跪在椅子上，勉强碰到前面的桌子，小脸仰着，看着前面高个子的老师——李力加。李老师是我绘画的启蒙老师，直到现在，我受教于他教给我的绘画方法和看待生活的方式，他教会我有一双发现美的眼睛。"（图1-17、图1-18）

图 1-17 轩晓宇公众号截图　　　　　　　　图 1-18 粉印版画 轩晓宇作品 1998 年

1998年，轩晓宇在创作此作品时，我并没有对其进行任何技能表现的特殊指导，只是就粉印版画制作的程序性、表现时需要养成的秩序感、儿童个体表现时的具体要求，简单地面对全体同学做一般要求，具体表现都是他们自己完成，每位学生的个别辅导无法实施（当时大班额，硬件条件差，一个班66至72人，根本没办法顾及每一位学生）。她的作品完全属于儿童潜能释放的自主表现。画作有两个细节：其一，自己命名。22年之后，她将自己的作品命名为《我的自画像》："这就是我5岁的自画像，手塞在口袋里很厉害的样子。"实际上，此画创作背景是当时学校数百学生参加全国"儿童画童谣"活动，她用自己的命名替代尚不太理解的、年代久远的民间童谣。其二，给卢沉先生等所说的"调色盒里的颜色被我弄脏了"，是孩子真诚的表现、回答，证明童心可嘉。画家卢沉原本是想从孩子画作中，找到并获取可以借鉴的创作"灵感"，即儿童潜在的、原发的、稚拙的，甚至有点儿野蛮性质的动物性特征，这也是当代艺术家在观看儿童画时想极力找寻的东西。但这一切，却被轩晓宇的纯真回答给击碎。5岁儿童缺乏对工具、材料的自主控制性，在调色盒里的颜色脏了、发生混色时，即兴涂抹成就了该作品的色彩。

25

二、儿童造"形"潜能与美术课

儿童造"形"潜能与基础教育美术课二者之间存在什么关系，是一个宏大的教育研究问题。唯有适当推进儿童美术造型能力发展，才有可能落实美术学科核心素养目标。儿童美术生存的社会环境，国民对美术的认识偏差、狭隘理解，并非在十几年或者二十几年里就可以改变。国民认识的儿童美术，只看孩子画出了什么？究竟像个什么？这是国民的评价标准，这种思维在之后若干年不可能发生太多改变。

◆ 案例9：由儿童造"形"本原到美术能力发展

校外儿童美术机构日益红火，许多年轻父母将孩子送到各类校外美术机构接受美术教育。问题：校外儿童美术机构中，真正明白教育、落实育人的从业者并不多，想法子糊弄国民是一件太容易的事情。

每个人来到这个世界之后，自身造"形"本原表达是一种与生俱来的原发能力。所有儿童都可以按照自己的意图表达对世界的认识。图1-19的作业图片来自某教师设计的亲子活动，给年轻家长们讲述"推动摇篮的手，是推动世界的手"。道理似乎没问题，关键是儿童经历这样一个原发阶段后，他们对于美术活动的兴趣是否会下降？解决此问题，需要正确的美术教育理论指引下的课程体系。实现美术学科核心素养目标，人的能力发展是必然的，国人素养提升也是必然的。

图1-19 这是儿童一生中极其珍贵的时期。童年潜在能量的自由释放与表达，对儿童来说太重要。但是成人如何教他们，是为一个难点！如何在保护童心的基础上，发展其美术表达能力，大多数教师并不明白。

第一章　回归儿童生命自然生长的教育

2014年，教育部印发《关于全面深化课程改革 落实立德树人根本任务的意见》，基础美术教育进入核心素养时期。《普通高中美术课程标准（2017年版2020年修订）》确立学生能力发展的美术学科核心素养，围绕"图像识读、美术表现、审美判断、创意实践、文化理解"进行课程设置和教学设计、课堂实施。《义务教育艺术课程标准（2022年版）》提出艺术课程核心素养，"审美感知、艺术表现、文化理解、创意实践"。艺术课程标准要求，以"欣赏·评述"艺术实践活动为起点，"尊重学生独特的感知体验和多样化的艺术表达。"[①]是美术教师需要持续理解和修炼的内功。

教师对于儿童2—3岁开始的图像识读能力养成教育中，教师对美术欣赏/鉴赏学习活动的关注程度、引导力度的不足，会造成儿童潜在美术造"形"能力发展迟缓。大多数教师沿用"我教，儿童跟学"的技能模仿教学方式，致使大多数儿童到初中快毕业时，也无法拥有自由、自主造型（自由手绘）表现能力。怎样恰当地引领儿童潜在的美术造"形"能力在生命自然生长中健康发展，成为落实艺术核心素养、获得美术关键能力，最终达成中国学生发展核心素养，实现国家未来期望之所在。

图1-20为孩子写生高峰老师的画作。儿童的表现抓住了人物特征——"有胡子的高峰老师"，头部画得很大，占据整个画作四分之一还多。儿童在绘画时，其眼睛观察和心理体验都集中在自己最感兴趣的部位，用线描表现时，儿童并不关心人物比例、空间关系等学科知识，而是完全凭着自己的感觉来画。

审视儿童潜在的美术造"形"能力，细化、分解儿童由二四岁开始到十四五岁可以养成的关键能力，有三个方面是儿童成长中很具体、很重要的能力。

图1-20 吴可欣写生高峰老师画作

① 教育部：《义务教育艺术课程标准（2022年版）》，北京师范大学出版社，2022，第112页。

27

第一，如何观看的图像识读能力，观看方式决定一个人一生独特思维方法的确立，这是由眼睛感知引出自己的看法与想法；第二，由初步看法到有些想法，再构建独立（独特）的思维判断，以及思维决定行为操作中解决问题的策略与方法；第三，儿童个体由幼儿期开始充分释放潜在的自主造"形"表达能力，到逐步形成自由手绘的个性表现方法。在这三个具体能力水平指标中，前两个最重要，它们决定了儿童的表现样态和创意实践的生成水平。同时，在对生活世界物象进行自主审美判断的不断积淀中，逐步使自己的文化理解达到一定深度。

儿童期自主造型表现能力的形成，首先，应彻底反思和清醒认识到，成人美术造型教学训练方式并不适合全体儿童自我的生长，也不利于儿童艺术核心素养的积淀。成人美术的训练方法无法帮助全体儿童解决自主造型及表达能力的养成问题。其二，需要摒弃学院美术学科的认知方式，反思"先认识形"，或者先教"点线面"概念知识，以及死记硬背式的概念化学习方式，拒绝灌输式教学。儿童期，应采用紧密关联学生生活经验，在问题情境中激发儿童自由手绘造"形"的活动，促进线造型能力的发展。其三，反思并适度修改现行各版本美术教科书内容。改变美术学科"现成知识"的记忆学习与接受方式，特别在初中年段以下，先不要让儿童进行所谓的素描学习，更不要让儿童去学习所谓的高考美术素描。应从浩瀚的美术文化中遴选相应内容，从引领学生个体欣赏感知入手，认识、了解美术的发生、发展、表现、需求是怎样伴随人类发展和社会进步的。改变教育观念、学习方式，适应儿童身心发展。

案例 10：儿童写生表现依靠什么？

这几幅写生作业（图 1-21、图 1-22），教师开始关注儿童美术表现能力的提升，需要依靠其"以线造型"的本原潜能自然发展。教师带着儿童练习造型，但很少有教师明白，引导儿童提升造型能力的课程体系是怎样的。美术这个事儿，说说简单，真正到了教育、教学的时候，就特别不容易，不恰当的儿童美术教学不利于儿童美术素养的养成。

达成核心素养目标，促进美术关键能力发展，提高儿童的造型能力特别重要。儿童自身造"形"的知觉与表达，决定其对美术活动持续兴趣的保有程度。色彩、水墨、综合材料表现等，都建立在儿童自身造型能力基础之上。如何教给儿童更恰当的造型方法呢？如何在保护儿童潜在造"形"本原能力基础上，拓展其思维呢？如何在儿童自由手绘的基础上，持续激发其对美术的兴趣呢？这是学校美术教育以及校外美术机构教学均需要解决的难题。当下，学校美术课教学体系并不利于儿童自身造"形"潜能的释放，也无法帮助儿童提升审美感知能力。校外美术培训机构的教学，看上去很科学，向儿童传递了美术学科知识和技能，但就教学效果而言，大多无法给儿童带来应有的能力与素养。（图1-23、图1-24）

图1-21 此作业并非对景写生，而是画图片。画图片和写生的区别在哪里？需思考儿童自身审美判断后的选择、归纳、抽象能力，以及落到画纸上的线条语言表达能力如何从这一作业练习中获得。

图1-22 教师需要引导儿童观察某形态时，思考自己用何种线条表现语言来表达个人的感受。

图1-23 作业看上去好像不错，但问题还是很突出，因为，画中缺乏儿童自己独特的线造型表现语言，儿童的思维依旧被线与形固定住了。

图1-24 这三幅人物写生作业，属于比较好的儿童线描。需要调整的是，教师要帮助儿童找到自己独特的线造型表现语言。美术表现不仅仅是记录生活物象，更重要的是思维方法指引下独立解决问题的内在能力。

从学科角度讲，任何美术学习（无论成人还是儿童）不外乎三种学习方式：临摹、写生、创作。围绕这三种方式展开教学活动，需要引导儿童在自主图像识读的基础上，发生思维方法的转变，以此发展其美术造"形"表现能力。其中，审美判断是决定因素，教师必须引导儿童自己内心明白，在具体生活情境中究竟运用哪种线条表现语言，这是他们造"形"能力发展的基础。如，用线造"形"，每个儿童都可以，但如何画，用何种线条构成形态，用何种线条语言构成自己想表达的画面视觉样态，如何用线条表达自己的情感和想法，是很有学问的事情。不明白这些，教师的教学引导就没有到位。

讨论：形与心，是检验教师能否做到"以儿童为中心"实施教育的标准。当教师拘泥于美术学科"形之困"的时候，必然忽视美术教育"塑其心"目标。在人类的童年生长时期，美术活动是人类（儿童）依靠自身力量创造美好未来的体验和实践之一，美术活动是人类（儿童）个体思维发想、创意生成、刺激探寻心理、走向自主创造的身心体验之一。例如，《义务教育美术课程标准（2011年版）》虽然在课程目标中提及美术是以"对视觉形象的感知、理解、创造为特征"，但是在美术教科书修订编撰中，在具体教学中，基本指向都是低水平重复某种技能临习、模仿性作业，其中缺乏儿童以自己视知觉感受为基础的独立思考方法、表现体验、创造实践，更缺乏由启迪儿童的生命本体原发造物潜能，延展到创造活动体验，再到创造性思维的构建过程。当美术课、艺术领域活动，都降低为某种低水平技能的复制，无疑极其可悲。在神州大地上，随地可见儿童美术的繁荣景象，其实是一种虚幻表象。人呢？学生在哪里？眼睛中没有儿童，是美术教育的悲哀。经过美术学习，人的本质力量究竟改善与改变了多少？究竟有没有构建起"能够欣赏形式美感的眼睛"？有没有从全人类发展的高度实现育人目标？相信儿童，尊重儿童，向儿童学习，是为师的前提。美术教育目标的实现，需要教师做到相信儿童、尊重儿童，更需要做到向儿童学习。

案例11：学生为何这样画？

图1-25是吉林农村留守儿童的写生作业，其脸部造型为何这样塑造？为何两只眼睛呈正面造型？且与鼻子形态所构成的形象，和民间剪纸的造型如此相似，其中有着怎样的道理？与现代艺术家作品比较，能够证明"像儿童那样去画"，是多么有先见之明的论断。

图1-25 吉林农村留守儿童写生作业

儿童眼睛的感知与思维方式，不同于成人美术学科知识体系对造型、对表现物象的要求。儿童天生具有这种观看、思考、思维方式，从而造就了儿童对世界真实的看法。恰恰就是儿童这种思维方法作用下的自发、直觉表达，是现代艺术家梦寐以求的、想重新找回并能够再次应用的创作手段和结果（目标）。儿童身心本原思维方式是"反美术学科"的，不相信儿童、不尊重儿童的教师、父母，将儿童这种表现归类于"差作业"，而在这些言语的斥责下，儿童表现中生发出的兴奋点会被迅速"浇灭"。成人看不懂儿童美术作业的情况太多，一些教师想用美术知识、技能表现方式、方法去改变、改造儿童的想法，不仅扼杀了儿童原发性潜能在恰当的时候可以释放出来的机会，更扼杀了儿童潜在创造思维释放的基础。

儿童的自我表达和造物思维，需要在尊重儿童的教师引领下得到呵护、悉心启迪，教师也要对此给予肯定与个性张扬。从幼儿期开始，到小学阶段，在儿童造型表现中，用多种方式对儿童绘画造型意识进行阶段性的"脱形"引导，培养儿童自我表达能力，形成主动造物思维，发展创造意识，构建起自己的创造性思维方法，这样，才有可能实现儿童自己创造美好未来的教育目标。儿童只有在个体图像识读引发的思维方法转变后，在其审美判断做出独特决定的基础上，自己的创意实践才有可能实现。（图1-26）

在图像识读、审美判断及美术表现等核心素养综合提升的基础上，文化理解能力成为儿童整体美术能力发展的奠基石，是其美术学科核心价值观形成的决定因素。由儿童潜在的造"形"本原表达逐渐发展为独特造"形"的能力（自由手绘），需要在儿童4—5岁间，在教师充分保护儿童内心自然表达的基础上，为儿童提供其生命潜在能力释放的前提下，开展图像识读感知活动，引领儿童自发地、有主题地进行美术表现。幼儿期的图像识读、欣赏感知活动，应顺应儿童当时心理发展水平，不能强制地"给"什么主题（作品），而需要在广泛提供美术文化资源的基础上，结合儿童生理、心理发展状态，为其创造与艺术偶遇、相遇、相识、心之相见的视觉对话平台，让欣赏感知活动在自然与生活中发生。

图1-26 央美试卷截图
从2016年开始，中央美院高考入学考试卷（图片）刷屏微信"朋友圈"。央美的考题，将考量学生的思维方式放在首位。连续几年，央美的考题各具创意。2021年5个专业卷子一出，再次刷屏"朋友圈"。

在小学生前期，要继续强化上述各方面的活动引领，教师要帮助儿童为自主构建线条造"形"个性语言找到一种方法。儿童如果没有构建起自己的造"形"语言，即便开设线描教学内容也起不了持续作用。小学生中段到高段，当儿童进入追求写实造型心理的敏感期，造"形"表现要与创意实践活动紧密结合，在继续发展儿童自身独特造"形"语言基础上，逐渐形成儿童一生可以受用的美术关键能力。儿童由4岁开始到12岁的所有美术活动，要以逐渐深化对美术的文化理解为基础，需要构建独立的思维方法，为开启美好人生奠基。

三、由画的"形"到视觉造物观

1989年，张道一先生《造物的艺术论》出版，内容看似主要涉及工艺美术问题及部分美术学问题，实质是将造物和艺术放在本元文化高度，构建中国特色艺术哲学，为设计艺术学的学科建设和发展奠基。2000年，时任《美术观察》主编的邓福星博士提出："在诸多艺术门类中，也许再也找不出哪个门类能像美术同人的物质生活联系得如此密切。'造型'是一面无所不包的罗网，覆盖了人们衣食住行的方方面面。"[1] 联想史前艺术发生时审美与实用难解难分的情形，思考美术的内涵及现实内容的迅速扩展。基于艺术设计发展影响人们的视觉感受，改变原有的所谓艺术观念、美术观念影响了艺术家的艺术思维状况。2001年，梁玖先生提出并论述"造物的艺术性"的概念与内涵。[2] 造物，是基于生存和生活的方式和方法，是人类社会一切造物行为及成果，造物活动的创生性质中包括人化性、实用性、形象性、自适性和工具性特征。"造物的艺术性"是指人化性物态化成品或人文实在体所体现的艺术特质感觉倾向或意味。梁玖先生认为，认知造物的艺术性的价值在于，为感知艺术文化和艺术欣赏提供有效的切入点，为涵育设计意识与素养提供可能和途径，为拓展艺术理论研究视野和充实艺术理论内涵提供可能，有助于尊重和善待他者的智慧性外化行为与成果，促进文化生态的发展，也为提升生存环境和艺术价值、调适心理需求、满足视野期待和感知意义化生存内涵给予了可能和途径。

---

[1] 邓福星：《2000年寄语——论社会转型期的中国美术》，《美术观察》2000年第1期。
[2] 梁玖：《论造物的艺术性及其价值》，《美术观察》2001年第6期。

1995年，王天一先生发表《谈造物美术教育》[①]一文，并做学术报告，提出美术教育的发展应在重点研究美术教育与经济建设关系的基础上，采用侧重造物美术教育的模式，彻底改变"从孔夫子到二十世纪初，两千多年的中国教育，与经济发展和劳动力的素质根本上是无关的"[②]那种旧教育观念。2000年，他又提出，"造物美术教育是一个值得研究的课题"，设计时代已经来临，还将美术教育简化成"图画"，造型艺术被浓缩成仅仅具有平面性和虚拟性特征的艺术，会产生美术教育与立体造型、物质生产和人的衣食住行相分离的结果。先生当时的思考是基于设计教育在我国的发展现状，且认为，"作为以普及美学为主旨的美术教育，理应从我国的国情中把握它的精神，进而确定其目标。"[③]2003年，王天一先生发表《世界博览会与造物艺术教育》一文[④]，回顾了中国现代美术教育约有一个世纪的发展历史，在模式选择上是摇摆不定的，"中国正在走向造物美术教育的选择"。虽然，基础教育美术教科书早已经将设计、工艺、数字艺术等内容纳入"美术"范畴，但对美术整体的认识和理解依旧含混，"更没有形成完整的一个造物美术教育体系"[⑤]。轻视造物的文化教育观念，也使"美术"一词常常被误读，其概念被狭窄化，偏见随之出现。作为美学、美术史基础的"人类学美术观"，就少有人能领会其要义。因此，王国维、蔡元培先生所倡导的美育目标，在我国现代美术教育里，仍无法得以落实。

　　梳理美学、美育与基础美术教育三者关系，以视觉造物观理解美术文化。其一，从画框、画轴之外，从生活与生产密切关系的造物美术天地，关注现实生活需要，回归它的本质。其二，从儿童的画面之涂鸦、画面之难以辨认的"形"，从儿童的生命歌颂、精神释放的本质，新解视觉造物观。儿童涂鸦，是一种基

[①] 王天一：《谈造物美术教育》，《美术教苑》1995年第38期。1995年8月，山东省美术教研专业委员会二届二次年会在青岛召开，王天一先生出席会议做此主题报告。引自《王天一美术教育文集》，岭南美术出版社，2019，第139页。
[②] 周贝隆主编：《面向二十一世纪的中国教育——国情·需求·规划·对策》，高等教育出版社，1990，第204页。
[③] 王天一：《王天一美术教育文集》，岭南美术出版社，2019，第63页。
[④] 王天一：《世界博览会与造物艺术教育》，《中国美术教育》2003年第5、第6期。
[⑤] 王天一：《王天一美术教育文集》，岭南美术出版社，2019，第95页。

于生命本体的视觉造物创造行为。儿童画、儿童的各类造"形"表现活动，都是个体的视觉造物之创造。从视觉造物创造的高度理解美术文化，更全面、更具人化性与自适性，更符合生命性本质意义。（图1-27、图1-28）

图1-27 儿童的日常表现，都属于视觉造物的创造活动。他们留在纸上或者地板上，以及其他地方的表现性痕迹，具有强烈的人化性、自适性、生命性。认识儿童的美术活动，需要回归人的视觉造物的创造。

图1-28 尽管儿童用纸箱板进行创造将家里环境"折腾"得比较"乱"，但这样的创造活动，应该是儿童生命成长中的常态。感悟生活的丰富，体悟未知的塑造，亲身经历的创造，都是典型的视觉造物创造。在这类创造表现中，儿童的思维被触动，有创意的想法被点滴积累。小手、肌体的动作不断协调，身心愉悦感由内而发。

新时代，视觉文化迅速发展，造成传统文化变异，在此背景下，教师在美术活动中，应该给儿童以思维构成的流动性、处理问题的多样性、知识结构的复合性等方面的引导，使之由个体视觉感知体验向自主表达发展，帮助儿童逐步成为社会发展需要的人。教师是否还在用低水平"实操"模仿方式，去手把手教儿童学所谓的美术技术呢？唯有将美术文化作为一种特殊的思维方法，引导他们用特殊的眼光认识和理解丰富多彩的生活世界，体验多样的美术表现方法、独特的表达方式，才能培养儿童一生受用的思维方式、眼光、素养内涵以及动手能力。

案例12：何种木造型更为可贵？

某校外儿童美术QQ群课呈现的作业（图1-29）。反思：用木工旋木机床的下脚料造型，此活动对儿童来说有何意义？儿童如何用其造型更有艺术意味？

图1-29 学生作业

美术，其视觉造物转换特征是独有的。视觉艺术作品让现实生活物象以一种新的方式成像。艺术作品不只是反映现实生活物象。任何艺术作品从一开始构思、表达的时候，"就是一种建构，经过如此这般的建构，原本看不到的，会显现出来，原本看不清的，会看得比较清楚"[①]。儿童用木质下脚料去造所谓"某物""某形"的过程与结果，已经连续地固化了儿童对"形"的认识！下脚料原形没有打破，作业就缺乏品质。

---

① 陈嘉映：《无法还原的象》，华夏出版社，2016，第100页。

图 1-30 珠海南色美术活动基地学生作业

作业与 10 多年前珠海南色美术活动基地的干树枝材质作业（图 1-30）相比有哪些不同？任何事情的发生都是由多因素导致的，对任何问题的探讨也应是多角度的，该主题教学结果：让参加学习的儿童对美术产生不一样的理解！"艺术作为人类教育的核心之一"，很多人没有认真思考。"美术，是一种特殊的思维方法"警示：当基础美术教育落入所谓美术学科知识与技能低水平传递的陷阱中，那就是偏离美育目标的教学行为，根本不能称之为是教育。育人的教育是养育心灵的。

讨论：所谓"木头的创想"，远不及珠海南色美术活动基地"木的语言"，原因在于，教师缺乏对人类历史经典艺术创造、艺术理论、教育理论的学习、思考和内化，缺乏时刻反思、调节、修正、改进自己教学的行为，其所实施的教学，是在误导孩子、误读美术。儿童在美术活动中，用眼、动脑、动手之后的任何作业，或者叫作创作，都意味着是儿童自己在寻找、构建一种认识美术的新的符号系统。美术，是源自人生命发展的造物活动，是视觉感知、表达的本原性行为。将人类历史上的生命创造、经典美术作品、历史以来著名艺术家的创造思想，系统地以美术欣赏课方式，贯穿于整个儿童期的美术活动中，引导其感知和领悟。避免儿童接受的所谓动手表现和创作，处于一种低水平临摹的徘徊状态。

一般教师认为，儿童能够完成旋木下脚料造型已经不错，但此教学的问题是，作业造型样态仅属于形态复制，缺乏打破原有形态重构新的形态这样一种思维方式。美术是一种特殊的语言系统。人类依靠美术的语言，改变了生活，能多角度认识世界，创造了更快捷、方便的现代生活。木质下脚料究竟蕴含哪些美术语言？面对这些圆形、三角形、条形的各类碎木块，儿童怎样用"木的语言"、不同旋木下脚料说出自己的话呢？儿童用下脚料造出一个像"某一物"

的作业，就是好的教学吗？难道说，追求"像某个物"的手工活动，就是儿童的创造吗？面对一大堆下脚料，要引领儿童先欣赏感知，探寻中外美术史上的艺术家面对生活世界各种废旧材料的时候，究竟如何思考，究竟怎样提炼自己将要说出、造出的语言系统。假如，儿童用若干个被木旋床切割下来的大小不同的圆形木块造型，构成的作品看上去什么也不是，什么也不像时，教师就会明白自己的教学问题出在哪里了！

儿童美术教育，应该通过系统的课程体系，帮助所有参与美术活动的儿童，在儿童期发生思维方式转变。摒弃低水平模仿，达成自己创造出某个新的"物"，逐步升华到创造艺术对象的目标。美术活动中，儿童要逐渐建立自己新的观看方式，找到属于自己的、新的认识生活世界的渠道或角度（视角）。这一儿童美术教育目标的达成，建立在独立思维、自主创造的基础上，是每位儿童一生成长和可持续发展中不可或缺的养成教育，是整个国家、社会及教师、父母应该特别加以珍惜和强化的育心课程。儿童美术教育，不仅能帮助儿童学会体验自己所处生活世界的特征，更重要的是，能帮助儿童在其生活世界的任何动手实践活动中，养成能够自主运用图式的独特视觉思维，形成不断领悟世界、不断拓展自己形象思维的能力、独立动手制作的能力，以及处理各种生活问题的能力。

讨论：儿童的生存、生长过程，认识、概念的形成，开始于对生活物象形状的视知觉。儿童用图、形构成的形象思维，是儿童的视知觉初始阶段就已经具有的生理、心理发展本能。儿童早期涂鸦活动中，其尝试着用各类生活材料独自塑造物象的时候，那个物并不是自己所要表达的事物（物象形态）的复制品，而是被儿童当作原事物的"等同之物"进入画纸，或者是构成的物象造型。儿童在原生态的画面中，在任何用各类材料进行造物活动的体验中，图形单元的选择和安排，物象形态的构成与组合，主要取决于其对原事物（物象形态）基本特征的个人感悟。作为原事物（物象形态）基本方面的呈现形式，画面上出现的图形、材料造物中的造型样态，包含着儿童对原事物（物象形态）基本性质认知的独特表征，更多的是蕴含着儿童意象性的思维表达。儿童在美术活动中的心理、生理状态，是全世界所有肤色的、任何族群的人共有的，是进入数字化图像信息时代、后人工智能时代，并没有发生变化的人的生命生长规律。教师应该遵循这些规律，设计出更契合人的发展，更契合儿童心灵，为了儿童持续发展的教育课程。

教师引导儿童用自己所理解的美术语言表现自己想说的话，就如同用普通话或者是地方方言表达自己想说的事情。即便美术活动中孩子们是用四川话、山东话、湖南话、天津话说自己感受到的事，也存在着不同的语音状态下不同的语言表达。儿童在面对旋木下脚料时，不同儿童能否说出不同的话呢？而不仅仅是做出个"像"什么的东西！教师不能重复人类历史上已经证明的、被反复抨击过的、违背儿童身心发展的教学行为与作业（结果）。

童年期的美术教育活动之所以特别重要，就在于它能使儿童在自发的造物活动中，更加关注儿童个体在某自然环境中存在的多元文化。每个儿童生长在各自不同的社区、家庭背景中，每个儿童身上、每个儿童的创造雏形都带有他独有的文化元素。美术活动使儿童在个体成长中发现问题，发展自身对不同文化的认识和理解，同时体现自己的价值。美术活动是儿童人生经历中一个永久的存在，在童年期被成人呵护过的孩童，会唤醒他内心深处对于未来人生不断探寻的希望，启蒙其成人之后能够独立创造未来的一切可能。

结语：儿童的自我表达与造物思维。

1.儿童的自我表达，由幼儿开始的涂鸦活动，到其生命自然生长的每个时期所留下的痕迹，都属于基本的造物思维之雏形。教师面对儿童需要有这样的意识和理解：人类的造物思维，源自人类生命本身为了探究生存环境、改变生存状态、改善生活现状所做的一切探究实践。儿童，面对陌生的生活世界，用自己的小手握（抓）着不同的笔落在每个地方的任何痕迹，包括在幼儿期孩童的小脚丫、肢体其他部位（甚至臀部）压、滚、按、坐、靠等各种状态留下的痕迹，都是儿童生命运动的轨迹。这些线、形、色的痕迹本身就是一种造物行为载体，成人要从这一视角来认识和理解儿童个体的生命表达。父母和教师，都把教育儿童、训导儿童、改造儿童的行为作为一种"教育"的常态，这是教育吗？需要认真思考，儿童能否自己创造美好的未来？儿童和成人是一种"教育"与"被教育"的关系吗？

2.每个儿童都是自然生长的，每个儿童都有自己的创造力，每个儿童潜在的生命能量都有待开启和释放，但并不是成人世界所给的戴着某种"荣耀帽子"的早期教育，更不是社会上"红火"的校外美术机构强制教给儿童的美术知识和技能。在儿童艺术领域，在儿童接受知识和学习过程中，特别需要成人关注他们的原发性美术表现。美术活动中的任何过度教育，对儿童的身心发展都是有害的。儿童的内心、他们的自我被社会功利不断地"消费"之后，待到长大成人的时候，他们的创造性思维将受到影响，有的甚至会彻底泯灭。看着诸多无辜儿童不断被成人美术学科知识与技能过度"教育"，受到过度商业化和功利化的污染，儿童美术教育失去基本的底线，从事教育工作的人缺少起码的良知，这是让人非常寒心的事情。美术教育必须要让儿童回到自己生命原有的生活状态，在那些成年人看不上眼的原发表现样式中，发现其珍贵。从自然的生发、自然的表达、自由的畅想、自然的诉说、自然的呈现，找到每个儿童生命机体不同的生长之路。美术活动中，儿童绝不能走一样的路！

3."儿童美术与成人美术是两个完全不同的概念。儿童美术是儿童身体发展水平、知觉能力、情感态度、智力程度和生活经验的自然产物。"[①] 义务教育美术课程、校外儿童美术教学，不能追求功利化的过度教育及短期成果呈现，这些都是将儿童主动发想的雏形、潜在的创造力与创想思维"逼向死亡"的毒药。当下，学校里展示出的"辉煌"美术教学成果（作业），基本都是社团、第二课堂少数学生的表现，包括教师帮忙完成的作品。面向人人的美育成果究竟是怎样的，我们很难看到儿童真实的状态与身心成长。在基础教育质量监测（艺术／美术）表现性测试中，所看到的学生造型表现卷面普遍"无能力"现象证明，每一个儿童的成长需要由其整体发展来关照，美术成为每位儿童人生成长中个体生活的一部分，这才是真正的育人，才是更加人性化的生活。基础美术教育在人的整体教育中有其独特的育人价值，教师面对儿童早期成长中个体发育、心理生理发展的差异性和不均衡状态，如何运用美术教育所独有的差异性教育特征，在不苛求对美术学科知识认知的统一性，充分尊重儿童个体生命基础上，认可每个儿童身心差异所形成的独特样态，让每位儿童在步入自己人生的初始阶段能够多地获得自己个体价值的认可（认同），这是美术所给予儿童重要的生命教益。作为学科教育，美术教育能够在认同每位儿童个体生命差异性方面做出养育其心灵的贡献，而其他学科教育都或多或少在抑制儿童个体生命的独特性的生成。作为教师，构建心中有儿童的教育观，才是基于对美术、美术史、美术教育深入理解基础上的称职教师。

[①] 李力加：《儿童线描集成》，山东美术出版社，1999，（序，尹少淳）第2页。

4. 美术欣赏学习是贯穿儿童整个人生的基础素养培育工程，敏锐的视觉感受力，是人的第一个内在能力。在欣赏学习中，所需要欣赏的内容结构很重要，但更重要的是先建立多元的思维方式。要始终带着问题去欣赏探究，第一看法，第二想法，必须引导儿童从一年级开始就从这两个方面去质疑。只有构建了自己的"看法""想法"，才有可能"发想"，有了"发想"的不断冲动，才可能产生"创想"，待"创想"逐渐多起来，必然有创造力！儿童之所以敢画，就在于思维方式的转化！当他画不准写实物的时候，他就自己造出个线与形，然后自己命名！如果四年级以后能够继续用这种思维持续画东西、造某线某形、构成某物，这孩子就太棒了！

构建美术欣赏学习课程体系时，要与视觉传达信息化社会图像环境给学生过早带来的玩世不恭、世俗眼光做持续、坚决地斗争！纯真，是美术欣赏学习的终极目标！恢复儿童的纯真之眼、纯真之心，是很艰辛的工作！这些工作都与常态的每个欣赏活动关联着并经常发生，教师如何面对这个现实，是很重要的事情。具体到欣赏一件美术作品时，教师要随时提示学生表达自己的"看法"和"想法"。艺术家为何这样表现（画），就源于自己最初对某"物"的看法。为何这样表现，为何这样用笔，为何美术的构成形式是这样的，都是由他前面那个对某"物"的看法，引出此刻想这样呈现给大家的"想法"！

| 第二章 |

由育人目标认识美术学科教学

问题 影响儿童几十年的"简笔画"是什么?
解析 美术教师应把握的思维方法与图绘能力。

在教育领域，无论是小学、初中美术教师，还是普通高中美术教师，抑或是校外机构中的教师，都把自己的美术专业看得很重。这是一种正常心态，也是秉持自己学科专业发展的基础。2000年，国家启动第八次基础教育课程改革，新课程理念突出人文性，为了全面发展的人这一目标，推进素质教育。2001年，《全日制义务教育美术课程标准（实验稿）》颁布，提出"走向文化的美术课程"目标，此时，不少教师觉得，自己似乎不会教学了。有美术教师反馈，"自己的田被别的学科教师拿去耕了"，现在上的课，究竟是美术课，还是文化课呢？中小学校美术课属"小三门"，处境困难，美术教师地位低，再不强化自己的学科，更没有生存空间。2012年3月，《义务教育美术课程标准（2011年版）》颁布，开始"纠偏"，促使美术教学回归美术学科本位。但是，特别需要思考，何为美术学科"本位"？难道说基础教育课程改革目标和教育观念太超前？2018年1月，《普通高中美术课程标准（2017年版）》颁布，确立美术学科核心素养。进入新时代，落实"立德树人"教育目标的美术课怎么教？美术应该怎样育人？学生需要怎样的学习过程和怎样的学习评价呢？《义务教育艺术课程标准（2022年版）》，包含美术、音乐、戏剧、舞蹈、影视五个学科领域，并以全新样貌呈现。核心素养导向的艺术课程需要思考美术课如何做到超越学科、走向育人，超越教材、面向生活，超越课堂、着眼未来。

第一节　基础教育中的美术学科教学

新中国成立 70 多年来，基础教育经历了 8 次大的课程改革，美术课程经历了图画课、劳技课、手工课等不同教学形态。近年，美术教师群体在关注自身专业学科技能培训、学习进修、美术创作等方面相当给力。究竟如何看待基础教育中的美术学科教学？中小学校美术教师专业方向如何定位呢？

一、基础美术课应该教什么

长期以来，大多数学科教育都是"以学科事实为基础的'学科逻辑'，并建立起每门学科自己的历史传统，代代相传。实际上，这种'事实覆盖型知识体系'并不能充分发展学生群体的学科理解，或至多发展浅表而幼稚的理解，因为学生从未对学科进行过深度探究"[1]。问题："简笔画"是美术学科基础吗？属于哪类知识？"简笔画"这一"学科事实"，是怎样进入基础教育美术课堂的？

🔶 案例 1：这样教学的危害及历史原因

某教师发来图片和信息："看，这样的情况还是很普遍。"（图 2-1）

图 2-1 某市小学美术公开课比赛大屏幕呈现：教师自认为这是应有的课堂环节，按照某种成人规定好的步骤及范画教学生画画。

"简笔画"，在我国基础美术（学校、校外）教学里存在几十年，有其必然的历史根源。20 世纪，"简笔画"被当时某些业内之人"归纳""总结"成一种为师"技能"，进入教师培养（中等师范学校、师范学院、师范大学）课程，直接导致准教师培养过程中，必须以此技能，作为在黑板上实施知识传授的"板

---

[1] 张华：《论学科核心素养——兼论信息时代的学科教育》，《华东师范大学学报（教育科学版）》2019 年第 1 期。

绘"基本功，进行统一考核评价。这一教师技能课，使准教师在教学行为上，呈现出违背儿童视觉心理直觉感受、反人性本质的特征。"简笔画"教学方式，究竟直接影响了多少儿童的身心成长，尚无法计算。"简笔画"为何成为师范生培养的学科必修内容？"简笔画"课属于美术学科课程吗？用粉笔在黑板上画出"简笔画"的准教师，是否证明获得了某项教师技能基本功呢？

案例2：历史上的小学美术教科书

1989年，国家统编小学美术教材《小学美术课本（普及版）》。可以联想，那个时代的准教师，在中等师范学校跟着教师学简笔画，毕业任教时，再按照教科书上的图形教给小学生，是我国基础美术教育的历史现实。（图2-2）

图2-2《小学美术课本（普及版）》

老一辈美术教师都经历过教画"简笔画"这段时期。一般人都能够说出，美术是最能够激发人的创造力思维的学科，如此"照图临摹"的教学，儿童身心原本潜在的自主表达能力、对问题质疑的思维、探索生活世界的思绪，直接被图形的固化样态遮蔽！

问题：所有诞生在这个世界上的儿童，自己原本就具备画太阳的能力。为何成人还要这样去教？

几十年来，国家一直倡导教育创新，坚持立德树人教育目标，推进五育并举，培养全面发展的人。2020年10月15日中央"两办"《关于全面加强和改进新时代学校美育工作的意见》，阐释与丰富了美育的内涵。提出审美教育、情操教育、心灵教育、丰富想象力和培养创新意识的教育四个维度，其中，"丰富想象力和培养创新意识的教育"，是历史上中外学者论述美育概念时所没有的。"丰富想象力和培养创新意识的教育"，是基础美术课的责任，旨在帮助儿童从小积淀和养成关键能力与思维方法。但是，在学前和小学阶段，强制儿童盲目跟学"简笔画"的指令，是一个历史现实，直接与国家美育目标背离。教师和国民很少有人认识到，"简笔画"教学及学生单一绘画技能临习的危害、问题的严重性，更没有深刻反思这种违背儿童身心发展规律的教学要如何改变。美术教师要说真话，讲清楚为何不能在美术课上带着儿童这样画。

案例3：常见的教学现象

主题"童谣童画"，某美术教材2004年版内容。素材来源和编辑历史：1998年5月30日，"童谣童画展"在北京中国美术馆开幕。（中国美术馆应观众热烈反响，将展览延期5天，展到6月12日，展览画册精装版和分册版在中国美术馆现场热销）。中央电视台《美术星空》栏目为此展拍摄30分钟专题，在央视一套、二套、四套节目连续播出8次（1998年9月—11月）。大型画册《童谣童画》，1999年荣获中宣部"五个一工程"奖。2004年，某课标实验教材《美术》确立"童谣童画"主题，选用展览画册若干作品，2012年教材修订，该内容继续保留。案例1中的公开课教学ppt截图，任课教师用"简笔画"灌输示范，要求学生跟临，欠缺图像识读欣赏感知、童谣品读中的联想和民俗文化引导。

美术学习中，欣赏感知活动是第一重要的。唯有改变儿童眼睛观看方式、启迪视觉思维方法，动手造"形"才可能发生变化，作业的艺术感觉才会呈现出来。单一灌输成人图形临习，会造成儿童自身对基本的美术表现、工具材料运用、作品视觉图式呈现的样态等缺乏自主体验和审美判断。（图2-3）

第二章 由育人目标认识美术学科教学

图2-3 童谣与民间美术（刺绣）关联紧密，美术作品图像识读非常重要！①

案例背景： 大型画册《童谣童画》的文本，由我国民间流传的儿童歌谣构成。已故著名民间文艺学家、民俗学家和曲艺研究专家、山东大学资深教授李万鹏先生，当年对遴选出的民间儿童歌谣逐一进行历史考证和文字审定，保证文本地域性、原发性、市井口传过程、民间文学田野采风搜集整理的现实感。在尚未普及演示文本方式呈现作品图像的年代，教学采用根据童谣内容涉及的图像资源，将10多部各类画册带到课堂，双手抱着相关画册，在课堂上带领学生欣赏画册相关作品，反复朗读、思考，进行视觉形象联想、歌谣表演等。由朗读童谣文字，启迪学生的形象思维，产生个人由童谣文本到视觉图像关联后的发想和联想，用教师的课堂语言、肢体语言等感染儿童情感与情绪，儿童在感知体验内化后，最终自己选择童谣，将个人联想和创意落在画笔上。（图2-4）

图2-4 童谣内容诙谐、生动，甚至有荒诞之感，显现了市井民俗，刘征小朋友对童谣内容的感知理解水平与对作品的表现令人叫绝！

---

① 图片选自著名艺术家吕胜中先生微信，特别致谢！

在某市公开课现场，上课教师让学生临习"简笔画"图形时，观课现场有思想、有辨别力的教师，依据美术学科核心素养学习，反思此现象并质疑：备课时，教师可否事先查阅主题相关背景素材，整体思考与设计教学。

（1）在各类美术活动里，所看到的儿童美术作品，哪些是儿童自己的作品？而不是由教师代笔、替身完成的！

（2）哪些教师敢于说真话：自己学校展示的儿童美术作品（不管任何品类、材料工具），完全是儿童自己完成的吗？

引出课题"'简笔画'教学危害及改进儿童造型表现教学策略与方法研究"。（图2-5）

图2-5 1998年中国美术馆展出作品。时任中央美术学院副院长、中国美术馆馆长，现任中国美术家协会主席、中央美术学院院长范迪安先生主持儿童美术教学研讨会，对儿童如何画、教师怎样教做了深刻论述。

讨论："简笔画"不是美术学科体系中必学的教师技能。20世纪80年代，南京师范大学屠美如教授带领研究生团队，在江苏、安徽、上海等省市调研学前儿童美术教学时，对存在的"简笔画"教学问题进行抨击，当时《中国美术教育》杂志刊载其相关成果。2012年，教育部颁布《3-6岁儿童学习与发展指南》，在"艺术"领域活动规定："幼儿绘画时，不宜提供范画，特别不应要求幼儿完全按照范画来画。"① 我国各省市文化、经济、教育发展等各方面差异较大，数百万计的幼儿园，能够按照教育部法规文件严格进行幼儿绘画活动指导的教师太少。故，小学课堂所看到的儿童"简笔画"图式，问题源头发生在学前艺术领域活动，这并非给小学美术教师"脱罪"。小学美术教师的责任，是要强化学生对图像识读的感知体验活动，加大审美判断思维引领，力争从源头上改变儿童在幼儿园及成长的社会环境中，过早被污染的眼睛和思维方式。《义务教育艺术课程标准（2022年版）》中"美术学科课程内容"，在学科知识、技能部分，弱化了单一性的"临摹"要求，由此思考，儿童美术教学应该怎样引导学生的造型表现学习呢？

当教师看到儿童天性自然释放、表现的画作，能够认可并在学生群体面前肯定其表现，体现了教师对儿童美术心理的认识水平。如果教师打击儿童作业表现方式，即用所谓美术学科的秩序来抑制儿童心理，这不失为教育的失败。美术表现规则是成人规定的东西，儿童的自我表现是其直觉作用下内心真诚表达的产物。儿童造"形"能力的发展，基于顺应与同化，这是儿童教育心理学中重要的引导性方针，教师需要反思日常教学生活：能否在保护儿童美术心理发展的基础上，逐步引导儿童造型表现自然转型，而不是强行教导与规定。儿童的造"形"能力在很长时间里，是自由发展的，教师要给儿童创造这样的平台，让儿童乐于参加美术活动，并保有持久的兴趣。

◆ 案例4：创造图式——儿童美术造型问题

"小雨无声"老师（网名）发来儿童画作品。

小雨无声：这两幅是幼儿园大班儿童的画，有一幅天空是红色的，孩子这样解释：太阳下山了，所以天空是红色的。对于这样的作业，其实我是很喜欢的。我觉得是孩子自己的感受，自己的想法，还是需要李老师给我剖析剖析！（图2-6）

回复：两幅作品比较感性。但作品图形中，还带有较多成人所给予的概念化图式，在概念化图式长期影响下，儿童美术能力的发展必将夭折。在儿童美术能力不同的发展时期，按照美国学者罗恩菲德的论点，象征图式期命名为样

---

① 教育部：《3-6岁儿童学习与发展指南》，2012年。

图 2-6 咨询老师发来的幼儿作品

式化前阶段，意象表现期命名为样式化阶段。对幼儿来说，图式期的典型特征是他们的画表现出的心理特点是既画知道的、又画看到的。这两幅作业的问题在于已有明显的成人给予的概念图形，这种概念图形对儿童自己生发创想思维影响很大，表现时无法呈现出自主性，也意味着，儿童创造图式的本原意识已被成人抑制。如，虽然教师在询问画中意思的时候，孩子能说出很多自己的想法、意图，但由于儿童作画时，教师对其原创性释放的保护、自主表现的启发不足，作业画面呈现形态样式依旧存在很大问题。

讨论：在尽力保护儿童天性基础上，引导儿童自主创造图式。

第一，强化欣赏和感知体验。给儿童大量欣赏有艺术格调、不同风格样态的美术作品，用丰富的视觉图式，打破儿童在幼儿园、在社会环境视觉图像影响中被污染的眼睛。如，不少幼儿园设立跟随某图形填色的学习内容，这种教学对儿童的眼睛知觉来说相当糟糕，会使儿童日后视觉记忆中会闪现概念图形，影响儿童欣赏美术作品时的感知觉。罗恩菲德说："这种模仿的方法对儿童的创造力会造成不良的效果。""简笔画"临摹教学的问题在于"当儿童面对这种跟随既有的轮廓线去画时，他已经丧失了以丰富的创造性去处理物我关系的能力"。[1] 儿童的作业画面形态有太多模仿元素，会使其视觉思维的创造性在作画瞬间缺失，心理上逃避以主动视觉思维自己创造图式的表达。改进方法：

---

[1]［美］罗恩菲德：《创造与心智的成长》，王德育译，湖南美术出版社，1993，第 15-16 页。

教师在强化欣赏美术作品的基础上，引导儿童感知美术作品的眼光，帮助儿童理解美术表现元素的多样性，启发儿童根据生活主题进行有意义的表达。儿童按照自己的思路运用线条与色彩，在欣赏感知活动等大量视觉记忆的基础上，通过认知心理上对欣赏作品图式、脑海里旧有图式的残存记忆，感受主题混合匹配之后的心理反应。

第二，辨析学习方法。人最初的语言学习是模仿的，模仿学习的重要性不可低估。但儿童的美术学习不同于实际生活里的语言学习，语言学习中的模仿其根本是用于与他人沟通。虽然，成人绘画学习的临摹是中国画家获取"结（笔墨）形"能力的第一要素，但对儿童来说，成人临摹学习方式并不适合儿童的心理与生理。儿童绘画"模仿就是定型的再现形式，是一种不能产生自我体验的表现类型"[1]；更不是鹦鹉学舌般重复成人所给的图形，这一状态仅是朝着"学像"的目标去走路。当教师将范画呈现，当儿童面对"简笔画"概念图形临摹过程时，其眼睛状态停滞"在这儿，儿童亦受到成人的限制，而不愿或不能表现他自己的经验世界，以至于躲藏在一个模式化的世界里"[2]。儿童在临摹过程中，其对图形的"模仿或临摹通常并不是儿童不能面对新情境，而是成人强加在儿童身上的，并非为儿童行为特征之一。就一般而言，继续使用模仿的方法会剥夺儿童的弹性，而儿童习惯于依赖既定的模式后，就不会再应新情境而调整，他会选择较少抗力的项目。如果儿童继续使用既定的模式，最后将会与感情失调者相似：习惯于依赖性和亦步亦趋"[3]。由此，若儿童的视觉思维创造性从小就受到抑制，会造成儿童从参加美术活动开始阶段就缺失创造性。在幼儿园和小学阶段的美术学习中，临摹剥夺了儿童创造图式的权力。"因此，模仿的作品使儿童不能面对他自己的经验世界，最后，儿童可能会丧失对自己作品的信心，而定型的重复就成为一个理所当然的逃避方法。"[4]他们由此自然地逃避了探究与创造，这种美术学习对儿童来说没有任何意义。灌输美术学科"间接性知识"不能给儿童带来身心养育，"简笔画"不能作为儿童艺术领域的学习内容。

---

[1] ［美］罗恩菲德：《创造与心智的成长》，王德育译，湖南美术出版社，1993，第51页。
[2] ［美］罗恩菲德：《创造与心智的成长》，王德育译，湖南美术出版社，1993，第51页。
[3] ［美］罗恩菲德：《创造与心智的成长》，王德育译，湖南美术出版社，1993，第51页。
[4] ［美］罗恩菲德：《创造与心智的成长》，王德育译，湖南美术出版社，1993，第51页。

创造图式，是在人文主题情境中关注儿童生活与生命体，是在引导直觉感悟生发的基础上，触发全身心整体知觉体验，唤起旧有生活经验，两者交融后，儿童自己在美术欣赏活动的感知启迪下，产生自己的想法与看法，从而独立对某物象进行主观塑造。儿童不临摹教师给出的图形，教师杜绝"简笔画"图形灌输，是当下及之后若干年幼儿园艺术领域活动、小学美术课教学方式改革的重要内容。我们倡导自主创造图式的儿童主动探究活动，给每个儿童生命自然生长赋予意义。

案例5：儿童美术教学里的概念图形（与××老师对话）

李：作业是在临摹教师画出的概念化图形，不是自己对自然生活的感知、理解及表达。教师需要引导儿童创造图式，要破除其视觉记忆里原有的概念图式，全国儿童都画一样的鸟怎么可以呢？（图2-7）

××老师：怎么破？教师如果不示范，有的孩子不敢动笔。

李：幼儿期美术活动中，教师最好不进行示范，用美术欣赏与文字阅读联想的导入，引发儿童感知不同主题里的物（植物、景物）。作业里鸟的图形是幼儿园老师给的，全国幼儿园画的鸟都一样，这是大问题。

图2-7 赵若含小朋友作品

××老师：是，在一年级好多孩子都是相似构图，天、地等都画得一样。

李：一定要想办法破除他们固有的概念图形，这样，就可以有较大进步，关键是引导儿童用眼睛率先感知生活、体验生活，你带他们写生时，就有个人体验。而在画主题作业时，这方面就减弱，为什么？因为他们对鸟的生活经验（记忆），使他们在此刻转换不出自己应该有的美术语言。儿童自己视觉记忆里原来的某种概念图式，影响了其自主表现。当接受教师发出的表现指令时，其脑海里立刻唤起幼儿园老师曾给过的鸟图形记忆，于是就画成这样。树的造型，全国范围从幼儿园开始到小学画的都一个样。画出"树干"与"树冠"的形，都是"简笔画"的表现形式，不是儿童自己对生活世界的感知觉体验，儿童生活在这样的社会环境中就会出问题，他们在重复着过去记忆里的概念图形。教师需要认真研究，破除掉"简笔画"概念图形，儿童身心才能健康成长与发展。

讨论： 教师虽然知道此问题的危害所在，但暂时没有办法解决。在小学美术"造型·表现"艺术实践活动教学中，这一方面的问题表现得尤其突出。教师为了获取校长、教研员对自己教学水平的认可，课堂上让学生按照成人图式临摹教师范画，概念图形造成小学生视觉图像认知扭曲。严重的可能伤害儿童心灵，抑制儿童审美素养发展，此问题不解决，说美术教育促进儿童创造力发展就是空话！

二、"三维目标"与美术学科核心素养之辨

我国基础教育大概走过三个时期。"双基"时期（2000年之前），"三维目标"时期（2014年之前，实为"双基"的"变异"），"核心素养"时期（2015年之后）。2018年1月，《普通高中美术课程标准（2017年版）》颁布，明确美术课程"育人"导向，美术学科知识与技能学习要为人的全面发展服务，引导学生在真实的情境中，自主探究解决问题的方法，将所学的知识与技能迁移，提高解决生活中实际问题的能力。

我国的学科教育，长期以基础知识、基本技能（双基）的达成为主要目标，认为学生学科知识扎实、技能表现熟练，是我国教育的"特点"与"优势"。这一思维在美术教学中非常明显。随着普通高中"课标"颁布，课程改革从"三维目标"转变为"核心素养"，"立德树人"为教育终极目标。美术教学从"三维目标"向"美术学科核心素养"转化到底有哪些变化？二者之间究竟有何异同？美术教学中，如何正确地把握二者关系？课程改革20余年来，虽然推进"三维目标"，但在日常教学中，"双基"与"三维目标"二者之间有什么关系，迄今并没有得以清晰辨析。"核心素养"时期，美术课"双基论"的问题不在于重视了知识技能，而在于误解并扭曲了知识本质。它把知识视为一堆等待掌握的学科事实或"真理"，把技能看作一套等待熟练的规范体系，教学自然变成灌输与训练。[①] 美术学科知识是美术历史上艺术家及史论家总结出的学科事实，技能是某些艺术家的表现规则、程式及美术学院课程体系，将美术学科技

---

① 张华：《论学科核心素养——兼论信息时代的学科教育》，《华东师范大学学报（教育科学版）》2019年第1期。

能要求灌输给3—15岁的儿童合适吗？以下教学实践案例，针对学生的学习及教师行为，辨析美术学习中"三维目标"与美术学科"核心素养"的异同。

案例6：观《丰碑》一课的思考

首先点赞冯国健老师的板书。其板书基本功相当棒，获得现场观摩教师的称赞。数字化时代，学生写字水准普遍降低，新任教师以及在职多年的美术教师的板书水平较差。冯国健老师本课的板书，是美术教师学习的范本。

（1）学生美术作业分析

美术课学生的作业，反映美术教师的教学水平。《丰碑》一课学生作业的效果，从儿童水墨画教学的视角，得到现场观摩教师的认同、赞扬。本主题通过欣赏、感知社会生活中劳动者的视觉形象，赋予学生以情感、态度和价值观的引领。呈现于大屏幕上的欣赏主图——那个黑黑的矿工的背部身影（视觉形象），成为学生能否理解、达成本教学主题蕴含的情感、态度和价值观目标的决定因素。由矿工劳动的图片，到画家笔下水墨痕迹构成的画面视觉感，引导学生感受、认识、理解此处的视觉造物之笔墨转换效度，是学生群体可否达成整个教学目标（水墨人物表现）的关键。注意，当每位学生在教师分发的一张黑白图片小样稿视觉形象引领下，按照自己的理解，用水墨笔法、不同墨色痕迹，完成劳动者形象的过程之前，已经预示本主题教学表现环节的成功率可以达成80%的水准。教师行为清晰地告知：美术课上儿童最擅长的事，就是按照成人画作或图片临摹。当然，本主题临摹是水墨造型的媒材表达转换。

此环节说明，教学目标水墨人物表现技能，是一种程序性知识，此知识技能在教学过程中不是作为单独目标出现，学生完成水墨人物的"过程与方法"由教师运用三次示范，引领学生学习水墨人物的绘制过程、运用水墨的方法，从而在完成水墨表现的程序性当中，顺利实现教学目标。

小结： 学生水墨表现效果的达成并非难事。虽然画幅如此大，学生还是能够在临摹中把握基本的造型样态、墨色的表现层次，较好地完成作业。但问题出现在无论是教师去教或是学生学画水墨人物表现的"过程与方法"，皆是要回答如何实现美术学科知识育人目标的手段，而不是教育目标本身。

（2）关于如何达成情感、态度和价值观目标

本教学中，教师提前将某核心概念置于学生的"头顶"。当教师抛出"丰碑"

概念，不管学生内心可否全面接受，都已经明确告诉大家，必须按照教师的引领，走完本课时的路。这属于概念"笼罩"式的教学状态。缺乏对艺术表现本质的探索，也就是缺乏引导学生研究或者自主探究如何用水墨画方式表现自己对劳动者的情感。

艺术的发生源自情感。价值观的明确显现，是艺术作品反映出作者意图的主要倾向。教师需要考虑，教学中，可否少一些灌输，少一些笼罩在学生头顶上面的硬性概念？可否用创设生活情境的方式，以润泽学生心灵的方法引导"丰碑"的主题意义呢？按照落实美术学科核心素养目标的教学要求，本主题教学开始，需要先创设一个生活情境，由学生们可以感受到的、可以唤起记忆和生活经验的劳动者主题，引发学生群体主动思考、探究性表现。而不是教师按照某美术表现程序，传递所谓的美术学科技能——如何用水墨画方式表现这些人物。

具体技能把握中，涉及怎样关注情感、态度和价值观的内涵。如，为何艺术家在表现劳动者的时候，运用这样浓重的笔墨？为什么浓破淡、淡破浓、水分不同的罩色等墨色方法，是艺术家专门运用于此作品的表现技能、方法？教学难点应该是：不同的墨色与笔法，是如何表现对这些矿工兄弟的情感的？当学生们在参照艺术家的表现方法时，将如何把握自己笔下的水分与墨色，如何用运笔、勾勒、皴擦等方法，来表达自己对劳动者的情感呢？当然，达成这一情感、态度和价值观目标要求，对每一位美术教师来说，都是相当有难度的教学指导。

从美术课"三维目标"达成角度，思考"丰碑"主题教学，何为知识、技能、过程、方法、情感、态度和价值观需要达成的效度？

其一，美术知识为画家胜任或完成特定主题（水墨人物）的表现能力？教学需要传递这样的表现能力，让学生们接受与把握。

其二，过程是水墨人物表现的这一美术技能，全体学生如何可以接受？表现、发展、完成所经过的顺序应该是怎样的？

其三，学生水墨表现的方法是解决对人物水墨表现中具体技法表现的措施与程序吗？学生水墨表现呈现出的偶然性如何评价？

其四，情感是学生在课堂上对图像的视觉刺激（劳动者视觉形象的图像"照片"）产生的主观体验吗？学生视觉感知后内心有否发生情感共鸣？

其五，态度是学生对他人（劳动者辛苦）或事物（劳动者光荣）所持的某种倾向性态度和认识吗？

其六，价值观是学生经过本主题学习，能够对他者（劳动者辛苦）或事物（劳动者光荣）等应该持有的观点与看法吗？

由达成美术学科核心素养目标评价《丰碑》一课的教学效度。

其一，学生有否在课堂上体会和感悟"劳动者光荣、劳动者辛苦付出"的生活情境？能否用水墨人物表现所需要的知识、技能、方法，来完成对这些人物的塑造（由自己内心情感出发，愿意进行歌颂性的表现）？

其二，学生面对劳动者的视觉形象（照片、水墨人物作品及表现的具体方法），其眼睛感知图像的识读水准到底达成何种状态？视觉感知引发的思维，自己内心感觉或感触有否发生？整体图像识读后究竟是怎样的感受？

其三，学生作业的水墨表现效果比较理想，这样的作业效果其根源是什么，之后教学可以借鉴的方法有哪些？学生作业偶然产生的画面效果，无意识状态的水墨用笔怎样关联在学生个体有意识表达的层面上？

其四，本主题中，学生面对水墨人物表现方法，自己感知并确立的审美判断似乎有了一些。但是，学生对于水墨人物表现时，毛笔与宣纸接触后产生的肌理、笔墨痕迹的内在认同，可否真正实现转换运用呢？

其五，本主题中的文化理解，基于学生对劳动者光荣、对"丰碑"这一宏观概念的认识水准；同时，也基于学生对水墨人物表现方法、画面视觉效果的基本认识应该有那么一点儿水准。如果有这两方面少部分的认识，文化理解的效度就有了可检验的指标。（图2-8）

讨论： 美术课中，如何将21世纪核心素养理论框架、艺术课程核心素养、以美育人目标体系，具体落实到课堂教学活动中，真正实现"提高学生审美和人文素养"的育人功能与价值，是基础教育美术课程改革面临的重大问题。直面这一重大问题，需认真研读、学习《普通高中美术课程标准（2017年版2020年修订）》《义务教育艺术课程标准（2022年版）》，认识、理解美育的本质目标，理清美术学科核心素养（关键能力）与四类艺术实践活动，两种学习方式（感知、表现）的关系，构建基于艺术核心素养、美术关键能力发展的学业质量标准。改变现有教材编写思路与结构，依据艺术课程核心素养目标改变与完善美术教师原有教学方式，走向以发展学生视觉思维的美术学科理

第二章 由育人目标认识美术学科教学

讲课现场 　　　　　　　　教学准备现场 　　　　　　图像识读环节

连续图像识读 　　　　　　问题产生 　　　　　　　　问题产生

教师自己没有现场示范，采用的是短视频方式进行示范 　　　学生创作现场 　　　　　　第二次欣赏

深化欣赏 　　　　　　　　深化欣赏 　　　　　　　　这是整个作业里最精彩的一幅水墨表现效果，学生实际上是表现过程里偶然产生的

评价环节 　　　　　　　　教师板书的每个瞬间都是值得点赞的

图 2-8　冯国健老师上课图片

教师与学生对话

解力，以及自主探究美术学科表现的实践力。就本主题来说，需要强化水墨人物表现的感知体验实践活动。同时，需要研制基于艺术核心素养目标、美术学科关键能力发展的美术教师培训指南，改变以知识为中心的灌输式教学，依据学生美术学业质量标准进行评价，创新评价手段、推进学生人文及审美素养全面成长评价体系等。

三、缺乏读书及历史局限的制约

什么是美术？什么是儿童美术？如何认识、理解此类问题，一直困扰着教师群体，同时，制约着中国基础美术教育的发展。改革开放以前，历史局限与美术工作者缺乏读书是主要原因。在信息传播不通畅的制约下，美术教师、幼儿教师并不明白，究竟实施怎样的美术教学，才是符合儿童心理生理发展规律的教育行为，何种美术教育思想是教师必须终生追求的教育目标。

1. 20 世纪 90 年代美术教育译著

1993 年之前的社会环境，大多数美术教师没有机会阅读经典美术教育理论著作。美术教学，就按照成人美术学科体系，对美术学科知识、技能进行若干"简化版"处理后，直接在课堂教学中向儿童施教。

◆ **案例 7：幼儿园美术活动应该教"简笔画"吗？**

某省教师发来疑问："幼儿园教学应该教'简笔画'吗？""不应该！""那为什么著名的 ××× 在他书中还这样写、这样示范呢？"这位教师发来她在省图书馆中看到的某书中的几个页面。书中的确在教"简笔画"。（图 2-9）

是历史原因还是国情造成的此现状？在国门封闭，学术环境、教师视野受限的时代，教师大都没见过、读过经典美术教育著作。"美术教育译丛"中罗恩菲德《创造与心智的成长》和里德的《通过艺术的教育》等，是美术工作者都应该阅读的著作。（图 2-10）

1993 年，尹少淳、侯令先生主编的"美术教育译丛"在湖南美术出版社出版后，"本质论""工具论"等美术教育理论开始被我国美术教育研究者所认识。随着时间的推移，这些理论逐渐被基层学校的美术教师、幼儿教师、一些校外

图 2-9 讲座分析某书内容照片

图 2-10 "美术教育译丛"图书封面 　　　图 2-11 《孩子与美术——教与学》封面、目录

儿童美术机构从业者所接受。本套译丛是教师的必读书。我国幼儿教师，小学、初中、高中美术教师，诸多校外美术机构教师，到底有多少人读过其中的几本书？又有几人能够在读书的基础上，思考自己应该如何面对孩子呢？教师没有持续读书学习，就去实施美术教学，属于极其普遍的现象。这就造成在美术教学时，教师始终将孩子丢在一边，只顾传递学科知识与技能，自己还全然不知。教师不尊重儿童，心中没有儿童，是我国美育教育落后于时代发展进程的根本原因！

1994年，中国林业出版社出版日本著名美术教育学者东山明先生的《孩子与美术——教与学》（图2-11）。此译著教育理念新，在20多年之前，作者已经在考虑美术教育和育人之间的关系。第一章"育人成长的重要环节——美术教育"中的第一节"现代美术教育的课题"，已经紧密关注时代发展进程与儿童美术。涉及三个问题：①被扭曲的儿童文化生活，②教育的困惑，③复苏孩子的善育之年。第二节"美术教育的宗旨和任务"涉及两个问题：①美术教育的任务，②美术教育的意义。本章核心问题，是当下最热的词语、大家都知道的美育。虽然作者并没有用"美育"这一词，但所有论点都是围绕美育、育人来论述的。东山明先生强调保护儿童天性与引导性教学的平衡性，教学实践指导具体，著作影响了不少美术教育研究者。

问题1：为何世界各国儿童教育学者、心理学研究者，都把自己的视角瞄准儿童原发性美术潜能现状与生命自然生长研究呢？

问题2：具体到一个美术教学主题，是否需要思考：其中所蕴含的美术学科知识、技能等与人的可持续发展有何关系？

问题3：为何美术教育研究者，总是在不断思考、研究、论证美术教学与育人目标之间的因果关系呢？

2. 美术教育理论亟待本土化实践验证

2000年，第八次基础教育课程改革开始，建构主义学习理论、后现代课程观等理论被学校美术教师所认识。近些年，STEAM教育越来越受到基础教育界关注。2017年前，全国已有600余所中学引入了STEAM教育课程。学校教育探索STEAM教育、创客教育成为某种"时髦"的事情。STEAM教育理念强调打破常规的学科界限，玩"跨界"也成为诸多学校教育课题研究的方向。如，技术和工程结合、艺术和数学结合，让学生在"做中学"，建立跨学科的创新思维和应用能力。校外美术培训机构，引入美国K12美术课程，被炒作为"热点"，这些课程培训活动开展得如火如荼。再如，去过美国的研究者，在不同场合，反复陈述着"为生活而艺术"的观念，等等。这些教育观念、思想进入我国，究竟需要怎样落地？需要如何在本土化实践中进行验证呢？

最近十几年来，有若十本关于儿童美术教育的译著出版。如《儿童绘画心理学——儿童创造的图画世界》，（美）格罗姆著，李甡译，中国轻工业出版社，2008年版；《儿童早期艺术创造性教育》，（美）芭巴拉·荷伯豪斯、李·汉森著，邓琪颖译，广西美术出版社，2009年版；《儿童绘画与心理治疗——解读儿童画》，（美）Cathy A.Malchiodi著，李甡、李晓庆译，中国轻工业出版社，2005年版，等等。在中央美术学院陈卫和先生推进下，湖南美术出版社出版"美术教育译丛"，包括《美术教学指南》《小学阶段的美术教育》等。浙江人民美术出版社也出版了"世界美术教育经典译丛",如《你的孩子和他的艺术》等。湖南美术出版社2019年出版《回望童年——儿童美术新视角》(图2-12)。对于时代发展来说,译著带来重要启示,在儿童期的生命自然生长中,美术教育工作者需要做的事情,并非"教学""给予"或者"教育",而是尊重儿童、珍惜童年、呵护童年、延续孩子们在童年生发出的独特思维。

图2-12 《回望童年——儿童美术新视角》

特别珍贵的是,由乔纳森·费恩伯格领衔、三位学者所做"儿童美术编年",将儿童美术研究历史清晰地梳理,时间跨度超越了我们原有对儿童美术的认识。不仅有西方教育历史中诸多教育家洛克、卢梭、裴斯泰洛齐、福禄贝尔、斯宾塞、杜威、罗恩菲德、里德、加德纳等人的研究,还有艺术理论家、心理学家、哲学家以及著名艺术家克利、康定斯基、毕加索等人的研究,他们都如此关注儿童美术究竟为了什么？自1224年以来,为何世界各国多领域研究者都将研究视角集中于儿童美术呢？儿童早期原发性表达研究可以为人类发展提供怎样的参照与思考？

与此同时,国内实践者也相继出版了不少儿童美术教育研究著作。这些译著与专著的出版,促进了美术教师、幼儿教师的读书、学习、思考、研究、实践、再思考、再研究。读书反思,应该是教师的日常生活状态,只有这样,才能真正对儿童美术教育有清醒的认识和理解。需要注意的是,教师对美术教育译著、美术教育思想和论点的学习,都需要进行本土化的实践验证,要敢于对教育理论进行质疑,要在自己的美术教学实践研究中,提出更契合我国儿童审美素养发展及心灵成长的美术教育基础理论和实践论点。

第二节　淡化美术学科与关注儿童生活

一、由辨析儿童美术作品认识儿童美术

什么是儿童美术？确立儿童美术的概念，需要有两个指向，既指儿童运用美术工具和材料（生活中的可以造型之材料）创作造型艺术作品的行为过程，也指这种行为过程的结果——由儿童自己表现、自己创作的美术作品。确立儿童美术概念的内涵，首先为时间段，即人的成长过程特定时段——儿童与少年期，由创作行为主体的身心发展水平体现出的造型艺术（美术）的行为特征和作品特征。儿童美术的年龄段一般为幼儿期至15岁左右，这与联合国确立的儿童年段在14周岁以下基本吻合。在现实社会情境中，儿童美术大致包括一般人们所认同的儿童期和少年期两个阶段，也就是"少年儿童"时期。

儿童美术有其特殊的品质和特征。儿童不仅是视觉图像信息的接受主体，更是由个人在视觉图像信息不断刺激后，在自主发想、联想与思考基础上，产生并运用工具、材料进行和实现造"形"想法与看法的创作主体。儿童本身是儿童美术的创作者，体现出"儿童自己创作的"造型艺术（美术）作品这一含义。其本质：儿童美术的形象生成与组织，主要取决于创作这些作品的儿童在该年龄阶段的身心发展水平。注意：儿童美术的创作主体是儿童自己，绝不能是美术教师（成人）！（"儿童美术"概念的相关论证参见第5章内容）

案例8：这是儿童美术作品吗？

图2-13为某儿童美术展览中的作品。但是，该作品本身肯定是经过某些民间艺人或美术教师加工的。从儿童身体生长机能上看，不可能有力量、力度，按照工艺设计思路加工原生态竹子，竹子这种材质转换成某物的造物过程远不是儿童自己能够胜任的。作为某种装置类展品，其在儿童美术展览中十分出效果，但这是在美术教师指令下，仅由孩子的手完成部分组合而形成，本质上并不是孩子的作品。包括将竹子（桶、竹竿状）切割成竹环作为创作材料（部件）

等，都不是儿童自己的思路，更不是儿童可以自己制作的，而是教师或者竹工艺艺人的点子。要认证的是该作品本身究竟有多少表现成分是孩子自己动手完成的。

图2-14为四川何燮科老师指导的剪纸作业，是儿童自己动手完成的剪纸。剪纸表现时，儿童是不可能如同民间剪纸创作者、陕北乡村的大嫂、奶奶等那样，依据传统剪纸图式，传承具有民间风俗等文化意义的剪纸作业。即便是在欣赏民间剪纸之后的临习作业，也不可能完全照搬出民间剪纸作品。儿童是将自己对某主题的感受表达出来。作品的剪纸语言样态明显带着孩子无法熟练运用剪刀的痕迹，看，锯齿纹的剪口是那么拙，整个造型也剪得如此个性化。

图2-15为浙江台州儿童的作业，肯定是儿童自己画的。但此作业视觉图像样态似乎比较"眼熟"，为何？在20世纪90年代，早就有这一类的儿童画作业，此作业这样表现，是孩子按照教师要求去画的。在画的时候是否参照了相应的儿童美术画册、书籍，或者临习了某儿童画，在此暂不深究。

图2-13 儿童美术展览中的作品

图2-14 何燮科老师指导的剪纸作业

图2-15 浙江台州儿童的作业

上述三幅图说明一个道理，任何教学如果只考虑学科，儿童潜在的能力释放不出来，对于儿童身心都是有害的！反思，教师能否将"以儿童为中心"的教育理念贯穿教学始终？自己的教学有否真正为儿童身心发展和自然生长着想呢？何为"儿童美术"？这些是准教师入职时就应该很明白的事情，从全国范围儿童美术作业来看，存在相当多的问题。如，相当多幼儿园作业，呈现出明显的成人控制甚至代笔的痕迹。学校展示的美术作业，有多少是面向人人（全体学生）的美术作业？兴趣小组（美术社团）活动，是从美术学科本位去教孩子，还是应该回到育人目标？教师是否真正实施了以美育人呢？这些问题，希望教师们能够从儿童身心发展和成长目标出发做持续反思，儿童美术教学，到底应该怎样去教？还是不教？或是以"不教而教"的暗示和引导启迪儿童呢？怎样设计儿童美术活动，才能回到儿童生命自然生长和发展的正确道路上？

二、儿童的造"形"表现能用"专业"提升吗

早教，是一个系统工程，如何实施学问太多，绝不是社会上那些"早教中心"等机构吹嘘的东西。连续几年承担河北师大学前教育教师国培班培训工作时，河北师大一位美术学油画专业研究生，毕业后曾在某著名早教机构工作 8 个月。当她在现场听到、看到我指导研究生在义乌市政府幼儿园（宾王幼儿园）进行 3 岁儿童艺术领域美术活动课程中呈现的两个课题指导案例及孩子作业表现时，震惊地说这才是中国最好的、世界最好的幼儿美术教育、早期美术教育！当时，她在学前教师国培班现场发表大段感想，讲得非常精彩，列举了社会早教机构的一些弊病和忽悠家长的许多花架子做法。（图 2-16）

图 2-16 浙江省义乌市政府幼儿园（宾王幼儿园）儿童美术活动，姜哲娴执教

现实情况是，研究生团队在浙江省义乌市政府幼儿园进行了一年多儿童艺术领域早期美术教育活动，而幼儿教师还是不明白引导 3 岁幼儿参与美术活动时，研究生团队为何要这样指导。此案例说明，儿童早期教育中的美术活动，其内涵之深刻。

案例 9：家庭早教中的美术活动

日常在家庭里所进行的早教美术活动难度更大，因为妈妈、爸爸总会依着

孩子的性子来，而忘记早期教育中成人需要遵循的规则与规范。

某家长：

李老师，您好！我不是美术老师，机缘巧合，我在5月份听了您的讲座，太震撼了！我水平不高，当时听得非常累，很多都消化不了，但是就仅仅的那一点点的接受，我的思想就颠覆了！

我没办法教很多学生，但是我有一个儿子，他是幸福的，因为他的母亲听到了您的讲座。为此，我收起了为他准备的许多简笔画图例，将来也不会随随便便地把他送进一些所谓的美术培训班。儿子现在21个月了，我只是一个极普通的母亲，对儿子没有太高的期望，只希望他有个快乐的人生。我的想法是，能感受美的人才会拥有快乐的人生。因此，我想引导儿子学习美术和音乐，我不想强迫他学习，可是刚开始总是要引导吧。我儿子现在特别爱翻书，以前老撕书，现在不撕了，看起书来像模像样的。以前老撕，我就拿了些超市的海报给他，现在拿一些杂志给他翻。都是些我以前看过的时尚杂志，除了广告，就是一些女孩子和衣服啥的。想起您讲座中提到的"要眼睛会看""培养会看的眼睛"，还说到"多让儿童看名画"……，我就想着，给他翻那些时尚杂志，是否会害了他，我还同老公说"都是些胸罩内裤的女人，将来看成桃花癫，咋办？"。

这几天在网上找到您的博客，看到您的一些文章，粗粗地看了几遍。过些日子工作空闲些一定要细细阅读，能接触到您的这些理念，我和儿子真是太幸福了！我给儿子网购了您提到的《艺术和美，是什么？》，估计国庆节后就能寄到了。我还想着买一些艺术家的作品集换下杂志给儿子翻，网上太多了，眼花缭乱的，不知道买哪些比较合适。对于21个月幼儿的艺术早教，希望能得到老师您的指点。我的水平不高，文字组织能力也不咋的，希望您多多包涵。同时，盼望能得到您的回复，这将是我这一国庆假期最大的幸福！

讨论：儿童早教，并不是社会上某些机构鼓吹的内容，那些以盈利为目的进行的商业运作，实则对孩子并无多大意义。真正的早教，需要给予孩子一种习惯的养成教育，如秩序感。

第一，东西哪里拿的再放到哪里去。做事情按照秩序（步骤）进行，做事情的秩序感养成，应该在幼儿期学前美术活动中逐渐达成。如，给幼儿不同质地的纸张，让其随意撕，这是锻炼儿童小手肌肉与骨骼精细度的活动，幼儿可以尽情撕。家长可以先给比较容易撕的纸，然后逐渐给撕不动的纸，锻炼的过程，也是美术活动的过程，当其撕不动时，下次活动再撕。撕出的各种大小碎纸，家长、幼儿教师可以引导幼儿在另外底板（纸张）上进行拼贴自然形状的造型表现。此活动欣赏引导需要提前进行，先让幼儿欣赏绘本《小蓝和小黄》，家长或教师声情并茂讲述并表演，重现李奥尼先生当年带着孙子、孙女乘火车的故事。幼儿观赏绘本中那些什么也看不出的"色纸形"，体会李奥尼先生是如何引导视觉感知和心理认同的融合。此活动要点在于，幼儿拼贴、玩完之后，尽管累与不耐烦，依旧需要让幼儿自己学习收拾这些"乱乱的"碎纸，这是儿童养成习惯的开始与坚持过程。早期教育中太缺乏这方面的引导和要求。

第二，读书的秩序。妈妈或爸爸领读的秩序，孩子不能吵闹，养成安静倾听的习惯，特别需要在安静倾听后，孩子再与母亲对话和交流，要学习尊重母亲的劳动，不要插话、抢话，要让妈妈说完孩子再说。从小逐渐养成这样的秩序感相当重要。有了与父母一起读书的基本习惯，积累一定的读书（看书）的秩序感，再启迪孩子自己加长读书时间与反思过程，这也需要耐心与安静。

第三，自由表达的秩序。给幼儿准备纸笔等工具，让其自由涂鸦，再让他叙述自己表达的是什么，妈妈用录音笔（或有录音功能的手机）记录孩子的诉说，以此作为母亲指导孩子以及心声表达的依据。孩子涂鸦过程中父母不要打断其自主表现的状态，更不能提出什么要求，特别需要尊重孩子现场感知、体验、抒发的状态。

第四，说话要轻声细语的秩序。这是最欠缺的公德教育，如儿童参加集体活动，绝对不能大声喧哗，不能影响其他小朋友，这是养成尊重他人、社会公德的秩序，特别在成长过程和成人之后的公共场合，不能大声喧哗影响他人。

第五，小手肌肉与骨骼的锻炼秩序。需要专门的美术活动，追求小手肌肉、骨骼在运动中的精细度，可通过相应的美术活动解决，如执笔（不同的笔不同力度去执、去把握）、撕纸、拼装物品等，又如画线条的秩序感（排平行线、排格子线等）。

第六，改变儿童眼睛污染度，拓展美感经验的视野。美术欣赏学习辅导，是一位合格的母亲、父亲特别应该做到的事情。当我们步入大英博物馆、卢浮宫、奥赛博物馆等世界著名博物馆时，能够看到的景致是：很多婴儿在展墙的地下爬，父母在参观，这就是熏陶，是自小开始的视觉陶冶和身心养育。博物馆教育，这些年开始普及，很多中小城市的博物馆也在不断推进社会公共教育。但家长群体在这方面做得还是不够，有的还不愿意做、不能持续做，怎么办？那就多阅读画册（绘本）等进行审美陶冶。读书时，家长要给孩子讲述，引导孩子感受，再让孩子自己表达出来。以上你需要耐心做一年，需要自己设计教学计划。（图2-17）

图 2-17 《你好，艺术！》，（日）结城昌子著，郑明进译，中信出版社，2020 年

某家长：李老师，您好！收到您的回复真的太开心、太幸福啦！谢谢您的指点，您说的秩序感，正好和我正在学习的蒙台梭利教育相吻合，我读过孙瑞娟的《爱和自由》，现在正在学习《蒙台梭利家庭教育》，我一直都在学习让儿子"归位"，小有成效。他的水杯、绘本、玩具等基本都能归位，有时忘了提醒一下也能归位，有时他不愿意归位，我也不强迫，过一段时间就会发现它们也会回到原处。"做事情按照秩序（步骤）进行"这个有点难，因为我自己做事都没有秩序，还有您说的其他，我都会努力去做的。我的目标是"让儿子在爱和自由中快乐地成长"，"爱和自由"才四个字而已，可是做起来却真的好难呀。您说的这些内容足够我消化很长时间了，谢谢您！按照您的方法我会努力地去进行。

案例 10：生活中的发现与自主表达

北方某城市社区建有山体公园，盘山步道蜿蜒而上。冬春时的北方少有绿色，一片萧瑟之感。但是，在冬春时的阳光下散步，沿着盘山步道行走时，你有否发现路边的芦苇在风中摇曳呢？仔细看看，还有一片片的芦苇已经倒伏，可否带着孩子采摘一些倒伏的芦苇，回家进行造"形"表现游戏呢？

这是学前儿童以及小学生都可以完成的面对自然生活自己的视觉发现，以及动手自我表达活动。这一审美活动是从生活细节里发现可用的材料，通过儿童自己的想法、自主地动手，完成有创意性的造型表达作品。（图2-18）

图2-18 倒伏的芦苇肯定不如在风中摇曳的形态更能引起人们的注意。生活里的发现，是儿童从小必须经历的审美体验和自主创造的基础。摇曳的芦苇或许当时可以引发路人的美感生成，但路边倒伏的芦苇却是可以造型表现的基本材料来源！能够发现其功用，并利用其造型表现，是养成基本创造性思维的小活动，如果儿童多经历这样的活动，其成长之后面对人生和世界时，定会有连续不断的创想回报。

案例11：儿童如何把握所谓的"再现"与"表现"？

图2-19 刺绣作品

图2-20 欣赏刺绣作品后的排线练习

图2-19是满族民间刺绣纹样，图2-20是"蒲公英行动"在吉林通化金斗小学（村小）支教时学生的作业，是孩子们在欣赏满族民间刺绣纹样中的色彩

渐变后，自己在白纸上留下的痕迹。孩子们的感受很朴实，作业反映了真实的学生心理。

作为教师，究竟如何以正确的儿童美术教育思想统领自己的教学实践，以怎样的引导方式滋养儿童心灵？各版本小学美术教科书，多有"植物写生"教学主题。如，人美版第八册第一课《植物写生》，浙江人美版四年级上册《生长的植物》等。不少教师认为，学生的作业反映出三个现状：①不会观察；②不会把握事物的特征；③对生活事物缺乏感受。问题出在哪里？

《义务教育艺术课程标准（2022年版）》第二学段学生的"造型·表现"艺术实践活动内容要求："根据自己对生活的感受与想法，使用不同的工具、材料和媒介，采用写实或夸张等手法进行表现。"[①]

课标要求：要引导学生关注自然环境和社会生活。通过观察体验关注自然环境和社会环境，培养学生亲近自然、融入社会、关爱生命的情感态度与行为习惯，逐渐形成他们的环境意识、社会意识和生命意识。

教师发现：写生中，学生画的树的造型显得怯怯的，没有生机，孩子们看着眼前的树，画出的是自己心里旧有概念记忆的树形，孩子们连自己再现生活物象的能力都那么弱，如何去谈表现呢？于是，相当多的美术教师在课堂具体教学中，结合美术教材，把再现式写生教学活动作为课堂教学的目标及实践要求，在低中高各年段全面展开实践，从而达到学生再现事物的能力。该教师的教学策略是：再现→表现。即学生只有掌握了再现事物的能力，才有可能去谈表现。（图2-21）

图2-21 左图为广州6岁女孩的写生。看，画面中的线条多么自由，勾勒"小蛮腰"的线并非那么直，但依旧能够表现出标志建筑物的感觉。画作中的树木为何这样画，也是孩子根据自己的感受而选择的表现样式。成人（美术教师）应少干预儿童的写生，多鼓励孩子自己感受自己画。

---

① 教育部：《义务教育艺术课程标准（2022年版）》，北京师范大学出版社，2022，第55页。

问题： 儿童的心理和生理状态，以及不断发展的内在感知心理变化到底是怎样的？能否接受这样的美术学科教学指令呢？植物的写生表现，属于小学阶段的常态学习内容。为何小学阶段学生群体，尚无法达成按照所谓"写实"物象形态的要求，完成美术表现作业呢？为何核心素养目标下的课程改革更强调学科综合，而不是单纯完成技能表现学习呢？

（1）对儿童来说，其造"形"究竟怎样写实？何为写实的表现？

（2）儿童群体是否人人都需要表现写实景物的手上功夫（能力）？

（3）如果儿童获得写实表现的能力，是否需要按照教科书的要求跟学？

基础美术教育是面向人人的公民教育。美育素养的积累与提升，并非依靠画植物写生这样的主题内容就可以达成的。从植物写生的具体教学指导看，美术教师要思考：美术学科表现技能，是成人总结的东西，对孩子来说，用直接灌输式的方法合适吗？写生活动时，教师可否不直接教美术知识，不提出具体的技能表现要求，第一课时可以先安排欣赏、感知植物主题的美术作品、小伙伴的写生作品，到写生现场后，由学生自己凭着当时眼睛的直觉感受，主观落笔勾勒和运线，教师只是在其身旁进行鼓励性提示，孩子自主完成写生表现。

三、儿童自主造"形"的美术课

1. 怎样认识、理解"形"的教学

"形"是构建美术学科的基本要素。如果将儿童美术教育定位于美术学科课程，那么，在对儿童实施的美术"造型·表现"艺术实践活动教学中，教师对"形"的引导，学生对"形"的认知、理解及把握能力，"形"在自然世界里所具有的基本存在方式，如何捕捉"形"和表现"形"的方法，成为美术教学中最关键的问题。在学前教育中，教师对幼儿造"形"的"提前教"行为，是影响儿童日后美术能力发展的"摇篮扼杀式"行为。我国学前领域从业者教育观念整体滞后，大多数儿童在进入小学之前，其潜在的、原发性美术表现欲望早已经被成人抑制。当其进入小学的时候，在接受义务教育阶段"课标"各版本美术教科书内容的时候，无论执教美术教师是否具有美术教育学的基本素养，他们也已经很难正确地认识美术、理解美术文化了。

这一困境应验了我国养育孩子的一句老话——"3岁看大，7岁看老"。一个儿童在学前期没有受到良好的视觉审美教育滋养，其一生所形成的人文素养基础将受到极大影响，也就是人生大树的根基没有打好。

（1）向儿童致敬是一种文化

儿童美术教育中，教师应当特别重视每个儿童生命心理、生理自然发展的文化历史。儿童生命阶段每个短暂历史是其成长的历史依据，儿童的生命自然生长是对这一历史浓缩了的复演。儿童在童年时期任何一个心理、生理发展阶段，以及整个儿童期自然表达本身，都具有独立存在的价值，教师和成人应当珍视儿童。

案例12：马葆程小朋友"奇特的脸"

儿童参加美术学习，我总是先给年轻父母们开家长会，当大家都能略明白我所倡导的美术教育思想时，再和他们共同探讨如何培养孩子美术表现能力的问题。不尊重自己孩子的年轻父母，会受到我严厉批评，向儿童致敬本身就是一种文化。2000年，5岁多的马葆程小朋友，在家庭作业中，完成"画爸爸"的速写。

儿童都生活在自己社区的人文、地域环境中，自己家庭族群的文化影响，对儿童相当重要。马葆程小朋友的家庭作业，一直展示在教室中，以引导所有学生和家长共同欣赏，并选择专门时间讲评此作品的珍贵价值及意义，用这样的方式帮助学生、启迪家长，使家长正确看待儿童的自主表现，逐渐做到尊重儿童。在长达20多年时间内，在我的著作和讲座中，我都要反复向美术教师阐释向儿童致敬、向儿童学习的教育思想，希望帮助在职教师逐渐改变看法和教育观念。

画作分析：马葆程父亲写在速写作业背后的文字，阐释了孩子当时这一表现的原因，做模特的父亲总是不耐烦地"动"，因而，马葆程小朋友根据自己眼睛的观察，直觉表现出动态的、脸型和五官夸张的"奇特的脸"。作品表现方式契合了毕加索"结构立体主义"作品的样态。（图2-22）

课堂作业、家庭作业规范要求：每个学生作业完成之后，将自己名字写在画作纸张的背面，保持画面图像形态的完整性，用这样的要求养成学生做事情的秩序感。马葆程的父亲在其完成作业后，很认真地用文字记录了马葆程当时的内心活动及表现。文字描述了整个写生过程，以及马葆程对父亲做"模特"时表现的不满意。案例证明，马葆程的父亲是一位好父亲，是一位尊重自己孩子表现、尊重孩子心理发展，也尊重美术教师教育理念的人。由于他密切配合我的教学指导，才有这样好作业的诞生并保留至今。

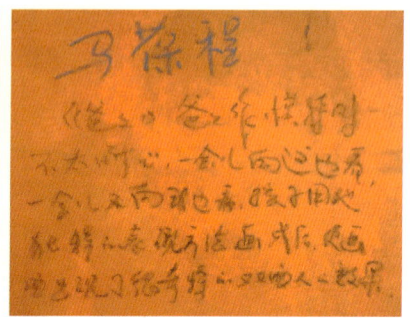

图2-22 画作《爸爸》背面文字：爸爸做（作）模特时不太耐心，一会儿向这边看，一会儿又向那边看，孩子用他独特的表现方法画成后，使画面出现了很奇特的双面人效果。

讨论：每个年龄阶段的儿童，由其身心深处所开出的美术表现之花，是各不相同的花。时机成熟的时候，作为教师，肯定会选择绽放的鲜艳绮丽之花。但是，所有成人都在焦急地等待着儿童，很想让他早早地绽放，却忽略了那些应该绽放的、特殊的花朵。而且，教师所面对的，并不是所有同龄儿童都能够在同一时刻绽放出同样的花朵。每位儿童都属于每个时代的"时间之花"，也属于"自己之花"，其开放的时间肯定各不相同。教师在自己的教育现场，可以看到面对儿童理解不够充分的实际情况，需要以儿童为中心，调整自己的教育教学策略。

（2）感知体验程度是儿童表现的基础

美术欣赏学习应在学前教育阶段强化实施。在进入小学一年级之后，美术欣赏学习应占整个学年美术课时一半以上。《义务教育艺术课程标准（2022年版）》将"欣赏·评述"作为其他艺术实践活动方式的起始，强化学生的视觉审美感知，专题欣赏学习贯穿其他艺术实践活动中，欣赏学习需要伴随美术课始终。每个主题学习的"随堂欣赏"，以及评价环节作业欣赏，是提升学生眼力，积淀审美感知素养的有效学习内容。美术教师对欣赏学习的忽视，逃避上专题欣赏课的问题，到了应该立刻解决的时候了！儿童遇到帮助其提升视觉欣赏审美感知力的教师，可以唤起心灵深处潜在的美术表达能力，激活思维方式，如此，其人生就会是另外的样子。美术教育对每个儿童一生成长的重要作用，基于儿童视觉感知基础上构建起独立的思维方法，这是儿童自我发展的决定因素。

案例13：社团教学的一般内容

学校美术社团的教学内容，一般以美术教师自身的"强项"为基础，如，某教师擅长中国画，自然就开设"水墨"社团，如果教师擅长版画，"版画"社团肯定作为亮点。有的学校美术教师多，采用每一位美术教师选择一门或两门自己可以胜任的学科表现性内容，作为社团教学方向，于是乎，"色彩""装饰画""版画""线描""纸艺""泥塑""综合材料"社团等都有了。上述所有社团教学虽然丰富了学校美术课，特别是"双减"背景下作为课外美术活动内容，对学生的美术成长有帮助。但是，上述内容有否形成落实核心素养目标的课程体系？通过这类社团学习活动，能否解决每位儿童美术造型能力的发展呢？

图2-23为深圳邓瑛老师带领同学们进行"找封闭图形"练习中创作的作品。学生直接进入现场写生，主题是人物和鞋。邓瑛老师一般会让学生们相互写生，一个半小时安排画五张作业，人像一张，鞋分四个角度，学生画着画着鞋，和人就有共通的形了。彭晓嘉同学说："原来自己还可以画！"她自己也很意外，兴奋得不得了！

儿童离开幼儿园进入小学后，一般美术教师的目标指向，定位在如何让其画出再现物象形态的美术作业。小学美术教学，分为课堂教学与课外美术兴趣小组（美术社团）教学两类。美术社团教学，目的是提升部分小学生在美术学习中的

图2-23 彭晓嘉同学作业

表现能力，发展其认识水平。能够参加美术社团的学生，是被美术教师挑选出来、认为是美术课表现"优秀"的、又想学习美术的好学生。这种"优秀"并非真正具备发展意义、奠定"具有审美素养公民"基础的人，而是以各学校教师自己学科评价标准确立的。美术社团活动，其教学目标是为学校出成绩（美其名曰"学校美育成果"），是为学校专门"贴金"的美术骨干学生，也能稍微提

升一部分学生的美术学习兴趣。

讨论：小学生在课外学习时间，通过追求再现的造型表现学习活动，能够解决其对形的认识、理解与表现水准吗？传递单一技能的美术社团，能深刻理解美术文化吗？社团美术教学，能否促进以班级为建制的全体学生其自身动手造"形"表现欲望的持续生成？又能否提高全体学生的美术表现能力呢？邓瑛老师运用的"找封闭图形"的自主探究方式，是引领学生思维、解决小学生在学校阶段锻炼美术造型能力的一种方法。

常见学校艺术教育的繁荣景象、成果展示是"精彩"的表面文章，而实现"面向人人"的美育目标之现实非常残酷。大多数小学美术课上，全体学生的造型能力还无法得以提升，由于自认为手上功夫差，学生对美术课兴趣自然减弱。学生面朝教师常说"老师，我不会画"，"我不是学美术的材料"，此情况比比皆是。

案例14：学生自主美术欣赏社团

深圳罗湖区在正高级美术教师、教研员陈勇老师带领下，成立"学生自主美术欣赏"社团，连续7年面向全区各学校学生展开自主、普及型美术欣赏活动。以这样的目标定位的美术社团在全国范围尚少，这是提升全体学生人文及视觉审美素养，强化学生审美感知、提升自发美术表现力非常有效的做法，远比目前常见的学科技能表现美术社团更有益于学生成长与未来发展。在全体学生中普遍实施自主美术欣赏学习活动，才有可能推动全区学生整体人文素养的提升，帮助学生构建审美眼光，提高自信心，发展评述表达能力，促进动手表现能力提升。通过大量的美术欣赏过程与学生的自我反思，视觉感知体验的特殊作用能够在日后的表现性活动中体现出来。

图为深圳市罗湖区艺术节嘉年华活动，学生表演"你好，倪瓒"。我们的祖先在中华文明发展中，在对世界文明的贡献中有着惊人的艺术成就。美术欣赏自主学习教育活动，帮助学生发展这一民族自尊心。基础美术教育的出发点及归宿不是美术学科本身，而是学生（儿童）的自主发展，这是以美育人、实现立德树人目标的正路。学生自主美术欣赏社团的探究学习方式应该在全国范围推广。（图2-24）

讨论：深圳罗湖区学生自主美术欣赏社团的启示：人类对视觉形象怎么能

图 2-24 学生表演"你好，倪瓒"

够有所感觉？对社会发展和个人进步所需的敏锐洞察力、知觉力、观看技巧、思维方法等，儿童是如何获得的？只有经由儿童期的艺术（美术）鉴赏活动，才能提供对人类经验和颖悟的贡献，艺术独具的特质需要在基础美术教育活动中让学生自主获取。引导儿童了解人类是如何发展视觉造"形"的反应与创造能力，是一项异常复杂、艰辛的研究性工作。用美术的独特知觉与创造所带来的生命感，是美术教育持久的研究目标、方向、主题。如果从学前教育、义务教育到普通高中教育，规避美术对生命之隐喻和情感提升的心灵内在教育，那绝不是美术教育，其结果是造成未来社会生活中充斥着缺乏视觉诗情的人。

文化人类学、心理学、美术史学等方向的学者，对人类的感知觉经验和行为进行科学研究，大约只有不到 200 年的历史，我们能够找到的、对于美术教育诸多问题的答案，其科学性的信度并不高，包括发达国家的教育。这是因为，在人类的行为和感情中，美术的学习和对美的经验是最为复杂的心理研究之一。所以，面向儿童的美术欣赏活动，感知觉发生、变化和视觉审美提升研究更为重要，当教师听见学生说"我不会画那个"时，可以立刻确定的是，这个学生的生活中，一定有某些干扰思维的事情发生了，其视觉思维发展滞后。艺术（美术）是人的一种特殊的、有价值特征的经验形式。艺术（美术）是一种使生命个体充满活力的经验形式。它协助人的生命成长中的有机体知觉到自己是充满活力的，它把一个人推到感觉的高层次，得以确认艺术经验是人生的一种独特体验（事件）。

2. 儿童对"形"的认知与把握

儿童从小就开始了对"形"的认知与掌握，因其不同年龄、心理、生理、智力、文化环境等方面的差异，以及受其所接触的成年人群体、地域影响等，而各自有着不同的体现。2000年新课程改革后，某版本中学美术实验教科书，提出"写实美术、意象美术、抽象美术"的概念。暂不追究此概念确立恰当与否，此概念传递给初中学生群体是否合适。对普通公民来说，对"形"的认知和理解均与其视觉所感知的印象（图式）紧密相连，即眼睛所看到现实物象的形与美术作品中的形相互一致性的认识。如，当看到某美术作品中所刻画的人物形象之后，普通公民眼睛的知觉反应是，立刻会将这个作品中的形象与生活里人之形象（形态）在个人思绪中发生联系或比较，做出自己对视觉感知后形态的思维判断、形象概念的确立。在儿童美术教学里，常常出现的"像与不像"的低水平认识问题就由此产生。

在审视儿童画作品时，一般成人认为，儿童的绘画表现所塑造出的"形"，也应依据对视网膜映象图式的再现，即所谓写实绘画，眼睛所看到的真实物象视觉对应程度，成为教师（成人）对儿童画的评价尺度。当国民有这样普遍的思维方式，使得幼儿教师、义务教育阶段美术教师、儿童群体与家长群体在观念上产生较大的认识偏差。此认识偏差的基数越大，整个国民群体越没法做到认识美术、理解美术文化。这是社会民众普遍存有的肤浅认识现状。

儿童绘画表现中形态语言的建立与构成，依赖于每个孩子个体不同的主观意志，是其心理、生理、意识、认识、思考因素等综合的形象化思维与表达。美术活动中，儿童这种形象化的思考过程，他们笔下的形态痕迹，并不只是对物象客观的思考，也不是对自然物态简单的"摹仿"、记录与"再现"，更多的是带有主观意念的自我表现，是儿童内在情感通过这种形象化思考所形成的外在反应，这包括儿童在成长过程和转型期中所画出的某些"写实"作品。美术教师需要明白，儿童在画面上所表现出的"写实"形态，与成人美术中的"写实"造型有着本质区别。以下儿童线描写生作品很说明此问题。

案例15：青岛江苏路小学学生写生作业

20世纪80—90年代，在小学美术课中，率先计划、专门组织进行小学生课外美术采风写生专题活动，当属原青岛市江苏路小学（该校现为青岛实验小学）王绍丽老师。王绍丽老师当年指导的儿童线描采风写生作品相当精彩，是我国小学美术教学中高水平作业。

图2-25、图2-26：作业体现了儿童以线造型的表现特征。画作生动地表

图 2-25 孙山作品（10岁）　　　　图 2-26 滕晨晨作品（11岁）

图 2-27 杨柳青作品（10岁）

现了社会生活中的物象，儿童在码头、船厂、孔庙等地，现场感悟之后的造"形"与表达，是基于自己视觉感知生活物象后的主观表现，是当时在写生现场直觉感受心理的产物。面对这些作业，美术教师不能用成人美术学科概念如"再现""写实"，以及知识技能表现要求，来描述或者评价儿童线描写生作业。

图 2-27：是根据写生稿重新用油画棒、色纸进行表现的作业，充分体现了儿童线造型特点。换了表现工具、材料之后，作业中的意象性更加突出，学生将更多自己的感受融入画中。这样的作业能用成人美术的"再现"概念来描述吗？

讨论：美术表现中的视觉形象要素，由点、线、面、体积组合与构成，呈现作用于视觉的形态语言。儿童的自发性美术表现，是以点、线为基础，辅以部分涂抹所形成的灰度，构成画面中的形象样态。它是儿童将个体的思想、情感、意图和对生活的体验给予形象化的表述，这一过程是通过儿童期自发的创造性思维完成的。在儿童画作品的形态语言方面，它的形成与表达方式基本上由"线描"与"色彩"两方面表现来完成。联结这两个方面的主要因素，它的形成与表达方式是由儿童眼睛审美感知觉、思维意识中所认为的某物之"形"，进行自我的理解、构成、把握、发展、呈现。线条是儿童围绕着"形"的个人知觉展开一系列活动的连接要素，线条表达的画面呈现样态，是儿童心理、生理、人格及全面成长的学科教学的检验标尺。美术教师几乎都以儿童用线条对"形"的表现理解、把握程度、构成样态，来衡量儿童画和儿童自身能力发展与综合成长。由此看，成人美术三个概念"写实美术、意象美术、抽象美术"尚无法对接儿童美术学习。儿童的美术表现活动从根本上与成人美术的学科特性有着本质的不同。

教师对"形"的理解和认识水平，决定了自己儿童美术教学的方向性。由此，一系列的问题随之产生，"怎么教""教什么""对形的塑造指导把握何种分寸""对作业的评价""不同年段儿童对'形'的知觉水平"等都摆在教师的面前，需要认真研究、思考、判断，方可以确立究竟是依据儿童原发性表现状态，还是实施自己所认为的某种美术教学。在小学阶段，根据《义务教育艺术课程标准（2022年版）》要求，美术教科书所承载的美术学科知识、技能传递任务，由美术学科知识本位，转换到核心素养。每个学习主题明确要求学生应该知道、学生能够做到什么，由超越学科走向了以美培元。学习新课程标准，必须回答两个重大问题：其一，新中国成立70多年以来，在各个历史阶段（八次课程改革）所实施的基础教育美术课，从教学大纲到"课标"，学科内容、知识点、技能表现要求，是否符合儿童生命自然生长的心理生理发展规律？其二，"课标"规定要传递的美术学科知识与技能，其育人功能体现在课堂上究竟达到何种程度？"知技合一"的美育目标要求在美术学科育人功能、落实效度方面怎样做出比较客观的评价？遗憾的是，这两个重大问题至今并没有真正解决！

当下尚无法理直气壮回答问题的根源，数百万幼儿教师队伍，几十万小学、初中、普通高中美术教师队伍，作为"美术教育人"，迄今为止，对于"形"的理解和认识水平，还没有达到合乎儿童心理生理发展水平的层级，这直接影响幼儿园、小学、初中美术课堂教学方向与水平。第八次基础教育课程改革之后，虽然已经走过21年时间，但是，在美术课程顶层设计时，没有对美术活动中，儿童究竟应该如何认识和理解"形"做出正面回答。虽然当下国家推进美育的力度空前，但是，怎样提升全体学生视觉审美感知能力，是长期、艰巨的工作任务。儿童对"形"认知、把握在其心理生理发展的特殊性，造成思维上的制约，如何减少学生最终远离美术学习状况的发生，此方面需要认真研究并强化工作力度。

教师群体对"形"的理解和认识水平的局限，还直接影响全国校外儿童美术培训班、工作室、少年宫、儿童中心的美术教学水平，直接影响儿童美术教育的教学研究。儿童在美术活动中所产生的任何问题，其根源都是由"形"这个最具体的学科问题的认识、理解水平而产生的。美术教师要站在这一高度上思考、认识问题，理解美术，认识和理解儿童美术发生的本质。

案例16：一年级美术教学问题的讨论

李老师，我一直在坚持开展基于学生视知觉的绘画课，出现很多与以往很不一样的学生作业。但在一年级出现家长不"领情"的情况，觉得孩子以往"简笔画"的方式画得挺"溜"的，不让孩子"凭想象自由画"，扼杀了绘画趣味性。真是觉得很冤啊！附件两张作业是同个孩子在同一节课上的作业，一张是没有引导凭自己想象画的，一张是给予大量视觉刺激图片和结合油画棒直接涂形状的技法所产生的作业，对比之下很有意思，绝大部分孩子觉得这样的画面有美感（也有个别小孩觉得"简笔画"的图式好）。

××老师你好，你的研究工作非常有意义，做得很好！

一年级（小学美术）的问题，特别是在"造型·表现"艺术实践活动中，儿童最大的问题就是被"形"所困扰着。究竟是画像，还是……

长期以来的美术教学，特别是在幼儿园里，大多数教师均在要求儿童作业向老师给的范画靠拢，这成为其教学评价的最终要求。因此，儿童思维自然就被这样的教学固化。小学美术课一周2节，虽然不如在幼儿园里画画时间多，但此刻评价产生的纠结心理却比幼儿园更难受，因为整个社会均在看成绩！家长也在乎美术课的成绩。我认为，第一幅作业儿童也不是凭着自己想象而画的，这种图式是其在幼儿园里学习过的造型样式，并不是孩子自己有感而发的表现。

关于儿童在以往学习中已经形成"'简笔画'的方式画得挺'溜'的"问题，这是家长已经看习惯的、孩子在幼儿园美术作业上的造型样式，家长们对儿童画的视觉图式有了一种基本的认识。由此，家长就拿他们认为"好"的作业标准来应对你的课堂作业。建议，应该采取的措施是：

第一，家长会与教学研究。在一年级开学第一节美术课前，需要与学校的新生家长会关联。也就是说，需要辛苦一点，在一年级各班新生家长会上，拿出专门时间，向家长介绍你的教学思路，同时，给家长们欣赏一些儿童画作品，引领家长对美术学习的基本认识。

第二，强化教学评价。在一年级所任教的各班级里，全面渗透你的美术教育思想、理念、基本教学评价标准，用一个学期时间来铺垫（打基础），让学生能够理解为什么这样教，同时，让家长们也能够逐渐认同你的教学。这是不能动摇的教育方向。

第三，家长们所喜欢的"溜"，是儿童在幼儿园已经形成的某种造型样式。对此，引导学生欣赏某些儿童画作品，包括在你教学班级里已经培养的"子弟兵"之作业，讲解给学生与家长听，这些作业为什么好。

关于视觉刺激图像的引导教学。希望你能够有体系地筹划一系列课程内容，逐渐给孩子们视觉感知的影响，争取在一年级的两个学期里，拿出一批作品，让学生们感觉到自己的进步与变化。最好在每个学期都举行展览，引导学生与家长改变自己原来的认识，逐渐明白美术的世界是这样的变化丰富，而不是自己原来所认识的那样。祝你的研究更深入！

李力加

基础教育大环境中最大的问题，对儿童一生成长最直接的影响，是幼儿园艺术领域的美术活动。当幼儿教师将"教学"行为注入幼儿美术活动时，不仅是在"教"的规则上约束儿童，更可怕的危害在于两点，第一，直接污染儿童的眼睛。绝大多数幼儿园的美术活动，从源头上将儿童的视觉思维从进园开始给禁锢。第二，对生活世界认识观念的固化。绝大多数幼儿园用灌输所谓的科学知识替代儿童亲身对生活世界的感知、体验、发现、探究，从人生最初阶段就迷惑了儿童的双眼和认识基础。

解决上述问题，打通儿童美术造型能力发展的瓶颈，美术教师需要针对小学一年级学生"造型·表现"学习，自主展开实验性教学，帮助儿童把成人从小给"贴上的知识概念标签"尽快摘除。如，2006年，一位语文教师学科背景的小学校长，在观摩我在一年级两个班学生美术现场教学后，感慨地说："我明白了，你所说的固化思维是儿童的生活感知被笔下的形固住了，其思维就被禁锢了！"面对现实中的美术课，教师如果只求作业表征的虚假繁荣，无法解决全体儿童美术造型表现"本质力量"的健康发展,这是儿童美术具体教学问题不断发生的症结所在。儿童从幼儿园到小学阶段,经过8—9年的美术课,到初中时依旧不敢动手画。他们总怕画不"像",儿童思维中"像什么"的概念是由哪里来的?不就是从小开始被这个"形"给困扰的吗?!

◆ 案例17:牛脊背上的"共同线"

2000年儿童剪纸作品(图2-28)。在牛的脊背上出现了一条如此肯定的"线条",表现的是牛身体的轮廓线吗?为何又在线条的上部呈现出牛身体的另一部分呢?我高度赞扬这一表现,将作品在学校展示给全体学生及家长们欣赏。但是,我的赞扬并没有得到一位母亲认同,她认为,作为美术教师,我并没有教给她女儿剪纸的表现技能,我没有按照美术学院的美术学科体系去指导她的

图2-28 孩子表现牛的剪纸,在牛身脊背结构线的上部,又刻画出牛身的另一体积形态,是儿童的一种空间表达的"平面化"形式。

孩子学习美术,我的教学就是引导,是尊重了孩子,但没有尽到应该"教美术学科知识"的责任。作业是孩子自己的能力,教师没有尽责。于是,在学习两年半左右时间后,此孩子就被家长要求不再学美术。学生家长选择带孩子离开,是追求功利的心态。父母抑制自己孩子潜在的美术表现能力,使孩子最终远离美术是很正常的事情。

在山东省少儿美术学校担任校长时,开学第一次家长会,必讲述一个重要问题:幼儿4岁或者5岁左右来学习美术时,教育目标是要用6—8年时间,带领儿童探究美术文化活动,帮助儿童在小学6年级毕业之前,能够对人类美术文化有较全面了解,美术表现的能力得以提升,自由手绘的造"形"能力超常。大多数孩子与家长都能够按照我的要求完成学业,14年来有5800多名学生持续学习美术文化,提升自己的美术造"形"能力。[1]此作业案例的背景分析,引导学生和家长如何对待儿童、理解儿童美术教育是"慢功夫"。

---

[1] 成果见李力加:《萌动与发展——儿童美术教育学研究》,山东美术出版社,2001。

案例18：宋金墓砖雕"牛"造型

图2-29是山西省运城市宋金墓一件砖雕局部图。由于发现、出土、保护时间较晚，宋金墓砖雕整体内容和相关分析尚没有在中国美术史研究著作里出现，但并不掩盖其作品的精彩。砖雕中的"牛头"呈现正面形态，而牛的脊背由两个面组成，主要的脊背线形塑造非常肯定，另一个面（体）在脊背线形（轮廓处）的上方也同时呈现出来，尾巴由脊背形态处延伸垂下来，四个蹄子形态属于侧面造型表现方式。宋金墓砖雕的表现手法非常明晰地将立体造型中的塑造用自己的方式呈现出来。砖雕是民间工匠的才华体现，其表现方式与民间剪纸柯田英大嫂

图2-29 山西运城宋金墓砖雕（局部）

的鸡造型方式如出一辙。在这件牛的砖雕塑造中，民间工匠的造型样式与儿童牛的剪纸作品造型类似。与毕加索作品比较，会发现毕加索也在不断采用这样的方法造型。其缘由是，作为杰出艺术家，毕加索能够把握世界上不同视知觉感受与表现之间思维方式的转换，运用、确立独特表现语言及表现方法的不断变化和造型样态的创新发展。为什么会这样？是否证明儿童造"形"表现是原始艺术、民间美术等人类早期艺术表现形式在儿童身心上的复演呢？！

宋金墓砖雕，在中国美术史研究中尚没有纳入体系的原因，除了出土时间晚，还因为"中国的艺术在进入阶级社会之后，其传统并非一条线发展的，至少有四个渠道。这'四个渠道'是：1.宫廷艺术；2.文人艺术；3.宗教艺术；4.民间艺术"[1]。砖雕作者是民间工匠，砖雕是不入流的艺术创造，一直没有

---

[1] 张道一：《我攥"米团子"——中国艺术学奠基石》，《艺术学研究》2019年第1期。

受到重视,也没有被美术学工作者研究。另外,民间工匠的造型与儿童的造"形"之间有何关联性,也没有学者进行研究。由上述这幅儿童剪纸的表现来看,儿童的造"形"表现的确反映了人类认识世界与视觉表达的发展,这是毋庸置疑的事实。民间工匠的造型,以普通成人视知觉常性观看、思维方式,形成自己的认识基础和动手表达;儿童的造"形"表达,是基于个体视知觉常性的感受,两者之间呈现出作为人之生理、生活的同质性事实。

讨论:相当多教师在常态的工作中,还是常常会陷入只专注儿童作品表现技能、技巧,运用美术元素等单一"术"的目标要求。这样的思维、评价教学状态,很容易转移教师的注意力,影响对儿童的整体关照和评价,会造成教师自身在习惯状态里无法捕捉到儿童的变化。当教师真正和儿童处在一样高度之时,在其表情和动作背后,就能够强烈地感受到自己的教育思想、教学设计、教学实施、指导等必须聚焦到学生身上。教师对童年的尊敬,需要突破美术学科知识与技能常识的局限,进行有深度的童年期美术活动的表现特征研究。

第三章

儿童感知觉方式与民间美术造型

问题 儿童造"形"与民间剪纸造型原理契合吗?
解析 儿童造"形"表现方式与"复演论"的关系。

第一节　儿童的视觉心理与自主表达

讨论：由美术教材引出的话题。美术教科书作为美术课程的重要载体，是引导学生认知美术文化的发展、影响学生的人格建构的一种范例文本，是美术教师与学生心理沟通的桥梁，对学生美术学习兴趣、心理认知水平、审美趣味、创造能力和个性品质的养成有着直接关系和影响。国家对教科书编写有着严格要求和相应规范，基础教育美术课程的教材编写，需要依据义务教育阶段美术课程目标组织编写，实现内容选择与整体架构的合理性，特别是要以各个学段的课程标准要求和学生身心发展水平为参考，在选择美术学科内容、资料提供、学习方法指导等方面，充分考虑学生全面发展的需要。如何以适合儿童视觉心理与表达的发展规律，恰当地传递美术学科知识，促进儿童身心成长，成为教材编写难点。儿童生命自然生长（小学到初中）的视觉心理感知表达水平，是决定其美术学习兴趣可否持续的主要因素。

一、儿童为何都这样画

问题：为何学生作业中的树都倒向两边？

🔍 案例 1：《弯弯的小路》学生作业问题

自 2004 年版（"课标"实验稿）义务教育实验教科书开始，到 2012 年（"课标"2011 年版）颁布后修订教材《美术》（浙江人美版），5 年级课题《弯弯的小路》属于一直保留的主题内容。该主题学科知识点"透视"，涉及理解"近大远小"和运用焦点透视知识。（图 3-1、图 3-2）

图 3-1 2004 年版教材　　　　　　　　　　图 3-2 2012 年版教材

2004 年 9 月开始，教材进入浙江省及若干省市小学美术课堂。2006 年起，针对主题《弯弯的小路》，在常态课和公开课教学现场，进行了长达 10 年以上的跟踪研究。无论 2004 年版实验教科书，还是 2012 年的修订版，小学 5、6 年级课堂，大多数学生作业所画小路两旁的树形，普遍呈现倒向两边的图形。执教者无论是"中高"职称的骨干教师还是年轻教师，无论在各层级课堂，学生作业都出现这种状况。现场观摩本主题教学数十次，为什么小学生们总无法理解透视知识，呈现如此相同的作业样态呢？

问题（1）：2016 年 11 月 17 日，浙江省台州市美术教研员、台州市美术家协会主席、著名画家郑士龙先生，在国培项目美术骨干教师培训现场，针对本主题教学中学生作业反复出现的问题，提问请我答疑：小学生作业无法达到要求，究竟是美术教师自身教学水平的问题？还是学生群体出现的问题？

问题（2）：2017 年 3 月 1 日，浙江省东阳市美术教研员郭向军，在微信"朋友圈"发若干作业图，附言："在听五年级的《弯弯的小路》一课，作品呈现路边树，房子都是两边倒，有三分之二以上作品如此。"（图3-3）

图3-3 《弯弯的小路》课堂作业

接微信消息，浙江省特级教师朱敬东回复："五年级刚好是图式期的转换阶段，视觉认知发展好的同学是可以竖起来的！倒也是正常的视觉图式，要呵护！"随之，教研员郭向军老师在微信上发出不解之符号。浙派名师、中学高级教师顾华平现场发问："那教师要不要强调呢？强调的话拔苗助长？不强调，作业三分之二倒？"浙江省特级教师朱敬东回复："没有问题！自然教学，下学期80％就直了。"顾华平说："不一定。这会是一个很有趣的小课题研究。"

教研员郭向军认为，"教师在课上把透视这个知识点讲得比较清楚了，但学生还是如此，所以困惑。""近大远小、近疏远密，看看简单，但学生表现却感觉复杂。而且学生画的路边树与景都不会重叠，都均匀化，奇怪？还是停留在自己的想象画中，或许直接让小孩子对景写生，可否解决？"

案例2：浙派名师林大康校长的课堂

2014年12月，在"浙闽美术名师美术教研活动"中，浙派名师、中学高级教师、温州实验小学林大康校长执教"空间表现——路"，选自浙江人美版《美术》教科书《弯弯的小路》。为上好本课，林校长从关注孩子经验出发，重新

87

形与心·儿童的生命觉醒——基础美术课"学科本位"辨析

图 3-4 教学环节分析 1：学生对第一次小练习作业的判断

图 3-5 教学环节分析 2：校园长廊图唤起学生的生活经验，熟悉的感觉让美术学科知识融会其中

图 3-6 学生探究问题

图 3-7 教师提示性引导

图 3-8 PPT 呈现有趣的图片，让学生在欢笑声中学习、感受生活中"近大远小"的原理

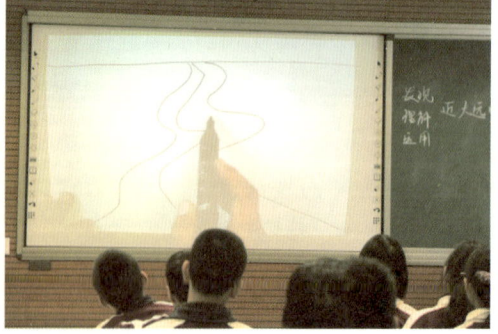

图 3-9 再次练习，林校长为学生纠错

设计教学。到达厦门后第一时间联系学校班主任，课前带几个同学在厦门英才学校校园里观察景物，拍摄与主题内容相关的图片，以此方式解析本教学主题想要传递给学生的透视知识——"近大远小"。（图 3-4 至图 3-9）

林大康校长整节课教学都没有说"焦点透视"这一学科概念，只是用学生眼睛可见的"近大远小"校园景致的透视现象，引发学生思考和表现探究。第一练习环节，即对学生作业分类的判断，也是在帮助学生从自己现有的心理、生理状态中，以视知觉的原本感觉方式感受与思考，是依据儿童已经存在的视觉常性眼睛观看和思维，凭借眼睛的直觉感受，逐步认识透视问题，并学习如何运用这样的原理来进行自主表现。

讨论：教材在小学5年级安排此学习内容，值得商榷。5年级孩子的视觉心理、生理发展状态，尚无法接受美术学科的透视学知识，在《弯弯的小路》课堂，学生作业不理想的普遍现象是学生群体的错误吗？教材编写者是否认识和知道儿童各年段心理、生理发展规律，是否理解在美术的观看方式里，三种不同观看方式引发的思维，是怎样下达行为指令进行美术表现的原理。儿童有自己独特表达生活的感知方法和表现方式，即便其画作没有画出所谓"科学的"透视关系，也是精彩的。教材编写者或教师强行给5年级学生讲授、灌输透视知识，出现的后果往往是以压抑学生群体美术能力发展、挫伤儿童自信心为代价。林大康校长为确立以学生发展为本，教学设计与实施从关注学生心理发展的视角推进做出了很大努力。包括之前执教本主题的某次公开课，他采用将装鞋的废旧纸盒，改造为引导学生观看、理解透视知识的教具，但虽使用了教具教学，学生作业依旧不理想。

案例3："小路"一课伴随几届学生

认识赵永华老师，源自《弯弯的小路》课。2009年，我带温州市"领雁工程"美术教师班学员在浙江省平湖市现场教研。村小课堂上，赵永华老师的教学让我印象深刻。一个男子汉，充满深情地演绎着美术学科知识（焦点透视、近大远小），贯穿全课的音乐是《天路》，激情酣畅的颂歌，他带给孩子们的不仅仅是笔下的痕迹，更重要的是他对课题深刻的认识和理解，他用学科融合的方式来帮助学生认识和理解透视知识。

讨论：青年美术教师赵永华，几年来，在提升学生审美素养、培育美术文化的道路上深入研究，逐步成长为中学高级教师、浙江省嘉兴市教改之星、平湖市名师、平湖市美术教研员。他执教《弯弯的小路》，教学设计伊始就倾力为学生提供自主思考氛围、铺垫探究学习基础，把课堂还给学生，用心之良苦，耗费心力之大，超过一般的美术教师。面对4—6三个年级的学生，在前后相差两岁多的年龄差中，其教学实验与分析，比其他美术教师更深入。但是，尽管赵永华老师几年来在本主题教学中不断以人文主题润泽学生，以引导学生自主探究生活细节的方式，揭示《弯弯的小路》中近大远小这一透视知识，最终在学生自主表现时，看到的课堂作业依旧出现前面案例中同样的问题。(图3-10）

我曾用长达10年以上时间追踪研究本主题教学现状。美术教师执教本主题时，10—12岁年龄段儿童，在接受美术学科透视知识点学习中都出现同样问题。无论常态课还是公开课，学生群体作业普遍出现"树倒向两边"的画面样态，此问题成为美术教师所认同的学困生现象。思考：为何小学生群体在10—12岁年段期间，依旧把握不了透视知识？儿童成长过程中，美术学科知识究竟在什么状态下可以施教？儿童自主用线造"形"与儿童视觉再现、表达心理意识是否不匹配？

教学PPT截图 　　　　　　　　众学生表现过程

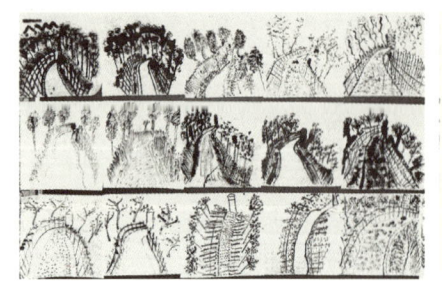

前后作业对比 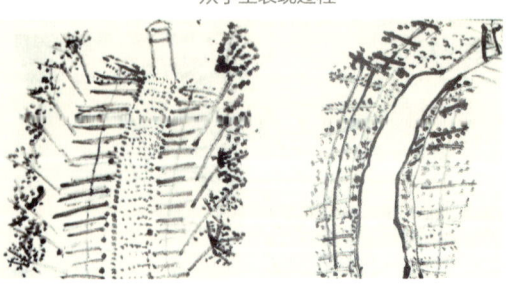　　　　　　　　最终作业展示

图3-10 赵永华教学案例图片

二、儿童这样画的心理及相关问题

儿童美术是儿童依据自己对生活世界的认识,用自己独特的方式表达思想与情感的创造活动。但是,整个社会人文环境以及美术教师、家长群体对美术的认识,严重制约着儿童审美素养和表现能力的健康发展。儿童参加美术活动的生存环境,直接受到以西方某类写实美术为标准的评价体系制约,这种认识水平(方式),左右着人们对儿童美术活动的理解,这是一定历史原因造成的问题。

儿童以潜在的美术表现方式,自主表达对生活世界的认识和理解,是儿童生命自然的生长状态,是他们感受和知觉周围生活世界的独特方式。美术教师在对儿童的美术表现进行辅导时,需要研究儿童的思维方法与美术造型的关系,要在尊重、保护儿童纯真心灵、思维方式的基础上,引发儿童潜在美术能力的自由释放。

1. 儿童独特的视觉心理决定其这样画

(1) 问题根源

我国大学美术学科课程体系的演讲,可由三个阶段窥视。其一,近现代美术史上,刘海粟在上海画人体的事件;其二,新中国成立初期跟随苏联"契斯恰科夫教学法"美术体系;其三,改革开放后40多年来,客观、多元及全面认识美术。三个阶段中,前两个阶段的影响至今还相当大。中等师范学校、美术专科学校、师范学院(大学)美术系,尚都延续着西方美术某种训练方法,特别在"近视眼"观看方式下,误解了苏联美术体系的学科表现要求。按照这样的方式培养出的美术教师,基本都是以所谓"写实绘画"概念,派生出对美术表现的评价标准,并由此评价标准来看待各年段儿童的美术作业。大多数教师并不明白儿童在美术活动中的心理状态,不明白儿童视觉心理下的认知、表现行为这样发生的原因,更不明白儿童这种心理状态会随着年龄增长持久到初中年段。

(2) 高师美术学科体系里缺什么

人类的美术创作(表现)活动,依据不同的视觉心理而发生。人的视觉心理是指挥人所有行为活动的主要思维体系,视觉思维是人的行为发生和产生决策的意识系统。在人类的美术活动里,既可以根据人的视知觉常性观看、思考、决定自己的行为方式，也可以根据视网膜映像（某种美术学科科学的方法）进行观看、思维、表现。普通公民所知晓的写实性绘画（再现的表达），以及对美术的认识和理解，是依据视网膜映像的观看方式，基于对"形"的表现是否"真实"而下结论，评价其是否画得好，或者评价其是否"栩栩如生"等。在平面的画纸（画布）上准确、客观地再现视网膜映像的绘画技巧，这一方法与表现形式早在文艺复兴时期成熟，那个时代产生了三门科学，即透视学、解剖学、色彩学。几十年来，中等师范、师专、师范学院（大学）美术系，都把这三门课作为美术学专业基础课来学习和掌握。但恰恰没有为美术教育专业学生开设"儿童视觉（艺术）心理学"课程，也没有安排学生阅读和学习"工具论""本质论"等相关美术教育研究理论著作。造成教师队伍自身专业素质出现严重的"瘸腿"，太多学生是在不明白儿童视觉心理与身心发展规律情况下，成为幼儿教师和美术教师的。

（3）视觉心理决定不同表现

在美术观看方式与美术（绘画）表现中，除了视网膜映像观看方式和心理作用下的写实性美术表现之外，广泛存在着根据人的视知觉常性画画（表现）的现象。作为另一种观看方式、视觉心理作用下的表现行为，在东方民族的美术、原始艺术、民间美术、儿童美术中都十分普遍。面对儿童美术学习，教师需要认识和理解一个重要问题：儿童是依据视知觉常性（生活里常态的眼睛）进行主观的美术表现。而教师自己却是基于视网膜映像的某种科学认知方式，以美术学科知识点、技能技法规则来要求儿童，造成对儿童美术的认识偏差，对美术活动里教师究竟应该如何评价儿童造型表现，出现根本性的不明白！包括教材编写者，并不明白儿童在自己视觉心理的作用下，为何总是这样观看与思维。教材安排此教学要求和目标，设立美术学科知识点，都是由认识问题偏差造成的。归根寻源，造成这一问题的根本原因，是教师原本学习环境（中师美术科、师范学院美术系、师范大学美术学院）均是延续苏联契斯恰科夫素描体系进行造型学习。而且，在按照这一体系培养幼儿、美术教师的时候，又出现理解偏差，使模仿走了样。

2. 成人不明白儿童为何这样画

儿童生活常性的视知觉（眼睛观看与思维），其所依据的是自己身心的整体感受，用任何工具在任何地方（地下、纸张上、墙面和其他地方）留下的痕迹，并不是儿童对生活瞬间的造"形"记录，也不是对某个物象的单一模仿。儿童自幼儿期到小学阶段长达10年左右（有的孩子时间会更长），其视觉思维状态不会发生变化。课堂上普遍出现教师讲"近大远小"知识点时学生嘴巴上在说"明白了"，但落笔的时候，还是画不出来的状况。正如浙江东阳教研员郭向军所说，课堂上老师已经把学科知识点讲授得如此明白，学生也说都懂了，但一画，还是有三分之二的学生作业呈现出树、房子倒向了两边的画面。

原始艺术、民间美术、儿童美术等，都是在视知觉常性观看方式的前提下，左右人眼睛观看之后的思维方法与认识物象的方式。由此，产生了与"科学"的焦点透视法以及西方美术里瞬间造型观察方法截然不同的造型结果。普通人比较认可的写实美术作品，其表达、呈现在画作上的大都是捕捉瞬间状态下的形象。教师非常习惯这种观察、认识物象的方式，这是自己常用的视觉方式与思维，自己的美术表现（创作）也都遵循这一学科思维。当国民普遍持这一观察与思维方式时，恰恰成为损害儿童视觉感受直觉性的祸首。

问题1：美术学科的观看方式、具体要求，美术学科知识与技能体系，前人总结的造型表现规则、方法、操作要求等，是否真的不能提前在幼儿园、小学以及初中美术课堂直接传授？在儿童的美术教育中究竟应该教些什么？

问题2：学校美术课、教科书内容都是以成人美术学科知识与技能构成课程体系及逻辑。反思，70多年以来的学校美术课程，是否不应该给小学生及初中二年级以下学生直接传递这些学科本位的东西？

问题3：美术学科知识与技能作为艺术基本知识、基本技能，其内含的育人功能如何才能在具体的教学实施中体现？感知体验、审美理解、技能学习之间的矛盾，需要用怎样的教学模式和学习方式化解？

在美术活动中，一切"造型"都来自生活世界所带给人的感受和启示，儿童对生活世界进行视觉感受之后的思维与方法决定了其造型结果。儿童这样画是基于他们生命自然生长过程每个年段的视觉心理，而且，这种视觉心理会伴随着其生命成长持续10多年。科学的焦点透视等知识、技能，对于15周岁以下的儿童而言，在其视觉感受和心理上有着难以"逾越"的思维理解鸿沟。在美术观察方法中，教师可以把日常、平常的观察认识物象方式叫作生活"常态"的观看，把西方传入我国的科学观察认识被描绘对象的方法叫作"非常态"观看方式。大多数美术教师的思维习惯都是后者，也就是说，只有当自己眼睛进入到"非常态"观察方式的状态中，美术教师才会自如地表现生活世界的物象，而眼睛（视线、感受、思维）如果停滞在生活的"常态"之中，就有可能对景物的造型表现发生一筹莫展的窘状。教师群体已有的美术学科知识体系及认识状态，成为基础美术教育中阻碍学生视觉心理、生命机体自然生长的绊脚石。

3. 尊重儿童这样画的视觉心理

艺术起源于人的生命需要。儿童之所以这样画，是其生存状态、成长过程、身心发展的需要。义务教育阶段的美术课是面向全体学生的，小学5年级美术教材，直接讲授焦点透视这一美术学科知识，本质上来说是在残害儿童身心的自然生长。儿童的视觉心理无法全面接受这一知识点，也无法在40分钟课堂里将其转化为自己可以把握的手上表现技能。就人类的生命本体意义而言，不同肤色、不同民族、不同地域、不同时代的生命状态都是大同小异的，而在生命或精神的逻辑展现过程中，它们却画出不同的历史曲线。几乎所有美术教师都知道毕加索及其作品，但很多美术教师却不甚明白毕加索人生几十年的艺术创作为何这样行走。美术教师在学生时代，学习过学院美术"非常态"的科学观察方法，教师在指导学生画人像素描时，都在极力敦促自己的学生：要转过去，将一个面转化为一条线。而毕加索在造型表现时，则极力要求自己转过来，这是"非常态"与"常态"视觉心理混合作用下，创作观念在美术表现中的不同作用。在全面的、动态的视觉心理驱使下，毕加索作品中人脸的正面和侧面叠合到一起，满足了其在瞬间感受全方位空间观念时的需要。

讨论：读书、上学是人的生命发展需要。美术，是人认识世界、探究未知世界的生命创造。但在读书上学这个生命发展需要的行为里，为何出现那么多所谓的"差生"呢？成绩不好的学生，是否都是不爱学习的人呢？是否是其生命发展中不需要读书呢？美术学科教学的问题在于，长期固守"事实本位"的美术学科知识与技能的灌输和记忆式学习，缺少引导学生走向理解的独立思维方法和自主认识。学校美术课，并不是考试科目，几十年来遭遇到诸多不尽如人意的学校课程生存危机。在国家高度重视美育的新时代背景下，为何在落实"面向人人"的美育目标中，依旧普遍出现学生在面对具体美术学科知识与技能接受学习中的困境呢？究竟是全体学生不适合学美术学科知识，还是教育体制、学校形式、课程标准、学科课程内容、班级管理、教学方法、教师态度与教学行为等有着不适合儿童心理、生理发展需要的问题呢？在美术教学活动中，教师应该给予不同年段学生生命自由发展需要的思维引领、观念构建。美术课应该成为儿童个体自主感悟、生命再造的身心体验平台。教师需要反思自己的思维方式和教学行为，反思在美术学科知识与技能相关内容、评价标准中，在儿童的美术活动中，直接用这些东西是否合理呢？

案例4：儿童的"X胸透式线画"

绍兴高峰老师辅导的一组儿童画，证明儿童群体的视觉心理、思维方法与美术学科知识体系不一样。任何幼童这样的表现，都会在日后的小学、初中里存留，尽管存留的时间不一、有长有短，但是，儿童在二维空间画纸上这样画的心理非常牢固。

透过公交车车厢外壳，画出车内人的活动（形态），是上百年来儿童画里都可以看到的画面构成方式，这样的画来自儿童自己的视觉心理和思维方法。"画知道的""画看到的"的心理是如何交错与混合的呢？接受教师命题指令，或者观看物象视觉思维后，落在自己笔下时，儿童对"长×宽"画纸空白处如何安排形态、如何构成内容、如何造"形"，都是基于这一视觉心理展开，他们内心非常镇定，画面处理特别肯定。（图3-11）

讨论：儿童的眼睛在知觉生活物象后，将物体之间因遮挡发生的前后关系表现在画纸上时，自己的认知心理是处在一种"知道"此事情"道理"基础上的主观表现心理。"如何在平面的画纸上画出相互遮挡的物体"这一美术学科指令，对儿童来说并无多大用处。不管是遇到教师发出联想指令的"想象画"要求，还是要求面对生活物体写生，或是根据教师提供的图像素材资源"发想"式表现，但凡在处理物体相互遮挡关系的时候，儿童总会按照自己习惯的认知心理和思维意识，指挥小手在画纸上勾勒出他们认为"此物、此事""应该这样"的表达。当儿童的视觉心理持续到小学5年级时，遇到"弯弯的小路"这一主题或者类似的美术学科知识主题时，其认知心理上会立刻从记忆中"调出"个人的造"形"图式，自然复制自己先前的思维、表现方法，直接把树木画在画纸上"道路"的两边。（图3-12、图3-13）

图 3-11 儿童画的"公交车"主题画作

图 3-12 苏兰花作品。民间剪纸中，同样出现 X 透视这样的表现方式。改造型小客车车厢中的人、轿子中的人，同样采用整体"透视"的范式。

图 3-13 孩子笔下的汽车是典型的"X 射线"画法

案例5：俯视状形态铺满画纸

儿童的生命本体同原始人类一样，处于人类发展和生物进化的最初期阶段。儿童的视觉心理发展中，其思维模式与原始思维有着惊人的相似之处，自19世纪末以来，人们就日益清楚地知道，儿童笔下痕迹出现与原始艺术表现相似的形态样式。原始艺术和儿童的艺术表现一样，它的表现运用的是一种象征符号，而不是自然符号，它不定位于"看"，而是定位于"知"，它是一种以观念性形象去进行的艺术创造。在儿童作画时，起主要作用的是脑海里储存的既往的一种概念性图式，儿童并不着眼于一棵树的模仿，而是着眼于一棵树的概念性图式，对周围的人和物无不都是如此。[①] 在对事物进行认知时，儿童都本能地以自我为中心，不自觉地将自己的感官感受和切身体验移加到他物之上，把自己作为衡量生活世界事物的尺度。如空间造型"压扁"在平面的纸上。

我国著名岩画中，原始人类就是这样表达他们对空间的知觉的。那时没有透视学科概念，在那个久远的年代并没有现代科学。研究者要从原始先民的思维方式出发去考察和推理，原始人对时空的表达就是这种知觉，这种表现样式在全世界任何民族、任何地区的岩画中都有体现。（图3-14）这验证一个论点：艺术的起源应该和人类起源一样久远，同时这也是一个涉及心理学领域的问题，并非仅仅属于美术学科知识技能范畴。原始先民和儿童的认知方式和思维模式，将空间物象进行"平面化"的呈现，都是以感性为基础、以丰富想象力为本质特性的创造性思维，这种思维模式蕴含着强大的想象力和创造力。艺术发生学、儿童的美术欣赏感知和自主表现体验问题，殊途同归。（图3-15至图3-21）

图3-14 岩画图形

[①] 朱狄：《艺术的起源》，中国青年出版社，1999，第81页。

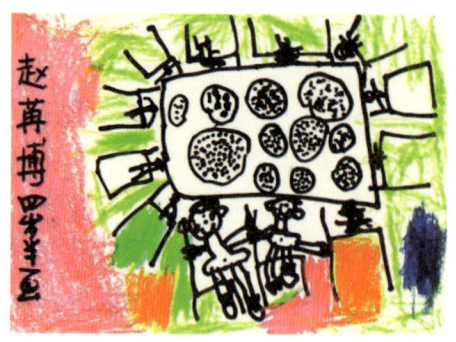

图 3-15 儿童画

图 3-16 儿童画

图 3-17 《磨面》，张花女，2000 年。张花女，内蒙古著名民间剪纸创作者，2004 年去世。此作品非常典型，以俯视图像将磨盘完整呈现，人物、骡马、小狗等形态平铺在画面上，形成在二维画面上将生活中的三维立体空间物态"压缩"的画面效果。

图 3-18 《养猪》 山东民间剪纸 王雪婴（高密）

图 3-19 《喂鸡（墙边）》 山东民间剪纸 刘广君

图 3-20 陕北民间剪纸，表现形式均是典型的在二维平面上的自由空间布局。

图 3-21 贺友直连环画《端午节》第九页，画面构图方式所汲取的也是民间美术形态的表现形式。

比较分析作品发现，儿童对于空间的知觉表达与原始岩画、民间剪纸等的知觉表达几乎相同。图中学前幼儿将围桌吃饭的人倒向四周。当儿童年龄到12周岁之后，还有相当数量的同学这样画。在吉林省通化县希望小学支教时，主题"长白山的小木屋"画面中，学生笔下"木栅栏"倒向纸张的"三边"。学生对于空间的认识、物体遮挡的理解，都是基于这一视觉心理。有的学生已经到了上初中的年龄，但在他们笔下，画出的还是与幼儿画作样态相同的图式。这说明，儿童的表现并非智力发育所致，他们对生活世界的感受与表现形式，同原始人类、民间剪纸作者一样，以视知觉常性感知与表达自然生活世界。（图3-22）

图3-22 "长白山的小木屋"图画

作业还说明，即便儿童年龄已经12周岁，其视觉心理依旧与低龄儿童所表征的视觉图式相同。这些图式与原始艺术中人对世界生活物象的认识一致，与民间剪纸造型图式一致。原始人类的岩画，民间剪纸造型，都属于成人的视觉表现，儿童画属于人类童年的幼年期，有研究认为，儿童这样表现，归类于现代人的"童年期"认知心理，是与人类生命发展"童年阶段"——"原始人类"认知心理相似，由此提出人类生命发展的"复演"之论点。儿童将生活物象三维空间形态压扁，安排在二维平面纸张上的画面痕迹（造型样态），看上去如同原始岩画、民间剪纸中物象的俯视效果。教师，即便没有空研究文化人类学原理及学术成果，但面对活生生的儿童生命体时，必须尊重各年龄阶段儿童的自主表现，肯定儿童之所以这样表现的合理性，充分鼓励儿童的造"形"行为。

三、从视知觉思维的角度认识儿童美术

1. 反思视知觉常性思维方式的创造表现

儿童美术，是儿童依据自己对生活世界的感受和认识，用自己独特的方式

表达思想与情感的艺术创造活动。教师在对儿童的美术表现进行引导时，需要深入研究人的思维方法多样性与美术造型的关系，这样才能在保护儿童纯真心灵的基础上，引发他们释放潜在的美术能力。现存生活世界和社会思潮令普通国民对美术的认识产生偏差，导致教师、家长对儿童潜在美术原发力如何发展等方面的问题均出现误导。当下儿童的社会存在环境，直接受到以西方写实美术为标准的认识和评价的影响，左右着国民群体对儿童美术的理解。教师在指导儿童参与主题性美术表现及各类儿童美术活动时，需要坚持的是：任何儿童都是依据自己视知觉常性（生活常态的眼睛）进行认知思维，并指挥小手具体表现。一般情况下，普通公民对于在社会生活中所看到的美术作品中更为熟识写实性绘画（再现的表达），也更加认同这类表现，并由此建立起自己对美术的认识。另一方面，根据视知觉常性画画、表现的方式，在中国美术、民间美术、儿童美术中十分普遍。如，古诗词描绘自然景物的观照方式，中国传统山水画立轴画卷里山体、树木等景物的重叠摆置，是由同一种观照方式下的思维决定的。另外，国民群体还有一种错误认识，即西方绘画与雕塑更科学、更严谨、更高级，中国美术如同中医那样，一些科学道理似乎讲不清楚，出现"民间美术老土"这种群体性缺乏视觉审美品质的情况。

案例6：民间美术是"老土"吗？

为何有学生看到陕北乡村大嫂、婆姨、奶奶们的剪纸时会说出"太老土"的话？是因为这些学生把老百姓自身的本能与无意识心理状态下创作的民间剪纸，看作是人身上留存的动物性的"尾巴"。学生高中之前接受过多年科学性的教育，各类文化信息无处不在地影响着他们的思维，在他们看来，只有那些美术学院出来的、学科的美术才是高级的、尊贵的"艺术"，乡村大嫂、奶奶们原本就没有多少文化，她们剪刀下出现的剪纸形象都看不出究竟是个啥。（图3-23、图3-24）

剪纸，属于最单纯的一种民间艺术。创作群体自然没有受过太多教育，文化程度相对比较低，一些上了岁数的乡村奶奶、大嫂甚至都不识字。但她们在创作剪纸过程中没有任何束缚，就是按照自己的思维方式、主观心愿和社会生活经验（感觉）来剪花花。如，民间剪纸多以生活中自己的感知方式进行造"形"表现。普通民众还看不明白有些"形"到底剪的是啥，这是某些人发出"民间

第三章 儿童感知觉方式与民间美术造型

美术老土"之声的根源。乡村年长女性，虽然讲不出自己剪纸时如此剪"形"的科学道理，也道不明自己剪刀下的"形"为何出现与美术学科造型表现下的"形"完全不同的原因，但花样形态的呈现就是这样自由（图3-25）。很多老太太、大嫂剪花花时从不起稿，将红纸反复折叠后直接下手剪，任何形态都是由自己的想法而定的。

讨论：民间剪纸造"形"方式是现代造型艺术之根。现代艺术表现与民间剪纸造"形"样态如出一辙，说明很多现代艺术家在艺术创造时生发新的思考，他们的思维跳出艺术学科体系传统和习惯的藩篱，返回到民间美术（艺术）中"寻根"和探索，找到表达生活世界的本源方式和创新自己的语言表现方式，而不仅仅是依据学院派美术的科学美术规则从事自己的艺术创作。

教师在思考与研究儿童美术教学的时候，特别需要向中国民间剪纸的创造者致敬！年迈的乡村妇女，并不知道什么是焦点透视，也不知道什么是立体派，她们是按照千百年流传下来的生活视觉本原的感觉自由造"形"，剪出她们自己看起来平常但让现代艺术家感到震惊的形象。在乡村女性的思维观念上，任何物象与形态都是在运动中的，是全方位、全空间动态塑造的。美术教师曾经学习过的写生，是表现自己与对象（模特儿）之间的瞬间静止、片面状态的关系。民间剪纸造"形"的特征突出体现在将自己所认识、理解的生活中的空间形态压扁，"平铺"在平面的纸张里。

■ 单元情境

美术课上，有同学提出："老师，学什么民间美术啊！这也太老土了吧？这都是我爷爷奶奶时候的东西了，我看不出有什么好，更看不出有什么美！"为什么会这样呢？库淑兰的剪纸和民间艺人的手中的彩塑泥玩具你喜欢吗？民间美术真的很老土吗？我们的日常生活与民间美术有何关系？民间美术历经长久的发展，形成了哪些独特的美感特征？民间美术会不会在中国消亡呢？

图3-23 普通高中课程标准实验教科书美术《美术鉴赏》（人美版）"单元情境"截图

图3-24 民间剪纸作品《鼠戏》 苏兰花

图3-25 剪纸过程

101

图 3-26 柯田英剪纸作品

如这对鸡年的剪纸（图 3-26），鸡的形态看上去不合常理的地方有多处。如侧面鸡头、正面的鸡尾巴（此处是由折叠的纸张所构成的对称形）；又如两只鸡的翅膀与鸡肚子的造型关系，同生活里真实的鸡形态不一样（是在侧面鸡头和颈部延续到对称的鸡翅膀，而鸡肚子的"形"呈现了与双翅同样的正面造型）。柯田英大嫂表现的鸡的形象出现这样造"形"的结果，是源自她对剪纸造"形"的个人主观理解。当学生及教师观赏作品时，绝不能用美术学科体系中西方写实表现（具象表现）的要求去评价其造"形"。

讨论：乡村百姓在剪纸造型里体现出的视觉认知心理，属于典型的以自己生活里视知觉常性感悟作用下的思维方法，生态地投入剪花花的表现过程中。在大嫂、老太太的眼中，任何生活物象没有所谓"体积"的概念，也没有讲究深远的学科空间关系概念，更没有涉及"近大远小"的透视比例关系，无限深远的空间在民间剪纸的表现中，都是被"压扁"成"图形"，"重叠"在平面的纸上。她们内心对于"花儿"的视觉审美感知和认识，来源于童年时候看着老人们贴在窗户棂子中那窗纸上剪出的"花儿"，祖辈的视觉审美传承，在内心深处筑起牢固的"形与美"。

而在美术学院所谓严格学科知识与技能表现体系中，都是按照"非常态"的科学观察方法思维及表现，这是"非常态"与"常态"视知觉观念在美术表现中的不同作用。"我们很多学院出来的人固然懂得了点儿艺术科学，但是也有很多绳索缠住我们导致解放不了。要摆脱这个学院派的影响。"[1] 很多教师在美术课中讲授毕加索作品等内容，却没有从民间艺术、原始艺术与现代艺术三者之间的关系角度，分析毕加索在全面的、结构立体视觉心理驱使下，究竟是怎样产生回归艺术造"形"本原的表现。儿童及教师可以非常清晰地看到，

---

[1] 张仃：《工艺美术之根——在中国民间工艺美术委员会首届年会上的讲话》（1984 年 10 月 6 日），《民间工艺》第 2 期。

第三章 儿童感知觉方式与民间美术造型

毕加索作品中人脸的正面和侧面叠合到一起，人们在瞬间可以感受到人像的全方位空间（图3-27）。民间剪纸中，同样采用这种造"形"方式，如，张林召剪纸作品（图3-28、图3-29），表达她内心对生活的直观感悟，对情感的抒发。民间美术造型方式，民间工匠的造"形"塑造表现与认识基础，都是与民间剪纸造型方式相同的。因而，张仃先生提出："民间艺术是工艺美术之根，或者说是造型艺术的根。"① 向民间美术学习，"可以学到很多东西，农民的感情、观察方法、表现方法，艺术上带规律的东西。"②

图3-27 毕加索作品　　图3-28 张林召剪纸人物头部正侧面重合表现　　图3-29 张林召作品（局部）

案例7：儿童独特的造"形"思维

邢书赫小朋友画丁海斌老师，是一幅很有意思的作品（图3-30）。超大的头部占据画纸接近一半的篇幅，细细的颈部插入领口，而且是被"领结"围绕。头部的朝向与身子的上部形成了扭转，面部表情特别生动，眼神与眼镜的关系，鼻子与鼻孔的关系，以及嘴巴，似乎都是用一种塑造感的构成画出。整个身子瘦小、手臂细长，支撑着

图3-30 邢书赫画作

---

① 张仃：《工艺美术之根——在中国民间工艺美术委员会首届年会上的讲话》（1984年10月6日），《民间工艺》第2期。

② 张仃：《工艺美术之根——在中国民间工艺美术委员会首届年会上的讲话》（1984年10月6日），《民间工艺》第2期。

大大的头部。欣赏7岁娃娃的画，思绪会立刻闪现出"最初一念之本心"的名言，李贽的《童心说》警示我们，"若失却童心，便失却真心"，邢书赫纯真的表达正是如此，"失却真心，便失却真人。人而非真，全不复有初矣。"那也就画的不是丁海斌老师了。童年是成人之树最核心处的那一圈圈年轮，童年作为人生的最初时间段虽然终将成为历史，但童年的生命痕迹永远镌刻留存在人的生命长河中，邢书赫小朋友瞬间把握丁海斌老师的神情，是他未来生命之树不断生长的根系，是贯通他生命全程的基础。欣赏邢书赫小朋友的画，很容易理解毕加索的名言：我一生都在向孩子学习……

"道一美术"的朱老师说：教孩子画画与教会孩子自己画画，多三个字却有本质的差别。教会孩子自己画画，是引导孩子自己观察，自己感受，自己表达——这样画出来的作品，是孩子自己的画，是原创作品。以孩子原创作品直面家长，直面世人，就是告诉民众"教孩子画画"——老师以范画、按照老师要求一步一步完成的"好看"作品有多"假"，在老师的"控制"下完成的作品，临摹的儿童画，有多"好看"，就有多"假"。作为家长，更应该关注孩子作品背后孩子的观察、思维、想象。没有了观察、思维、想象的儿童美术，会把孩子"教"废的，"教"得孩子离开老师不会画，离开画室不会画，"教"得没有独立思维、自我感知想象的能力。（图3-31）

三个基本认识：

第一，乡村老太太、大嫂的眼光（其视觉思维），是以自己生活感受的积累为认识生活、表现生活的基础。当她们面对生活世界的人、事、物、自然现象，进行自己的立美实践与审美体验时，进行创作表现时，是按照自己习惯性知觉生成造型本原的淳朴表达，其眼光是从视知觉"常态"中产生捕捉造型思绪，

图3-31 "道一美术"朱老师指导的学生人像作品。每一幅都很精彩，都是孩子发自内心的表达。

确立基础是自己丰富的社会生活经验。

第二，毕加索之所以对人类美术历史有着巨大贡献，是因为他的创作思维能够从"非常态"的、专业的、科学体系的美术观察方法中走出来，回归到生活常态中，吸收营养创新自己的艺术表现。从艺术史看，毕加索的表现是杰出艺术家独特的视觉感受、特殊的思维方法，以及艺术观念构建引领下超越历史的艺术创造。

中央美院靳之林先生在20世纪80年代第一次见到王兰畔大娘剪纸中马头正面与侧面重合的造型时非常震惊，这是活脱脱的毕加索立体派表现方式。王兰畔大娘平淡地说："马也好、牛也好，吃草时，吃着吃着头就转过来了……"靳先生听了受到极大启发，认识到中国民间艺人造型思维是动态的、延续转换的、不受局限的多维层次、时空自由的心像表达，是基于生活经验的，更直接切近事物的本质。（图3-32、图3-33）

图3-32 王兰畔作品

图3-33 认真赏析：左图正面牛头与侧面牛身体，右图双面羊头、人头侧面与正面重合，羊肚子里还有小牛。

第三，儿童美术的重要价值在于儿童能够依靠自己眼睛的直觉观察生活，表达心境，形成儿童个体用特有的造"形"语言、线条构成的意象性把握对象的图式。儿童的造"形"，依赖于个人主观意识的形象化思考。这样形象化思考的结果，不是儿童对生活世界各种物态的简单"摹仿"与"再现"，更多的是带有某种主观意念的自我表现，是儿童个人内心情感通过这种形象化思考所形成的外在反应。这来自儿童先天性的艺术感觉和形象思维能力是儿童与生俱来的，在每位儿童身上以先天因素或遗传因素的形式存在着，使每个儿童天生就具有艺术创造的潜力。（图3-34）

图3-34 儿童写生作品，不同空间里人物形象的重合与叠加。

小结： 人类祖先，在世界各地留下创造的视觉图像以及创造物，人类先民，以图形（图案）的形式，在岩石上"划"出源自其想象的创造痕迹，这些痕迹一直由远古时代延续到近现代。儿童感知生活世界之后的原生态图像，如同人类祖先的创造一样，代代相传，在儿童随处经过的一切地方，都会留下他对生活世界的感知、想象、联想、认知、思考，是儿童对陌生世界探索的痕迹。

2. 儿童"图像识读"水平与表现能力

在构成视觉信息的视觉符号中，造型符号是美术活动时需要教师引导学生在欣赏、感受过程分辨之后进行自主描述的。造型符号有颜色、形式、组成方式、材料选择、画面肌理、线形构成等。辨识这些造型符号，需要教师在持续展开的欣赏学习中，安排每个儿童完成自己的主观分析和描述。图像识读水平，是制约每个儿童在美术活动里潜在造"形"表现能力如何顺畅发展的决定因素。

◆ 案例 8：美术欣赏学习特别重要

如图 3-35、图 3-36，欣赏这类作品，教师要在欣赏过程中引导儿童针对作品的画面图像（图式）感觉展开讨论、对话，甚至产生辩论，为何一位艺术家的两幅作品用了不同的表现语言，产生了不同的画面效果？美术和思想密切相关，欣赏感知要以学生思维方法的探索为基础，思考这些思想如何与学生自己的生活相联系。教师由作品欣赏启发、帮助儿童在审美判断的理解水平上达成某种高度。"美术可以教会孩子对定性的关系做出合理的判断。"[①] 美术活动中需要的是学生的自我判断，并非仅仅是规则限制。"美术给予了我们绝无仅有的体验，在这种体验中，我们能发现内心感受的幅度和多样性。"[②] 人类早期（原初的）创造符号是一种视觉意象，而当今生活世界比以往任何时代都依赖于视觉。观赏者对于视觉图像信息的积极参与，成为当下社会每个人视觉思维发展的普遍生命状态。今天及未来社会发展中，视觉认知成为一种主要的交流方式。学生群体，需要在这样的社会生活大环境中，习得相关的知识、技巧，

---

① [美] 迈克·帕克斯、[美] 约翰·塞斯卡：《美术教学指南》，郭家麟、孙润凯译，湖南美术出版社，2015，第 12 页。
② [美] 迈克·帕克斯、[美] 约翰·塞斯卡：《美术教学指南》，郭家麟、孙润凯译，湖南美术出版社，2015，第 12 页。

图 3-35 《在唱歌的矿工素描习作》 约瑟夫·海尔曼（波兰）

图 3-36 《街景》约瑟夫·海尔曼（波兰）

形成一定的洞察力和思维意识，以判断、反思、批判、遴选的方式应对海量的视觉冲击。这样才能更好地生活在这个信息全面可视化的时代，服务和创造于时代。

当下，世界范围"新的"图像会源源不断涌入互联网，数字技术更新换代和发展，AI 全面覆盖社会生活。数字技术中功能越来越强大的软件，可以创造出潜在的"新的"世界图景。这些"新的"图像会改变"实际生活图像"的表征，呈现出来的是刺激人们眼睛的、打乱人们对"实际生活"的原有认识。由此，教师需要特别关注儿童如何理解与识别"图像的意指和能指"。图像的各种意指，存在着一个共同的核心，一幅图像（摄影图片或美术作品），是可以进行无限的描述。从形式到颜色，从线条到肌理，从材质到构成，从呈现到带入。例如，画面品质、线条与形态构成的层次，可以将画面的每个信息切分，展开较为详细的描述。描述构成了每个人视觉感受在词语上的代码转换。视觉信息的词语化，表现为主导其解释的感受选择和识辨选择过程。[①] 数字媒介依据高科技的普及程度发展相当迅速，造成每个人眼睛在感受时出现了恍惚与迷茫。人作为高级生物，沉浸在这样的生活环境中，身心、思维等已经被改变。儿童在入园前期、在幼儿园阶段、在小学阶段，乃至初中阶段，如果没有经历专门的美术欣赏感知体验过程，没有经历审美指向的视觉辨识，没有在审美判断的心理转化中发生思维碰撞和构建新观念，将无法形成初步的美术学科核心素养。在当

---

① [法] 玛蒂娜·乔丽：《图像分析》，怀宇译，天津人民出版社，2012，第 74-75 页。

今信息可视化全面覆盖的社会生活中，儿童在长达6—9年美术活动里，眼睛、思维、行动力等感知体验系统，必须经由无意识的自发表达，走向基于生命体独立图像识读心理变化后理性的审美判断，用构建起的新思维方法，帮助自己在美术表现中探索独特的美术语言，以及自主获得作品形式感与构成性的表达。如《一条线》的图像表达是旧画报纸、棉线、手绘组合构成。（图3-37）

图3-37 绘本《一条线》（节选），郑明进

讨论：在艺术领域，图像概念与视觉性再现方式联系在一起。无论是壁画、坦培拉、油画，还是各类图案、雕刻，或是现代、后现代艺术中的实物呈现，甚至当下时代的影片、录像视频等，都相继出现了PS之后的视觉欺骗（视觉模仿）。以致现代娱乐媒体的舞台设计、演出效果、整体画面都是依靠数字技术、数字设备更新换代之后，4K、8K、3D高清视频技术等带来的视觉炫耀（如央视各类晚会的舞台设计）。作为一个人，在对任何图像的识读过程中对引发观者感兴趣的图像（图片、影像）所产生的主导性视觉化印象，接近一种幻觉或梦幻。在一幅图片、一幅摄像截图、一段视频影像、一场节庆演出活动、一个专题影视节目里，所提供的某种社会类型或某个人的再现方式，即所谓的"形象"之间，可以让人们毫不犹豫地使用某个术语来命名它们，以至于不会引起眼睛辨别和解释方面的误会。普通人这种视觉辨别过程，影响了其审美的价值判断和行为取向。因而，儿童自幼儿期开始的美术活动，经历过图像识读的心理变化，影响其对自己与他人美术表现认识的深化，同时，确立其审美判断后的文化理解达到何种水平，构成了儿童日后审美素养形成的基础。所以，在儿童的童年时期前6—9年中，从小培育视觉审美感知素养，是特别重要的社会美育工程。年轻家长究竟是让自己的孩子接触电子媒介，还是用传统媒介——绘本自主阅读的系列滋养进行早期的美育，是考量一个社会和国民审美素养培育的价值取向。

第三章　儿童感知觉方式与民间美术造型

案例 9：儿童民居写生

两幅作品为 19 年之前我任教的山东省少年儿童美术学校的学生而作。（图 3-38、图 3-39）两幅画作曾让全国各地美术教师眼睛一亮，他们无法相信是小学生画出的！更震惊的是，具备此水准的儿童写生作业还存有一万多幅，其来自上千名儿童。为什么小学生就可以这样画？为何不按照美术学院学科知识技能式的教学方式进行儿童美术教学，儿童反而可以画出令所有成人感到震惊的作品？看到这样的作品，普通国民会说："画得太像了！"这是那些不明白美术到底是什么的人都会讲的一句话，也是相当数量对美术教学认识肤浅的教师也认同的话。诸多教师和国民始终没有明白一个重要问题：儿童的美术造"形"能力发展，是依靠自己持续的图像识读感知体验，在认知心理、思维方法、行动力变化过程中自己发展的。其发展动力并非美术学科知识与技能体系的作用，而是儿童作为完整的人，其生命体感受、体验美术文化过程，心理变化、内在思维上的主动觉醒。

讨论：在移动互联网泛滥的图像信息传达、人工智能全面覆盖的时代，儿童的眼睛被满目而来的外部图像占据，彻底影响了其视觉本能感知。怎样把经典美术文化带入儿童的生命体？怎样保护儿童视觉本原感受？如何保持儿童的天真？儿童从幼儿期开始，真正的创造性视觉感受是从哪里生发的？

图 3-38 修溙作品（12 岁）不要以为儿童的绘画技巧是依靠教师教技术而来的，关键在于从小开始，教师给予大量视觉审美养育系列课程，给儿童眼睛带来的改变和思维方法的构建。

图 3-39 浙江泰顺民居写生 叶心尧（11 岁）

109

儿童自主美术表现活动所构成的原发性动手表达、原始造物思想、创造意识雏形、创造性思维积淀，都是作为一个人未来可持续发展的基础能力。持续开展儿童自主手作造"形"活动，是儿童自幼儿期到初中年段，需要不间断练习的一种能力。教师工作是，面对儿童接触成人影像产品污染视觉的防不胜防现状，在维护儿童生命活力与感知觉自发性反应基础上，以人的生命可持续发展理论为核心，支撑起关联、融合多学科的文化整合课程，将美术学科知识与技能等要素包裹在大观念、大任务、真实生活情境中，帮助儿童逐步形成以视觉感悟体验为基础的自由手绘表现、自主材料造物活动这两方面能力，提升儿童独特的思维方式，使儿童身体机能不断得到历练。

第二节　儿童造"形"与民间剪纸造型复演探析

一、基于生命本体感悟的自由创造

1."复演论"概析

"复演论"是美国心理学家霍尔提出的理论。作为美国心理学界学术鼻祖，其理论提出至今一直受到质疑，被批评最多的是理论依据是法国生物学家拉马克的"获得性遗传学说"。拉马克这一观点没有得到科学证据的支持，因此，霍尔的游戏复演论也被某些学者认为是一种缺乏科学根据的心理学学说。基于复演论，霍尔主张在儿童及青少年教育当中，考虑其每个个体心理发展中不断复演种系进化的特点，如儿童的成长过程应该带有一些野蛮性的本能释放与保留，应在一定范围内让儿童自由表现。引导他们听、讲古代英雄故事，接触、游览外部多彩的生活世界，童年时段要有一部分在野外"争斗"、嬉戏的生长经历，而不仅仅是关在屋内（教室）静坐读书，这样才是体现教育的本义。从这个角度看，霍尔关于复演论的心理学基础论述对儿童教育来说，是富有历史及现实意义的。保护儿童始于天性的自然涂鸦活动，鼓励原始造物思想作用下的自主动手游戏，以及自由手绘线造"形"表达等，都是美术活动中特别体现育人功能的、引导儿童潜在本能的释放及保留、感性能力得以唤醒的重要教育手段。

"复演论"认为，儿童的游戏行为实际是对祖先生活的回忆，游戏活动是早期种族活动的遗迹。从艺术起源的"游戏说"论点来看，艺术是一种以创造形式外观为目的的审美自由游戏。"自由"是艺术活动的精髓，它不受任何功利目的限制，人们（艺术表现）只有在一种精神游戏中才能彻底摆脱实用和功利的束缚，从而获得真正的自由（艺术的本质）。"游戏说"还认为，人的审美活动和游戏一样，是一种过剩精力的使用，剩余精力是人们进行艺术这种精神游戏的动力。人是高等动物，不需要以全部精力去从事维持和延续生命的物质活动，因此有过剩的精力，这些过剩精力体现在自由的模仿活动中就有了游戏与艺术活动。霍尔"复演论"认为，儿童时期的发展过程包括五个阶段，分别是动物阶段、原始阶段、游牧阶段、农业家族制阶段、部落阶段。在儿童身上可以找到与每一阶段相对应的游戏行为表现。"儿童身心自然发展是人类历史的'复演'""游戏是人类祖先活动的'复演'"，这些论述在我国学前教育儿童心理学课程中，作为一个心理学内容方向，几十年来反复出现，既有争议，更有不断推进和演变性的运用和论证。对于"复演论"，虽然它具有生物学意义，有益于儿童个体生命自然生长，但多年来仅停留在理论层面，并没有引起研究者、教师的真正重视，更没有在儿童生命成长的教育实践里得到更深入的思考、实践与研究。虽然，学前教育"课程游戏化"理论研究与实践已有相应成果，但学前课程"游戏化"仅是课程目标实现的"工具"，并没有在"复演论"层面有深度研究。

案例10：儿童造"形"与民间剪纸造型的视觉思维方式为何如此相似？

分析：如图3-40，这幅儿童版画在造型上没有以物与物空间的图式呈现，画作中自家的房子在画面底部形成基底线，自家田地以平铺的方式由房顶一直延伸到接近画面的顶部，4块田布局整齐，田里有人在劳作。

问题1：儿童这样的造"形"方式，是非常普遍的图式，与民间剪纸造型非常相似。儿童创造的图像呈现样式，是否复演了民间剪纸中百姓们的思维方法？

问题2：儿童造"形"表现时，将时空中的物象形态"压扁"为"平面图形"，

111

所有物体都由"空间"中"生存"转化为"平面直观"的呈现，这种造型图式为何与民间剪纸造型一致？

讨论：儿童早期线画造型与民间美术中剪纸造型类似。民间剪纸的创造者大多是乡村大嫂、婆姨，她们甚至没读过书，但其剪纸造型为何与儿童的造型、现代艺术家作品造型都很相似呢？乡村大嫂、婆姨们虽然是成人，但依旧保留着孩童的眼睛。视觉恒常性（也叫常态的眼睛）的获得，在日常生活中极为有用。人们通常是以工具的眼光来看东西（事物），也就是说，人们在看东西时，主要着眼点在于认识、辨认或者使用它们。视觉恒常性在很多状况下发出有用的指令，使诸多工作得以顺畅进行。乡村女性剪纸时，就是运用视觉恒常性来生成创作思维，指挥自己手中的剪刀如何把纸片镂空。

图3-40 《我家的地》 陕西安康留守儿童版画

儿童线画凭借眼睛直观，在自己思绪的指令下，臂膀带动小手做运动。儿童的眼睛随着小手运动，思维持续发生变化，试图用个人的表现语言表达、解释自己所认识的生活世界。儿童此刻的心境与乡村女性剪纸时的心境一样，都是根据自己的感受表现想说的话，手中完成的形态自然是来自个人对生活的理解。在美术学科领域，某些受过美院体系培养的人认为，人们原本的视觉恒常性，往往妨碍了对视觉世界的知觉感受，所以要加以控制（训练）。人们本原的视觉恒常性必须经过加以控制的调整，才能看出视觉世界是如何组成的，于是有了科学的美术（视觉艺术）这一门类。如，学院派美术"透视""闭上一只眼睛伸长手臂测量"等学科要求，规则延续许多年。但是，幼儿教师和美术教师需要明白另外的道理：运用视觉的恒常性也能够进行自主创作，民间剪纸、儿童画，都是以视觉的恒常性感受生活世界后，在特有思维方式作用下的主观表现，因而，会呈现儿童的造"形"和民间剪纸造型图式、样态类似的情况。（图3-41）

图3-41 民间剪纸，付百琴（陕西黄陵）。分析：剪纸中"鸡头部、颈部等"是侧面，"尾巴部位"变成正面造型（圆圈标注部位开始变化为正面，呈对称状），"鸡爪、鸡小腿等部位"是侧面，"蛙的身体部位"是正面。整个作品形态的"朝向"自由转换，采用的方法是将时空中的物象形态"压扁"。

2. 民间剪纸造"形"的"不讲理"与儿童画造"形"的不成熟

民间剪纸造型样态与创作群体视觉感知意识有关。民间剪纸创作者，大部分是土生土长的农民，他们几乎没受到过专业造型训练，从观察思维方法，到造型能力和造型手段，呈现出被美术专业工作者称之看上去造型方式"不讲理"的图像样态。在我国美术历史发展中，民间剪纸还曾经被某些人称为是一种"低级"的艺术类型。运用反常规的图形和反正确比例的造型样态，在民间剪纸、民间木版年画、民间彩塑中普遍存在。民间美术里的许多事物形象，看起来很奇怪，与普通公民对生活的视觉印象（经验）相去甚远，那些脑壳硕大的娃娃、动物，那些身材五短三粗的门神，变形、比例失调的人物、动物，以及鲜亮的色彩，都让诸多人感觉看不明白，为什么会是这样呢？民间美术的创作者在创作时究竟是基于什么样的思维心理和创作意识呢？为什么民间美术作品里的诸多形象其比例与尺度不符合生活常规呢？如，民间木版年画是中国民间美术里最具有程式化意味的门类，全国各地的木版年画，其基本观念、造型与技法都差不多。其中，"门神"造型都有一个共同点：形态上人物的个头普遍比较矮，很不符合"立七坐五盘三半"人物比例，为什么会这样呢？又如，民间美术里的狮子形象，头部通常会做夸大表现，狮子头部与躯干的比例十分不协调，民谚曰：十斤狮子九斤头，一斤尾巴掉后头。实际上，民间艺人并非不知道事物的比例大小，而是表现时有意识强化头部的造型。在描绘或者创作狮子形象时，只要把狮子头部的形象特征抓住，整头狮子的形象就八九不离十了。这是一种高度概括与夸张的表现手法——以头部来替代全身。这样的表现手法在民间美术里非常普遍，无论剪纸、刺绣、泥玩具，都可以看到这样的造型（图3-42）。

在儿童美术的造型中，夸大头部的画比比皆是，儿童和民间艺人的造型之间说起来似乎没有直接联系，这种夸张造型的知觉心理是儿童生命自然生长本能的心理反映，是儿童普遍有意识地这样表现（图3-43至图3-46）。

在民间剪纸造型里，运用反常规观察方法进行造型表现随处可见。很多事物互不遮挡，且多角度综合呈现。作品画面上除了事物形象时常不符合常规比例之外，所表现的情境也往往是怪诞和夸张的，在同一个场景里出现的人物不注重前后空间关系，没有重叠与遮挡。那些耕地的牛、拉货的马居然会多长出颗脑袋。侧面的人或动物，竟会有两只眼睛和两只耳朵，这些扭曲、怪异的

形与心·儿童的生命觉醒——基础美术课"学科本位"辨析

图 3-42 山东高密民间泥座狮子

图 3-43 山东济南尹文文老师工作室儿童作业，画面中妈妈的头部是如此的大

图 3-44 儿童，特别是低幼儿，在造型的时候，总会把头部的形态画得特别大。

图 3-45 左图与右图画作时间相差 6 年，作品中人物头部形态依旧大于整个身体常规的比例，任何时代的儿童都这样表现。右图由罗彦军老师供稿，画作中罗老师的头部形态明显大于整个身体，表现时突出了对头部的刻画以及表现。

图 3-46 任何时期的儿童，在表现人物的时候，总会将人的头部画得最大，这是最重要的形态。

114

第三章 儿童感知觉方式与民间美术造型

画面究竟是怎样被构想出来的呢？美术课学生观赏作品时肯定会对此质疑。这样的表现反映了民间美术创作者独特的观察方法和视觉思维心理意识。对儿童来说，逐渐养成由"图像识读"到"审美判断"的视觉欣赏感知价值判断关键能力特别重要。（图3-47）

儿童画作品，同样出现这种造型样态。儿童在一个二维平面空间中，自由安排着自己认为重要的人与物件，画面出现诸多"不合理"的视觉样态。问题：儿童在各年段的生命成长中，频繁地出现这样的表现样态，他们是否在复演民间剪纸作者的造型意识和作品样态？在视知觉感受方面，儿童和那些没有受过专业美术训练的乡村女性比，在视知觉心理、生理发展方面究竟有多大差异？是相同？还是其生命的自然生长心理及意识的复演呢？是基于原发性观看方式之后的思维方法，还是有意识这样表现呢？（图3-48）

儿童在成长期的若干年当中（3—12岁），他们的视知觉心理发展与民间美术创造者（成年人）相比，究竟有哪些地方相同与不同？民间美术创作者已经拥有生理上属于成年人的眼睛（视觉系统），但他们创作的作品造型依旧与儿童画里的形态相似，究竟是儿童的眼睛（视觉思维方式）复演了民间美术创作者的眼睛（视觉思维方式），还是其他什么？为何在民间剪纸里，鸡（鸟）等侧面的造型有着正面体态的两个翅膀，侧面身体后面长着正面的尾巴？为何

图3-47 左图是曹佃祥的作品《抽烟老汉》，与右图儿童画比较，剪纸中烟锅形态特别大，冒出的"烟"类似"火苗"形态。人物头部接近正面脸形态，整个身体是侧面身子，人物造型与埃及壁画中人物形态的"正面律""侧面律"造型程式相同，难道说，中国民间剪纸（美术）造型与埃及艺术造型也有"复演"？此外，右图儿童画中的头部形态与剪纸中的几乎一样大。

图3-48 陕西富县张林召作品《喂鸡》。作品中鸡食槽与鸡形态的空间完全"压扁"，而且，喂鸡的妇女整个身体形态似乎和食槽一样大小，这种图形构成上的"不合理"和儿童画类似。

图 3-49 陕西澄城县柯田英作品 此剪纸图像形态：侧面造型的鸡头部、颈部，连接着正面打开的双翅膀，侧面的鸡肚子，再转变为连接正面的鸡尾巴形态（纹样）。老百姓剪纸造型图像塑造方式就是这样的"不讲理"。

图 3-50 儿童画出的鸟也是如此

在一张侧面的脸部造型中，重叠着正面的脸部形态？这样的形态为何也在儿童画里出现？（图 3-49、图 3-50）

中国民间剪纸造型思维方式与西方绘画体系的不同在于，它有自己独特的形式语言特征。如，有自己特有的造型功能，但不是单纯的造型艺术；有强大的装饰功能，但不是单纯的图案排列和并置。民间剪纸作者的创造依靠着自己对生活的深刻感悟，是由心而发的主观表达。同理，儿童画表现具备民间剪纸造型的这些形式语言特征。

二、儿童造出的图形样态复演了什么

对儿童造"形"表现的"复演论"进行探讨，学前教师、美术教师需要改变自己所谓必须"教"给儿童什么的习惯思路，回归追溯每位儿童个体的童年生活细节，发现并研究儿童独特的造"形"样态，究竟如何复演某种与史前时代人类早期视觉造物创造时相对应的图像（图式）"记忆"，需要研究儿童的造"形"与民间剪纸"花儿"造"形"图式相似的原因，确立其意识生活生成后的原始本能，以及无意识层面的根基是如何为其生命成长付出的。成年人（父母、祖父母、幼儿教师、美术教师）绝不能轻视儿童童年期生物本能和无意识状态中精神根茎的发育，呵护这些精神根茎的发育是成年人需重点关注的，一旦出现差错，就可能会使儿童个体在日后成长中产生各种精神症状出现人格残缺。因此，荣格提出"儿童生活在一种前理性状态中，尤其是生活在一种前科

学的世界中……每个人都是由这些根基生长起来的"①论点。（图3-51）

原始美术、民间美术的造型样态表明，其创造者"原始人类""乡村大嫂、奶奶"，他们的生活也同样在前理性状态中，尤其是与飞速发展的工业社会脱节之后，与信息化科技时代更为脱节。因而，乡村大嫂、奶奶剪纸造"形"的图式记忆，就是由这些原始文化根茎生长出来的，没有受到科学的美术造型体系影响，也很少受到古代中国文人士大夫美术表现规则的影响。如，传统民间木版年画门神人物造型一般四个半头的身高，除去民间工匠的师徒传承、业内传承，那些为宫廷服务的艺人画人物时的造型口诀"立七坐五盘三半"，并没有直接影响到民间木版年画门神的造型，也没有影响到民间剪纸造"形"的表现。由此分析、思考我国学前儿童视觉艺术领域活动，以及《义务教育艺术课程标准（2022年版）》将第一学段美术课转变为"造型·美术"，倡导综合学习活动。究竟何为科学的美术？小学低段儿童实施造型游戏对其全面成长有何教育意义？进入新时期的基础教育，保护儿童在童年期生命自然生长，强化艺术教育对儿童感性能力的唤醒、培养，是促进人的全面发展所必须夯实的美育工程。（图3-52）

图3-51 高峰学生作业 儿童造出的形态与民间剪纸造型同理

图3-52 对锤门神 24cm×16cm 清代

① ［瑞士］荣格.《怎样完善你的个性 人格的开发》，刘光彩译，中国国际广播出版社，1080，第147-148页。

三、儿童本原的造"形"方法与民间剪纸的造型方式

1. 儿童的视知觉，属于人类童年期的图像（图形）思维本能性生长阶段。其视觉观看后的思维意识决定其涂鸦表现和造"形"方式的不同运用。即在不同年段随着其图像（图形）思维本能性的发展或者生理心理状态波动，有着特殊的图像(图形)思维意识及表达方式。(图3-53)

图 3-53 此版画作者已经 12 岁，但是，画面里"鸡舍"的栅栏依旧倒向四面。为何？儿童视知觉常性眼睛感受生活物象后的思维方式就是如此指挥自己的造"形"。

2. 二维空间安排意识。在儿童画、民间美术、原始美术中普遍存在的样式。呈现为平面图像形态，强调画面的平面布白构图形式，人物等物象造型呈现平面的正面，或者是正侧面的轮廓，体现出"正面律"和"侧面律"现象，常直接表现或配置组合，这种造"形"表现方式在汉画像石中非常普遍。（图3-54）

3. 民间剪纸（民间美术）作品中有着鲜明的图像符号（图符）性质。其以图符形式来象征和指代所要表达的意识和概念。儿童画中这样的图符性质同样很明显。儿童画、原始绘画、原始性图画，同样具有人类图像思维的原始属性，因此，民间剪纸造型与儿童画造型呈现出同构同质特征。（图3-55）

4. 民间美术中的非理性表现，快乐原则的、自由想象的、基于梦想中的童话世界表现特征突出。民间美术的原始性其实是创作者们少儿时期原始性思维的延续。恰恰就是这样的原始性思维，指导着创作与表现看上去造型稚拙与率直，也正是源自这样的思维，民间美术才具有特殊的生命本源。（图3-56）

讨论：既然民间美术（民间剪纸）创作者的造型思维来自其童年时期原始思维的延续，呈现出造"形"的稚拙、率直以及现代艺术家所追求的某种样态，那么在儿童的美术表现活动里，儿童心理上原本就存在着思维的原始性，美术教师"教"的尺度、指导过程的分寸究竟如何把握？对儿童过度实施美术学科教育合适吗？若以美术学科本位构成义务教育阶段美术课程（教科书、教学设计、实施、评价），就可能会造成以抑制儿童身心发展为代价的美育结果，美

第三章　儿童感知觉方式与民间美术造型

图3-54 儿童版画作品呈现出的样态清晰说明，儿童造"形"时会自然运用符号形式进行表现。

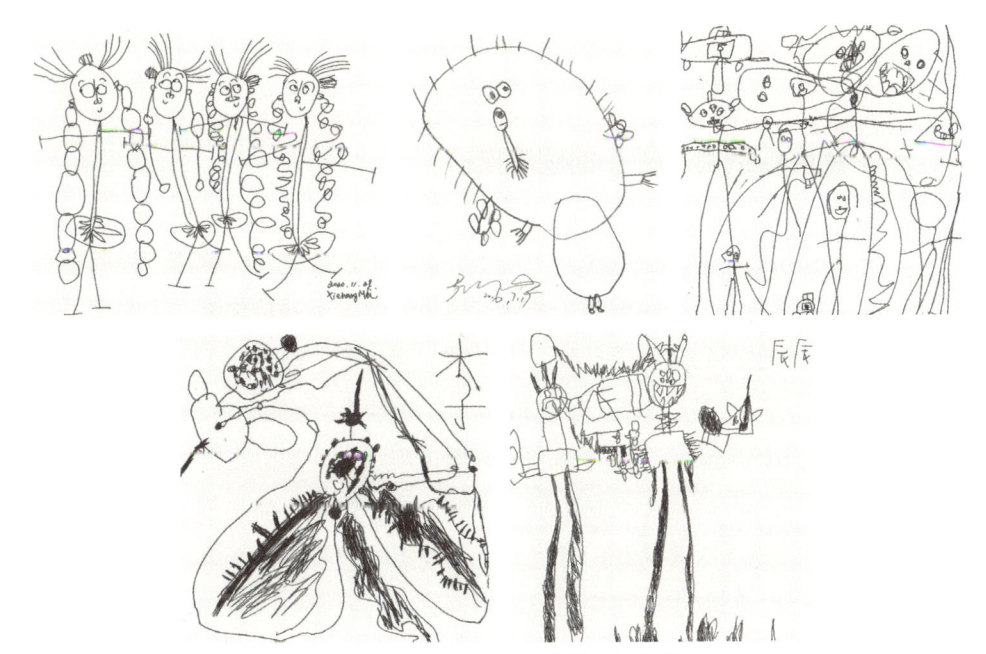

图3-55 儿童画中典型的图像符号造"形"

图3-56 山东滨州的民间剪纸，陕西的布堆画，二者造型都带有稚拙、粗犷、率直的野性。

119

育目标仅成为美好理想。因而，要跳出美术学科单一视界和局限，从立德树人教育的高度，思考美术学科教育在学校育人中的功能，使课程以儿童为中心，成为面向人人的、常态化的学校教育的有机组成部分。

第三节　民间剪纸造型语言与美术教学设计

一、民间剪纸造"形"的观念形态

"暖汤濯我足，剪纸招我魂。"[①] 一千多年前杜甫曾这样吟道。民间剪纸历史悠久，深得民心。民间剪纸（黄河流域民间美术）的传作者，主力军是我国乡村里不脱离生产的普通劳动妇女（姑娘、小媳妇、婆姨、老太太等），因此又可称为母亲的艺术。当然，也包括部分男性作者。他们结合民间习俗节令，出于对美好生活的向往，从长辈和亲邻那里传承领会，加上自己从心底处涌发出创造美的本能，剪出乡土气息浓郁、歌颂生活、祝愿生命幸福的"花儿"。民间剪纸，既是生活衣物绣花的底样，又是乡里红白喜事的花饰，是用作美化室内环境的窗花，同时也是花馍造型的根据。"一看窗花二看绣"，村里每一个"巧女子"艺术造"形"基本功，来自从小对于纸的阴剪阳镂的功力。剪花花的形态塑造，依靠的是观念意识决定的造"形"语言的选择。

🔸 **案例 11：这还是小狗吗？**

看到这幅民间剪纸作品（图 3-51），很多人会问，这还是"狗"吗？

此剪纸造型样态让很多人眼睛的辨认过程产生不认同的视觉心理。因为，一般人赏析作品时总以"像"与"不像"来作为审视作品造型的标准。对于民间剪纸作品，普通国民和相当数量的美术教师，都在用所谓的"画样"（画稿）图像知觉，来对应民间剪纸作品的造型样态。乡村妇女们在剪纸的时候，思维

---

① 引自［唐］杜甫：《彭衙行》。

意识里是没有"画样"概念的,她们视觉思维心理上是"花样"!

普通国民和美术教师视觉感知中所谓"画样"(画稿),是长期以来受学院主流美术学科影响得出的结论。用这样的视觉认识基础来看乡村妇女创作的民间剪纸造型样态,自然就看不懂。乡村妇女心中的"花样",本质上不同于美术学科里的"画样"。"花"来自最简单、最朴素的红纸,以及旧报纸上所剪出的镂空形态,镂空的造型所形成的"红"与"白"、"花样",实际上形成了乡村百姓心中一朵盛开的"花",这一由心而生发的喜悦感,是决定花样是否中看、喜庆的基础。构成花样的具体技法是由大"剪刀"(图3-58)不断地剪去多余纸屑后形成的镂空效果。

作品应用大量的直线锯齿纹,来表现小狗毛呈现出的"毛楂楂"的"刺感",这一造型(剪刀镂空效果)恰恰证明了创作者有丰富的想象力。从艺术感和表现性来看,作品更有意味,除了小狗身体中部盛开的花瓣纹,几乎全身都用了直线的锯齿纹,在一条腿部有个"铜钱纹",其他部位都是用锯齿纹满身铺开。另,此作品小狗头部造型是反向的,给人一种头昂过来的感觉(图3-59)。如果普通国民用"像"和"不像"的美术学科"画样"思维来审视、评价民间剪纸作品就非常不合适。

每一位民间剪纸能手(现在称谓其"艺人")、剪纸的创作者,其造"形"的知觉水平和身体器官的生理知觉是不一致的。它受到与个人"生命"历程紧密联系的神秘想象空间划分出作者思绪的深度限制,又受到各地域相流传的具体剪纸技艺(对某主题形态"镂空"表现手段)的知觉方法、表现方式的限制,由视知觉方法、表现方式,制约着其表现主题时个人理念的深度、感情的形态想象、造"形"的镂空质量和表现水平,制约着作品最终呈现的完整性和形象表达的明确性。

图3-57 《狗》任凭 山东

图3-58 乡村大嫂用生活中使用的大剪刀剪花

图3-59 反向造型的小狗头部

案例12：更认同这样的小狗形态

此小狗花样作为生肖剪纸造型（图3-60），要比前者更具"肖似"性。剪纸作者将一只小狗作为创作形象时，在小狗的不同部位，表现技巧上和适形上与前者各自有着一定的差别。如，从作品大形上看，更关注小狗形态的可爱，明确了小狗头部造型的憨态感。前者小狗剪纸作品，虽然也是生肖剪纸作品，但创作者注意力（创作视角）不在小狗的外形结构上，而是对"刺刺的""楂楂的"狗毛之感受，其情感的表达寄予某种理念的本质，表达小狗呈现出的毛茸茸、摇头晃脑的狡黠之感。

图3-60 《犬》

乡村民间剪纸创作者表现时起作用的，是其脑海中、记忆里神秘的感情世界与外化信息融合的思绪，在表达这种语言时，小狗毛发"刺刺"之感成为主要的形象特征。为表现这一形象特征，民间剪纸创作者选择了直直的"锯齿纹"，是具体表现技能承载创作者情感意识时的一种独特表达。

我国乡村民间剪纸是原生态的，目前还有极少数人用传统剪纸美化自己的日常生活。随着城镇化进程推进和社会发展，乡村老人迅速减少。民间剪纸原生态传承（活态传承）中，跟着大嫂、大妈、奶奶、婆姨学剪纸的当地年轻人越来越少。社会经济的转型发展，年轻人离开乡村到外地城市，作为"非遗"的中国乡村剪纸，出现后继乏人的危机，自生自灭或进博物馆，成为某种选择。与乡村民间剪纸后继乏人现状相比，近些年中小学剪纸实践课程开设普遍，很多学校都有剪纸特色教学社团。除中小学开设剪纸课程外，一些大学也开设剪纸课。2005—2006年，绍兴文理学院医学院为提升医学专业学生人文素养，为医学系、护理系两个系全体学生开设民间剪纸课程，受到学生热烈欢迎。虽然，城市中热爱剪纸的青年人逐渐多起来，对于传承中国民间美术文化有着很大促进作用，但是，如何鉴赏民间剪纸，提高审美眼光，确保民间剪纸审美价值和技艺传承走在正确的道路上，避免出现太多的文化异化，是基础美术教育需要关注的问题。其中，知觉、理解其造型的误区和视觉审美观念认识上的偏差需要把关

（1）剪纸教学，对民间剪纸独特造型样态的认识和理解需放在首位。赏析民间剪纸造型和表现手段，是重要的学习内容，构建看明白民间剪纸造型的

眼光，决定学生的审美价值判断、传承民间剪纸表现的思维方法及文化理解的水准。

（2）辨析、理解民间剪纸造型独特的表现方式。尊重、认同、传承民间剪纸造型样态，有别于美术学科"画样"的识别方式，不能用看"画"的眼光替代民间剪纸造型表现的独特性。基于"画样"的剪纸不是民间剪纸，是学过美术的人，根据自己的某些认识，用剪纸技法和形式表现的作品。

（3）民间剪纸"花样"与"画样"的不同，决定民间剪纸作品的艺术品质。民间剪纸的艺术感，其造型传承谱系来自人类早期视觉造物的知觉感受。以视觉常性认识造"形"、认知及思维，是老百姓对生活世界感悟后的直觉表达。以美术"画样"构成的剪纸作品，不建议作为学校美术课内容向学生传授。

二、民间剪纸主题单元教学设计

1. 民间剪纸造"形"样态的"基础观念"（剪花娘子的想法）

乡村老百姓进行的民间剪纸（民间美术）创作，其造型样态带有明显的民间集体意识倾向所构成的审美标准和社会价值。老百姓之所以将民间剪纸纹样称之为"花样""剪花花"的意涵说明，老百姓共有的美好追求是通过"花儿"体现的。一个民间剪纸花样的共同喜好倾向性，构成作品样态形象的表现方法、剪刀技法的熟练程度、作品使用功能的适应性等创作要素。这些要素都为当地百姓带来生理上的直觉愉悦——视觉快感，如王大妈说"张家媳妇的'花儿'剪得那个好哎"，于是，某个剪纸花样的视觉形象标记形式，给整个村子女性们集体表象的审美意识倾向带来心理上的最大满足，从而使大家的生理（眼睛）、心理（联想）迪融于想象和联想的愉悦中。于是，刘家姑娘、王家婆姨和李家的老太太等女性聚集在一起，使该花样在本村和他村等乡里的不断传递中，发生"流传就是一首歌"的生命希望、生活美好之寄托。因此，民间剪纸在生活相对贫困时代乡村里的存在，其精神适用和物质使用的两种功能价值，在历史的、现实的各种集体意识活动约束中，形成了民间的创作思维方法，以及选择、判断的审美价值标准。无论刘家妹子到张家媳妇那里学剪新花样，还是王家婆姨拉着李家大嫂和大家伙儿一起唠叨"剪花样的事儿"，乡村老百姓们遵循着这一生活常态观念，自我的意识从相对恶劣的自然环境、相对封闭的社会状态所给予的各种卑微的感情束缚中得以解脱出来，得到心灵净化和精神升华，得到慰藉和归宿。老百姓视觉审美引发的"快感"所形成的瞬间心灵解脱是一种身心解放，既是对自然现实和社会现实压抑的抗争，也是一种在美的追求中独立思索的理想追求，更是一种对价值取向的导引。民间剪纸"花样"所形成的本原价值期待，是经由每家窗户纸上透着光映照出某"花儿的形"，百姓们心灵的精神期许由窗棂子上的外置与身心的内生交互而行，最终走向内生。

美术教师一般在执教"剪花娘子"主题时，常常会引用网络上某几段库淑兰生前贫困生活场景的视频、采访片段以及描述性话语，播放给学生看与听。但是，没有从观念形态高度提炼出库淑兰彩色拼贴剪纸的表现为何让当今时代的人感觉震撼的本质意义。当教师的执教行为落入彩色拼贴剪纸具体的拼贴顺序、搭配样子等所谓技能层面的时候，势必出现教师带着学生进行肤浅的临习、"抄作业"式的课堂形态。

问题根源在于美术学科结构源自人对世界日益深入的理解，它们将文化知识组织起来，建立联系，赋予意义。[①] 实际上，任何学科的学科结构都是灵活的"基础观念"，而并非固定学科事实，其本身具有可理解性。库淑兰彩色拼贴剪纸，视觉感受强烈，表现元素来自家中多个簸箕中那些彩色"碎纸片"。库淑兰之所以能够创新民间剪纸的造型样态，是基于她独立思考如何将婆姨们剪碎的、落满地的纸片用起来，表现出与其他婆姨不一样的、自己感觉更好看（更美）的"花样"。库淑兰当时考虑的是，用多种彩色纸进行拼贴，不仅仅是一张红纸。在县文化馆组织的妇女剪纸培训班产生创意的思想（想法），是库淑兰剪纸作品之所以珍贵，之所以具有强烈艺术感染力的核心。库淑兰内心创造彩色拼贴剪纸质朴的想法、看法，就是学科结构中提及的灵活的"基础观念"，散落在地下的纸片刺激了库淑兰的独特想法，构成了该主题剪纸教学中的美术学科结构。这个学科结构的确立和提炼，让本主题的美术学科知识"彩色碎纸片的拼贴方法、构成形式"等单一的知识技能，具备了内在价值（表达自己生活情感）和自身统一性（与库淑兰原发性创造想法的统一）。面对库淑兰的作品，如果

[①] 张华：《论学科核心素养——兼论信息时代的学科教育》，《华东师范大学学报（教育科学版）》，2019年第1期。

教师提炼出作品蕴含的学科事实中的"基础观念",设计出的单元教学脉络,必然指向学生艺术学科核心素养目标。

2. 如何由单一知识技能传递,转化为单元主题课程架构

在一切教育中,提出与探究核心问题,是如何让教师所教授的学科知识保持鲜活,避免知识惰性化的关键点。人的心灵是基于个体生命的、活的有机体,教师必须时刻警惕,不能让"惰性知识"充斥于自己的教学过程。所谓"惰性知识",是由零散的学科事实所构成,仅适应学生身心情感外部单一操作评价的需要,并不是能在生活中应用和解决问题的知识。

某教师设计了民间剪纸单元内容,其呈现的作品素材、美术学科知识点等属于典型的美术学科知识与技能,是将民间剪纸事实性知识堆积在一个单元内,计划通过一个单元向学生传递(图3-61)。但是,这样的单元内容组织和架构,显然不符合核心素养本位的美术主题单元课程设计要求。义务教育阶段推出的艺术课程核心素养是一种综合育人的教育理念,倡导让学生把知识运用到生活实践当中去,解决现实生活中的问题,并能够在遇到其他问题时逐步形成能力的迁移。核心素养不仅仅是课程目标问题,它还是一种重要的教育理念。教育的本质是促进人的理解并解决问题,而不是仅仅把某些美术学科知识记到脑子里面去。核心素养的培养呼唤理解力教育。如何转变教育观念,将本单元内容架构成核心素养本位的美术主题单元课程呢?

理念转化策略:教学设计时,暂时忘记民间剪纸蕴含的美术学科之事实性知识,要首先思考老百姓剪纸究竟为了什么?剪纸给老百姓的生活究竟带来了

图3-61

什么？从学科核心观念（基础观念）、民间剪纸表现的意义角度考虑问题。

教育理念分析： 从概念上来说，能够迁移的东西叫作理解，也就是说，当学生能够成功运用知识才能被称为理解。如，民间剪纸的具体技巧、方法等，都属于知识，学生能够成功运用民间剪纸的知识和具体技巧、方法，表现自己内心的想法或者心情（感受）等，才是真正的理解。并不是课堂上仅仅临摹某个民间剪纸花样，就完成了美术学习。如果美术课上学生只是重复地练习民间剪纸花样，但无法用民间剪纸创作观念、百姓独特想法支撑下的某些剪纸技巧和方法，学生仍无法独立解决生活中真实的问题，则不能被称为获得和理解了民间剪纸的学科知识与技能。

单元主题课程设计方法：

第一，教师必须要把民间剪纸蕴含的美术学科知识动词化，让民间剪纸创作观念和想法支撑下的美术学科知识、技能变成学生可以获得的对意义的理解。

第二，教师必须要引导学生运用民间剪纸创作观念、想法所支撑的学科知识和技能来解决生活中的真实问题，在解决真实问题时形成的能力就叫作核心素养。

第三，理解分为三部曲：意义、表现和理解。学生感受到民间剪纸创作观念支撑下的美术学科知识、技能的意义，再去尝试表现和体验，才会带来深层次的理解。

◆ 案例 13：民间剪纸主题单元教学设计思路

大观念（学科核心观念）即"本质理解"或"持久理解"，民间剪纸主题可选择提炼的学科核心观念（基础观念），学生需要理解：

民间剪纸是中国美术文化中独特的造型语言和表现形式。

（1）民间剪纸造型语言有别于西方美术学科体系中的视觉呈现与表现。

（2）民间剪纸造型语言不同于中国宫廷美术体系中的造型样态与表现。

民间剪纸是老百姓寄托自己念想的民间美术表现载体。

（1）民间剪纸是基于老百姓日常生活体悟的自由表现。

（2）民间剪纸造型蕴含着老百姓生活观念和精神内涵。

任务 1：初识民间剪纸（欣赏、感知、判断、思考民间剪纸造型）。

第三章 儿童感知觉方式与民间美术造型

图像识读：这两幅戏文剪纸是何种表现方式？是对称造型还是独立造型？（图3-62）

审美判断：

（1）怎样判断剪纸的造型样态，以及其造型所表达的意义？

（2）纸张对折的功能在剪花花时如何呈现？

美术表现：

（1）人物衣着上都是怎样镂空的？有哪些纹饰？

（2）两件剪纸作品用了剪的方法还是刻的方法？

（3）镂空纹饰形态有哪些是可以重复的？

（4）尝试练习某个纹饰的镂空方法。

任务2："欣赏·评述"活动方式需要贯穿整个单元全过程。

（1）这两幅剪纸作品的造型方式一样吗？（图3-63）

（2）作品中可以看到哪些内容？刻画了什么？

（3）作品的哪些地方让你感觉异样？为什么？

（4）老百姓这样造型想表达什么意图？

（5）你认同这样造型吗？为什么？

任务3：民间剪纸学科知识技能、表现方法的结构化分解。

（1）在红纸片上做镂空形态是民间剪纸基本造型方式。

①镂空纸片的方法有几种？（剪刀、刻刀）

②常见镂空纸片形态有哪些？（若干基本形）

③不画稿的剪纸是怎样产生的？（眼观、心明、塑大形）

图3-62

图3-63

李玉焕《喜娃娃》　　张林召《母亲》

（2）"先剪大形、后掏花子"是民间剪纸基本造型方法。

①对称造型和独立形态的剪纸方式。

②对称造型剪纸时折纸的基本方法。

③独立形态的造型方法有何秘诀？

任务4：民间剪纸学科知识技能、表现方法的结构化分解。

（1）在红纸片上运用剪刀的造型方式。

①剪刀镂空纸片的方法有几种？

②老百姓为什么要这样剪形（表现意图）？

③剪大形的诀窍有哪些（眼、心、手怎样协同）？

④尝试运用2—3种镂空形态为某主题造型。

（2）在红纸片上运用刻刀的造型方法。

①落稿方法与程序。

②刻制刀法及注意事项。

③辅助工具的应用。

大单元、大问题、大任务、大项目少而精地指向单元课程。

◆民间剪纸的功用。（民俗节日中的民间剪纸、日常生活中的民间剪纸）

▲为什么说民间剪纸是老百姓向往美好生活的造型表现载体？

◆民间剪纸的当代表达。（"小红人"的故事，吕胜中作品，"二小娃娃"）

▲民间剪纸在现代生活（设计领域）中的应用。

●民间剪纸与学校生活。（民间剪纸和自己学习生活的关系）

讨论：其一，素养是一种以创造和责任心为核心的高级心智能力。要想培养学生具备核心素养，必须走向跨学科的学习。民间剪纸关联民俗、社会学、历史学等诸方面问题，因而，民间剪纸单元主题课程设计，必然由跨学科的课程内容构成。其二，核心素养的本质内容就是培养解决真实问题的能力。要引导学生将民间剪纸蕴含的美术学科知识与技能，运用在自己的生活中。但是，要想解决任何一个生活中的真实问题，哪怕是一个很小的真实问题，都需要用跨学科意识和跨学科思维。因为，一个学科只是提供一个视角，然而，真实的问题不是一个视角就能解决的。世界是整体的，人的心理也是整体的，解决问题和创新需要整体意识，这是跨学科学习的必然要求。

提炼、认识美术学科观念的单元化学习，是学生获得持续终身、永无止境的思维方法和探究方式的路径,由此,学生的探究能力和学科理解力可持续发展,民间剪纸的认知、表现方法的习得能够在螺旋式上升的可持续发展轨道行进。

小结：

1.民间美术创作者主体大都是乡间女性,她们的剪纸呈现的乡土气息、稚拙气,以及粗犷奔放、对生活充满热情的气概和活泼的生命赞歌,美术史上有谁去书写她们呢？在以往美术史论教学中,并没有以"造物""创造"的概念,帮助即将担任美术教师的本科学生构建对美术本质的理解。视觉造物,就是在历史发展中,不断由各个时代先民们为了使自己的生活更加完善、更加美好而进行的造物创造。

2.民间剪纸,属于老百姓的造物活动,是其憧憬美好生活的情感表达,是独立的创造性活动。教师的人文素养修炼,需要补习对于中国民间美术文化的认识与理解,这样,才能在教学中用民间美术的传统,帮助学生认识、理解中国老百姓在生活相对贫困、经济尚不发达的岁月里,是如何用民间美术寄托自己的情感的,如何憧憬美好生活的,如何在梦想中书写中华民族与命运抗争的历史篇章的。

第四章

儿童绘画发展的历史研究与实践

问题 为何有史以来如此重视儿童画研究？
解析 儿童画中可以看到人类未来的发展。

任何时代、任何地域都有儿童美术，一百多年前，儿童的信手涂鸦画作是没有人关注的。那个时候，让孩子模仿成人的图画被作为美术活动的指导行为。19世纪中后期，随着儿童心理学、发展心理学研究的深入，研究者发现，儿童的画有着与成人绘画不同的意义和内涵，人们开始重视儿童画并对之加以研究。法国哲学家卢梭是较早关心儿童美术的人，基于对人、对社会的深刻认识，他提出自然主义的儿童美术观。德国学者克尔胜斯代纳花了七年时间，察看了58000名儿童绘画的发展，研究了30万张儿童画，提出儿童绘画的发展理论。英国学者赫伯·里德与美国学者罗恩菲德分别对儿童美术（绘画）的阶段分期提出理论论证，对世界范围儿童美术研究影响深远。在20世纪50年代至20世纪70年代，罗达·凯洛格女士对世界各国100多万幅儿童绘画作品进行深入研究。其著作《儿童画的发展过程》《儿童艺术心理》等，对儿童画的分析，对儿童艺术心理发生原因的深度思考，对当下及未来的儿童美术教育研究，有非常重要的指导意义。

第一节　罗达·凯洛格告诉成人应该怎样对待儿童

罗达·凯洛格系统研究了世界各国 100 多万张儿童画，撰写《儿童画的发展过程》，全面梳理儿童绘画发展脉络、分析儿童身心成长情况，著作于 1969 年出版。该著作迄今尚没有简体中文版。1988 年，台北市中学美术教师、画家夏勋，根据日本美术教育家深田尚彦先生所译日文版《儿童画的发展过程》转译了《儿童画的发展过程》繁体中文版。阅读此著作，结合学前教育、小学低段儿童美术教育实践，进行本土化落地研究。（图 4-1）

图 4-1 《儿童画的发展过程》英文版扉页[1]

一、由孩子的画认识理解儿童身心发展过程

心理学家和医学生理学家研究后，提出 3 岁、9 岁、13 岁是人的大脑发达的几个阶段，从儿童绘画中，可以读取出一个孩子心理、智力、身体发育等在成长过程中发生的惊人质量变化，并逐渐梳理出一个人的生命发展路径。从事儿童教育的教师，充分理解儿童生命的发展道路是需要不断修炼的内功。教师要充分认识儿童身心发育的质量变化，理解儿童画自由表现状态，考虑如何引导及采取何种心态保护措施，以利于人类的整体成长过程。

在幼儿期，如果成人（教师或父母等）给予儿童强迫画画的指令，那么，成人的强迫意志就会直接干涉儿童发自个体生命的自由涂鸦活动领域。在童年阶段，儿童的内心意识里，完全不会去想要画出生活世界"真实"的东西，而是会凭着自己对生活世界的切身感受，对这个世界诸多陌生事物的独特感悟和

---

[1] 本章英文版图由胡知凡教授提供。

认识，在外界某种刺激的作用下，自由地按照个人内心意识中被激发起的某种思绪，用线条、点点等涂画痕迹去表达。当过早地用成人世界的"美术事实"（美术学科知识、表现）"教导"儿童，给其看如何描绘真实的东西这类作品时，当这些条条框框处处在约束儿童的时候，就会不断出现"我不会画，妈妈"或者是"老师，我不会画"的结果。

案例1：画作《桥桥眼中的妈妈》

桥桥小朋友口述，配上自己的画，展现了一个孩子真实的内心表达（图4-2）。

什么是儿童画？真正意义的儿童画指的是完全出于儿童自发表现的画。但这样的儿童画，被太多成人扼杀。因而，广义的儿童画指的是，由儿童自己将对生活世界的切身感受用画笔（或者其他工具，如树枝）在能够留下痕迹的地方，画出（刻出）那一笔笔看似颤抖的线条，一簇簇不规则的点点，一道道重叠的、让成人看不明白的形态。近些年，有人给其冠以一个名称为"原生态儿童画"。这究竟是一种怎样的儿童画呢？

讨论：真正出自儿童生命体原发性表达的儿童画，其笔下的一切都是那么神秘，一切都是如此混沌。如桥桥小朋友的画作，四组形象之间总有着形态的相互交叉、寓意含混的意思。所以，与一切带有原始性的绘画一样，儿童画也是一种广义的原始性绘画。儿童画的形象思维模式同人类原始时期的、原始部族的、民间绘画的形象思维如出一辙，都具有原发性。它们共同呈现出三大特征：混沌性、象征性、平面性（西安美院教授程征先生论点）。对于儿童画缺乏基本认识，或者是根本不理解，是进入人工智能时代，国民依旧普遍存在的"美育盲"病症。这是整体公民素养低下的具体表现。

图4-2 《桥桥眼中的妈妈》

1. 国民"美育盲"病症之根源是看不懂儿童画

面对儿童喜爱绘画的天性，几乎所有成年人（家长、幼儿教师、美术教师），都会不约而同地想到"教"。当儿童进入社会上各色各样、看上去"红红火火"的美术机构中，当成人急切地希望自己孩子能够依照某教师意图跟学和模仿的时候，当从教者希望自己教的学生都能够画出"写实性"形象的时候，被忽略的不仅仅是儿童自身生命成长的心理发展规律，被严重抑制的是每个儿童成长中必须经历的情感体验过程，被完全忽视的是每位儿童个体生命基因在面对生活世界时，被激发出的独特感受、个性表达和潜能释放。

🌱 案例 2：孩子为何这样画？

曼陀罗式的"人"，是桥桥小朋友系列画作的典型造型。"儿童起初画的'人'，其开端可以追溯到基本乱线（复圆周）的方式，之后再慢慢演化成单纯的圆图形，由此逐渐达到如图所示'脸'的集合体。"桥桥小朋友画作上出现的主体形象在反复呈现着这一形态，这就是说"在能够画出'人'的形状时，儿童会将'脸'的集合体修正如曼陀罗似的，并使其身体部分连接起来"。[1] 幼儿期孩子画出的图画，其生理、心理状态的源流，并非基于他们对生活世界人物、事物、景物的视觉观察，其表现动机来自某种外来刺激形成的行为"指令"。这一观点，诸多成年人很难以接受。因为，几乎所有成年人都喜欢把儿童画出的"人"确定（划分）为男人、女人、爸爸、妈妈，总是与生活中实际存在的人物相对应。桥桥小朋友的画作，其主题指令源自幼儿园教师的要求。但实际上，儿童自身的画作（涂鸦痕迹），是不需要成人予以命名的。因为，这些被成人应用在儿童画上"人"的称谓，已经存在了至少两百年。如果真正探寻世界上第一部儿童艺术心理学著作问世之前的时间，距今可能还要更加久远。[2]（图 4-3）

---

[1] ［美］罗达·凯洛格：《儿童画的发展过程》（繁体中文版），夏勋译，世界文物出版社，1988，第 109 页。

[2] ［美］罗达·凯洛格：《儿童画的发展过程》（繁体中文版），夏勋译，世界文物出版社，1988，第 109 页。

图 4-3 《儿童画的发展过程》英文原版 102—103 页中的"人"。桥桥小朋友画中的"妈妈"与其形态惊人的一致。

讨论：明确儿童画的象征性特征。所有儿童都会以"人"或"某物"的名称作为自己画出的乱线、图形或集合体的命名。当然，成人总是带着一种从儿童画中找出的一些好像是什么的形或内容，以此当作事实这样的心理来看儿童的画。这就造成与儿童本身想表达的初衷相背离的情况发生。因为，儿童是由自己初始的心理认知为基础而自己命名画作（涂鸦痕迹），而且，在很多时候儿童为自己的画所取的名字可能与画作内容完全不符，甚至会招来成人的一阵阵笑声。如果幼儿教师、小学美术教师以及社会公民审美素养达到一定水准，首先要能够以自然、宽松的态度，包容所有儿童留在生活世界各处的涂鸦痕迹，继而能够包容儿童"错误的"命名，尽量不要给儿童带来纠正其心理认知责令的困扰，避免造成儿童不敢画，或者逃避美术活动的后果。当整个社会美育素养提升到这一水平时，真正关怀儿童成长、关注育人的儿童美术教育才有可能实现。

2. 如何看明白孩子的画——以桥桥小朋友画作为例

桥桥小朋友"画妈妈"，其形象上整体呈现出原始意味的形。值得注意的是，他在人头上添加了其他的形（看似乱线的那些痕迹）。画中的"人"（妈妈）不仅只有手臂和手，而且头上有其他形态——赋予曼陀罗式图形的均衡性。画作验证了一个儿童画的发展过程：每一位儿童在幼儿期的绘画发展是由"太阳人"的形态逐渐演变到"曼陀罗式"的人形塑造。

在具体的"妈妈"形象中，有"手臂""双腿"的形象为 4 个，"妈妈的样子"形象最为完整；"妈妈的工作"整体形象次之，也属于相当完整的 4 岁儿童知觉表达心理水平。在"妈妈喜欢吃的"这一主题下,形象上没有了手臂,只有双腿;而在"最喜欢做的事"这个主题中,整体形象具有集合体特征,手臂与双腿只是单线条涂画。这一组作业之所以珍贵,是因为基本没有"放射型的人",说明桥桥小朋友思绪里的概念形态尚不多,落笔还是以纯真心境来表现这一主题。

特别需要关注的问题是成人对儿童画的态度,如果儿童画作呈现的样态没有写实性,便会被认为是全无价值,这样的情况在生活中相当普遍。此问题持续存在还有两个外力在起作用。其一,相当多幼儿教师、家长一直在为儿童期美术活动提供写实绘画的模仿教学,这是相当糟糕的现象;其二,相当多幼儿教师、家长均在极力禁止儿童自发的涂鸦活动,处罚自己孩子的情况时有发生。这种情况的持续出现,必然让儿童自发的生命表现、潜在的能量在幼儿期过早流逝,或者完全被抑制。桥桥小朋友的画作,展现的是一个儿童成长过程必须经历的身心体验历程,这是每位儿童都将经历的一段人生历程。在儿童的画中,能够清晰地看到其生命成长的过程。成人在面对这样的儿童画作时,需要带着敬畏之心去小心呵护儿童的表达,需要以宽容的眼光看待儿童在每一处留下的痕迹。在儿童生命成长的这个阶段,并不需要成人去教什么美术的表现技术,也不需要告诉儿童什么美术学科知识,最好的教育引领是图像识读的欣赏感知活动。而且,需要在生活化语言的引导下,启发儿童关注作品细节和图像情境,这样,经历稍微长时间美术欣赏活动的润泽,儿童动手画的过程将会发生很大变化。

探寻儿童期美术教育的成功道路是一个时代命题。改革开放40多年以来,努力研究和践行美术教育育人理念,弘扬、尊重儿童生命本体语境的美术教育思想,是美育工程实施的方向。但是,整个社会国民"美育盲"现状不容乐观,不经过几代人的不懈努力,毁损儿童生命成长的现象还会不断发生。如何在国民美育中普及对儿童画的发展过程的认识理解,是长期、艰巨的社会教育问题。由于种种原因,罗达·凯洛格的《儿童画的发展过程》并没有出版简体中文版。之前有个别研究者是通过阅读原著或通过其他渠道学习研读此著作,个人著述的很多观点,均来自凯洛格女士这本著作内容。

罗达·凯洛格对一百多万张儿童画,进行归类梳理、年龄排序、画作图像解释、儿童知觉心理分析,基于其长期实证辨析的基础理论研究和实践研究,她提出儿童生命系统及成长过程所必须经历的阶段——儿童绘画表达的发展轨迹、表现样态的共同性、儿童年龄生长的顺序对于其绘画表现的影响等系统理论。该著作由儿童画"基本的乱线""样式配置""偶发的图形""图形",儿童绘画表现的"结合体""集合体""曼陀罗""太阳""放射型""人""初期绘画",以及"大人对儿童画的影响""儿童画的智能测验""关于儿童画的理论""儿童画的意义",儿童画"分类体系"等18个章节构成。内容全面,在儿童知觉发展现象学、儿童绘画心理学方面做了深度分析和研究论述。(图4-4)

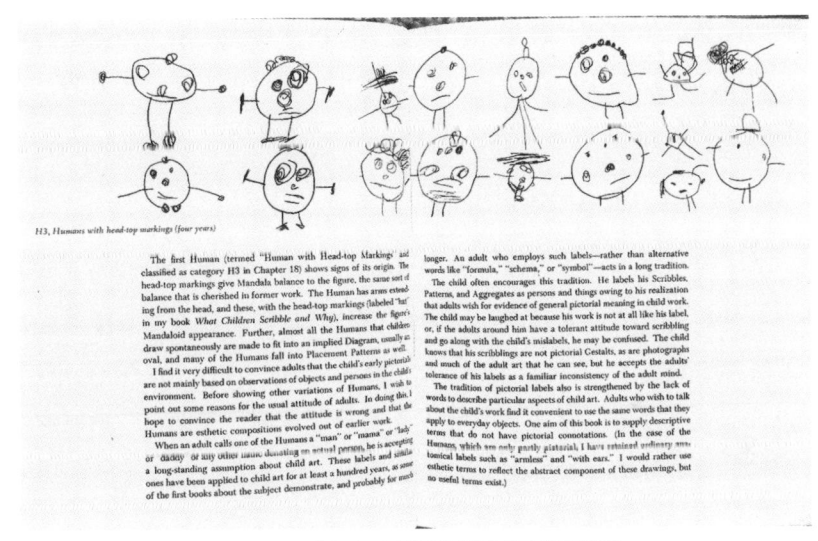

图4-4 《儿童画的发展过程》英文原版页面

不同肤色、不同民族、不同国家的每个人,都有作为独立生命个体的人生经历。从婴儿期开始的、被研究者誉为"无意识"的乱线涂鸦,逐渐到用自己笔下的痕迹表达个人的意象,再到出现"曼陀罗""太阳""放射型""人"等可辨识图像形态,再到"初期绘画"的童年生命生长轨迹,是全世界每个人的童年都必须经历的生命节点,谁也无法脱离此生命阶段。经过漫长时间复杂演变的儿童画,为何有着那么多影响人成长的因素呢?罗达·凯洛格多年来持续对儿童画的发展过程的研究,对儿童画的系统归类和逐一分析,对儿童画与人的可持续发展、社会公民素养构成、社会发展的基础性因素等的研究,有着重大现实意义。

从事儿童教育的教师,以及儿童父母等普通国民,如果在几十年前就能够阅读、学习这本著作,对每个儿童成长,对儿童画表现,能够做些稍微有深度的理解，不仅有助于提高教育品质，而且对儿童的自我成长与人格发展有着重大生命意义。幼儿教师、美术教师，应对每个人（儿童）在生命成长必须经历的过程里，不断出现的任何造"形"表现产生敬畏，认识到面对儿童期儿童的自发原创表达，是不必强行施教的。若有机会阅读罗达·凯洛格的《儿童画的发展过程》，教师可以将自己所面对的每个儿童以线造"形"的表现样态，与著作中深入分析的作品样态进行——比对，研究自己的学生此刻究竟为何这样画，作为教师需要给儿童何种帮助？然后，再去深入观察自己学生为何这样表达，从而为儿童的生命成长提出一个切合实际的"以生为本"方案，即敬畏儿童天性，研究儿童绘画中的细小行为，引导儿童的思维方法，提升自己的日常教学水准。

案例3：缺乏读书与历史的局限

1989年，某儿童美术教学专著里，明确以学画"简笔画"作为儿童美术学习程序。当时我国儿童美术教学状况不够理想的根源是缺乏读书学习及历史的局限。（图4-5）

1989年，我国小学《美术》教材，也明确以学画"简笔画"的教学步骤，作为教师教学指导路径。（图4-6、图4-7）

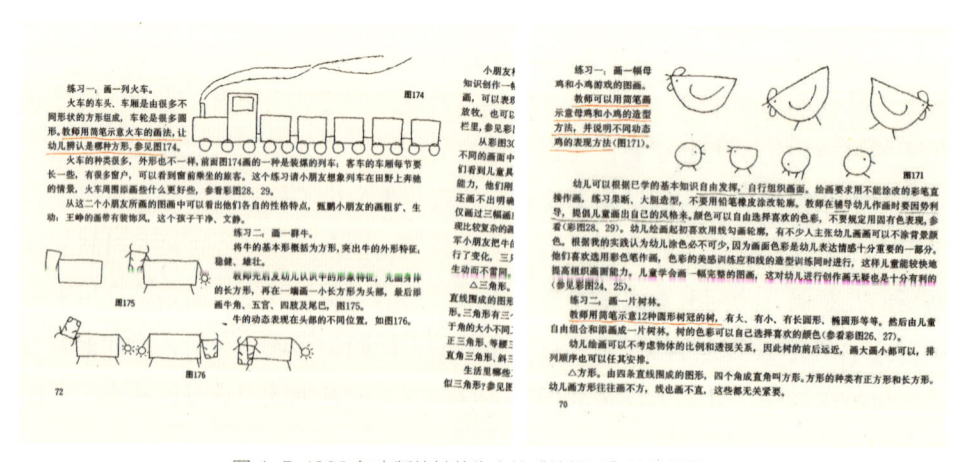

图4-5 1989年出版的某著作中的"简笔画"教学指导

第四章　儿童绘画发展的历史研究与实践

图 4-6　1989 年版小学《美术》教材中的"简笔画"教学　　图 4-7　1989 年版小学《美术》教材封面

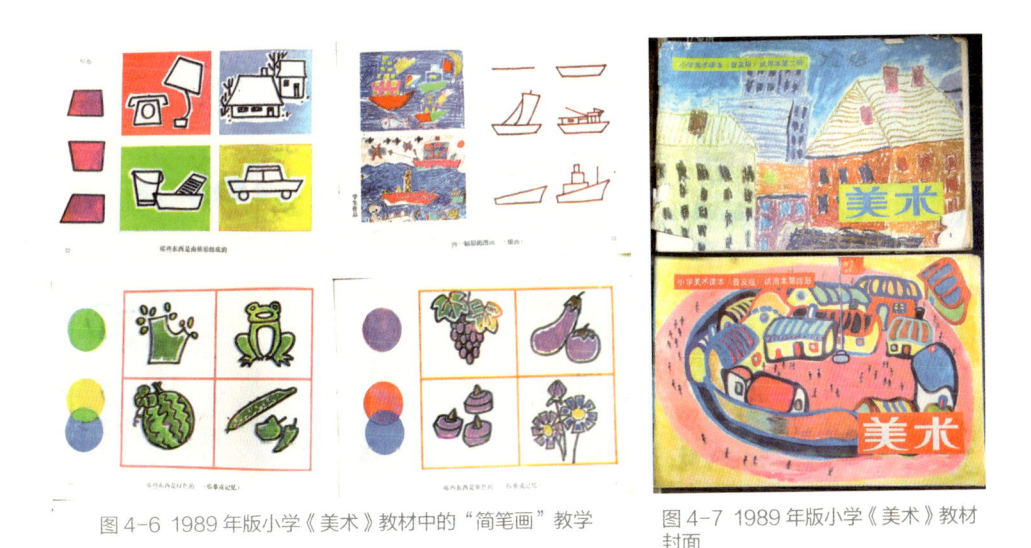

　　第一套部编教材的编者，自身对儿童美术的认识有着诸多不理解。这是历史的局限。1969 年，《儿童画的发展过程》出版，在信息传播不通畅的 50 多年前，发达国家教育成果无法翻译为中文版，我国美术教育工作者根本不知道有这样一本书。也没有研究者自己学习后系统向幼儿教师、美术教师介绍这些成果，高师院校、师专、中师学校，更不会在教师培养课程中开设此方面内容。

　　比较分析 1：《儿童画的发展过程》"太阳"图形。这些太阳图形是儿童画人物造型的先期表现。桥桥小朋友的 4 组图形，均与儿童本原的"太阳"图形有密切关系。如，1989 年版第一套国家统编小学《美术》教材中呈现的太阳"简笔画"图形，是学前美术活动、小学教学中普及的教学内容。问题：所有儿童原本就能够用线条表达自己对生活世界的感悟，儿童本来就能够画出太阳形态，教师所教太阳"简笔画"图形，是儿童生命成长所需要的美术课内容吗？（图 4-8、图 4-9）

　　比较分析 2：动物图形。比较某儿童美术工作室儿童画的动物，其是否属于教师不喜欢的动物呢？或是诸多家长也不喜欢的动物呢？教师喜欢的儿童画，以描摹自然的写实性表现为评价标准，这种评价对原本就会画画的儿童来说，能起什么作用呢？（图 4-10、图 4-11）

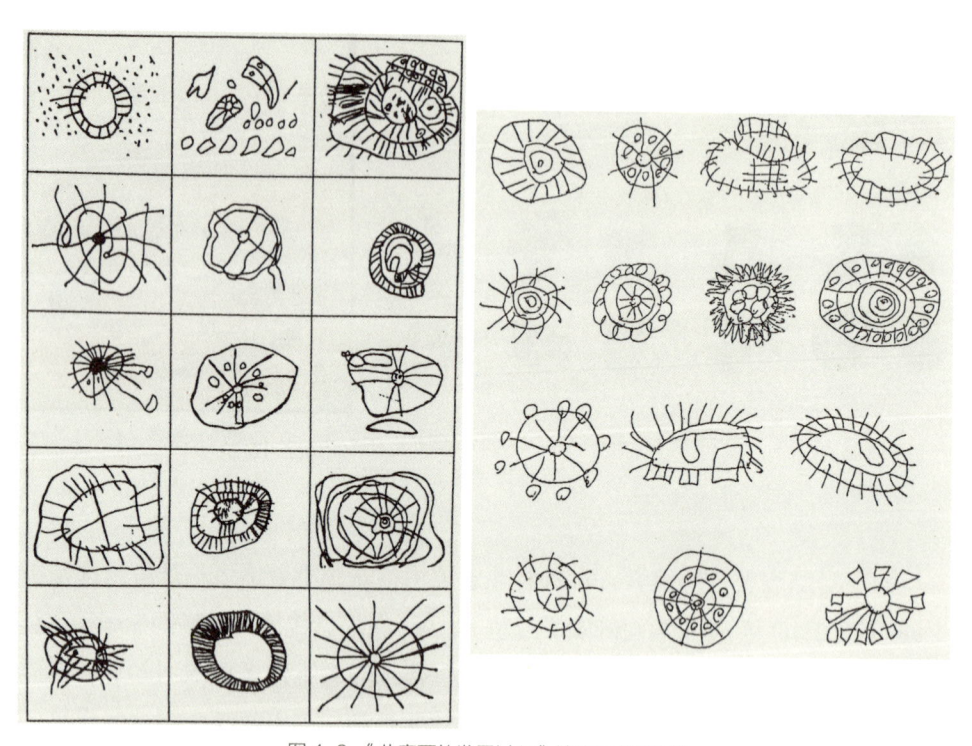

图4-8 《儿童画的发展过程》繁体中文版内页

图4-9 1989年版小学《美术》教材中的"太阳"简笔画

图 4-10 《儿童画的发展过程》繁体中文版动物图

图 4-11 某儿童美术工作室儿童画的动物图

141

二、读懂儿童是实施美术教育的基础

向儿童致敬，儿童第一。读懂儿童，是实施美术教育的基础，是教育的基础。

1. 儿童为何需要自由

罗达·凯洛格最早的研究，源自她1955年的著作《儿童画什么？为什么？》。她对各年段儿童进行持续不断的观察研究，丰富了她对儿童画的认识和理解，验证了儿童画发展理论。她不仅研究美国旧金山儿童的生活，还对在1954年、1960年、1961年在世界各地大学做儿童画研究演讲时得到的30个国家约5000张儿童画及线画素材（资源）进行研究，为儿童画发展研究提供了详尽的佐证。儿童教育工作者、普通国民（父母、祖父母等），如果想了解自己的孩子，了解儿童精神成长与教育的需要，要从关注和了解有史以来的儿童美术研究成果入手。思考、探究儿童画究竟是什么，它为何发生，原因在哪里？为什么所有肤色的儿童都会画？这些由儿童画分析中找到的问题及答案，帮助成人逐步理解儿童。

百闻不如一见。《儿童画的发展过程》以这一论点作为开篇：儿童为何喜欢在纸上画东西，为何喜欢在土地上、在沙土上、在门板上、在家里的地板上不断地画着、画着？长久以来，所有的儿童都在自己的乱线和错画形态痕迹中，获得了极大的愉悦，这究竟是为什么？儿童的自由画，是指小孩子在想画画时完全出自自发的意愿来画。"至于指定画题或带有强制要求所作的画，即使画题叫作自由画，也不能算是自由画。"[1]凯洛格在20世纪50年代提出这一论点时，许多教师对她的观点表现出极大兴趣，儿童自由画的引导方式具有一定引领意义。（图4-12、图4-13）

案例4："儿童自由画"

浙江绍兴杨汛桥镇，有一所儿童美术教育机构——"高峰儿童教育"。其采用"儿童自由画"学习方式。来自镇中心城区和周边的儿童，在高峰老师的呵护下，开始广泛的"自由画"活动。活动没有设立强制性主题，儿童可根据

---

[1] [美]罗达·凯洛格：《儿童画的发展过程》（繁体中文版），夏勋译，世界文物出版社，1988，第14页。

第四章 儿童绘画发展的历史研究与实践

图4-12 家人及朋友春节吃饭的场景。这是桥桥小朋友基于生活现状自发感悟后，自由画状态作品。

图4-13 该图画出了商场的一层层楼。蓝色表现的是玻璃，还有电梯和许多游客。

图4-14 高峰老师设计"读画时间"，在"朋友圈"刊发"儿童自由画"作业，既给家长和其他教师欣赏，又启迪普通社会民众对儿童画的认识。

自己的生活经历，把自己感受到的画出来。（图4-14）

讨论：假如罗达·凯洛格看到高峰老师指导的"儿童自由画"活动作业，她是否会特别着迷地对其研究呢？时空穿越联想：如果凯洛格亲自飞到中国，来到浙江绍兴杨汛桥镇，将高峰老师执教后的数百幅"儿童自由画"作业，按照距今60年前的研究方式，对作业一一进行检视、分析，仔细观察高峰老师究竟采用什么样的方式，引导孩子们在宽松环境里进行"自由画"创作，又会写出怎样的一本《儿童画的发展过程（续集）》呢？就上述研究情境假设反思，我国教育研究学者、美术教师，应该拿出相当时间和精力，对儿童自由画的生命感知与表达活动状态，展开较为深入的研究。

143

2. 为何所有儿童都在画

记得小时候,济南的冬天非常寒冷,那时候没有暖气,家里只靠生煤炉取暖。由于室内外温差大,每天早晨起床,都会看到家中门、窗的玻璃上结满一层薄薄的冰凌花。看着奇妙、美丽的冰凌花纹,我会用小手在上面去点、去画出自己的线条,小手的温度融化了冰凌花纹,其呈现出不同的点和弯弯曲曲的、融合了水汽流淌的线条。这就是儿时眼睛(视觉感受)观看生活现象与自己触摸表现的乐趣。每个幼儿在童年时期喜欢涂鸦的主要因素,源自自己的眼睛看到陌生的生活世界后进行独特感悟与视觉信息交互的促动。

因此,凯洛格说:"涂鸦动作对视觉的刺激,要比视力或照明重要。日常生活中,如果没有脑,而徒有良好的视网膜与明亮的照明设备,我们也看不到东西,只是我们不会想到这一点。"[①]视觉思维对于人的主要作用就在于此。艺术教育家丰子恺先生在100年之前已论述美术产生的道理。"人为了有眼睛,故必须有美术。""美术是为了眼睛的要求而产生的一种文化。""越是文明进步的人,眼睛的要求越是大。"[②]怎样运用自己的眼睛,是每一个人自幼儿期开始,需要经过不间断的美术活动而获得的可持续发展能力。如,美术学科核心素养第一条"图像识读"的积淀和养成,对于每个人一生的生命成长、日常生活、学习工作、处理问题的方法、创新思维的形成、动手能力的迁移,有着决定性的作用。

20世纪40至60年代,罗达·凯洛格对儿童绘画的论点引发很多艺术家的兴趣。她花费20多年时间,每周5天持续观察幼儿的涂鸦活动,她关注着儿童涂鸦游戏中的每个细小动作,分析着儿童每个画面中的样态与痕迹。根据观察显示,她提出:"基本的美术才能与其说只有少数人才幸运地具有这种天赋,不如说在一般人中相当普遍地拥有它。"[③]同时,验证一个观点:任何肤色、民族的所有儿童(人)都具有以线造"形"自由描绘的能力,之所以绝大多数儿童在长大成人后这样的自由表现能力没有保留下来,主要原因是被实施的某项美术学科的专门教育(教学行为)所扼杀。美术教师及成人对儿童童年时期

---

① [美]罗达·凯洛格:《儿童画的发展过程》(繁体中文版),夏勋译,世界文物出版社,1988,第14页。
② 丰子恺:《丰子恺文集》(艺术卷1—3),浙江文艺出版社、浙江教育出版社,1997。
③ [美]罗达·凯洛格:《儿童画的发展过程》(繁体中文版),夏勋译,世界文物出版社,1988,第14页。

发展的扼杀，主要是对其思维方式的禁锢，是对其心理活动的抑制，是对其纯真心灵的摧残。这使得大多数儿童成年之后，其手上自由描画水准永远停留在童年、少年的某个时段，这几乎成为每个人生命历程必然经历的一个阶段。

凯洛格著作的序言，引用美术教育家赫伯特·里德（1963年）的论点，作为诠释她坚持不懈研究儿童画现象和问题的缘由以及结论："希望大家能够理解描画的发展过程是世界共通的，除了儿童刚开始都会乱画外，凡是在认为画是某种事物象征的地区，从新石器时代到今天都存在着一个事实，那就是儿童们都一直在画画。"[1] 世界上所有儿童出生之后的几年里都在自由地画，为何成人不去研究自己的孩子呢？为何不去观察自己的孩子，在成长中其生命的自然生长状态是怎样的？凯洛格对来自世界各地、社会各个阶层幼儿的画进行深入分析，提供儿童画发展过程的证据，并赋予意义和研究论点。将自己对儿童绘画发展过程的深刻分析告诉后人：在儿童生命整个精神世界的发展过程中其自幼儿期开始的绘画行为，对于人的成长有着相当重要的意义。

3. 儿童画是了解儿童内心想法的路径

儿童画是了解儿童内心想法的路径。当儿童在2岁左右时，会用小手抓着可以留下痕迹的笔（其他物），在可以涂画的纸、地板、墙面、门板等任何自己能够运动到的地方，用力戳、画（划）。于是，涂鸦开始了。对于2岁和2岁以下儿童这种无意识状态下画出的缭乱线条，凯洛格进行了详尽的归纳、分析，将儿童这样的表现分为20种基本类型。她指出："由于这种活动显示了各种肌肉紧张的现象，而与视觉的学习指导无关。两岁的儿童无须经由眼的控制，就能轻易做出各种涂鸦动作，这和我们观察婴儿无意识地摇动手臂，和其手举玩具挥舞的动作一样的。"[2] 对幼儿的乱线活动进行详尽的观察，可以让成人更深入理解儿童已经具备了描画的基本能力。结合很多动物也能够用其趾爪在一些不同质地的表面，抓出不同的线条痕迹，凯洛格做出重要结论：只有人类才具有这种涂鸦的全部类型。这乃是人类的神经系统作用之下，才能够达到的。凯洛格对于儿童幼年期画出的这些乱线（痕迹）进行详尽的研究、分析

---

[1] [美]罗达·凯洛格：《儿童画的发展过程》（繁体中文版），夏勋译，世界文物出版社，1988，第4页。
[2] [美]罗达·凯洛格：《儿童画的发展过程》（繁体中文版），夏勋译，世界文物出版社，1988，第17页。

后指出，20种基本乱线与绘画的关系，就如同砖瓦和建筑的关系，这对于儿童生命自然生长的观察、分析、思考、研究之重要意义可想而知。

讨论：当年轻父母看到自己的宝宝自由地画（划）出了这样、那样的乱线时，心理上第一反应可能是："这孩子真讨厌，竟然把衣服上也画脏了！""宝宝，你把家里的墙壁搞脏了！太能作了！""这孩子如此折腾，是否有多动症啊？"在儿童视觉感受（知觉）心理学的研究中，幼年儿童画出单线条和复杂线形，两者究竟有什么联系？凯洛格认为：一般大人和画家们以复线条表示阴影（素描中的暗影部分，即以重复的线来表示），而儿童则在他们的涂色画本子里涂色时，用复线来填满他们的绘画领域。儿童和画家同样以单线来画形体的轮廓。[1]

每个儿童无论是经由自己眼睛的视觉思维控制，还是自发描绘出的乱线之"形"，都包含在这20种基本的乱线类型当中。当儿童的眼睛发生思维时，控制和引导自己小手运动，画出的乱线就带有一定程度的意图。为何儿童早期的涂鸦活动中会大量出现乱线？其主要原因是幼儿年龄小，当手臂肌肉发生疲劳时，描画的时候会不时改变自己小手的运动方向，就自然引起乱线的形状变化。对此，凯洛格的论点是："儿童画的最大特征是，在画面不断重复地画上其他形状。"[2] 虽然2—4岁的幼儿涂鸦以乱线为主，但也能够画出人物形态。幼儿绘画时的手眼并用，是随着年龄增长和小手、臂膀力量的增强，以及生活经验的不断丰富而保持着自己的线条构成。（图4-15）

4.儿童画的心理学研究

当一个儿童看到自己的涂鸦痕迹（图形或乱线、点划等）时，眼睛的视网膜所看到的，是从所画线条反射出的无数的点。此刻，儿童脑海里必须把这些点转化为有意义的图形。也就是说，当儿童笔下的线形成了某个有意义的"图画"的同时，会说"我了解了""我明白了""我知道了"。儿童眼睛的视知觉感受，是依靠直觉"看"事物的生理基础，对自己的表现做出判断及表现意图决定。儿童在儿童画中不断重复画出的线形，其象征意义正好验证"集体无意识"理论。根据这一理论，某些艺术史考古学者认为，凯洛格的研究，可用以解释史前人

---

[1] [美]罗达·凯洛格：《儿童画的发展过程》（繁体中文版），夏勋译，世界文物出版社，1988，第19页。
[2] [美]罗达·凯洛格：《儿童画的发展过程》（繁体中文版），夏勋译，世界文物出版社，1988，第23页。

类的图画。实际上，对于儿童自发绘画的研究做直接观察和分析，恰好证明"复演论"的说法成立。如图4-16，从两幅贺兰山岩画"动物"形态的造型样式看，与儿童画中的动物造型极其相似，而且，几乎所有儿童都是用线条沿着动物的外形来勾勒塑造（图4-17）。

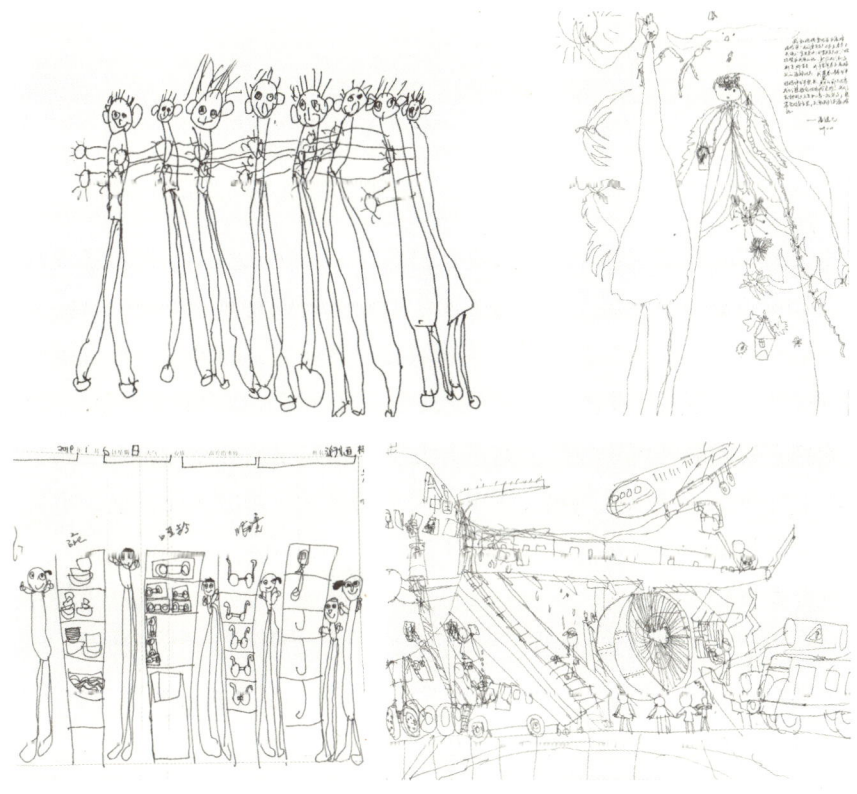

图 4-15 儿童自由画，作品来自"朋友圈"。

图 4-16 宁夏贺兰山岩画动物形态 2 幅。其用线条双勾表现，与儿童画形态、造型相似。李力加摄，2006 年

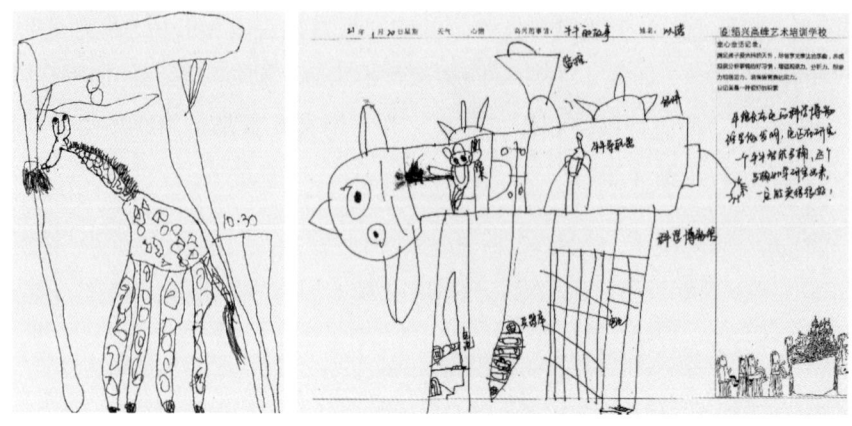

图 4-17 儿童画动物

儿童画和心理学、教育学、美学、社会学、文化人类学、美术学等研究领域的关系相当密切。儿童美术实践关注学科交叉研究是教育研究的方向，以儿童画为研究对象，在这些领域或相关领域做交叉研究，有着太多可以探究的问题。50多年前，凯洛格在构成其著作的时候，是以深入观察的实证研究为基础，以儿童画表现的具体现象分析为蓝本，并非以诸多学科领域的论述、辨析，阐述形而上的理论。其尊重儿童、尊重儿童生命自然生长的人文价值，更契合提升国民对于儿童生命自然生长意义的认识。

所有受过教育的成人，都具有高度发展的思维方式。认真阅读该著作，可由此引发自己对儿童画刮目相看，对儿童画"百闻不如一见"之惊叹，原来儿童画中藏有这么多"秘密"，需要不断学习和理解，需要全面尊重儿童的心灵，需要思考儿童画为何对每个儿童生命的自然生长有着重要作用。《儿童画的发展过程》力求缩短"儿童的心与大人的心之间遥远的距离"。当有一部分成人明白："幼儿涂鸦可以成为观察他们的动作和成长发展的记录，它可以提供我们明确地看出儿童的视觉与智能的发展过程，相信也有助于幼儿期教育的再规划。"[①] 当普通国民都阅读到凯洛格的这本著作并具备了一定学习效度的时候，凯洛格的研究成果可持续造福于一代代儿童的成长和社会进步。

---

①[美]罗达·凯洛格：《儿童画的发展过程》(繁体中文版)，夏勋译，世界文物出版社，1988，第16页。

三、儿童的艺术心理与儿童画

美术教师、幼儿教师总是有这样的想法："作为教师需要教给儿童美术学科知识，必须指导儿童进行各种美术表现。""教师在艺术领域活动中如果什么都不教的话，幼儿教师的作用是什么呢？"上述想法听起来似乎有道理，殊不知这是教师队伍整体缺乏儿童艺术心理学课程学习及修养现象的反映。

罗达·凯洛格与斯科特·奥戴尔合著的《儿童艺术心理》，1967 年首次连载于《今日心理》杂志，之后出版单行本。作为多次获奖的儿童文学作家，凯洛格与奥戴尔合作著述，使得这本儿童艺术心理学著作的语言有着浓郁的"童书"特色。两位作者将儿童心理学的很多术语都转化为通俗易懂的生活话语，普通公民阅读倍感亲切、朗朗上口。第一章"搜索"，有一段生动描述："这是一项持续了 20 多年的搜索，在世界各地的学校里，在任何儿童可以获得纸、铅笔和蜡笔的地方，都有它们的足迹。从真正的意义上说，这些艺术品是一副巨大骨架的'恐龙化石'。"作者将儿童绘画和儿童艺术心理学的研究比喻为考古的考察研究。恐龙，是儿童特别感兴趣的远古生物，对于恐龙的探究，是人类历史上持续了很久的工作。尊重儿童以及研究儿童笔下的自然涂鸦，就如同考古学家持续探寻恐龙的奥秘一样，在世界范围内能够发现蛛丝马迹的任何地方，进行反复比对、不断探寻。百年来，为研究儿童画，研究者们与探秘恐龙的学者们一样，付出了巨大心血。儿童画蕴含的奥秘又是怎样的呢？"当第一只恐龙的骸骨被发现时，没有人知道它们要如何组合在一起，也没有人知道它们是否能够组合在一起，也不知道骨头组装好后会是什么样子。这个神奇的生物没有名字，因为它在人类的眼中是一种从未见过的东西。"（图 4-18 至图 4-20）

年轻父母、祖父母们，看到宝宝在 1 岁多到 2 岁的时候，小手开始握着笔在任何地方画出乱线的时候，没有人知道这孩子要干些什么，也没有人知道他的乱线、乱涂究竟表达的是什么。长辈们看不明白，只好任由着宝宝自己画着、涂着。高度信息化的现代社会中，长辈们肯定有各种学习背景和机会，也能够在育儿书（信息资源）中知道一个名词"涂鸦"，了解到"儿童涂鸦"的基本图式，这比当年考古学家探寻恐龙奥秘的时代付出的艰辛要好太多。虽然儿童涂鸦研究进入公众视野已经有很多年，但几乎都被成人视而不见。每个儿童来

图 4-18 《儿童艺术心理》封面 　　图 4-19 《儿童艺术心理》扉页 　　图 4-20 罗达·凯洛格

到这个世界上都会留下极其常态的个人生命痕迹，有太多成人对此不屑一顾，认为有什么值得研究的呢？凯洛格与奥戴尔的著作为读者提供了与恐龙考古研究同样伟大，但又不同的改变人们思维、眼光及看法的认知挑战。

凯洛格在持续 20 多年的研究中发现，一个住在韩国釜山的儿童和一个住在得克萨斯州阿马里洛的儿童，所画的房子看起来很相像。一个正方形是墙，墙上一个小正方形是窗，一个拉长的方形表示烟囱，曲线的涂鸦表示烟囱里冒出的烟。儿童画出相似的图形究竟是为什么？不同肤色、不同种族、不同国家的儿童竟然画出同样的画面！相同的情况不断延续，儿童的创作本能是如此强烈，以至于可以发现，来自 30 个不同国家的不同儿童画出了 30 间如此类似的房子。这又是为什么呢？凯洛格将自己搜集的世界各国的儿童绘画做一一比较分析，将这些被诸多成人丢掉的废纸头整理造册，编码录入。看着一幅幅儿童绘画，凯洛格在著作中发表了精辟论点：

"大约在两岁的时候，每个儿童都开始涂涂画画。他们不仅在纸上涂鸦，如果遇到栅栏，新的水泥地，或沙地，他们也会用脚趾踩踩画画。对成年人来说，涂鸦似乎毫无意义，但对儿童来说，涂鸦就像吃饼干一样自然；这是每个儿童用自己的手指和脚趾做的一件很自然的事情，而且很有意义。"这一段对儿童画的定义，完全基于儿童角度，用普通公民可以理解的话语，描述出儿童画的自然产生过程。读着凯洛格与奥戴尔对儿童涂鸦生动的描述，我们会由内心发出共鸣的笑声。

"儿童最初画的人物画对成年人来说感到很奇怪，因为身体通常是圆的，像个球，手臂从头上欢快地伸出来。当他画这些快乐的作品时，他并不在乎他画的像不像人。事实上，也许它们是动物：至少成年人会这样理解，因为有时耳朵被放在头顶上。同样的情形也出现在孩子们画的房子上：它们可能根本不是房子，只是由正方形和长方形组合成的设计。儿童并不是画他们看到的世界，而是在他已经学会的一些形式里，努力去创造一些新的东西。"

这一段对于儿童画的整体描述，引导成人由如何看明白儿童的画，逐步引申到读者们能够由对儿童画的基本认识，更深刻地理解"儿童并不是画他们看到的世界，而是在他已经学会的一些形式里，努力去创造一些新东西"。这告诉我们，每个儿童在自己的生存环境中，他都会自我探寻和自主学习，所有儿童都不是生长在封闭的空间里，他们是在自己与周围生活世界的交互认识、感知中发生新的认识。凯洛格与奥戴尔警示所有成年人："儿童的艺术观念与成年人代代相传的程式化固有形象发生了正面冲突。哄骗儿童画出真实物体的细心而善意的老师，对儿童是没有帮助的；相反，成人的努力可能会扼杀一种创造精神成长所必需的骄傲、快乐和信心。"在现实生活里，身边有太多"细心而善意的老师"，看上去都在关心着儿童，力图哄骗儿童去画出眼睛看到的真实物体，认为自己这样教学才是教美术。却不知道自己为此所有的努力将成为扼杀儿童创造精神生长，以及打击儿童内心的骄傲、快乐与信心的利器。那些没有被成人干扰的儿童，他们内在自发的美术表达将会怎样呢？教师（成人）究竟如何对待儿童的美术活动呢？

"没有成人干扰的儿童画他们喜欢的东西，积累大量的经验，使他们能够达到自学艺术的最后阶段。自此，他们可能会成长为未受到污染的、天赋异禀的艺术家。然而，大多数儿童在学校的头几年就对画画失去了兴趣，因为他们没有得到自由发展的机会。"著作明确论述，未受到成人干扰的儿童，未被成人的某种美术教学图式污染的儿童，才有可能成为天赋异禀的艺术家。但是，在幼儿园和小学阶段，由于教师强制灌输美术学科知识，让儿童直接临习、模仿成人美术技能，因而在美术活动中，当大多数儿童内心没有得到自由发展的机会时，肯定会对画画失去兴趣。教师及家长，能够清晰明白此问题的人还是太少。

案例 5：不应该有的学校美术教学现状

2020年，新冠肺炎疫情暴发，不寻常的春节，超长的寒假。为抗疫情，国民安心居家，学生迎来网课学习。美术网课是怎样的呢？（图4-21）

有思想的美术教师反思："轰轰烈烈的美术网络课程，把美术教育的问题进一步暴露出来，简直就是美术教师低劣简笔画大集合，外加庸常、低俗视觉样式的传递！真觉得有点儿悲哀，悲凉！"

我的回复："非常悲凉！真是在害学生！这一现状还发生在经济社会发展相当发达的省会城市著名学校。现实的无奈，不仅是整个社会对美术认识上的偏差，还包括教育领导者（美术教研员）整体思维滞后，教学偏离美育方向。"

图 4-21 网课截图

面对残酷的学校美术教学现状，阅读《儿童艺术心理》，品味、思考凯洛格对儿童美术表现的精辟分析，新时代的教育，怎么能够持续出现这样的问题呢？学生参与这种低水平临摹，眼睛看着教师的简笔画示范，儿童纯真的思绪被完全扼杀，这样执教的美术教师懂得儿童吗？学习过儿童艺术心理学吗？无法想象，整个教师队伍还有多少这样的入职者。教师群体缺乏读书学习，教学观念滞后，是这一问题发生的主要原因。

讨论：《儿童艺术心理》共 11 个章节，以凯洛格搜集、研究的儿童画为著作文本阐释线索，语言生动，文字精练，通本不到两万字。在解析儿童作品图像的过程中，作者将儿童艺术心理学道理、学术概念等，用浅显的语言表述出来。阅读时需要注意，作者在文本中每每提到"小孩"时，会用"young"这个词，暗示了在凯洛格女士心里，儿童是人类生命的年轻阶段，是生命体的初期。这一词语的用法也证明了复演论的一个重要论断：儿童画与人类发展初期的艺术表达为何相似、为何复演？是因为人类初期的原始艺术表达，人类生命年轻阶段的孩子，都是人类生命体最纯真的时期。艺术家要不断向儿童学习，就在于想努力找回自己被工业化和后工业化社会，被现代信息科技，被机械、技术，被互联网和人工智能的迅猛发展所泯灭的天性和童心。当下乃至未来教育最重要的工作是，要努力恢复作为人的生命体自身特有的感觉和认识——感性能力。要避免有生命的人像机器、像数字技术那样机械化、程序化地思考。唯有源自人身心自发性的美术活动，方可以在人工智能技术覆盖社会生活方方面面的时候唤起人童年的感知，逐渐构建起自发创造知识的主体意识，帮助人的生命得以早一点真正地觉醒。1967 年的这本著作已经在警告人类，勿要用机械的知识、科技的重复性功能遮蔽儿童清澈的双眼，人类的生命千万不能被科技发展吞噬和取代，人还是需要在当今和未来社会中真正活出人的生命原本的样子。人永远是这个世界的第一生产力、主宰者。每个人的感知永远是独一无二的，是不断创生新思维的基础。儿童期的美术活动可以帮助每个儿童有能力从自己原有的已知走出来，在探寻未知领域的自身体验中创造一个个未知。任何人（儿童）的自我，承载着一个生命未来发展的梦想，童年期美术活动唤醒的感性力量启发着思维的独特性，从而可以使得美术学科知识与技能在未来社会成为创造世界的重要变量。更重要的是，人在童年开始的不断自主探寻活动中可以不断超越自我、认识自我，可以生发儿童生命主体的觉悟，可以在直觉感知的基础上，在关联儿童生活经验中，以及若干文化情境中，走向对美术学科知识与技能的特殊认识、理解和运用。这是《儿童艺术心理》深远的未来学意义。[①]

[①] 本节仅为《儿童艺术心理学》第一章节"搜索"的阅读、思考，李力加、张菁译。

案例6：让人敬佩的妈妈（美术教师）

某广州美术老师有两个女儿。是基于美术学科培养自己的女儿，还是依据儿童心理、生理发展规律来呵护孩子的成长呢？非常可贵，这位妈妈多年来不断地记录两个女儿涂鸦的状态，大女儿6岁3个月，母亲从其1岁多开始记录她的涂鸦，已经存了4000多幅照片；小女儿1岁11个月，这位妈妈依旧努力地做好女儿每个成长细节的记录，也拍了1000多幅照片。在母亲悉心的呵护下，两个女儿在这个生活世界里留下了很多精彩的表达。（图4-22至图4-27）

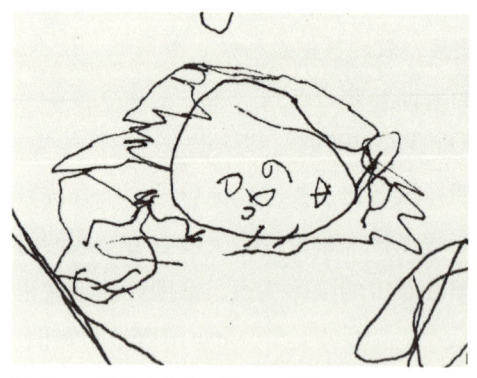

图4-22 这是小女儿1岁11个月的涂鸦，在画面痕迹中出现了"人的形象"。作为这个年龄的孩子，画出这一形态，表明了在视觉图像传达的信息时代，孩子常态生活里接触到大量的图像信息，这些图像信息会存留在孩子的记忆中。当在某个生活事件的刺激下，孩子会画出自己认为的某形象。

图4-23 可以看出，孩子在涂鸦活动时非常专注。此刻孩子处于凯洛格研究中所提示的基本样式配置尚没有完全形成之中，这与孩子年龄尚小有关，这张大大的画纸上的图形痕迹大多是孩子对"某个"事物的心理反映痕迹。

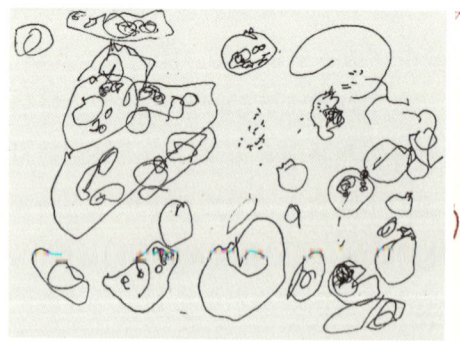

图4-24 由涂鸦能够看到孩子将自己的心理感悟不断抒发出来的持续状态。孩子能够在个人内心对生活世界的初步认识中，诉说一种个人的理解。

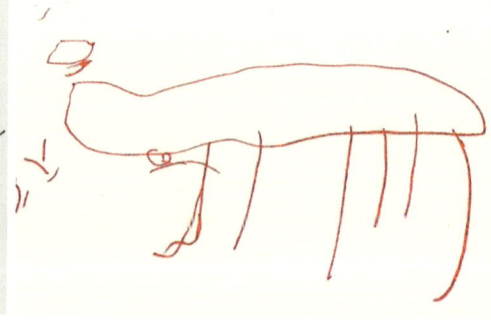

图4-25 看到这样的涂鸦，有些人可能会非常兴奋，因为，自己的宝贝娃娃竟然画出某种"形"来。作为美术教师的妈妈，此刻心境特别平静。她知道，这仅仅是孩子在接受诸多视觉图像信息后的某种表达。作为成人，根本没有必要去猜测孩子究竟画的是什么，也没有必要激动地去冲着自己的孩子做特别兴奋的表达。愿意用涂鸦的方式表现自己对生活世界的认识，是每个儿童发自内心的诉说。

154

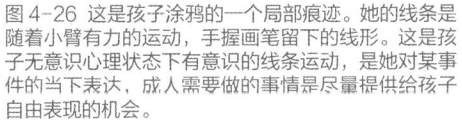

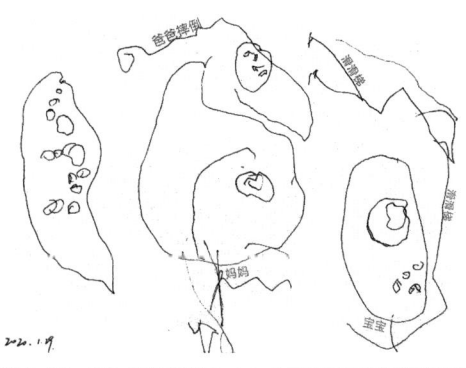

图4-26 这是孩子涂鸦的一个局部痕迹。她的线条是随着小臂有力的运动，手握画笔留下的线形。这是孩子无意识心理状态下有意识的线条运动，是她对某事件的当下表达，成人需要做的事情是尽量提供给孩子自由表现的机会。

图4-27 图为这位妈妈为小女儿自主涂鸦时所做的记录。孩子一边涂鸦一边不停地说着"这是妈妈""爸爸摔倒了""宝宝""滑滑梯"等。年龄刚刚1岁11个月，孩子就开始进入明确的"命名涂鸦"心理发展阶段，这是孩子非常有意思的身心成长过程，此阶段妈妈的记录特别重要，可以细心观察孩子的变化。

讨论：儿童的精神世界是独特的。成人在面对每个儿童的时候，必须将他们看成完整的生命个体，不能因为孩子小，就固执地认为孩子出生后一切都要听成人的，这是一件大错特错的事情。特别是面对每个孩童都要经历的涂鸦表达时，更需要俯身倾听孩子的心声，观察孩子的每个表现细节，记录孩子在童年开始的对生活世界的不断探索。虽然不可能要求所有的年轻父母都和这位妈妈一样，在养育宝宝的岁月里倾注大量心血，但尊重儿童个性、尊重儿童的自主表达、尊重儿童生命的独特性，应该是每一位成年人都必须做到的事情。

第二节 儿童涂鸦的图式规律与表达

相当多幼儿教师、美术教师，并不知道儿童涂鸦有着基本的样式配置。凯洛格针对儿童涂鸦的表现，对纸面上的样式（形、形式、样子、形状、线的轨迹）等线条与形态如何配置进行了深入研究和分析。

一、认识儿童涂鸦的样式配置

为何要研究儿童涂鸦的样式配置呢？凯洛格认为："两岁的儿童已能透过眼的监督，使手在协同的状况下对涂鸦范围内做充分的运作，但还无法画出明显的轮廓。"[1] 儿童在纸上涂鸦的时候，可以将外界的多样信息激发出的内心感觉转化为笔与画纸的触动过程，他自己也能随时从纸面上获得新鲜的视觉刺激。当一位儿童在纸上随意涂鸦的时候，白纸上出现的空间以及涂鸦线条、形状留在画纸上的痕迹，可以使纸面发生不同的变化，这些痕迹与画纸的关系都给儿童的视觉造成新刺激与反应。因而，所有的儿童在用线涂鸦的时候，会努力表现出自己意识中所预期的形状。虽然这些形状并非成人们所期待的"像个什么"。

经过反复研究，凯洛格提出"儿童绘画中发现了17种样式配置类型"[2] 的论点。她指出："也许有一天，说不定还会发现更多其他种类的样式。"[3] 凯洛格当年的研究是全世界诸多儿童心理学家、教育家以及儿童美术教育工作者尚没有深入涉猎的领域。她的研究目的，是为这些儿童涂鸦的配置类型（图形样式）进行编码，以便之后的研究者在阅读她的著作后，面对不同形式的儿童涂鸦画作可以展开比对、分析和更深入的研究。（图4-28）

1. 启示：由儿童自由涂鸦到美术活动引导

在持续研究中，凯洛格发现了一个儿童涂鸦活动的重要规律："儿童通常喜欢把长的一边朝向自己，亦即说明儿童在画画时，比较喜欢画'宽'而不是画'高'。此点经分析儿童作品时，我们会发现，儿童是很明显地把画纸较长的一边视为'基底线'。"[4] 此研究的重要启示：成人在组织儿童参加美术活动，准备向儿童传递、引导某些美术学科知识的时候，例如，构图时，横构图（长）的运用，与竖构图（高）的运用，教师应该思考怎样在儿童习惯和心理状态的

---

[1]［美］罗达·凯洛格：《儿童画的发展过程》（繁体中文版），夏勋译，世界文物出版社，1988，第29页。
[2]［美］罗达·凯洛格：《儿童画的发展过程》（繁体中文版），夏勋译，世界文物出版社，1988，第30页。
[3]［美］罗达·凯洛格：《儿童画的发展过程》（繁体中文版），夏勋译，世界文物出版社，1988，第30页。
[4]［美］罗达·凯洛格：《儿童画的发展过程》（繁体中文版），夏勋译，世界文物出版社，1988，第31页。

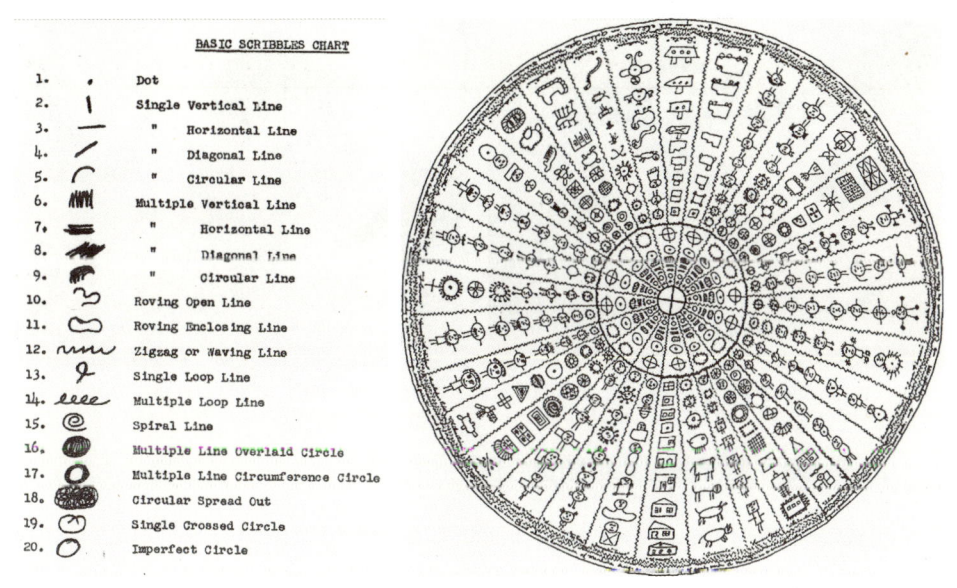

图 4-28 《儿童画的发展过程》英文原版儿童涂鸦的 20 种线条、形态表达

基础上引导和启发他们，而不是强行要求儿童如何去构图表达，或是必须怎样进行构图。

◆ 案例 7：幼儿怎样把握人篇幅的表现？

著名儿童美术教育家崔苓老师倡导，应遵循儿童的身心发展规律，适应孩子身体、肢体的局限和表现习惯，并将其运用到教学指导中，顺利帮助儿童根据自己的感受，独立完成表现。（图 4-29）

一般美术教学中，教师多采用预设某学科教学目标，限制性地将儿童作品样式按照某种规定性在教师自己认可的图式中加以表现，这样教学是可以将儿童对构图的理解与粗浅认识暂时控制在教师可以把控的范围中。如，教师将裱托好的圆形宣纸发给儿童，教学指令为在这个圆形中画出自己的感受与想法，这属于传授构图知识普遍采用的方式。还如，天津市特级教师、正高级教师魏瑞江在不同主题教学中，提前将画纸裁切为扁横状，学生作业横用或竖用，使得课堂中儿童作品的构图发生变化，画面效果出彩（出奇）。

图 4-29 安徽师范大学学前教育集团某园所儿童在自主表现，崔苓老师指导

2. 美术活动需要关注儿童知觉心理

儿童由 1 岁多开始的信手涂鸦自我表现阶段，其身心感知觉发展的基础是对生活世界的某些事情发生兴趣，触动引发内心的情感波澜，而释放出来的方式是线画（涂鸦）。儿童在此阶段涂鸦出的痕迹，看似都是一些混乱无章的团线，深入分析画面，其中既有着儿童身心运动机能需要的表现，小手动作精巧性发展的需要；又有着儿童个体心理认识机能发展中，他们自己对知道的东西、感觉到的东西、想告诉别人的事情等做出的表现，于是，独特的呈现方式是，一有机会便在各个地方留下涂鸦痕迹。随着儿童年龄的增长，其综合感觉和感情的发展，他们用小手握笔表现出的独特认识在不断得以深化。

对儿童涂鸦痕迹进行样式配置研究，以及美术教师学习、认识、思考儿童涂鸦痕迹样式配置，其重要性在于，随着儿童年龄的增长及绘画发展阶段的不断变化，儿童涂鸦痕迹样式配置的发生，说明儿童画作业存在着某些形态的原始证据。如，为何儿童笔下的圆形是最早出现的线形痕迹，而有意识地画出半圆形、矩形、三角形、弧形的时候，儿童视知觉及心理思维上对于小手执笔及运笔的控制在一步步地增强。在儿童涂鸦活动中，落笔痕迹样式本身暗示了某种形态的存在，儿童画出象征意味的轮廓线条，或者强调了痕迹的某个部分，就会自然出现形状的痕迹，儿童涂鸦痕迹样式配置是原生的。反思，美术教学中强行在某年段教学中将对某种"形"的认知、表达、表现用课的方式构成，是否符合儿童的心理生理发展规律？是否会抑制儿童的心理生理发展？

在学前儿童艺术领域活动中，千万不能直接教给儿童规定主题形态的绘画，或者是用手工方式造某种"形"的学习内容！小学美术教材上"认识形"这类主题，属于抑制儿童心理生理自然发展规律的内容。上述研究明确警示，社会上诸多校外美术机构，以及挂着各种"先进教育"名目的"早教"机构，打着"开启儿童智力、潜能"旗号的各类早期儿童启蒙教学活动，本质上都是违背儿童心理、生理自然生长与发展规律的，都是以损害儿童早期生命成长过程中最宝贵的自由、自然生长阶段为惨痛代价的。幼儿期的视觉艺术活动，应该以儿童自己感受生活世界的基本经验为基础，提供给他们多样材料的自由表达体验，不能进行强行"教美术"的行为，不能直接给儿童灌输美术学科的知识与技能，而应倡导自主涂鸦，释放儿童个性的自主造"形"游戏活动。（图4-30）

图4-30 日本美育文化课程体系中的教学设计案例，杂志图

儿童期的涂鸦活动，其重要作用在于充实自己的生活体验和扩大自己的知识领域。当儿童把自己在社会生活里感受到的东西用画笔表现出来的同时，自己的认识由此可以得到确立，想象力可以得到极大丰富，可以说儿童自身与现实生活世界的关联增加了他们的社会经验。因而，当成人们看到儿童涂鸦时，绝不能单纯地从儿童涂鸦的图像痕迹本身去辨别到底是何"形态"。这是一个相当重要的观念问题！解决这一问题，对于儿童造型能力发展的关键制约因素

就可以破解。凯洛格明确告知:"儿童的涂鸦除了伴随着知觉,此外还配合记忆,这种知觉与记忆,正好足以促进他们对形状的发想。我们在儿童画中所看到的形状,便是他们本身对涂鸦的认知而发生的。"[①] 儿童在自己短短几年的生活中看到的各种事物、景致,对生存环境的感知、认识等,都对儿童涂鸦活动产生的痕迹有着或多或少的影响。涂鸦活动必然要凭着儿童自己的知觉,而他们基础的知觉活动也必然要运用自己的思维。因而,儿童在由无意识涂鸦转向有意识涂鸦,再转向象征性涂鸦表达的不同时段里,其眼睛获得的视觉信号(信息)被转换、组合成为自己感觉愉悦的形态痕迹时,他们大脑中的各项生理机能、思维的主动性是起到决定作用的。

所以,儿童造"形"游戏活动,是儿童自由存在的方式,造"形"游戏表现为儿童对生活环境、人际关系、自然世界所怀有的具有自我特性的认知兴趣和正向情感。成人引导儿童开展造"形"游戏活动,表现为对儿童期的尊重和敬畏。儿童由自由涂鸦到造"形"游戏的转换,体现出成人所给予的课程意识。但造"形"游戏课程不是以美术知识与技能的获得为目的,儿童造"形"游戏行为在自身涂鸦意识的积淀下,所造之"形"、所创之"意"带有不确定性。这种不确定性给了儿童尽情投入、恣意发挥、快乐享受的心灵感受。由此,美术学科的育人效应在造"形"游戏活动中实现。儿童画的发展有其基本规律。不论任何肤色、任何族群、任何国家的儿童,其童年的儿童画阶段都会特别相似。由于经济发展、社会发展、生活方式的不同,儿童的绘画发展过程会略有不同。但是,无论东方、西方,无论欧洲还是亚洲、拉丁美洲,儿童画的发展过程有着共通点。

二、由"复演论"学说到儿童"自由画"研究

历史上已经有诸多心理学家、文化人类学家、美术史论学者在相关著作中阐释"复演论"学说及研究成果。特别是在美术史、艺术发生学、原始美术方向的课题及研究中,很多学者引用儿童涂鸦发展阶段和分期理论的一些著名论断,用以佐证自己对于人类历史上某原始绘画或艺术造型发生、样态、意义的

---

① [美] 罗达·凯洛格:《儿童画的发展过程》(繁体中文版),夏勋译,世界文物出版社,1988,第37页。

分析。儿童在幼儿期的涂鸦活动是否属于人类各种属、各族群生命体先天具备的内在精神力量，必须经历对儿童涂鸦痕迹本身做出更深入研究，方可以证明。美术教师、美术教育方向的研究生（博士生），尚缺少在此方面做出应该有的研究。因为，这是一项"费力不讨好"的基础研究，无论是研究学者本身还是硕士生、博士生，在短短几年里实际上都无力在这方面的研究中取得一个阶段性成果。但是，基于社会发展及教育现状，国家未来的可持续发展，公民的人文及审美素养整体提升，儿童自由画表现研究是一个特别需要深入展开的方向，包括儿童涂鸦活动的先天性质，儿童自由画活动，儿童为何会重复出现某种类型的图形，儿童自由画表现的未来学意义等。

如，画人物的时候，为何都是头部在身体部位的安置方式，身体部位基本没有直接连接双腿的形态，这种表现图式，是儿童固有的，还是视觉接受影响再产生的，或是将别的儿童画作中的样态迅速转接到自己画面中的？

图4-31是某次儿童画评审中的作品。作品里人物形象的勾勒与图4-32两幅画中的线形样态基本相同。眼睛的画法是"圆点或者上弧弯线"，嘴巴基本都是"下弧弯线"。

图4-31　　　　　　　　　　　　　图4-32

教师需要思考和研究儿童为何这样画？这样画的视觉影响来自哪里？在实施美术活动的时候，采用什么样的方式可以改变儿童大脑中固化的图像记忆？

再如，5—7岁儿童在自由画的活动中对于诸多事物形态描绘的相似性，是否具有"集体意识"？再者，每个儿童在生存环境中接触社会面的宽窄度对于其笔下的形态是否有着决定性的作用？（图4-33）

在美术活动中，美术教师要针对儿童造"形"进行教学指令的调整，不应该让孩子的造"形"发展"自生自灭"。儿童美术教学的普遍情况是，教师用

图4-33 人物的身体是"拉长"表现，男人的身体为直上直下状，女人的身体为上窄下宽的三角基座式。这样的造型样式在4—7岁儿童中普遍存在。

一种自己认为是"对的"教学目标（美术学习内容），强行去改变儿童对生活世界的原有认识及表现，强制要求儿童去认识成人给予的美术学科知识和技能。这样的儿童美术教学，对儿童的身心发展有利，还是有害，或是利弊各有？面对儿童期的幼儿，在进行美术活动时应该怎么协调处理儿童的心理状态呢？（图4-34、图4-35）

同一切带有原始性的绘画一样，儿童由涂鸦活动开始至之后的几年，没有经成人干预的儿童画，属于一种广义的原始性绘画。儿童期涂鸦以及之后几年没有经成人干预的儿童画，其主要特征是，作用于儿童小手运动（造"形"过程）的形象思维模式，建立在自己认识这个生活世界的直接感受和经验中，是同人类原始时期的、原始部族的、民间绘画的形象思维如出一辙的，具有强烈的原发性特征。儿童画与人类原始绘画、原始部族绘画，以及民间美术中的造型样态，在视觉图像上呈现出三大共同特征：混沌性、象征性、平面性。

图4-34 儿童习惯将人物的身体"拉长"表现。

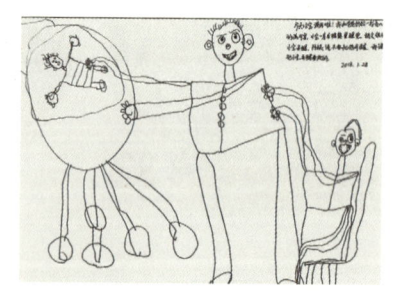

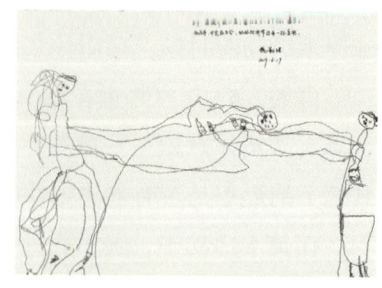

图4-35 周永军老师指导的儿童自由画，画面线条畅快，形态连接自然。

第四章　儿童绘画发展的历史研究与实践

儿童画与成人绘画之间究竟具有何种关系？随着对人类早期原始绘画、原始部族绘画、民间美术中的造型样态研究的不断深入，特别是近现代美术发展中，艺术家对于儿童涂鸦、造"形"表现的追捧，儿童画中基本乱线的构成、画因（表现动机），也同样在成人艺术家，如康定斯基、米罗、克利、毕加索等画家的作品中出现。近现代出现的、并且不断变化中的抽象美术形态，并不是人类美术创作的退步，而是与儿童画有着同样的设计思维本质。如美国当代艺术家巴斯奎特的作品明晰地验证凯洛格所引用的赫伯特·里德的论点："绝不要因为抽象美术与儿童的涂鸦很相似，而怀疑前者，我们毋宁倒过来叙说，即抽象美术是和一切视觉象征的开始存在着有机的关联。"① 任何一个国家视觉艺术表现中由线、点、形所构成的图形样态，基本上有着共通性，儿童画与成人绘画的不同在于创作思想作用下的作品形式和模式。（图4-36）

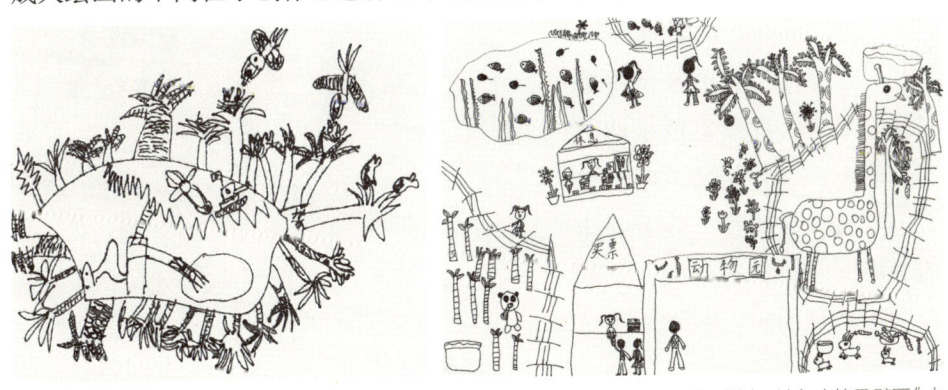

图4-36　浙江诸暨梁装老师工作室儿童的作品。作品中的树均呈现出"倒向四周"的样态，这与古埃及壁画《水塘》中树的形态完全一致，与我国花山崖画中"转圈跳舞的人"中"倒向四周"的造型也是一样的。

案例8：儿童用线造"形"中的偶发图形

虽说大多数儿童看到自己在两岁的涂鸦痕迹时，个体心理上就可以将自己的涂鸦归类于某种样式配置，他会不断地重复画出类似的图形。但是，他们的笔下还会产生诸多的偶发图形，这是影响儿童知觉表达的一种心理、生理发展现象，也是伴随儿童生命成长过程的一种自然状态。凯洛格研究中提出的"偶发图形"，主要指儿童所画痕迹的"形状与画纸之间配置关系"发生了变化。如"偶发的图形并不一定和画纸的四周具有固定的关系，而且图形的形状也不

---

① [美]罗达·凯洛格：《儿童画的发展过程》（繁体中文版），夏勋译，世界文物出版社，1988，第50页。

一定十分清晰可辨。但它确实暗示了图形所要表示的意思"。[1] 儿童在3岁的时候，就可以懂得画出正十字、斜十字交叉的基础图形，教师要思考和研究，这是儿童自己眼睛（视觉）控制下的主观表现，还是偶发性的线形痕迹？

讨论：研读凯洛格的论述，思考以往、当下我国学前艺术活动，儿童的自由涂画行为、意识等，基本上都没有机会得到教师（成人）的呵护。如果幼儿教师能够在学前教育的小班（3岁娃娃）的艺术活动里用单元主题方式设计课程，分时段地多给儿童提供不同质地的纸张或其他可描绘的材料，包括无纺布、纺织废旧下脚料（物）等，并给儿童提供各类笔（表现工具），再配以绘本故事的视觉呈现，如，将绘本故事扫描成图片分发给小朋友；又如，制作出某个绘本主题的演示文本（PPT），教师和小朋友一起感受绘本的故事内容与视觉形态，在绘本故事情节的串联下，引发情感共鸣。然后，下达自由手绘（或者自由造"形"）的活动要求，小朋友自由选择材料，将个人感悟到的故事以联想和视觉图像记忆复述的方式呈现出来，此刻的自由手绘（涂鸦或造"形"）活动所呈现的作业视觉样态就会特别有意思：既有儿童自己的视觉意识可控制的线形，又有表现过程呈现出的偶发形态。（图4-37）

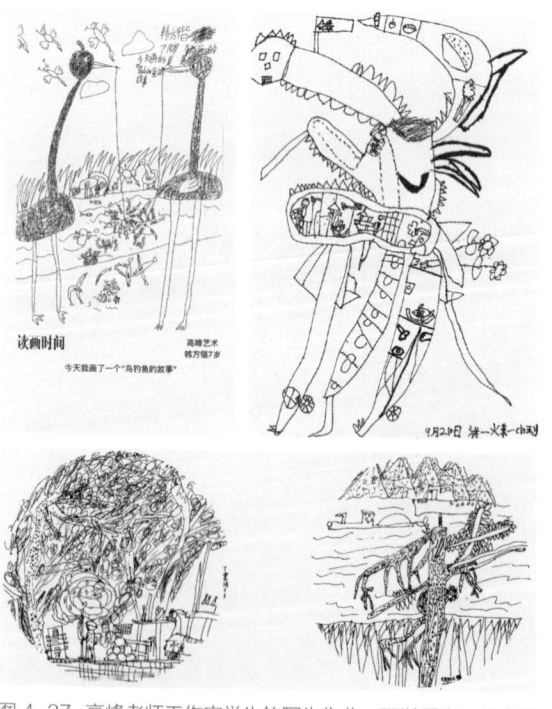

图4-37 高峰老师工作室学生的写生作业，可以看出，儿童面对自然界植物的时候，自己的表达呈现出不一样的偶发性线条及图形，而不是成人所期望的造型。

"儿童对形状的知觉关键在于整张画的统合与否，而不是画中的细致部

---

[1] [美]罗达·凯洛格：《儿童画的发展过程》（繁体中文版），夏勋译，世界文物出版社，1988，第41页。

分。"①凯洛格认为，在儿童期涂鸦过程中，儿童对于形态的把握主要源自视觉刺激下的思维方式"精神机能"，眼睛、脑的转换与整合指挥其小手在表现时的运动轨迹。在儿童画的样式化发展阶段，儿童的画总是出现类似的形态，在大量类似形态的涂抹过程中偶发形态也在随着其视知觉水平的提升不断地出现在画面中。

三、研究儿童绘画心理是美术教育之路

凯洛格与奥戴尔在《儿童艺术心理》中提出：无论在哪一个文化圈里，儿童画所呈现出的以线造"形"的这些形式和模式，是由向年长者学习传承而来的。这就是说，每个儿童都生活、生长在某个文化圈里，社会文化所给予儿童的视觉感知属于其个体文化中特有模式下技术表现（涂鸦或之后成人指导的绘画）的要求，每个文化圈里的儿童画都是受到这些因素影响的产物。

1. 儿童画与成人美术有直接关系吗？

"儿童画由初期的涂鸦动作开始，到五岁左右，大约经历了四个描画阶段。五岁儿童由于大人教以描画属于大人们喜欢的图式。"②在凯洛格研究儿童画的那个时代，对于儿童涂鸦的基本认识、儿童美术概念的确立、儿童的绘画作业可否被接受为"美术"等问题，有着某些不被认同、不被接受的社会共识。如，很多美术评论家对于"儿童美术"这一概念并不认同，他们的思维是站在美术学科以及历史的视角看问题，相当多的成人在各种场合会直接忽视儿童的绘画作品。对美术的认识不同，对于儿童绘画的理解也自然不同。儿童生命早期的绘画活动与成人美术之间究竟具有何种关系？有没有直接关系？研究观察儿童能够发现，随着年龄的增长，思维指令身体不断地控制自己小手和手臂的运动，令自己笔下的乱线或之后的线画发生一些有控制的变化。问题：儿童生命早期绘画的发展过程是自然的、有规律的，还是受到成人社会影响而发生变化的？

不可否认的是，每个儿童在自己涂画的同时也会观察成人绘画的方法，以

---

① [美]罗达·凯洛格：《儿童画的发展过程》（繁体中文版），夏勋译，世界文物出版社，1988，第45页。
② [美]罗达·凯洛格：《儿童画的发展过程》（繁体中文版），夏勋译，世界文物出版社，1988，第47页。

及有关构成美的基本形式,包括模仿成人绘画的表现。在我国,儿童美术在社会教育中的特殊性,是世界上其他任何一个国家无法相比的。改革开放40多年来,被各种媒体捧红的,因社会宣传需要被推到公众面前的,被诸多家长们膜拜的,那些被誉为有美术"才华的"、有"创意的""天才"儿童与"早慧"儿童,如,广西的覃阿西、王亚妮,北京的卜镝、卜桦兄妹以及刘中,上海的胡晓舟等,实际的人生发展情况是,这些孩子在涂鸦期、图式期,乃至之后的象征期、前写实期等阶段的生命成长过程中,早已经受到成人的持续指导,被灌输了相关美术学科知识与技能。而且,这些儿童接受的很多"成人指导"来自著名艺术家,如卜镝、卜桦兄妹,生长在专业画家(大学教师)家庭,从小浸泡在艺术圈的生活氛围中,在他们父亲的邀请下,前中央工艺美术学院张仃院长等一批著名艺术家对两兄妹的画作进行过指导。著名诗人柯岩为其画作配诗100多首,艾青先生为精美画册撰写序言《我为儿童祝福》,邵宇先生书写前言。正如艾青先生所言:"在中国,儿童画很发达,主要的原因,是儿童的成长和发展得到了社会的关心与爱护。"①

一般情况下,儿童在6岁至8岁时,如果没有接受学校美术课程内容的教学灌输,他们的自发性作画活动将自行停止。他们会以其他方式关注成人美术的东西,他们内心对大人的画感兴趣都属于很正常的事。因为,"属于儿童画的创作年龄,只有短促的十四五年,对儿童这种自然淘汰是大量的无情的。"②儿童美术是一个人生命发展中的阶段性成果,随着儿童年龄的增长,笔下画作中不一定能保有"赤子童心",而是在模仿成人美术表现方式后,出现"凝固单调、停滞不前"的弊病。所以,"儿童画是直觉的产物。儿童画是单纯的、坦率的、只忠实于自己的感觉。""儿童画是属于儿童自己的,不能是太多的逻辑思维的产物。"③著名诗人艾青对儿童画的界定与分析,与凯洛格的儿童艺术心理论述同出一门。

---

① 《春天的消息》,柯岩题诗,卜镝画,人民美术出版社,1984,艾青,"我为儿童祝福"第7页。
② 《春天的消息》,柯岩题诗,卜镝画,人民美术出版社,1984,邵宇,"柯岩、卜镝诗画集前言"第5页。
③ 《春天的消息》,柯岩题诗,卜镝画,人民美术出版社,1984,艾青,"我为儿童祝福"第6页。

第四章　儿童绘画发展的历史研究与实践

案例 9：LIA 小朋友的画

LIA 小朋友的作品非常精彩，且数量巨大。孩子的母亲是小学美术教师，也是中国美术家协会会员，作品多次入选全国美展。她懂得儿童美术教育基本原理，对自己宝宝涂鸦期的自然发展呵护引导得比较到位。孩子 1 岁开始，可以抓笔时的第一幅涂鸦，到 5 岁的每一天生活感悟的表达，所有涂画痕迹都被妈妈保留下来。这些涂鸦中，具有母亲审美眼光（素养）所给予的遗传基因，也有着生长在美术教师家庭耳濡目染的视觉图像影响，这些涂鸦视觉效果呈现出"高级"的画面样态。母亲将所有作品的全部图像分文件夹整理，将孩子作画的过程及语言表达进行全程记录并详细归档。（图 4-38、图 4-39）

图 4-38 作画中的孩子　　　　　图 4-39 孩子作品表现

整个社会，成人对儿童的自发性表现，对源自儿童生命本体的涂鸦活动等，大多持有一种不屑一顾的态度。他们会认为，儿童的这些表现是乱画乱抹的，是没有价值的"胡闹"出来的东西。虽然这些年来，随着信息传播的便捷、广泛，关于儿童涂鸦及儿童"原生态"绘画表现的论点，经社会教育在公众中的普及已经比过去时代更多了一些，但像 LIA 小朋友的母亲这样，能够在儿童生命体自然生长的本质上认识、理解、认同儿童画作的成人还是太少。大多数成人总是希望儿童画出在美术技能表现上可以接近、达到成人美术样态的儿童美术作品。

讨论：为何现代艺术作品，如康定斯基、米罗、克利等画家的作品会出现类似儿童涂鸦、人类生命早期的绘画样态？例，美国巴斯奎特的涂鸦作品，从本质上来说，与儿童期的生命活动性质有着相同性。事实上，在任何国家和各个不同族群的文化圈中，成人文化给予儿童的学习影响是起到决定性作用的。作为儿童涂鸦期、象征期，乃至图式期的线画作业，都受到儿童身处的某个国度、某一地域、某种文化圈的深刻影响。但是，有一点必须要关注，如果成人过早地给予儿童某种绘画的形式或表现的模式，过早地灌输美术学科的规则与技术表现要求，造成的是抑制儿童绘画活动中生命力的自主显现与潜在能量的释放。美术学科知识与技能要少一点、晚一点进入儿童艺术活动领域，儿童期艺术活动，应首选美术欣赏感知体验，以关联儿童生活经验的游戏性自主表达活动为主，帮助改善儿童的眼光、强化儿童的情感体验，这样，对其用线造"形"样态的帮助将是巨大的。

2. 儿时运用图形与结合体表达

凯洛格认为"儿童的绘画大致可分为六种图形"[①]，其中五种是具备了几何的图形。欣赏儿童画作的时候区分图形和线构成很容易，而且，在儿童涂鸦画作中图形与线条会相伴出现。当乱线条与图形混合在一起的时候，一般成人会发出"这样'乱七八糟'的画，到底在画些什么？"的疑问。实际上，一个儿童具备了构成图形能力的时候，表明其在线的运动控制力方面已经有了较大的发展，另外，也表示其大脑的记忆能力在逐渐发达。（图4-40、图4-41）

图4-40 LIA小朋友2岁11个月的黑板粉笔画　　图4-41 韩方锴小朋友的画作

儿童在涂鸦表现的样式时期和初期的形态表达阶段对自己描画出的乱线所赋予的视觉刺激已经有了基本的心理反应。于是，儿童自己会根据个人想表达的主题，利用自己眼睛（视觉）看到的画面状态，调节（调整）自己的画作。无论是乱线勾勒过程产生的偶发图形，还是视觉反应后经历大脑思考后再进行的调整，儿童对于形态的表现（描画），需要以自己对生活世界事物的认知水平和个人喜好的思考为基础。因为，任何形态的表达都需要通过眼睛、小手、

---

①［美］罗达·凯洛格：《儿童画的发展过程》（繁体中文版），夏勋译，世界文物出版社，1988，第51页。

大脑的相互作用，但儿童在此阶段用线条勾勒出的形态并非自己心中事先贮存的事物形态，而是由其涂鸦过程中小手运动时自然生发出来的。

当儿童的年龄以及心理生理发展进入对图形表达有基本认知与把握的阶段，说明其大脑发展进入眼睛（视知觉）思维的发展时期，因为，所有图形的表现需要经过事先计划和心理思考活动方能够完成。从乱线的涂鸦中，获取对图形表达的知觉，到自己有思考地对想表达的事物（问题）进行主观表达，是儿童心理生理发展的重要阶段。

美术教师深入研究儿童在幼儿期的涂鸦活动，或儿童自由画的过程，观察其画作上出现的某种图形，需要做两件事情：其一，花时间对儿童的涂鸦活动（自由画行为）进行反复观察，千万不要干涉儿童的作画状态，以期获得最佳的观察结果；其二，要花时间观赏、分析儿童的画作，尽管是很多乱线所偶然产生的图形，也需要分析其为何这样画，儿童当时的心理状态是怎样的。如果美术活动开始，教师下达的一个表现主题，是关联儿童生活经验的，需要在思考、探索状态下进行表现，那么，儿童笔下的图形或者是乱线会相对少一些。

另外，几乎所有的儿童都喜欢回忆并反复画出自己曾经画过的图形，或者是画出类似的形状。造成这一状况的本源是，当儿童对某些生活中的事物有深刻印象时，其记忆经验中会不断留下这些图形的"记忆编码"，并储存在儿童的脑海之中，当某个外来的事情或外部刺激对儿童造成影响并生成印象时，这些图形的"记忆编码"立刻就从大脑中调出，随之经过小手画出来。（图4-42、图4-43）

图 4-42 《美吉姆上课，跳蹦床》 LIA 小朋友　　图 4-43 《外婆晒衣服，我爬在梯子上帮忙》 LIA 小朋友

也就是说，根据儿童的大脑发育成长过程，大脑里的视觉资料是逐渐丰富起来的，因而，视觉刺激是由眼睛（视觉图像）的自我摄取完成的。所以，凯洛格认为"记忆在儿童画中的作用确实非常重要"。如，一个两岁多的孩子会连续画出两到三张画，但成人们是看不到他是如何照着自己的画去复制画作的，从这点可以看出，儿童预先的想法、视觉记忆在此起到了基础作用。

如果一个儿童可以根据记忆反复地重复相同的画，那么其对形态的记忆起到的作用是明显的。同理，民间剪纸艺人，会反复剪自己大脑中记忆的某种图形（人物、花草、飞禽等），他们的视觉记忆，与儿童涂鸦记忆中的图形记忆的心理生理发展有着相似的状况。这也可能是复演论之所以成立的缘由（图4-44）。所以，当儿童绘画作品中出现两个图形结合在一起时，凯洛格把它称为结合体。[①]凯洛格的研究相当深入。而且，她把结合体的基本组合分类为21种样态，提出可能分化出36种甚至66种的结合体之论点。

图4-44 山东滨州杜秀贞的剪纸中，人物形象特别是体态、头部的基本造型，都是类似的。

一般国民，包括大多数美术教师，对于幼儿自1岁多开始的自主涂鸦活动根本不屑一顾，不会去关心儿童涂鸦与他们生命的自然生长有什么关系。在医学领域，那些涉及心理精神分析的医生，则会以此作为个人的研究方向，进行儿童绘画精神治疗工作或研究。凯洛格的研究与这些后来者是不同的，她认为"每个儿童在由自己学习绘画的过程中，似乎会逐渐地建立其个人的线构成的视觉逻辑体系。在某种意义上，这种体系是具有逻辑性的。譬如，每当形成某

[①] [美]罗达·凯洛格：《儿童画的发展过程》（繁体中文版），夏勋译，世界文物出版社，1988，第55页。

种线构成时,便会据以衍生出其他的结构。"①研究提示我们,每个儿童在尚未接受成人制定的美术活动教学指导,或者教师规定画题、限制性使用工具、材料之前,在他们个人的涂画活动里,会经常回忆起自己学习体系中的某种线构成方式,用于自己对某种感受的表现及特殊的表达。研究证明,儿童在正式接受成人的美术指导前,他们自己是按照个体的视觉逻辑体系进行自由涂画的。成人需要思考:自己对儿童涂鸦活动的干涉,自己强行"教"给儿童的"内容",是否是儿童可以接受的?

3. 形态的集合体与自由表达

儿童有没有视觉创意?特别是涂鸦活动中的幼儿,有没有自发的视觉创意呢?50多年前,凯洛格早就解答了这一"跨世纪提问"。在涂鸦活动中,儿童画作里出现的三个或三个以上的图形以及涂鸦的线形组合痕迹,可称为"集合体"。当每个儿童开始步入这一时期的时候,由于他们视觉创意的积累,画作呈现出令成人惊讶的表达。很多的形态与表达,就犹如画家想追寻,而迟迟无法找到自己冲破美术学科规则藩篱的切口,而儿童的表现,让成人美术家恍然大悟。

"每个儿童的绘画样式,在世界各地的儿童均有着共通性的基本乱线以及形态、设计、绘画和方法上的相关。"②儿童涂鸦活动、早期绘画表达活动,是一种自发性的、探究性学习的绘画过程,在未受到大人干涉的情况下,儿童会不断地调整小手、前臂肌肉群的紧张拉伸感,使之更好地放松,而且容易画出自己喜欢的图形、线条及构成样态。儿童就是在这种自然的学习中建立起属于自己的绘画样式。这也是诸多成人对儿童早期绘画活动、行为、作品样态所特别不明白的地方。

一个3—5岁的幼儿,在自己独立的绘画活动中会反复出现"集合体"样态的画作。虽然这个时段的儿童笔下已经少了那些纷乱呈现的线,变化为可以构成画面的形态,但是,一般而言,儿童在运用集合体方式进行线造型表现的时候,仍然会有早期的一般形态倾向。如儿童画爸爸,不管是根据记忆画,还

---

① [美]罗达·凯洛格:《儿童画的发展过程》(繁体中文版),夏勋译,世界文物出版社,1988,第60页。
② [美]罗达·凯洛格:《儿童画的发展过程》(繁体中文版),夏勋译,世界文物出版社,1988,第61页。

是对着爸爸写生,其早期绘画的"集合体"样态意识会帮助孩子构成画面形态。
(图4-45)

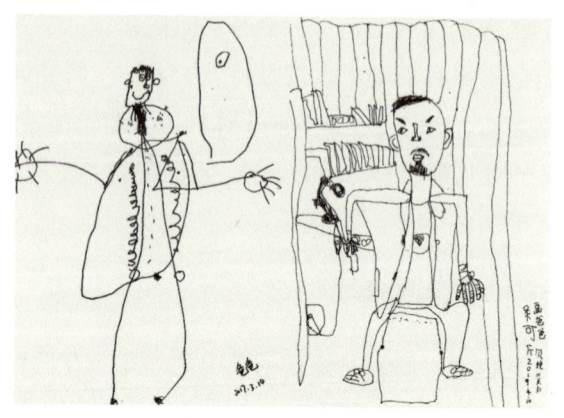

图4-45 "画爸爸"作业

儿童早期绘画的"集合体"样态,分别象征着矩形、圆形、三角形等,而且,在画面的分布中会努力呈现出"均衡"的画面线构成状态,这代表着儿童的心理、生理发展中对图式与线构成样式配备的水平。"均衡具有发展性的意义。即儿童的知觉会随着既有的均衡线条样式发展,记忆的情况亦然。"①儿童这样的图式构成效果,是其生命早期涂画活动中视觉创造思维发展的必然规律。在画面的构成(设计)方面,3—5岁的幼儿作品是结合体、集合体的混合产物。而且,其呈现出的图形多为抽象的。

在儿童由涂鸦期向图形期转换的时候,他们描画的内容范围会不断地扩展。例如,由两个以上不同的圆形结合而成的形态,这样的表现,凯洛格称之为"结合体""集合体"(三个或三个以上不同圆形结合而成的形)。②因而,由于儿童存在能够自发的、自觉的,甚至可以称之为"自学的"线造型表现阶段,所以在全世界不同肤色、不同族群的儿童中,可看到所有的儿童都会画出"太阳""曼陀罗",以及那些由放射型等具有均衡感的线条所构成的画。这是儿童涂鸦表现进入自由绘画时的非常重要的阶段,由此"儿童才真正进入俗称'图画'的时代,亦即开始画人、动物、建筑物、植物和其他各种物体形状。儿童

---

① [美]罗达·凯洛格:《儿童画的发展过程》(繁体中文版),夏勋译,世界文物出版社,1988,第66页。
② [美]罗达·凯洛格:《儿童画的发展过程》(繁体中文版),夏勋译,世界文物出版社,1988,第46页。

大约是在四岁时进入这样的绘画阶段"。①

🔶 案例 10：西安儿童的写生作业

在西安关中民俗艺术博物院，笔者曾遇到某校外机构带学生写生。这三幅写生作业，构成画面形态的线条明显带有儿时涂鸦的"结合体""集合体"线形元素，证明儿童绘画造型表现时，如果成人（教师）少一点干预性指导，儿童是能够主动、自然表达的，作业属于珍贵的儿童期线描。（图 4-46）

图 4-46 西安儿童写生作业

讨论： 第一，长期以来，我国学前教师教育，缺乏对于儿童生命进行系统认识、理解、发展等养成教育的课程体系。第二，师范大学美术学专业，缺乏儿童美术教育方向的课程，造成相当数量的小学、初中美术教师，校外儿童美术机构从业者，不尊重儿童自身生命的自然生长。第三，1989 年以来，义务教育美术课教科书《美术》、学前教育（幼师）的美术专业教材，前者"简笔画"横行，后者为"扭曲版成人美术"体系。它们既没有为准教师提供全面认识、理解美术是什么的基本思想与方法，更没有从美术文化深刻性的视角引领教师职前教育课程。"太阳放光芒""树干加树冠""三根毛式的草"等简笔画图式制约（影响）了太多儿童视知觉的基础感受，儿童原本就会自我表达的童年时期被某种成人图像控制，这是非常悲哀的事情。要整体提升国民美育素养水平，需要在国民群体中对儿童涂鸦认识观点展开普及教育，让国民群体走出对儿童画认识的误区；将真正的儿童画（儿童涂鸦痕迹）作品、儿童画与其生命发展过程中的心理、生理成长等儿童艺术心理学方面的内容，构成相应的公益性美术展览，以巡回展出、报告、现场公益指导等方式进行普及教育。

半个世纪前，罗达·凯洛格女士已经对全世界 100 多万幅儿童画进行了深

---
① ［美］罗达·凯洛格·《儿童画的发展过程》（繁体中文版），夏勋译，世界文物出版社，1989，第 46 页。

入研究，为人类社会的进步与人的生命发展奠定了厚实的儿童艺术心理学基础。只有全社会普通国民都能够开始尊重儿童，尊重儿童在自由画中的每一处痕迹和每一抹颜色，国民的审美素养提升才有可能实现。

结论：珍惜儿童独特的精神世界。

1. 为何需要关注儿童的精神世界？儿童的精神世界为何是独特的？历史上的心理学家为何在研究中出现了"空挡"（局限）？如，皮亚杰在其儿童心理学研究中并没有过多关注每个儿童在人生成长过程中的非逻辑思维发展。问题：为何很多儿童在进入小学四、五年级的时候，美术作业依旧出现典型的"基底线""放射画法""散开式"等样式？这是儿童实际年龄的表现常态，与罗恩菲德等学者儿童画分期论点并不能完全对应。每位儿童的心理都是独特的、个性鲜明的，儿童发展总会出现相当多的个案。此问题说明，再伟大的学者，都不可能穷尽自己的研究方向和问题，也无法做出绝对全面的结论。凯洛格提出：幼儿开始涂鸦时，即使是在空中比划，孩子已经有了一种原始的图形—背景关系的感知。他们的涂鸦不会随意落在他面对的任何空间上。相反，这些涂鸦被放置在确定的位置——左半边、右半边，甚至在中心。已经有17种这种构图模式被识别和确认。一旦孩子养成了这些习惯，就永远不会忘记。随着儿童的艺术发展，这些模式不断地出现在其艺术作品中。

2. 当教师明白了儿童具有这样的艺术心理特征，再看到儿童作业时就不难理解了。一般来说，教师出于习惯思维，会依照美术学科文化历史发展的文明秩序行走，但是，教师自己已经习得的这种秩序，并不见得是儿童生理和生物性发展的必然，更不是每个儿童心理活动的必然发展走势，美术学科文化的文明发展历史，本身是一种机制系统的结果。况且，在尚没有改革开放的年代，我们没有读到的世界文化、文明的发展成果远不止凯洛格当年的发现。教师如何对儿童的艺术心理有较全面的了解，有更独特的观察、发现、思考，以此推进教师自身对儿童艺术心理、非逻辑思维、趋异性思维的持续关注、研究、反思、整理等基础工作？这些关注性研究，可以帮助教师在形成自己基本教学能力的过程中，意识到儿童原初的艺术表达和民间美术、原始艺术之间的关联性。教师对儿童原初的艺术表达研究得越深入，和儿童接触得越多，倾听儿童的心声越深入，就越能将自己的美术教育研究与儿童的心理、行为一一对应。

3. 人类，作为高级动物，与动物在生命的诞生、哺育方面，有着相似的过程。

但是，人类的思维，是生物中最高级、最为特殊的，这是一般生物所没有的。从教育本源来讲，无论是卢梭的自然主义教育思想，还是杜威的"做中学"教育理念，教育者首先需要以尊重儿童幼小的生命体为共识。儿童原发性的、带有动物性的、感觉有些野蛮的、从娘胎中带来的原生性质的所有自然行为，并非都需要立即被成人改造，被成人训诫，被成人教育。在儿童自发的美术活动中，教师更应该暂时放弃自己原来习得的美术学科理解与认识，放弃用美术学科知识体系、评价标准、思维方法构成的眼光看待儿童。教师要回归儿童原发心理状态和生命本身的基本水平，面对每个儿童生命的自然生长状态，仔细观察、倾听儿童的心声。

本章节的意义还在于，义务教育艺术课程美术课第一学段为"造型·美术"。关注幼小衔接的学校美术课育人目标和教学定位，涉及"造型·游戏"艺术实践体验活动，这一学段学校美术课的设计与实施，要求美术教师"基于一年级学生的身心特点和学习能力，开展生活化、情境化、趣味化、综合化的'造型·美术'学习活动"[1]。以儿童艺术心理研究为基础，思考和适应儿童画发展过程中儿童心理生理对其造型表现的影响，从儿童身心发展需要设计教学和课堂实施，努力引导孩子们的审美感知能力提升，为动手表现奠定视觉思维基础。

---

[1] 教育部：《义务教育艺术课程标准（2022年版）》，北京师范大学出版社，2022，第53页。

| 第五章 |

儿童生命自然生长与视觉思维理解

问题 无"简笔画"课后教师如何"教"？

解析 自由手绘、手作的造"形"实践。

第一节　美术活动应以儿童生命体的自然生长为基础

一、概念辨析与观念确立

1. 儿童艺术领域

儿童艺术领域包含儿童音乐、儿童舞蹈、儿童文学、儿童戏剧、儿童影视、儿童美术等。从创作主体看，儿童音乐、儿童舞蹈、儿童文学、儿童戏剧、儿童影视等均有别于儿童美术，前五者属于成人艺术工作者为儿童成长所创作的作品（教育内容），包括该领域学术研究成果的推广应用等。创作主体是成人（儿童音乐创作者，儿童舞蹈编导，儿童文学作者、研究者，儿童戏剧、儿童电影编剧及导演等）。如：儿童音乐是由成人音乐家创作的、适合儿童歌唱的儿童歌曲，以及成人音乐家创编的、提供给儿童欣赏或体验性表演的儿童器乐作品；儿童舞蹈是成人编导创编、指导儿童模仿学习表演的舞蹈作品；儿童文学是作家创作的供儿童阅读、欣赏的文学作品，例如浙江师范大学儿童文学研究领先全国，有著名儿童文学研究者蒋风先生、方卫平先生；儿童戏剧是成人戏剧编导在传承中国戏剧文化的基础上创编的供儿童表演的戏剧作品；儿童影视是电影电视编导、影视制作者基于对儿童生活世界的感受创作的儿童可观赏的、可参演的、具有价值引领的影视作品。上述这些儿童艺术的创作主体是成人。

在儿童美术领域，也有诸多美术家专门为儿童创作美术作品，如，以前的连环画（小人书），当下的图画书作品等，作品的受众首先是儿童。中国美术家协会少儿美术艺委会第一届委员会主任杨永青先生，是著名儿童美术艺术家，创作过很多连环画，当时少儿美术艺委会的委员构成也是以成人美术家为主体。随着时代的发展，之后的少儿美术艺委会组成人员，逐渐纳入儿童美术教育的研究学者、优秀美术教师等。

2. 儿童美术的内涵

儿童美术的发生基于人的生命的自然生长。儿童美术源自儿童个体生理机体的自然生长、心理活动的本体性、原发性的生命活动，其行为主体是儿童自己。人在儿童期所发生的美术活动，是每位儿童在经过自己的视觉感受之后对内心感悟到的生活世界的个性表达。其发生和持续表达来自每个儿童出生后通过自己眼睛（视觉感官系统），在不断对陌生的生活世界发生自主视觉感受和认识后，再经由身心整体感官对生活世界的体验，做出对事物的判断、行为动作等指令。儿童在婴幼儿期出现的自发性涂鸦活动，是全世界不同肤色、不同民族、不同地域儿童群体自然生发的原发性生命本体活动。

另，我国少数民族人民能歌善舞，少数民族儿童艺术活动的发生，如侗族大歌，以及各少数民族舞蹈及民歌等，都是源自各民族的自然生存状态中，该民族生命本体成长需要的原发性艺术活动。"对着大山唱山歌"，在某民俗节日中"起舞"，以表达某种心意和情感，这些基于当地生活民俗、百姓生命需要的自发性艺术活动，由各民族儿童传承，从而代代相传。

儿童美术是儿童个体对社会、自然、生活感受体验后的独特认识、自主表达和情感寄托。儿童的美术活动是与他人、群体互动最常用和最基本的方式之一，尤其在儿童自身的语言与文字表达能力尚未成熟的时期更是如此。所有的儿童画画（涂鸦），更多的是表达自己对自然世界和社会生活的认识、感受和情感，在表达过程中，其内心充满了强烈的情绪和身临其境的体验感，因此，儿童美术具有鲜明的自发性特征。在儿童艺术领域，唯有儿童的美术活动是每位儿童从娘胎里带来的、源自幼小生命自发感悟的、自己本能力量的、可以无拘无束完成个性表达的活动。在儿童的绘画世界里，可以读取出他们生命自然生长的不同路径，这是儿童生命体本身自诞生之后内在基因（能力）作用下的动态生长。

以远古先民视觉造物观念看待儿童美术，就能够对儿童原发性的造"形"想法、看法，以及创造雏形、创造之物有更加全面的认识。认识、理解儿童美术，要回归人类早期为了生存需要不断生发出造物想法的思维本原，要从人类基于自己生命的需要所进行的任何探索、创造性思维的原初状态去深化认识和理解。

3.儿童美术教育

儿童美术教育概念与定义的确立，是以行为主体——儿童的生命体自然生长的某种状态为出发点，思考研究如何在尊重儿童生命本体语境的基础上，提供丰富多样的美术活动，而不是直接向儿童传递成人美术知识、技能、技巧、表现方式等。虽然说，歌唱（儿时的咿呀咿呀开始）、舞蹈（幼儿的肢体的扭动）以及朗读等，都是儿童生命成长的本体能力，但是，儿童歌唱、舞蹈及朗读留下的所有活动印迹，都需要成人帮助录制（录音）方可以完成，唯有小孩子自己动手的绘画涂鸦活动和用"某物"（材料）去搭建、组合、构成的造物活动所留下的痕迹，是儿童生命个体自己呈现和留存在世界上的创造痕迹。因此，儿童美术及其教育行为，本质上均有别于儿童音乐、儿童舞蹈、儿童文学、儿童戏剧、儿童影视等其他儿童艺术。

从儿童美术教育历史研究看，儿童美术的表现主体是儿童绘画，但从概念本身到现实情境，儿童美术的现代含义已经发生了太多变化，儿童的雕塑、手工表现、装置艺术作品、影像艺术创作等都属于儿童美术范畴。如，20世纪七八十年代，日本儿童美术活动中利用各种废旧包装纸箱进行造型（造物）活动的系列课程（曾在同济大学展示），令我国教师感觉特别新鲜。现今时代，利用任何自然物、废旧人造物或是直接搬用人造物构成新的造"形"活动，在儿童期美术活动中相当普遍，视觉呈现形式丰富多彩。尽管如此，儿童绘画仍是儿童美术中最有魅力、最能够体现儿童造"形"与成人美术造型相区别的形式。

儿童的美术教育，要注重认识、思考、推论、评析、深度研究儿童从生命开始到各个年龄自然生长阶段的心理、生理发展过程，教师（成人）要为儿童提供可持续释放生命本体潜在能量，以及独立感悟生活世界、表达个体情感的平台。并由这一认识基础思考与设计具体教学活动，在实施过程中关注儿童生命成长评价。儿童美术教育中的"教"，并非由美术学科知识技巧传递与技能灌输、模仿，责令儿童朝着成人美术的方向、路径去行进，而是要以人类社会历史发展中美术文化的宏大人文性主题内容润泽儿童心灵，以艺术创造的哲学思维方法启迪儿童，帮助儿童逐步构建起独特的思维方法体系，这是儿童期正确的美术教育活动目标与方向。

儿童美术课程，是一门区别于儿童音乐、儿童舞蹈、儿童文学、儿童戏剧的学科教育课程。课程的首要任务是教师行为必须以尊重儿童为本。在一切的美术学科知识技能教学活动中，教师都要为儿童的生命发展、身心自然生长服务，美术学科知识技能体系要顺应儿童的生活、生命发展的需要，以此来设定学习内容与指导方法。由人的生命体看，儿童美术基于儿童心理和生理发展、机体生长，由生命本体感知外部世界、具有艺术本原性质的自发性个体表达活动。因此，儿童的美术活动不是低水平模仿成人美术的表现技术，不是学习"像大师"一样表现，课程实施方式明显地有别于儿童音乐、儿童舞蹈、儿童影视表演等活动。儿童美术课程必须以人的生命自然生长本身为设计基础，思考教育怎样帮助儿童实现可持续发展之人的终极目标。

确立了儿童美术概念的内涵，还需要辨析公民对美术内涵的认识。认识和理解美术，不能以当下美术学院体系的技术门类来认识和确立何为美术。美术这一概念的内涵与本质，应该回归艺术发生学本源，由人类生命为了生存需要原始造物的发想（思绪），逐渐发展到视觉造物的生命创造。从这一高度全面理解美术，思考美术文化的发展历史，方可以对美术做出更加整体的判断和理解。新修订的义务教育艺术课程标准之美术课程确立了大观念：美术是认识与表现自我、他人和周围世界的重要方式。

二、基于儿童生命体自然生长的育人活动

儿童是作为生命本能的探究者而存在的。自从孩子诞生在这个世界的那一刻起，作为生命体的求生本能便促使他们开始了对世界的探究。同时，儿童是作为审美的发现者与探究者存在于这个世界上的。孩子通达审美意义上的自由自在状态，是惊奇于对生活世界的各种发现，他们对世界的态度不是单纯追求生存，更主要的是追求愉悦，追求生命的美感，获得精神的快慰。孩子作为审美发现与探究的主体，其自在状态主要表现在他们的游戏精神上。

◆ 案例1：安徽师大幼教集团的美术活动

安徽师大幼教集团由11个幼儿园组成。孩子多、生源复杂、文化差异大，生源并非都是大学教师子女，还有芜湖市各个社区居民群体的子女。幼教集团总园长余捷主任（正高级教师、硕士生导师），是一位非常有眼光、具有先进教育思想的学前教育工作者，她在学前艺术教育领域颇具影响力。在余捷主任的带领下，安徽师大幼教集团的学前教育不仅引领了全国，而且得到了日本等发达国家幼教专家的高度赞扬。余捷主任力邀著名儿童美术教育家崔苓老师作为整个集团学前教育艺术领域首席专家（美术总监）。在崔苓老师教育思想的引领下，以及崔苓老师亲力亲为以身如孩童的纯净心态影响下，各园所年轻幼儿教师做到了向儿童学习、尊重儿童、保护儿童、引领儿童，集团幼儿美育课程领先于全国学前教育领域。和崔苓老师讨论时我提出："当每一个小孩子都能够在自己生命本体的语境中感悟、认识和自发表达，这才是真正育人的美术活动，也可以说美育文化。但是，这一美育文化特别需要整个国家、整个社会都认同，都尊重儿童自己的语境，这样，未来的他们才有发展的可能，未来的国家才是有希望的。"

崔苓："我一直试图挖掘孩子们原本的自己'幼稚'的原创，但当下国内的教育大环境使我感到很困难，但我一直在努力，老了，实在是力不从心了，这不是我一个人在短时间能做到的，但是孩子在长大，着急。但我身体实在是不行了，我平时很少说话，只是拼命地为之努力，您简直想象不出来这么多年为了孩子们'幼稚'的原创，我有多努力。"

思考：在人工智能等已经覆盖社会方方面面之时，有思想的美术教师必须

认真思考：艺术活动中到底哪些是儿童发展所最需要的？哪些是人工智能现在及未来所替代不了的？你说的孩子们"幼稚"的表达，是再过三十年后科技发展和进步也没法替代的人的本能力量。大数据和人工智能不可能成为个体生命自然发展的力量，这些儿童个体的"幼稚"中不断释放出儿童的精神哲学，是每一位孩童独立之思想、个人之创意、自我之信念、真诚之表现。这些发自孩童生命自我的东西是最珍贵的，也是大数据和人工智能所不能替代的。

崔苓："太对了，孩子从小就失去了自我。"

再过三四十年，当我们这代人看不到未来世界的时候，能够留在孩童身上的"幼稚"，就是他们未来可以征服世界的动力源。

崔苓："这个'幼稚'就是生命原本最可贵的、自带的、不同于别人的独特的认识，独特的感觉。"（图5-1）

图5-1 安徽师大幼教集团美术活动记录

讨论：儿童从娘胎里带来的独立造物、自己动手创造的生命生长基因，是他们适应这个陌生世界的本源能力，是其依靠自己特别的视觉思维引起感觉后的整体行为。当他们用小手把自己对这个世界的认识呈现出来的时候，成人需要做的是特别的保护和启发，而不是去教什么！特别是其造"形"过程，特别是那些成人不屑一顾的、被他们称为儿童们留下的"乱七八糟"的痕迹，是这个世界上最为可贵的创意思想凝聚体。这些痕迹（作品）是每个儿童生命的自然生长中心理生理发展的"晴雨表"和"温度计"，是其独立思想不断生发的"代表作"。教与不教，给儿童什么，是每个家长（成人）持久的"心头焦虑"。崔苓老师在安徽师大幼教集团所实行的美育课程，涉及安徽省芜湖市区域内各个阶层、不同人群的普及性美育。这并不是个案，而是带有辐射影响力的学前儿童美育系列工程。为何要为崔苓老师带领的幼教团队大大点赞？因为他们多年的实践对于推进全国儿童美育发展意义重大。他们所辅导出的上千幅儿童作业为什么好，在现阶段的我国社会，在日后比较长的时间内，可能很多家长、美术教师都不会明白。在广阔的国土上，在经济发展、精神文明建设、改革开放深度不同的差异下，可能很多家长都会说，这样有啥好呢？究其原因是看不明白也不认同孩子的作品。

成人读不懂儿童是一个重大问题。3 岁、6 岁以及 13 岁，是人的大脑发育并逐渐发达的三个重要阶段。儿童心理、生理、思考、智力、身体发育在这三个成长过程中会生发出惊人的质量变化。儿童美育工程所需要解决的问题、工作，并不是传递美术学科知识与技能、技巧、表现，而是儿童身心发展中的思维方法。唯有在充分保护儿童自由涂鸦基础上的造"形"游戏、创想游戏、感悟游戏，才是孩童应该在 13 周岁以下需要得到的心智养育。安徽师大幼教集团的儿童们呈现的这些精彩作业，在引领教学思想与学前教育艺术领域方向上启示有三：

（1）以纸材料的自由造"形"游戏为基础的拓展性表达。上百幅精彩作业大多为纸材料，还有线（绳）材、色彩颜料、生活中的废弃材料等。孩童们在教师的引导下，依据自己对某个主题的理解，把个人的意愿、想法、表达样式、心境等充分释放出来。作业的构成形式，来自教师启发孩童们的自主建构。

（2）儿童内在视觉思维心理的审美理解。安徽师大幼教集团多个园所孩童的表现，有别于在全国其他幼儿园所看到的幼儿美术作业。这些孩童从 3 岁开始在意象性造"形"活动感知体验的影响下，视觉思维变化很大。他们的认知心理、审美意象、造"形"思考与其他孩童不一样。

（3）认识、认同、弘扬儿童生命本体的表现语境。在儿童期（学前 3—6 岁，小学生低中段1—3年级）特别需要全面推广面向每一位儿童身心发展的造"形"游戏美育课程。注意：并不是"美术课程"，其是有意识淡化成人美术学科体系。每一位儿童只有在幼儿期到小学阶段彻底释放独立感悟、自主造"形"之心理思维，在未来的成长中才有可能构建、具备自己的创造性思维。否则，过早地灌输成人美术学科体系的行为，肯定把儿童的审美感知、润泽养成送进"坟墓"。为何这样悲观？

案例2：舞蹈学习的启示

央视2018"星光大道"总决赛中，解放军艺术学院著名舞蹈演员、"免费老师"玉米提带来启示：在辅导"快递小哥"的女儿现场舞蹈表演时，玉米提老师说："我特别向全社会呼吁，为什么我们在教儿童舞蹈的时候，太早地给孩子'把杆'，给孩子'软开度'，给孩子舞蹈的技能技巧呢？太早让孩子进入到太多舞蹈艰苦的一面，这样会让他们越来越远离舞蹈。"当玉米提老师在辅导、带着"快递小哥"女儿跳舞前说："孩子，你喜欢舞蹈吗？此刻你心里不要想什么舞蹈的技能技巧，只要想'放飞'，就想'放飞梦想'，这就好了。"

如崔苓老师说："我没有把六岁的孩子从'技术'上拔高，而是尽力挖掘六岁时宝贵的、个人化的、内在的自己，再用构成的艺术方式呈现于儿童的环境（幼儿园）中，让儿童做自己环境（幼儿园）的主人，而不是画一些假儿童画。"（图5-2）

讨论：儿童期美术活动也是如此。不能过早地给儿童灌输成人美术学科知识与技能，教师（成人）要尊重儿童，倾听儿童的心声，为儿童提供大量的可以用来自主造"形"的材料、生活中的物品，以此启迪儿童在视觉感知体验个体思维之后的原始发想，由此产生个人探究创造的想法（欲望），为儿童搭建可以施展自己身体、释放内心感悟、实现个人想法、自主动手表达及自我展示的平台。美术学科知识、技能、学科术语、要求等，要放在落实育人目标之后。

当下满目所看到的儿童美术作业是孩童真实的表达吗？是真正的儿童画吗？崔苓老师的教育理念与具体引导，是我国儿童美育工程中特别需要推广普及的。只有在学前3—6岁，以及小学阶段中，全面保护、尊重、释放儿童个体生命自然生长的原发创意思维，才能达成美术育人的目标。否则，一切看到的儿童美术教学成果都是虚幻的"繁荣"。说到此，有太多人要问，美术学科

图 5-2 舞蹈学习的启示作品记录

知识、技能要不要给孩子们。回答是肯定给。但要注意给的过程、方式方法，美术学科知识、技能的学习要转化为在丰富真实的生活情境中连接美术文化的问题，让儿童自主探究、自己领悟、主动质疑、自己解决。儿童可以接受的美术学科知识技能，要在关联儿童生活经验的基础上，在习得的美术语言中，安排儿童和艺术相遇的一次次感悟、体验、自主表达。这个相遇，是童心与童心（艺术）的对话，是生命与生命的相识和尊重，是思想与思想的碰撞。童年是生发创造的源头，是托起人类伟大的基底。认识到儿童生命的伟大，与儿童共同游戏和探讨，是教师实现当下和未来教育的目标，以及促进儿童可持续发展的崇高使命。

人工智能等科学技术迅猛发展，虽说推动了经济发展与社会进程，但是，从另一方面看所造成的是人与人之间充斥着虚无和冷漠，这成为当前人类文明的主要征象。儿时的美育有助于重建人的生命终极关怀，破除相互间的虚无和冷漠，帮助儿童从小知道人怎样在现实生活中与人相处，知道人为什么活着，在美术活动中学会跟别人相处,由此逐渐知道整个宇宙与"人"(自己)的关系是怎样的。美术活动引领儿童对这些重要议题进行探索和反思,构建起初步的批判性思维,并尝试自己回答这些问题。如此,儿童的人生就有了方向,就能够从小构建起真正活在世界上的意义。这是教师在美术活动中为何要尊重儿童、为何要向儿童学习、为何要向儿童致敬的本质内涵。

三、教师必须尊重儿童的自主表达

儿童的绘画表现方式,是每个儿童生命体接触生活世界后,与自己所处家庭、社区环境等文化影响融合后的直接反映。了解儿童绘画表现的质量变化并给予恰当指导,与教师更为人性化的绘画指导分不开。

1. 美术活动中儿童自主表现的引领和指导

案例3:朱文智老师"万楼"采风写生教学

不是发自儿童自主表达的线造"形"作业,没有任何教育意义。儿童在美术活动中,他们小手运动之下的造"形"能力发展,并不是通向成人"造型能力"培养的必然路径。对15周岁以下的学生实施教学,尊重儿童的自主表达,是每一位能够称为"美术教师"的人所必须遵守的为师原则,是可否成为合格美术教师的试金石!诸多小学、初中美术教师,以及校外美术机构的从教者,都盼望着在自己的教学之后,儿童的画板上能够出现精彩的线造"形"作业。朱文智老师辅导的儿童作业很特别,他对儿童自主表达的全面尊重,对儿童心智活动的呵护,特别可贵!这些儿童作业有两个特征:

(1)"画面表现对象在造型结构上并非是完整的",也不具备"完美儿童画"作业的画面样态。

(2)作业给人的视觉感受是,学生用线条塑造的对象都是自然、自主、自发感悟的表达,没有做作、没有对"形"的修饰改正痕迹,画面形成的韵律、节奏,线条构成的疏密关系、黑白效果都来自儿童个人的体悟。

讨论:儿童自己用线条造"形"的水平得以提升,并不是美术教师手把手教出来的,而是学生自己在较长时间的表现体验中悟出来的。"自己悟",是儿童美术造型能力、自主表达能力发展的关键点，这是儿童生命持续发展的基本动力源。如何调动儿童在美术活动中自己去感悟、领悟、醒悟、顿悟、觉悟、体悟，最终达成"悟我在心"的思维境界，是儿童期美术活动的心理养育、思维构建过程，对儿童一生的可持续发展有着不可估量的巨大价值。

人的全面发展是儿童美术教育的出发点，是活动过程的评价要求。如何看待儿童画作业，如何对待儿童在美术活动里的自主表达所呈现的整体样貌，是美术教师始终要自我修炼的内功。读懂儿童，努力向儿童学习，在儿童美术活动中引领其自由发展，是美术教师毕生需要深入研究的课题。朱文智老师辅导的儿童写生作业的珍贵之处在于，作业的视觉表征、学生们当时的心境与状态，朱文智老师现场的指导行为，蕴含了一个道理：教育，并不是教师灌输某些美术学科知识技能，让儿童强行接受，以此控制儿童。儿童美术教学，并不是直接教授如何画的步骤，更不是直接搬来成人美术的规则、要求，让儿童跟着学。无论学校、社团，还是校外儿童美术培训机构，教师都应该明白一个道理：要为儿童提供可以自主感悟美术文化、自主表达个人心境的宽松平台。这里，并不是美术教师去"教"什么的地方，而是成人不断向儿童学习的场域。如，在任何形式的采风写生活动里，是不需要教师现场为儿童去画"范画"，也不需要教师指手画脚地去要求儿童如何画、怎样修改"错误"的。教师所要做的工作是：

第一，以美术欣赏活动，引发儿童对如何写生表现的自我感受。在确定写生表现主题后、具体实施写生任务之前，教师需要专门设计、安排美术欣赏活动，由欣赏不同美术家、美术工作者表现的类似主题写生作品，启迪儿童感悟美术家们是如何提炼某某写生主题的形，采用了哪些方法，思考如果换成自己面对这些写生主题（主体物），会用什么样的方法，以此学会按照自己的方式去提炼和表现。

第二，提供自主表达的方向性选择，引领儿童自主判断、确立、尝试性表现。倡导儿童以自己的线与形构成语言，表现自己所看到的、感悟到的写生物体，要给予儿童尝试错误的机会，要抛弃作业的心理纠结过程。特别是要以宽松的展示平台，呈现儿童不同样态的表现作业，而不是按照教师的某种表现要求将作业都画成一个样子，更不能按照教师的专业喜好去画作业。

第三，对学生进行全员作业评价。每次写生作业完成后，将所有儿童的作业全部展现出来，师生、家长一起观摩。在这个环节，教师的眼光和决定性评价语言起到关键作用。要明确告诉儿童和家长，什么样的写生作业是值得提倡的，什么样的表现方式是应该坚持的。

第四，进行与评价配套的作业讲解及提出新一次写生表现的要求。这是教师指导儿童持续进步的关键环节，教师需要针对每次写生的具体物象如何表现，选择若干幅儿童的写生作业，现场分析给学生及家长们听。要以多幅具体表现作业作为案例，引领家长与学生认识个性化、独特的美术表现语言是如何产生的，鼓励大家在下一次写生时主动尝试"变法"及体现个性表达的意愿。

儿童在美术活动中造"形"能力发展的可持续引领要求：

第一，朱文智老师所指导的这类儿童写生作业，在恰当的呵护与引领下，其样态最好能够持续1年时间以上。这是一项比较有难度的教师工作，这类画面样态要面对家长们的不解、疑惑，教师需疏导家长对自己孩子在美术活动里获取"成功学习"的迫切心理。什么是好的写生表现，如何做好家、教、生结合的分析工作，需要看美术教师的内功。

第二，美术欣赏活动要始终贯穿儿童的课堂。如何画、怎样表现、何种要求、作业评价、应对不明白的家长群体，都需要教师花大气力用美术欣赏活动来分解。因为，写生表现形式、表现方法提高等，需要建立在眼光提升的基础上。当儿童建立起独特的思维方法之后，方可以取得教师心中理想的教学结果，消除家长们"不解的"质疑，纾解要求自己孩子"画像"某物的"扭曲"心理。

第三，儿童通过美术活动获得身心全面发展是起点性工作，隐含在教师的日常行为中。尊重儿童、呵护儿童、守候儿童的未来，是美术教师的责任。在每次儿童的美术活动里，教师应随时褒奖、细心关怀，在认真观察中不断调节全过程鼓励评价引导；活动结束后教师将自己的反思性记录进行文本整理，伴随及时看书学习的个人思考与研究，以确保在3—6年或更长时间内带领儿童真切感悟美术文化。（图5-3）

2. 成人对儿童潜在造"形"表现能力认识的无视

儿童的美术发展分期理论，其基础建立在儿童造型活动中视觉图式样态研究的基础上。历史上的学者，无论是齐泽克、罗恩菲德、里德，还是艾斯纳，以及我国的美术教育研究者，归纳、总结、认同、引用儿童美术发展分期理论

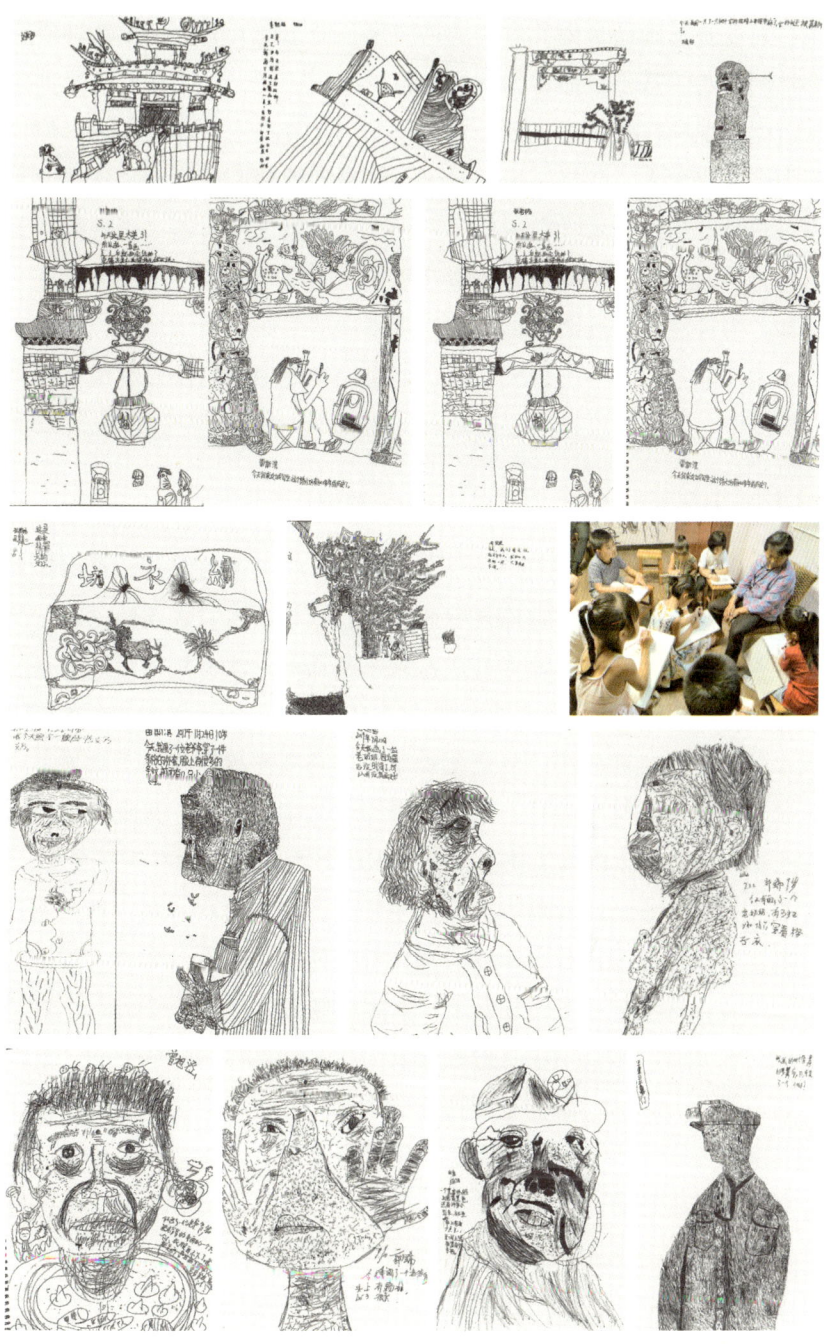

第五章 儿童生命自然生长与视觉思维理解

图 5-3 朱文智老师,是一位特别懂得儿童的老师。他的所有美术表现活动,都是以保护儿童的 天性、儿童的直觉表达为基本准则。因此,他所发出的儿童作业,都给人一种震撼感。他带领 的学生们始终保持自我、保有儿童自己的视觉感受,画出的作用均不是按照成人的要求去表现。 这样的美术活动,才是有助于儿童成长的、使儿童一生受益的美术活动。

189

的时候，其本质基础还是由儿童画的造"形"样态展开分析和思考性研究。儿童由涂鸦期开始的基于生命本体感悟的自由线画行为，以及在此阶段到象征期的某些造型表现和作品形态，还是可以得到一部分美术教师的认可。但是，无法得到大多数成年人（父母、祖父母、一些美术教师）的认同。这是因为，一部分成人总是希望用美术学科的教学训诫来对儿童进行所谓"正规的"美术教育。但是，普通国民尚不明白，随着儿童年龄的增长，学校主流文化课学习的不断增加，当理性思维逐渐占据儿童心理发展的时候，儿童个体原本潜在的自发性美术表现能量、其心理机能和表达能力完全耗尽的时候，在成人社会舆论环境的挤压中，他们将再也不敢执笔自由表现。

案例 4：广场中画画的幼儿

在矗立着广州塔的广场上，一位儿童自由用线表达的状态，吸引了尹少淳先生和我。现场，为了表现自己内心的想法，孩子在用"线画的方式"构成画品时，线条是自如的，内心没有被成人约束的羁绊，没有任何怕画错误、画不正确的心理顾虑左右自己，完全是按照自己内心的想法自由表达。线条、图形（图式构成上）没有纠错的修改，即便是由于年龄局限缘故，其小手肌肉与骨骼生长造成了运笔时线条发生颤抖，依旧没有影响儿童的表现。构成画面的自由度更让人吃惊，画面整体都采用重叠线条、点状形态构成，线条特别自如、肯定。孩子把自己想到的事情（人物、景物、事物）全部罗列在一起，以此构成画面形态。欣赏这位儿童的画作，看他对画面细节的处理，在欣赏中，诸多疑问生发出会心一笑：这孩子真是太可爱了，竟然这样画！（图5-4）

讨论：在儿童绘画活动中，但凡没有受过教师具体指导的儿童，能够无拘无束、自由表现的儿童，总会呈现这样的画面。问题：广场上的这个孩子，如果教师、家长不对其强行施教成人美术的学科要求，其童年阶段的造"形"样态将会保持多久？还有，这个孩子画出的形态与现实情境几乎完全不一样，这个孩子画作中的形态属于直觉感受与表达吗？在幼儿园阶段（学前教育），如果幼儿教师是一位学前儿童美术教育的明白人，儿童的生命自然生长状态才有可能得到持续性保护。如果幼儿教师对儿童自发表现限制太多，在其进入小学之前，儿童潜在的美术表现能力就会已经被强行抑制。成人为了实现自己"创造儿童"的意志，在美术活动中必然要与儿童身上的天性（自然）过不去，肯

图 5-4 教育部美术课程标准研制组组长尹少淳先生记录孩子表现时的状态。从孩子的作品样态可以看出其和成人想到的画面效果完全不一样。

定要使用"独裁"甚至"暴力"行为。作为美术教师，需时刻温习老子"复归于婴儿"的精辟论述，针对美术教学对儿童的社会化、文化化过程可能出现的异化，思考运用"人的自然化"来医治儿童美术教学中过度施教的"异化"之疾。成人对儿童潜在美术造"形"表现能力的无知状态让人多的儿童都过早地丧失了本原的创造性思维雏形。即便是在儿童期接受较系统的美术活动，也不能强行用成人美术学科知识与技能去要求儿童。由于大多数国民对儿童潜在的造"形"能力基本上处于认识上的无视状态，因而，儿童美术活动中出现的各种要求、指导、训斥均属于无知行为。说其无知，其一，是对儿童绘画表现的涂鸦阶段、象征期阶段，乃至前概念期阶段的知觉心理不清楚，强势地以写实表现评价看待儿童的造"形"表现。其二，教师为何需要对儿童视觉感知表现心理进行特别关注和研究，而不是强制性教育，大多数教师也不明白。

案例 5：比较这样的形态构成

台湾省台北市谢玲玲老师运用特殊观察方法教学后，学生作品的人物头部造型出现了如下的形态组合（图5-5）。由眼睛到心，再转化到手的表现，其教学设计有相应的教育学、心理学理论支撑。但是，有美术教师在效仿其教学样态之后，为何学生群体却画出类似的造型（图5-6）？教师缺少什么？

图 5-5 谢玲玲老师教学及作业

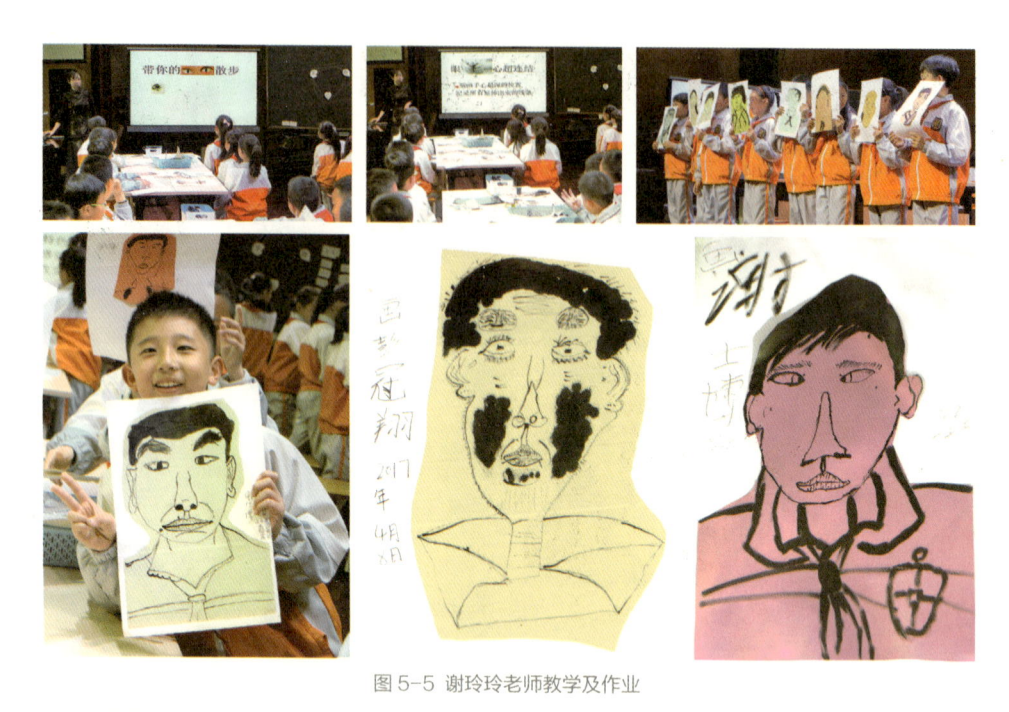

图 5-6 教师模仿教学及作业

讨论：谢玲玲老师在论证自己教学时，提出了"艺术教学三问"，即"作品相似度高！""学生的想法是……""带得走的能力？"。她将包装纸中间挖出"圆孔"，用视觉观看的"条件限制"，启动眼、手、心联结。同时，纳入"盲画"的范式，力图形成学生眼、手、心的超联结。并提出"使用不是画笔的笔""不像的画像"两个要求，学生在画线条时出现"轻重、定向、密度、结构"的变化，刻画的表情与风格，都发生了改变。这些举措，将学生状态引向"渴望支持性环境，发展求新求变的冒险探究欲望"，由"意念萌生—知觉体会—思考运作—心路历程"，向"有意识的觉察、记录、判断，深入了解眼前的人和事，做出更多的表现和联结"学习目标行进，最终达到"画之有物"的要求。而模仿此课的教师，尚不知其所以然，故出现学生作业类似的问题。

第五章　儿童生命自然生长与视觉思维理解

🏵 案例6：儿童画不出透视很正常

"在小学之前，我和画画（闺蜜）的关系还不错。但好景不长，我和'她'到了厌倦期。原因很简单，我认为画画霸占了我的童年。除了上学，就是学画画。我妈为了让我在10岁前懂得什么是透视，不知道撕掉我多少画纸。下面请欣赏一盆没有透视关系的花卉。"

20多年之前教过的学生轩晓宇，2020年3月8日，只身在澳洲留学期间刊发公众号，她说："我妈为了让我在10岁前懂得什么是透视，不知道撕掉我多少画纸。下面请欣赏一盆没有透视关系的花卉。"这幅粉印版画轩晓宇为其命名"没有透视的花卉——版画"。她又说："其实，现在的我透视也常常画不好，但看看我现在还算拿得出手的作品，我明白父母对于我的良苦用心。就应了周杰伦《听妈妈的话》里的歌词：'为什么要听妈妈的话，长大后你就会开始懂了这段话'。"（图5-7）

图5-7 《没有透视的花卉——版画》 轩晓宇

讨论：人类用科学技术过度消费大自然、控制大自然，必然会遭到大自然的"报复"。这个跨度超过20年的儿童成长案例告诉今人，儿童在童年时期如果被家长、教师强行要求在自己画中画出"科学"的透视关系，是一件非常糟糕的事情。距离这件画作完成的时间已经过去10多年，但童年期家长的强制要求给儿童内心造成的伤害会在其记忆中留一辈子。这些，家长是否知道呢？虽说儿童长大后就会开始懂得家长的话，但是，在美术学习中，妈妈的很多话（教训语），儿童都不应该听，不应该顺从。家长自认为按照成人美术学科知识、技能规则去要求孩子是对的，但其却不明白，反而是这些科学的美术知识与技能会令自己的孩子远离美术学习。尊重儿童生命的自然生长，杜绝成人的过度教育，是儿童美术活动中特别需要关注的要点。

在儿童的美术活动中，儿童究竟到了多大岁数才能具备"成人"的美术表现，是很难回答的问题，这是不应该在此年龄时段就出现的问题。在我国教育中，这是一个大问题，影响到能否在儿童美术活动里真正实现教育意义。任何时候，

193

教师都应该站在儿童的一边，替儿童说话，帮儿童解析，助力儿童与长辈的不解去"抗争"，直到家长能够认同孩子的作业表现。希望全国中小学美术教师、校外儿童美术机构的教师，都能够向朱文智老师学习，尊重儿童生命的原发感知状态，呵护儿童自主表达的线条造型方式，少一些成人美术的教，多为儿童提供可以自主感受表达的生活平台。

自由，是一个儿童从幼儿到初中阶段持续8—10年时间参加美术活动后在心灵上的最佳收获。儿童的幼儿期绘画由自发涂鸦开始，原本就是一个快乐的活动。当成人将美术学科知识与技能强行教给儿童的时候，如果不能让其在获得行为的秩序感、做事的程序性、依据规则后的自主表达过程里切身体验到更多自由的精神真核，那么，就别再拿教育来说事了。儿童期的美术教育对孩童来说，是为其自由之精神、思维之拓展、表达之自主、创意之新奇、方法之多样而扎根身心的，是人之全面发展的核心教育课程。

四、在保护儿童天性的基础上恰当引领

每个儿童，来到这个陌生的世界时，感觉一切都是那么新奇。他们的眼睛所观察到的新鲜东西，被他们通过自己小手的涂鸦动作，表现在可以留下痕迹的任何地方。儿童这样的原创力，是基于自己视觉感悟的独特思考，包括这个孩童当时由观看生活物象时生发出的疑问、想象与联想。所谓的"想象"，是孩童把在这里、那里看到的东西作为线索，以此展开个体思维上的发想。这里、那里没有的东西，也就是把不存在的东西从自己思维线索中挑（拎）出来，或者是创造出来，儿童精神的可爱之处、独立之处就在于此。成年人反而因为受到某些规则的教育和训导之后早就失去了这些可爱，失去了独立思考的心理个性本原，相比较起来，成年人反而比孩童更缺乏想象力。所以，儿童生命原初感知后的发想是想象力的基础。

有思想高度、有研究力的美术教师，提出"把不存在的东西从儿童思维线索中拎出来"这样的观念。那么，需要思考一个问题："把不存在的东西从儿童思维线索中拎出来"，这并不是儿童的一种单纯的空想。可以说，是儿童动用较少的生命经验和知识储备，在眼睛感悟生活物象中自我捕捉事件，调动起自己原初的想法，指令小手描绘出某物象轮廓的痕迹，探索与该物相关的知识

的活动。提出儿童的"创造"这一概念，就是源自同样的道理。所以，在每个儿童的幼童期，成年人必须充分保护儿童小手涂鸦的原创性。最好的结果是，能够让其原创期多持续几年时间，避免儿童过早地被美术学科的东西、被成人世界的视觉图像所污染。如，台湾省陈致豪先生看到我点评儿童画，发出以下留言："儿童期的美育所需要解决的问题，所需要进行的首要工作，并不是让孩子们掌握成人世界已经成熟的、流传下来的美术学科技能、表现技巧，而是儿童身心发展中逐渐形成的某种思维方法。这些作业之所以好，是看上去稚拙但确是孩童真实的内心抒发、每个孩童个人思想的生发。唯有在充分保护孩童期自由涂鸦的基础上，逐渐感受、尝试、体验涂鸦游戏、造"形"游戏、创想游戏、感悟游戏，并对宏大视觉文化主题形成自我反思的过程性理解、心灵升华，才是孩童应该在13周岁以下需要得到的养育。"

案例7：儿童成为主体的活动——美术表达的体验

"成为主体的活动"，是儿童在造"形"游戏中自主地行动起来，如从他说"看起来很有趣"，从他说"试试看"。教师说："让我们安心地、专致地开始游戏和活动吧！"此刻，每个小朋友都有平等的经验，尤其是根据各种材料所进行的触感游戏。儿童不是只在成人规定的框架中成长，成人可以为儿童创造一个环境，每位小朋友可以在这个宽松环境中，再为自己创造一个环境，为自己找到个人想如何表达的意义，是从颜料、工具、材质、主题、现场、教师引导等的关联性中，按照自己的想法编织出秩序的一种存在。

设想，那个曾经让你着迷的自己的童年，是一个被成人价值观所理解、所教导的场所。如，在幼儿教师更换床单的同时，小朋友想办法去玩，可以说是一个新的未完的环境。不是吗？！每个儿童都有一颗自由的、不愿意被成人控制的、想自主探索的心！幼儿时期的自由涂鸦活动是儿童"通过个人身体自然感觉的原始风景"。涂鸦活动是儿童"心灵的绽放"，涂鸦探索过程是儿童"生命的觉醒"。儿童"身体自然感觉的原始风景"，是人的成长发展和教育关系中推动生命活力的核心要素。任何人由孩童到成人之后，能否具有创造性思维，或者说具有多少创造性思维，其心理构架的基础就在于涂鸦活动充斥的童年时代，也就是说一个儿童在童年时期经历过多少"身体自然感觉的原始风景"体验活动。由原发性造物想法，到探索性造物方法的构想，再到实践体验造物的

活动，最终生发出创造性思维雏形，这些都属于儿童"个人身体自然感觉的原始风景"的内容。（图 5-8、图 5-9）

讨论： 儿童自发的造"形"活动（游戏）是特别重要的童年切身体验。因为，儿童在表现活动中会自主寻求探索形状、颜色、素材、光、运动，以及替代用品等造型要素。儿童是在自由感受、思考、享受、惊讶以及不断地自我发现中，

图 5-8 这组正在做作业的儿童，是浙江诸暨梁裴老师工作室的小朋友。他们在没有完成画作的状态下，用每一根线条表达着自己的想法，编织着自己心灵中的某个主题。线条看上去是颤抖的，但又是肯定的。颤抖是因为小手骨骼与肌肉群正在生长的缘故；肯定是因为心理的念想不断转化为自己认可的形构成在画纸上。看着小朋友如此专注，让人感到由衷地欣慰。其笔下的线条如此顺畅、灵动，没有丝毫的犹豫。多么好的线条勾勒、组织与形的构成！这并非教师灌输性"教"给的。成人必须认同与鼓励每个孩子的独立表达，不能对孩子的表现指手画脚，让尊重儿童不是一句空话。

图 5-9 梁裴老师工作室儿童的绘画作业

根据当时想要达成的目的，自己灵活运用各造型要素。说儿童美术教育的目标是"人格的完成"，就是因为儿童作为完整的人，他的未来将怎样成长至关重要。在儿童画中，可以看到一个儿童生命自然生长的轨迹，可以看到他心灵深处的想法。美术教育活动应该以此为目标，深度思考和践行。教师在面对儿童的时候要蹲下身子来，倾听儿童的心声。尊重儿童，并非不教，而是在不教之中引领、启迪儿童心灵内在感悟的"教"导。

教师、家长需要想明白的事，是儿童人格形成和其自由造"形"之间的关系。儿童所造出的"形"，某些成人看不上眼，认为是乱画、乱做的东西。正因为是儿童自主的造"形"，才有了儿童能够独立成长的表现活动内容。教师在指导儿童参与美术活动之前整理出本主题的造型要素等学科知识、技能知识是一件必要的工作。如，用颜料涂颜色的游戏（活动），形状也一定会出现在儿童眼前。如果有特殊的光出现的话，还可以引导儿童自己去捕捉形状。任何表现都伴随着儿童的行为，行为伴随着儿童的思绪（思虑），教师在引导儿童自主表现的时候不能只考虑颜色和形状。而且，教师在考虑表现题材时，颜色和形状等各自的造型要素发生焦点化的情况也会发生。有教学经验的教师大概都有一种感受，即对儿童成长过程的瞬间进行评价是非常困难的。但是，既然是美术活动，就要设定学习目标，提前设想儿童在活动中达到目标的样子是非常重要的教育预期。所谓的"评价标准"，是教师要求儿童"以这样的姿态来成长"的愿望（目标）。简要分析案例，可看出如何评价的端倪。

联想未来，10年后，20年、30年之后，这些儿童长大之后作为社会中的人，能够引领一个怎样的社会呢？当今时代是一个正处在高速信息化、科技革命迅猛发展、无法预料未来究竟会变化成怎样的时代，儿童群体中，曾经充分拥有过幼儿时期自由涂鸦活动是其"通过个人身体自然感觉的原始风景"的那些儿童，其一生的可持续发展和美好未来的创生，才能够有得以实现的心理基础和思维方法。

第二节　基于儿童视觉思维个性理解的自主创造

一、启迪儿童以自己的想法参与创造

2000年4月23日，南京师范大学美育中心成立大会召开，那是我第一次到南师大，在著名教育学者、时任南师大副校长朱小蔓教授热情洋溢讲话的感召下，深刻认识到美育与人的发展之重要性。之后，经滕守尧先生引领，我投身国家艺术教育课程标准研制与教学改革工作。时光飞速走过20年，再次去南京，与南师大边霞教授以及美育中心团队在一起，共同见证"世界是纸做的——2019江苏万名儿童纸创意美术双年展"开幕。这是令所有观展来宾都感到震撼的儿童美术作品展览，是一个让诸多国民意想不到的展览——为何幼儿园的小朋友可以创造出这样的奇迹？

第一，视觉造物，是人类为了改变生存状况、自主探寻未知世界的生命创造。所有儿童的身心深处都潜藏着人类固有的对未知世界自主探寻的渴求和能量。当不同的纸材进入儿童视野的时候，造物的意识、探寻未知的思绪，会在内心点燃起自己眼睛感受后由发想到创想的火花。在所有的学科教育领域中，唯有美术活动能够成为儿童自身主动创造美好未来生活的一种体验和实践力。因为，学科教育在实施过程中都会或多或少地出现抑制儿童心理、思考、想象和创意的情况。真正育人的美术活动，是基于每位儿童生命本体感悟的自发、独立、创想、创意的身心体验和实践。张笑老师策划"世界是纸做的——2019江苏万名儿童纸创意美术双年展"，为儿童的自发、自主、自由、自然的生命律动、个人创想，以及儿童实现未来梦想生活的小小创意表达带来了无限可能。

每个儿童的精神世界和眼光都是独特的，每个儿童都能够把个人眼睛观看生活世界后引出的思绪、疑问、探究欲等转变成某种想法和实现自己想法的造物可能。当他们面对多种纸材时，当他们面对某个造物的初始构想时，教师所提供的释放个体潜能的活动平台、呵护、鼓励、恰当的引领，给了儿童把自己的想法转化为创造性思维的机会。这是本展览所体现的育人之重大现实意义和未来意义。

第二，本次展览的成功举办和引起的社会反响说明，在人工智能科技全面覆盖社会生活方方面面的时代，唯有儿童（人）的双手所释放出的生命原发力、原创性，和系列元手艺（元认知）感知体验活动，才是每个生活中的人应对科学技术飞速发展给人类带来的同一性、规则的束缚，实现创造未来和实现梦想的生命动力。儿童用自己双手塑造出的自主创想、原发造物、合作表现活动，体现了每个儿童可贵的思想与精神世界，儿童的小手是打破科学技术发展带来的同一性和规则的生命力量！人类未来的创造与发展，必须依靠每个儿童眼睛面对生活世界感悟之后所生发的思想与创意，必须依靠儿童个体独特基因所具备的唯一性、原创性，儿童的小手是实现创造未来的基础。

科学技术越发展、越先进、越智能化，人越需要回归生命体本原！人工智能、大数据、信息技术等不可能解决个人生命发展的独特问题，回归双手的手工表达，回归手作，是破解科技发展带来的同一性并超越规则，走向生命独立创造的唯一可能！这是展览深远的发展意义。

第三，必须弘扬与彰显"以儿童为本"的教育思想。以儿童为主体，是站在儿童的视角看问题、做事情，是唤起儿童的灵性、知觉、感悟，以生发无限可能，为每个儿童的多元发展提供机会。成人（幼儿教师）要持续思考如何在学前艺术领域活动中真正尊重儿童，或是请儿童进入教师事先准备好的某个"瓮"之中？以儿童为本的美术教育，需要做好知行合一，需要真正将儿童放在自己心中，需要倾听每一位儿童的心声，需要俯下身子，保持和孩子一样的高度，共同创造美好的未来，实现共同发展。南京及全国40所幼儿园儿童的表现，是由原发的视觉造物到自由创造再到创造性思维这样一个逐步内化的、心灵、思绪升华的过程。儿童的创造让我们感受到美术的力量是改变世界、改变生活、改变人类未来的力量！

观展反思：

（1）此展览的主题、内容、创意、展览效果，在全国范围都属于领先水平。南京以及长三角城市群其他城市的幼儿园、小学、中学美术教师，有否带着孩子、带着学生到展览现场认真观展？仅展览的展出呈现形式，是否足以让普通民众的美术鉴赏眼光得以提升？朱自清先生论欣赏的重要性时说："既云欣赏，就不能不明白'价值'的标准和艺术的本质。如果你没有决定怎样才是美，你就没有理由说这幅画比那幅画美；如果你没有明白艺术的本质，你就没有理由说这件作品是艺术，那件作品不是艺术。"①有多少幼儿教师、美术教师可以担负起帮助普通民众和儿童提升审美眼光的责任？有几位美术教师乐意为家长和儿童阐释展览呈现方式所蕴含的审美价值、哲学思考、美学意蕴呢？提升普通民众审美眼光，提高儿童审美素养，对推进社会美育工程有着重要意义。推动此展览进行广泛的视觉文化传播，是展览策划者、主办者、美术教育工作者共同需要做的社会美育工作。

（2）探寻展览所呈现出的儿童自发性表达。当40所幼儿园的儿童原始作业以宏大的展览方式呈现，如何发现儿童的原发性表现与现代展览展出形式整合在一起时，所带来的一种视觉冲击？如何从中发现某个儿童的原发性幼儿园作业可能是那么的不起眼，但展览中将诸多儿童作品整合为一体时，其视觉效果又带给观者特殊的感受？展览呈现肯定是来自成人美术教育团队集体的智慧和力量。要反思整个展览中40所幼儿园的儿童作业，究竟有多少是完全出自儿童个人的想法、由儿童自己创造并独立完成的？究竟有多少作业是经由幼儿教师帮助完成的？研究幼儿园儿童作业原发性表达数据，是所有美术教育研究者应共同思考的问题。只有儿童个体完成作业的成分扩大，展览对于儿童生命成长的意义才更大。

张笑老师、边霞主任，南京师范大学美育中心，为儿童的创造付出了巨大的努力，是全国学前教育艺术领域活动不断创新的引领者！

案例8：探寻儿童个体真实的表达与体验

为推进幼儿教师、家长更新社会观念，连续举行"双年展"，以先进儿童美术教育理念，对整个社会产生美育文化影响。此公益文化行动，有如此丰富多彩、创意非凡的作品展示。需要思考的是：作品创作过程中，儿童自身的表现是怎样的？如何评价、检验儿童能否真正在美术活动中身心获益？如何评价儿童的表现？如何评价儿童在活动过程中心灵上的成长？这些是审视作品的第一要务。作品表现中是否有儿童？作品背后儿童的心境究竟是怎样的？需要深刻反思。

作品及展览形式都很好。评价作品时需要问：表现样态、形式感、构成方

---

① 商金林编：《朱光潜自传》，江苏文艺出版社，1998，第87页。

式等究竟是儿童自己的思路，还是幼儿教师要求小朋友这样表现的？如，幼儿教师在引导小朋友用纸箱板进行创造性表达的时候，有没有某个儿童自己提出"将纸箱板表面的纸扎破"的发想（奇想）？"纸箱板上扩大孔状的效果是哪个小朋友的想法呢？""撕去纸箱板表层纸的想法是谁提出的？"即便没有儿童在表现时能够产生自己的发想，这样表现属于教师的引导，那么，此时教师的引导、提示非常重要，教师又是怎样引导的呢？儿童在教师发出引导语后，有否对教师的引导话语发表个人的看法（意见）？有否把自己的一些想法用在随即的表现过程中？这是深度的教育研究。美术活动中，只有唤起儿童自己由视觉感悟材料之后的发想，提出自己天马行空的、成人们听起来摸不到边的话语，再由小手亲自完成话语所提出的具体动手表现，才是集体创作活动中儿童可贵的收获。

将诸多的小朋友作业聚合在一起展示，此展览呈现形式肯定是教师的创意。需要关注的是，教师有否带着小朋友对这一创意呈现的展出效果进行专题欣赏学习，儿童有否在教师的引领下，对这个主题的展览呈现形式发表自己的看法，有否感觉到这样的创意是一种从未有过的心灵体验，有否对自己的作业成为展示板墙上的一个局部发表个人的看法，教师是否需要让每个参与创作的儿童都发表自己的观点，是否认同这样的展览呈现形式……

面对这些纸箱板的塑造和展示活动，其创想意图来自谁？是儿童自己，还是儿童在教师指令下自己动手，再由成人（幼儿教师）构成在一起？小朋友能否都明白如此构成蕴含的意义呢？很可能有孩子会说："爸爸，你看看，我做的那个'纸人'就被老师乱放在那里！"也很可能有家长会说："这样乱七八糟的东西有啥好？"教育的重点应该基于视觉图像识读的审美养成做扎实工作，教师需要在基于儿童个体视觉审美理解的基础上再加以深入的引导，同时，需要同步展开对于家长的美育引领。

据悉，某些纸箱板的造型，包括比较大的纸箱板造型，是幼儿教师安排家长替孩子将材料（纸箱板）带回家完成的。问题：在家庭当中完成的作业，家长帮助孩子动手的比重是多少？小朋友自己动手的过程、自己的思考与想法，有否在作品中体现出来呢？如果更多的是在成人帮助下完成的纸箱板造型，那这样的表现和呈现就需要深度反思。（图5-10）

形与心·儿童的生命觉醒——基础美术课"学科本位"辨析

图 5-10 世界是纸做的——2019 江苏万名儿童纸创意美术双年展 图片来自展览组委会

讨论："一切为了儿童"的思想怎样才能得到更好的落实？在当下及未来具体的美术活动中，究竟怎样才能为儿童的潜能释放搭建更宽广的平台？如何才能充分引领儿童的自发创造，而不是将美术活动变成用孩子的小手去完成教师的某些想法？如何才能持续为儿童铺垫创造性思维不断生发的基础？如何才能让儿童灵性的思想火花逐渐成为创造梦想、创造未来生活的自身力量？

落实"一切为了儿童"的思想，特别需要反思本展览中群组作品《纸箱及纸箱板组合》。因为，如此大面积的纸箱及纸箱板组合展示呈现，肯定来自美术教师的创意。可以调研，在某几个幼儿园推进这一材质进行自由创造的活动过程中，采用了什么方法？是在幼儿园里完成，还是由家长将纸箱带回家，在成人帮助下完成？"一切为了儿童"的思想，需要的是儿童自主、自立完成造"形"造物的表达。只有给儿童充分表达自己的机会，他们的表现才是最有价值的。

在当今人工智能覆盖生活方方面面的时代，人的动手能力在退化，儿童的小手和肢体机能在退化。不会削铅笔、不会系鞋带、不会削苹果的儿童不断增多。今天的孩子自己用手和身体直接进行劳动体验的机会太少。手是人身体中的另一个大脑。制作物品是自人类出现以来，一切文明发展的基本活动。视觉造物的动于制作，是美术诞生的本质，是人类生活不可分割的活动。自童年涂鸦开始，美术活动训练了儿童的手部精巧性和创作表现技能。通过自己双手制造各种各样的东西，获得各种各样的体验，是儿童增长才干的基础。作品表现出的样态是儿童自己的想法，是儿童自己动手完成的，是教师的愿望。给有创造美好未来原初想法的儿童助力，是教师的职责。幼儿教师、家长应该持有的态度是，让儿童拥有新鲜的感知力和想象力，面对未知世界、未知材料、未知造型，按照个人的想法与看法，展开思绪飞翔，勇敢地去表达。纸材的创想，以培养儿童的感受力、思考力、判断力、表现力这一目标为出发点，教师引导儿童发挥创造力，进行各种各样的努力，来帮助儿童实现自己的原发想象和创想，自己动手、自己欣赏、自己感悟、自己表达、自己构成最终的作品及展示。

移动互联网的迅猛发展，人的类型化和孤立性日益加深，越来越多的人自我封闭，淡漠人情。儿童在美术活动中的自我表现过程，可以达到开放人性、发展人的本质之目的。美术活动可以充分地发展儿童的动手能力和思维方式、想象力等，是一种把人的内心和生命都寄托于画和动手制作的造型活动。这种活动是儿童发现自我、确立自我的实践活动，给了儿童磨炼自我、掌握自我的方法。真正的发现自我，是在美术活动中抛弃旧的自我，发现自己追求的世界图景。在自我追求的活动中，儿童不断发展发现自己的能力，找到适合自己的思维方法和做事情的法则，避免盲从，用自己的双手表现自己的想法和自己感悟到的美。任何时代，儿童都是我们的希望。教师要将教育目标定位在"创造美好未来的孩子们"主题下，充分尊重儿童的思想，关注儿童稚拙的想法，通过图画、造"形"实现儿童个人的想法，通过那些看上去很不起眼的造物表达，了解儿童内心的真实想法，启迪和引导儿童捕捉世界。

二、儿童画是孩子真情实感的自主表达

2020年1月，突如其来的新冠肺炎疫情袭击中华大地。湖北成为全国乃至全世界关注的焦点。在全国上下防控疫情的日子里，各地美术教师组织孩子们用画笔表现全国人民抗击疫情的场景。以下案例中的儿童画选自浙江台州周永军老师儿童美术工作室小朋友的作品。孩子们纯真、质朴、倾注了个人真情实感的画作，让人切实感受到真正的儿童画应该是这样的。

案例9："抗疫"儿童记忆画解析

如图5-11，此作品的结构是典型的儿童画图式构成。病房建筑是由左向右倒置的，这样勾勒符合儿童作画的心理生理特点，也符合儿童右手执笔的习惯。病房的屋顶在画面左侧，孩子画出了尖尖的形。病房内部有一张平铺的病床，呈现俯视状，病人身体仰躺，医生、护士正在为病人治疗（抢救）。

特别感人的是，金语墨小朋友在画面右边写上"妈妈加油"的字样，可以联想，孩子的母亲可能就是浙江台州某医院支援湖北医疗队的一员。如此真挚的情感表达了孩子对全国人民众志成城战疫情的切身感受，表达了自己对战胜疫情的信心，更表达了孩子对妈妈的想念。

如图5-12，张洛可可小朋友的作品表现了"深夜的时候，我的爸爸在高速路口检查车辆，防止疫情扩散"的瞬间。这是多么形象的刻画！能够让观者联想到浙江台州市的"台州东"高速路口重任在肩的"爸爸"，他认真工作，进行疫情的防控布警检查，可以想象，"爸爸"夜里值班肯定非常辛苦。孩子的画是自己心境的写照，是内在情感的释放与表达。孩子将自己对爸爸的挂念

第五章 儿童生命自然生长与视觉思维理解

图 5-11 金语墨作品

图 5-12 张洛可作品

图 5-13 邵芷桐作品

图 5-14 杨如茵作品

倾注于自己的笔尖上。

如图 5-13，此作品是孩子亲身感受的表现。疫情的不断蔓延，让全国人民的日常生活受到影响。在这一非常时期到超市买生活用品的体验，让邵芷桐小朋友的感受特别深刻。画面描绘了超市门口的测量体温、排查可疑人员的情况，而且，孩子的观察特别细致，画出了进超市的人推着车子从斜斜的站梯到超市入口的情景。这样的斜站梯是全国很多超市都有的结构，孩子如果没有亲身体验，画面不可能如此生动。这也说明，真正好的儿童画都是孩子真实生活体验的再现，都是基于个人感受之后的细腻表现。

如图 5-14，这是一幅四格连环画形式的作品，表现了在抗击疫情当中的四个不同瞬间——这个时期丰富的图像信息来源，能够帮助孩子非常生动地刻画出全国各地抗击疫情的感人场景。生病的人被隔离，警察叔叔送病人去医院；一个妈妈生病住院，爸爸带着宝宝去看她，伤心地哭了；护士阿姨打着哈欠，还坚持在病房工作，困了只能在椅子上睡一会儿；第 4 幅是医生叔叔太困太累了，拿药都洒了，医生阿姨趴在桌子上睡着了，梦见病人们好了，很开心。

205

这些场景的描绘，来自孩子在居家期间接收的大量视觉图像信息，一个个抗击疫情的故事，在孩子的心中留下深刻的印迹。孩子对这些瞬间的描绘，不仅仅是用美术的方式表达自己对这个突发公共卫生事件的关注，更重要的是，孩子在这样的体验中净化了自己的心灵。虽然孩子可能还无法体会生命在面对疫情灾难前的脆弱、恐惧、焦虑，也可能对抗击疫情中医护人员的辛勤忘我付出还没有更深刻的理解。但是，用自己的画笔记录、表现这个非常时期的社会状况，无疑为孩子们留下了深刻印象。

如图 5-15，乍一看，孩子造"形"的线条略有杂乱，但仔细观看，能够感受到一种震撼的力量不断从画面中溢出。只用一根线条勾勒病床，用笔肯定。医生与护士为床上的病人治疗，画面上大大小小的"太阳"形态为何？请周永军老师语音采访这位小朋友，孩子说，这是病毒，在病人肚子里（身体里）很毒的。为何画面上到处都是这样的"符号"（图式）？孩子可能是想表明新冠肺炎病毒的传染性太强了，让很多民众不幸被感染。当然，周老师语音采访孩子的时候，她妈妈说，在画之前，曾给孩子看过有关新冠肺炎病毒的网络宣传绘本。这也证明，感知是美术表现活动的基础，美术欣赏的作用体现在孩子表现的过程中。那些网络绘本的某些视觉表现符号此刻会从孩子的记忆中"跳"出来，孩子的表现受到一定的视觉图式影响，不管孩子画的与那些网络宣传绘本中的病毒"相似"或是"不似"，总之，特别佩服孩子在面对疫情信息之后自己生发的联想与想象，此作品鲜明反映出独特的儿童精神哲学。

如图 5-16，作品生动表现出在疫情防控的日子里，全民居家的某种生活场景。孩子把自己每天丰富的安排一一画出来，如跳绳、看书、弹琴、写字、唱歌，以及吃东西前注意洗手的生活细节。这种来自个人生活体验的表现，是孩子在美术活动中特别珍贵的经历。有了这些亲身体验，其日后的人生经历会更加丰富。

如图 5-17，这幅作品是孩子对全民戴口罩的"口罩文化"之描绘，包括市民在疫情严控状态下外出买菜回家，进小区时必须测量体温的瞬间。这些生活场景是孩子自己的体验和经历。把个人的感受用画笔表现出来，不仅真实，而且生动，更主要的是，孩子的生活感受为其思维带来了触动。

如图 5-18，孩子的画表现了家庭消毒的场景。作为事件主角的孩子被画得很大，手持消毒剂喷洒，而躲在沙发上看手机的妈妈画得很小，形成整个画

图 5-15 阮溪婷作品　　　　　　　　图 5-16 邵芷桐作品

图 5-17 冯锦墨作品　　　　　　　　图 5-18 魏嘉琪作品

面的对比与节奏。这个场景很值得回味，在做家庭消毒工作时，的确有孩子要求妈妈让他来做的情况发生。看着这样的场景，心中真不是滋味，唯有苦笑。

　　正是受民众对于病毒传播感染力的恐惧心理影响，才造成了孩子在描绘"消毒"这一主题时特别"生动"的刻画。仔细分析画面发现，尽管孩子的操作可能与如何居家消毒、如何更加科学地消毒不太吻合，也就是儿童画表现中的"不合理"，但随着公共卫生防疫知识的宣传和普及，孩子会逐步加深对疫情防控的认识和理解。

　　如图 5-19，这个主题很有意义，是孩子记录的自己和爸爸观看火神山医院建造时的景象。中央电视台在火神山医院建设的 10 天内，天天直播建设时的生动景象。这些直播不仅让普通国民感受到国家的力量、祖国的伟大，也让 5 岁的娃娃从中体会到中国人的坚强品质。孩子能够表现工人叔叔们建设火神山医院的辛苦，说明这一壮举给孩子内心所带来的震撼是特别强烈的，这是对

207

图 5-19 陶璟霄作品　　　　　　　　　图 5-20 陶怡然作品

孩子幼小心灵的一次洗礼。设想，当10年、20年之后，孩子长大成人，在某个生活节点让他再次回忆童年这一瞬间的时候，事件本身给小孩子所带来的价值观构建，在那个时候会显现出来。

如图5-20，作品表达了孩子在居家生活的日子里真实的心境：很想出去玩，想去幼儿园，但病毒很厉害，孩子决定还是不出去了。作品画得太好了！测体温的瞬间，两个人形态生动，虽然用线稚拙，但刻画特别精彩。而且，主题内容表达明确，真情实感完全体现在画笔和画面上，为孩子点赞！

讨论：这个特殊时期的儿童画创造，究竟应该怎样引导？周永军老师在微信平台用语音对各个小朋友的辅导值得全国教师学习！周永军老师微信公众号发表的儿童画作品没有空喊口号式的概念图式，没有临习某些成人美术表现的低水平描摹，作品完全来自小朋友的切身体悟。请注意，在这个辅导中起作用的是，儿童自身对公共媒体视觉图像传达信息的切身感知和理解。

孩子们的视觉图像信息来源，一是每天电视新闻中反复播出的"战疫情"直播节目，电视图像的视觉传达直接感染着孩子们幼小的心灵；二是来自孩子父母每天手机微信的不断刷屏过程。当然，央视每天滚动播出的医护人员工作的场景等与疫情抗击相关的大量视频图像是最直接的视觉图像传达。当孩子们接受了周老师对此主题的辅导指令后，便基于个人幼小心灵、思维状态对这些图像信息展开自己的视觉思维理解，表现出了孩子对整体疫情防控、亲人逆行上战场、居家休息防护等社会生活真实状况的深刻感受。

这一组作业在"李力加的思考"公众号刊发后，引起很多教师强烈反响。浙江师范大学学前教育学院教授步社民评价："孩子用画笔记录世相。多少年后，人们还可以通过这些画回忆起我们当年遭遇了什么。生活，当下的生活是孩子最好的课程。听李力加教授解读孩子的画和这些画与当下生活的关系，以及大人在孩子的作画过程中做些什么是合适的。"台湾省《生活》（南一版）教材主编陈致豪先生点评："精彩！认同'生活是美术创作的源泉'。儿童画的真谛是有感而发，其来自孩子对现实生活的亲身感悟与体验。而且孩子是用自主性的表达方式呈现，不为大人的价值眼光而作。有感有情才是自主表现的根基，有情有感亦是'人本'的所在！"旅居加拿大、台湾省台北市松山区民族国小前校长简志雄点评："孩子的画作，表达了童稚心声，也让我们同感共鸣！"四川师范大学美术学院陶旭泉教授点评："非常好！这些才是真正的儿童画。它的可贵在于儿童用儿童的方式表达儿童的感受，这才是儿童画的主要价值！"

生活是美术创作的源泉。儿童画的真谛是有感而发，来自孩子对现实生活的亲身感悟与体验。周永军老师辅导孩子们完成的这些精彩儿童画，不仅验证了百年历史中诸多儿童画研究理论与儿童艺术心理学的分析，更说明一个道理：尊重儿童、尊重生命、尊重个体身心自然发展的儿童美术教育，需要成人努力向儿童学习，需要教师倾听儿童的心声，需要全社会认识和理解儿童的精神哲学。幼儿教师、美术教师、父母们都需要深刻认识到，成年人要持续俯下身子，与创造美好未来的孩子们同样视角、并肩前行。

三、美术活动中如何平衡儿童直觉和理性思维

案例10：回复某教师微信问题

李老师：您好！关于儿童直觉和理性思维的平衡，在线的构成训练中，教师对于儿童的创造性引导，您的论述是"儿童思维离不开想象的形象效率和全景性，也离不开对物象的记忆和文学信息的积累，儿童文学信息成分的多少至关重要"。我的理解是，教师在给孩子讲述某一内容、解读语言时必须注重文字的描述。比如讲桃花，是否可以通过有关描写桃花的优美诗词，让孩子获得文学语境下的桃花意境美感，从而激发创作的感受呢？这样理解是否正确？

儿童的线造型和美术表达，理想的状态是由教师呵护儿童学前期的自主表现开始，一直延续到小学阶段的综合性美术活动。文学语言对儿童感知觉的刺激是在牙牙学语时开始的，当一个孩子用接收到的词语去描述和描绘生活世界的时候，其脑海里会时刻生发出形象思维的联想或者想象，这对儿童由视觉感受关联文字词语概念、判断运用的不断成熟有着特别重要的帮助，儿童是在不断延续整体感知活动的过程中逐渐成长。

儿童期美术活动一定要实施整体感知觉的引领。如，在3岁开始的所有美术活动里，都需要由儿歌朗读、歌唱、视觉感受、辨认、判断后思维决定行为等这一整体性活动展开。这类活动持续到小学阶段时，儿童的感知力就会特别敏感，词语引出的形象思维之联想和想象力之丰富，使对生活世界的纯真感会特别活跃。"这孩子太'天真'了"，美术活动就是要帮助孩子内心不断释放出"天真""真性情"，纯真是人最珍贵的品质。

案例11：水的样子

节选自《超级美术教师的100堂课》（1-8册），山东美术出版社，2014年版。

活动准备与安排（学具与教具）：

（1）牛皮纸、深色马克笔（宣纸、毛笔、墨水）、教学PPT课件。

（2）牛皮纸、深色马克笔（宣纸、毛笔、墨水）、装有水的脸盆、纸船。由教师事先配备齐全，摆放在表现活动区域的画案上。

活动过程

导入：教师带领幼儿一起朗读农谚《雨》：天上灰布悬，雨丝定连绵。日出东南红，无雨也有风。鱼鳞天，不雨也风癫。

（1）知觉感受——玩一玩水，看看水可以变化出哪几种不同的样子。比一比，看谁找到的最多！请把水的样子用马克笔画下来。请说一说，你画出了几种水的不同样子。

设计意图：幼儿从游戏中感受到水的特点，观察到水千变万化的形状。

（2）欣赏与表达——（播放轻音乐，流水声）请想象，我们大家要去一个风景秀丽的小河边划船。那里四面环山，山清水秀，风儿轻柔地拂过河面，泛起涟漪。当我们把小船划向那儿时，小朋友们的欢声笑语似乎被小河叔叔听到了，他荡漾开了层层涟漪，以示对我们的欢迎。试一试向脸盆里的水吹口气，观察水面起了什么变化，有什么样的线条，并画下来。

①呈现泛起涟漪的海面摄影图，请用书空的方式画出自己观察到的线条。

②呈现马远作品《秋水迴波》，观察画作里的波浪，它给了你什么样的感觉？大家各自联想到了什么？如果线条不这样排列，又会有什么不同呢？

柳树低头摇曳，啊，起风了。是风儿吹动了柳条还是柳条的摆动唤来了春风？风越起越高，小河叔叔似乎向水面外探出了头来。请画一画这时的水面。

③呈现海浪摄影作品。观察与之前有什么不同，请用书空的方式画出自己观察到的线条。

④呈现马远作品《长江万顷》。大家认为这位画家用这样的线条能表现出海水被风刮起的感觉吗？

⑤呈现大浪摄影作品。海水被刮得更高了！你又发现什么不同了呢？

⑥呈现马远作品《黄河逆流》。浪花是这样的吗？大家看到的浪花是什么样子的呢？

⑦呈现马远作品《云生沧海》。看，海面又平静了下来。当水遇到热温的时候，就会变成水蒸气，当许多水蒸气抱在一起时，会变成雨落下来。水可有真多样子呀。

（3）创作表现——请再感受一下不同水的样子吧。从刚开始发现，这片泛起涟漪的海面，到起风了、海浪大了，再到波涛汹涌的时候，把这一连串的变化画下来吧！

（4）欣赏评述——说一说你画出了哪些样子的水？

当幼儿经历过2—3年这一学前美术活动课程后，他们身心发展整体能力的提升令成人吃惊。在感知活动中，儿童需要成为主体活动者——身心整体体验。当孩子"成为主体性的"，是孩子自身行动起来的体现，具体表现为他说"这看起来很有趣""我试试看""让我们安心地开始它的游戏和活动吧""这个问题我可能回答不好""老师，我来回答吧"，等等。教师要为小朋友创造一个理想环境，每个儿童都有平等的经验，尤其是触及儿童五感的游戏化活动。在文字语言、作品图像、朗读活动等整体感觉调动体验中，触觉、嗅觉、味觉这些和人体密切相关的感官被称为近感觉，与此相对，视觉、听觉被称为远感觉，因为刺激的对象是离开身体的感觉。但是，五感之中的远近之分今天已经发生变化。在综合媒体的世界里，任何一个人都可能有同样的价值观，都会出现具有容易置换的危险性。在信息时代大量视听综合信息传达的过程中，人的集体价值由媒体链接后变成可能。所以，教师要根据时代变化，调整自己的活动设计与引导思路。

讨论：美术欣赏活动，是与同伴的思维分享。欣赏（鉴赏）是贯穿整个美术活动的感知体验，此过程可通过看、想、说、听综合的切身体验，提高大家的思考能力。感悟美术作品就是认识、理解"社会史"。在儿童期的美术欣赏引导中，教师不能局限于单纯采用画作的形式分析、图像解读和单幅图的描述方式，而要采取面对艺术作品、面对同伴和自己的作品，究竟持有什么态度，有什么看法和想法，同学间相互刺激，支持、同感点的转化等方式，激励儿童发表自己的观点，而不仅仅是听教师的权威解读，以避免最终对作品的回答可能只有一个结论的课堂场景发生。一般来说，教师可能是欣赏作品后对问题进行回答的主角，虽然每个学生能够站在自己角度发表看法，但对问题本质的解析应该是由教师引发探讨。如果教师用问题串方式提出连续问题，可以一直推进讨论的深化。所以，教师要时常反思自己的态度对儿童的影响，自己的话语、行为对儿童生命成长的影响，以及应怎样按照学生的思路发展解答每个同学的疑问。这样，才可以帮助会思考的儿童意识到自己的问题，并有所延伸、发想、追求、讨论，抓住问题本质。儿童能够在不断深入的美术欣赏活动中，体悟到"人"在生活世界中有其无可代替的重要性。当儿童从小在美术活动里获得这种认识上的自觉，就能够帮助自己从低水平临习中走出来，建构起对人类全体及个体自我肯定的深度思维。

四、儿童"自由手绘"持续发展的重要性

儿童"自由手绘"，起源于儿童幼年阶段的自由涂鸦。这一来自儿童生命体自然、潜在的思维方式、动手表达、心境释放、身心舒畅的游戏活动，逐渐被文明社会和成人所认识。幼儿在自由绘画时，需要一种比较契合、迅速的记忆唤起表达能力，一种形象符号的呈现能力，一种需要通过空间认识增强自己瞬间的判断的能力，一种在形象合成中加快理解的能力，以及一种通过形象的联想所达成的想象与概括能力。上述种种能力是人智力的核心。儿童自由画画的过程需要的创造能力是每个人个体智力的高级表现。当然，动物也会利用各

种方式留下痕迹，但那不是依据思维创造而画。儿童自由画画的过程，是用脑、用心在思索、在构图、在表达，以及在具体的描画中发展智力。因此，从幼儿期开始的美术活动，是儿童充分利用人脑，在智能对象化极其发达的信息时代，人类自身优化个体身心机能、应对人工智能科技发展制约人类自身自然生长的重要改变。

案例 12：期待更多的机器人

作品来自高峰老师指导下的孩子自己的表达。（图 5-21）

"我想有个机器人，有好几只手写作业。""再来几个可以按摩的机器人，给爸妈按摩。""那你干什么？""我？我玩呀！""都玩两个月啦，还没玩够？""不是够不够，是习惯了要……"

图 5-21 孩子绘制作品记录

讨论：在居家学习期间，高峰老师充分肯定孩子的自由表现。基于尊重儿童的原则，让其按照自己的想法，完成自由手绘的主观表达，这是一个成功的教育范例。儿童的自由手绘表达，对于其非智力因素的构建和培养非常重要，教师需要在"条件、专注、自信"三方面实施引导。

（1）条件：客观环境所造成的种种机遇，自己主观上所做的种种努力。每个儿童在自己所处的客观环境条件下，自己将个人感知的生活世界与认识，经由视觉思维和想法，把内心的感受表现在笔尖上。孩童在儿童期不断经历环境条件的制约所不断生发的表达，对其内心发展来说是一种历练。

（2）专注：把易于松散的意志倾注在一件事情上。儿童自幼儿期开始的自由涂鸦活动，都是自身相当专注的内心释放和精神寄托。如果教师、家长能够在多年时间内，不断鼓励儿童用自由手绘方式进行表达，所养成的专注力对儿童一生的成长都有帮助。

（3）自信：每个儿童都先天自信，同时又先天自卑，这是因为自己生活的世界太小，井底观天当然自信。自由手绘表现所积淀的自信心，是一个儿童内心强大，面对生活、困难、挫折等能够从容面对的基础。

作为一个完整的人，需要多方面的发展，但是，对儿童的成长来说，自由手绘活动是最为重要的身心成长活动。儿童婴幼儿期开始的涂鸦表达，学前期的各类美术活动，是在接受美术教育的基础上超出一般学科教育范围的人生成长必修课。儿童由此持续的自由手绘（美术）活动，是儿童用自己内心无结构的精神，创造出有结构的画面、形体、构造。如果多年坚持这样的自由手绘创造活动，肯定会增强儿童对世界的感受能力、领悟能力、适应能力，肯定会强化儿童面对生活中各类问题时寻求解决方法的自主探究能力。这些基本素质的培育、积累，可以将儿童自身智力的潜力挖掘出来、焕发出来。

人类的发展历史告诉我们，一代又一代的人，一个又一个的世纪，传下来、接上去，无论遇到什么样的变故，儿童的涂鸦活动从来没有止息过，儿童画永远属于全世界生命自然生长的儿童，自由手绘应该是儿童到成人的生长征途中，帮助其发展视觉思维、形成自主判断力的必由之路。

案例13：张晨扬小朋友的自由手绘

这是一组让诸多美术教育工作者感到震撼的图像。张晨扬小朋友的自由表现非常精彩，画中有人物写生的表现，他将个人想法自然地画在地板（瓷砖）上，构成了一幅充满个人梦想的画卷。这些表现过程的记录，映照出当前基础美术教育中的问题和不足。由此引出的问题是，既然儿童自身有着主动表达、自由手绘的表现潜能，为何在各种类型的美术教学中，总是要将成人美术学科的知识技能强行灌输给儿童呢？难道说在儿童教育中，必须要用美术学科教育去抑制儿童的生命原发性，去改变儿童的行为，去实施所谓的教育改造吗？（图5-22至图5-25，引自周殿宝先生微信"朋友圈"）

讨论：张晨扬小朋友的自由手绘作品验证了一个道理：儿童自由手绘过程中的愉悦感，曾经令毕加索等西方现代画家特别向往，他们祈祷、请求上帝，

第五章 儿童生命自然生长与视觉思维理解

图 5-22 人物写生　　　　　图 5-23 自由手绘故事（事件）

图 5-24 此地板上的绘画将孩子内心想到的事情（故事）逐一呈现

图 5-25 从画面细节可以看出，这是与"新冠肺炎疫情"这一社会突发公共事件有联系的事情。画幅左边是"挂号处"，有排队的人，张晨扬对自己画作的每个局部都进行了仔细描绘。

215

希望有一天能将自己重新变成孩子，他们太想从孩子图画中得到一份单纯与真诚，挖掘出不被极速发展的现代社会污染的自我，太想捕捉到那种由成熟回到天真的灵感。因为他们知道，这一切只能到孩子笔下的涂画中去寻找。

（1）绘画是每一个学龄前儿童一种专门的、必然的身心运动形式——自由造"形"活动，如果没有成人干扰，能够一直持续到9—10岁。儿童自由手绘的表现是其身心不断成长的发展现象。儿童长到两三岁，某一天，他开始在纸上乱涂乱画。幼儿喜欢这种有节奏的依靠骨骼、肌肉的运动体验，幼儿前期最早的用笔活动是在纸上画出线条，这时创造出的作品被称为涂鸦（这一时期也称为错画期）。当儿童看到自己行为结果的时候，增强了继续绘画的信心。儿童早期通过绘画活动逐渐形成的知觉动作与思维动作，是儿童智力发展的基础，并由其身体运动知觉的发展促进对物体特征视觉表象知觉的形成。张晨扬小朋友的作品让我们体会到他是如何将自己内心的想法转换为视觉形象的，他将在地板上自由描绘过程中的身体运动完全沉浸于寄托自己精神的画笔上。

（2）儿童在幼儿前期关于物体特征视觉表象积累的经验，既取决于幼儿对实物的游戏行动，又取决于绘画涂鸦运动对视觉和整个身体知觉发展的影响，即完成身体知觉动作时，掌握视觉定向的程度。对这一年段的幼儿来说，画的是什么并不重要，重要的是在涂鸦活动中儿童的整个身体在运动，精神心境很投入，一方面使自己的小手、手腕、臂膀运动逐步精细化，一方面画面线条与身体动作的动感产生的身体与视觉的愉悦性。即便是儿童在3周岁之后的美术活动中，恰当的涂鸦表现给儿童带来的感受也是相当珍贵的体验。从张晨扬小朋友此次手绘表现中，可以看到他完整保留了一般儿童在幼年涂鸦活动里整个身体运动、心境投入的状态。也可以看到他的独立思考，以及对整个想要表现的事件游刃有余的把握能力。图像构成的计划性、造"形"表达的肯定性、运笔的自如性等超强能力，是那些被成人美术学科知识、技能压抑的小朋友们特别欠缺的。

（3）儿童的美术活动，由自发开始，从纯真的思绪萌动，到视觉审美教育的介入，美术文化的感知体验对儿童一生可持续发展的功效是，培养儿童的自我认同。0—6岁是儿童潜意识的形成时期，这个时期需要用艺术的方式，积极构建他们正向的心理能量。习惯形成品格，品格决定命运。张晨扬小朋友在2020年特殊的早春季节里留在地板上的精彩图画，是其对现实社会生活感悟后的自由表达，是个人情感的尽情释放。人类群体的童年是人类个体童年的先例，哲学家将人类童年期的艺术创造说成是"内在情感的外化"。无论是古人还是幼小的儿童，最初在石壁上、在纸上留下的痕迹，以及张晨扬小朋友在地板上那稚拙而单纯的图画，都浓缩了原始的情感、期待、想象与梦想。儿童是编织美梦的高手，在孩子的梦乡中，充满奇幻、迷离，唯有孩子的梦是最纯真、最富于爱的歌谣。

小结： 39年前畅销书《大趋势——改变我们生活的十个新方向》（1983年）横空出世，其作者约翰·奈斯比特指出："我们社会上的高技术越多，我们会越想要创造深厚感情的环境，以柔性平衡技术的刚性……在我们面前，我们会长时间地强调身后感情和慰藉的重要性，以使一个对高技术迷恋若狂的世界得到平衡。"随着时代与科技的发展，在"智力"上，人类可能很难超越自己创造的人工智能。现在和将来的儿童，难道自一出生开始就已经输给高科技了吗？作为人，生命的真谛是什么？人的不可替代之处究竟在哪里？今天，人的生活特别需要美术文化的滋养，特别需要释放儿童期原本潜在的自由手绘造"形"表现力。杜威认为：艺术是一种赋予人的生命以活力的体验，一个人通过艺术的观察、思考、创造所产生的对生命的感受，能够使人的精神境界上升到一定的情感高度。[①]当儿童的生活经验被美术文化唤起，当儿童的自由手绘力能够在若干年中持续主动地表现，且处于一种新经验程度的时候，儿童本体的生命力肯定会得以提升。

---

① [美]杜威：《艺术即经验》，高建平译，商务印书馆，2005，第14-29页。

| 第六章 |

美术活动中怎样呵护与引导儿童

问题 儿童个体美术能力自然发展的路径是什么？
解析 教师以美育人、润泽儿童心灵的教育观。

第一节　儿童自主造"形"表达能力如何发展

一、怎样引导学生看得上自己的画

2018年5月22日，天津特级教师、正高级教师、天津河西区美术教研员魏瑞江老师在广东中山执教公开课"人物速写——临摹"。魏瑞江老师延续他一贯的教学风格：紧密关注学生，自然，亲和，学科表现性强，知识点目标明晰，深化学生体验。其在教学过程中始终关照儿童心理活动的特殊性，智慧应对课堂突发问题。教师要在深入研究儿童造"形"能力自然发展的过程中，由关注儿童个体身心成长不同的感知觉特点入手，及时调整课堂教学具体指导，实现育人的美术课堂。

🏵 案例1：老魏执教："人物速写——临摹"

上课伊始，魏瑞江老师开门见山：临摹，是美术学习中一种不可或缺的重要方法。大屏幕呈现若干幅成人速写范作，魏瑞江老师选择作品，引导学生观看自己的示范。注意，魏瑞江老师由速写人物的头部画起，提示大家，由头部开始的临摹不失为一种立刻能够上手的好方法。观摩教师看到，魏瑞江老师的示范仅画出人物头部的局部轮廓，传递给同学们一种临摹的基本方法，引导大家在临习范画时依据自己的思考进行主动探究表现。（图6-1至图6-3）

图6-1 魏瑞江老师执教现场

图6-2 魏瑞江老师提供给学生的范作是成人线描，但要求却是以儿童自身能力发展为基础。

图6-3 魏瑞江老师的示范是局部、概括、提示性的，不是强化要求的。

学生开始临摹。魏瑞江老师在学生座位之间穿梭巡查，他不断拿起某学生有特点（画面线条与造"形"有表现特性）的作业，放在投影仪上进行讲解分析，引导大家完成有特点的又符合课程要求的作业。临习过程中，这些三年级学生总在怀疑自己，说出临摹作业过程中出现的那些不尽如人意的问题："老师，我画大了""我画歪了""头部的耳朵画大了""我这画里的身子接不上了"……魏瑞江老师始终以鼓励的话语和对学生画作及时的分析，化解学生当时的问题。整个学习过程流畅，所有学生在魏瑞江老师带领下，由缺乏自信的疑惑不断，最终出现下课时大家还不愿意停笔的状态。课堂现场说明，魏瑞江老师的引导相当成功，学生的内心开始走向自主和自信。（图6-4至图6-6）

图6-4 画成这样，学生感觉自己画错了。魏瑞江老师对学生作业的不断展示，目的是鼓励、启发大家在自己感觉的基础上，主观表现，少一些成人范作的制约和影响，不要不敢画或说自己"画错了"等。

图6-5 学生自己认为画坏了，魏瑞江老师对这位学生作业中肯定的用笔、线条的力度等进行了表扬。

图6-6 学生的表现非常好，属于视觉型认知心理的儿童。

讨论：如何转变学生现有的认识？该班所有学生在用线造人物之"形"的临摹学习中，都在努力追求"肖似"成人范作这一目标。面对魏瑞江老师一直给予的持续性表扬话语，课堂上出现学生将信将疑的目光及认识。他们不理解，明明自己画不"准"人物范作的形，为何这位天津来的老师却总在表扬自己呢？难道自己对美术表现的认识错了吗？（图6-7）

魏瑞江老师上课前，我给台湾省美术教师陈致豪说，全国范围内的幼儿园教师，包括小学、初中、高中美术教师，大家几乎都没有读过《儿童画的发展过程》这本书。或许各年段教师群体都没有读过此书，是造成学前教育、基础美术教育教学实践滞后的主要原因。看到魏瑞江老师的教学过程，我再次给陈致豪老师说，看，魏瑞江老师的课堂状况，完全验证了我之前的论点！（图6-8至图6-10）

受公开课时间所限，魏瑞江老师无法将每一幅作业一一分析，如为何作业画得非常好；更没有时间引导学生由此临习作业开始，逐渐改变自己眼睛的辨识方式，在思维方法上提高对自己和同伴画作的认识和理解水平。但魏瑞江老师在仅有时间内进行的现场作业解读和引导，给与会观摩的800多位美术教师带来教育观念提升与引领。课后，我和魏瑞江老师谈到，要再找个时间，专门为他创立一个连堂（时间充分的）公开课展示平台，让他一边上课，一边带领学生认可、认识、

图6-7 这样有张力的线条与如此主观的表达，是很多成人画家都在想画而很多时候又达不到的满意效果。儿童的线是自然生成的，当成人想去表达的时候，反而显得做作了，自己也不满意。

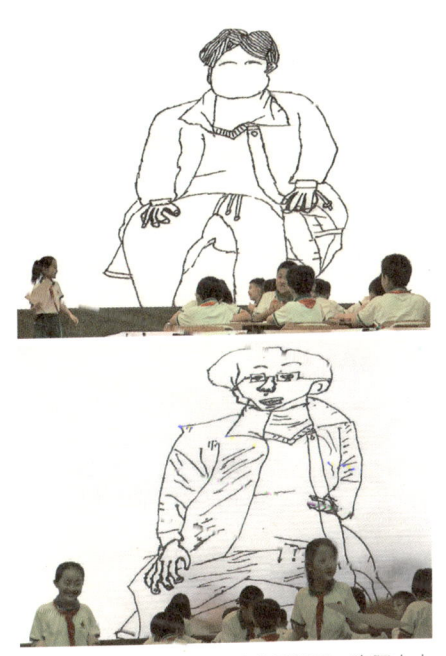

图6-8 学生感觉自己把人物画丑了。实际上人物用线很具张力，没有任何修饰，是很不错的作业。3年级小学生有这样的表现能力非常好了！但学生们依旧不自信，他们的视觉心理被社会上对美术的认识——所谓"像什么"笼罩着。魏瑞江老师的鼓励和分析逐步帮助他们在内心感受方面发生变化。

图 6-9 这幅作业属于 3 年级学生中对形态把握较为准确的。但教师评价学生作业的时候,不能用"形态准确"这样的语言,也不能要求大家都按照此标准去完成作业。

图 6-10 学生呈现这样的作业的时候,全班会发出哄笑的质疑。为何成人画家总想让自己画作中的"形"发生"歪一点"的感觉,而小学生却想"准"而无法"像"范作呢?这是美术教师要帮助学生解决的心理上的问题,以及对美术的基本认识问题。

理解自己的作品为何好,好的原因究竟是什么,怎样看待自己童年的画作。

上课过程中我抓拍了大屏幕展示的部分作业,课后拍摄了学生们要带走的作业。无论是 3 年级还是 4—6 年级学生,他们在临摹成人速写作品,用线塑造人物形态的时候,其内心目标是想画"像"对象,这是毋庸置疑的目标。但是,所有学生在小学生年龄段是不可能都画"像"范作中的人物形态的。在儿童以线条自主造"形"的发展过程中,在临摹或者写生的美术课上,始终存在的主要矛盾是:教师要以保护儿童本真的自主表现、呵护儿童的自尊心、帮助儿童建立自信心为教学指导的第一要务。同时,教师还需要关注儿童画作上造"形"痕迹的质量。质量包括"构图、如何用线的方式、线的表达、形态的基本构成、线条组织及形态疏密表现、儿童自己对线造型的主观认识与理解"。其中,"儿童自己对线造型的主观认识与理解"是主要评价指标。小学阶段学生临摹的最佳表现是:用线肯定,以主观感觉为先导,画出个人对范作的基本认识,能够用线条大胆表现。(图 6-11)

第六章　美术活动中怎样呵护与引导儿童

图 6-11　这位同学在描述自己画的时候是怎样的感觉

案例 2：部分学生作业分析

教学启示： 社会视觉图像环境形成的意识力量对儿童影响甚大。所有三年级孩子在线造型的临摹学习中，都在努力追求对成人范作的"肖似"。正是由于学生共同的心理活动，致使孩子们都有这样、那样、或多、或强烈地对自己画作不满意的情绪表达。魏瑞江老师课后感言："其实，任我们如何教，儿

图 6-12　学生把自己主观的认识全部画在作业里，形态是按照自己的理解刻画的。

图 6-13　此画作属于全班学生佳作之一。线条很有力度，人物刻画到位，细节处理恰当。

图 6-14　非常好的作品。小作者观察比较整体，落笔的人物塑造结实，用线有力度。

223

图6-15 典型的主观表现。把自己的生活经验画入作业里，无论是背景添加的物件，还是人物本身，都加入了个人的主观印象。

图6-16 这是全班同学都哄笑的作品。魏瑞江老师却充分肯定了他的表现，直接且富于自己的感受。怎样通过分析作业，来说服小学生能够接受、认同这类作业，是教师需要特别关注与研究的。我在课后与小作者合影，目的是鼓励他坚持自己的表现方式，肯定自己的作业效果。

图6-17 非常精彩的作业。画中的线条生动有力，富于弹性。人物细节刻画到位，特别是线条的组织与疏密关系的处理。看着小学生的用线，对线条疏密关系的组织方式，对神态的刻画，儿童的用线造"形"是他们认识生活世界、表现自己感受的主要手段。

童始终保留着他们自己的心理认识和表现的方式方法，只是我们没能去真正地关照到。"（图6-12至图6-17）

讨论： 如何关注儿童画的表现与发展过程，是每位美术教师必须持续研究的教育教学问题。儿童是生活在自己世界里的主体，他们的生命成长有着自己独特的路径。在美术活动里，儿童的感知觉与表达方式与成人的美术表现方式有着本质不同。教师面对儿童的时候，需要关照到每个生命个体的独特性，必须以他们的自然生长状态为教育的起点和终点，这样才有可能让儿童对美术保有持久的兴趣，才有可能积淀他们的美术文化素养。而不至于在线造"形"能力发展进程中，由于成人强制性给予美术学科技能表现要求，让他们过早地远离美术。

按照核心素养本位的深度学习单元教学设计思路，将魏瑞江特级教师的课堂实践和学习内容结构化，形成"教—学—评"一致性。

学生需要理解：人物速写的临摹学习对自己美术造型能力提升的帮助。

引导性问题	学生需要知道什么	学生能够做什么
●为什么要临摹人物速写？	▲对于提升自己造型能力有直接帮助 ▲可使自己更好地掌握用线条造型的方法 ▲提高自己的视觉审美、感知水平	▲按照一定的程序大胆地进行临摹学习 ▲参照范作习得某种用线条造型的方法 ▲认识成人速写作品与儿童绘画的不同
●临摹人物的速写方法有哪些？	▲从某个局部开始临习并关照整个人物的造型 ▲先画人物大形，五官表现作为最终点睛之笔 ▲用肯定的线条直接落笔，尽量不做修饰和不用重复性线条	▲大胆落笔、用线肯定地从头部或其他局部开始临习作品 ▲基本完整地将整个人物临习下来，最后画五官
●我画不准确怎么办？	▲凭借自己的第一感觉用线造型最重要 ▲大胆落笔、自然表达是儿童绘画的可贵特点	▲按照自己对范作的感觉大胆画出造型 ▲根据教师评价对儿童画有更深刻的认识
●什么样的临摹是优秀作业？	▲不修饰、直接大胆凭个人感觉描绘的作品最珍贵 ▲儿童的绘画并非和成人画作完全一样 ▲儿童绘画中有成人艺术家特别想追求的元素	▲认同教师的评价和引导，理解儿童期的造型表现作业样态 ▲在教师鼓励下保持自己的个性和作业表现特征

二、儿童造"形"表现能力发展为何是这样的[1]

浙江师范大学美术学院理论部主任、普通高中教科书"美术"（人美版）《美术鉴赏》编委杨成认为："从真实人物身上提炼线条，与模仿作品形象中的线条，所调动的知觉模式和表现意图是截然不同的。前者属于由外及里、自下而上的归纳与抽象，后者则是自上而下的演绎和嬗变，前者是概括表现的，后者是手法的转化，并且带有偶发性，评价时应当厘清作品效果属于主动意图的结果还是偶发结果。"杨成老师所言极是！在评价儿童作业的时候，必须厘清画真实对象的知觉后自己提炼的线条，与临摹成人速写作品时孩子力图画"像"对象的过程中，他们自身能力达不到的偶发性痕迹！

---

[1] "造型"，为名词。儿童的造"形"之表述为动词，实乃儿童用线条的方式自主构成心中所要表达的形态。

1. 儿童与生俱来的以线造"形"能力

（1）每个儿童都是以线造"形"的高手。但是，为何大多数儿童进入小学四、五年级的时候，就不再愿意继续自主造"形"了呢？

（2）他们惧怕"画不像"的心理是否也属于每个儿童个体心理、生理发展过程本原的、必须经历的生长路径呢？

（3）小学高段，儿童开始远离学科美术、抵触美术课的现象，是否由那些不明白儿童心理、生理发展规律的教师不断抑制而造成的呢？

既然全世界所有族群、肤色的儿童都有用线造"形"的自主、高超的表现能力，在幼儿期和小学生前期（一、二年级），他们尚可以在那些抑制他们的成人（教师、家长）面前多多少少保持着自我，尚可以不断生发出以自己切身感悟在可以留下痕迹的地方，用诸多成人看不明白的线条，构成自己想说的话（画、图形）。但是，随着成人不断以美术学科知识、技能、表现方法诸多要求来"控制"儿童的时候，他们肯定就不再愿意继续对美术有兴趣了。因而，全世界大多数儿童，进入成年阶段直至终老的时候，其手上以线造"形"的表达水平可能永远停留在童年阶段。问题：每个儿童原本都具备内在潜能和视觉形象感知思维转化表达的智慧，在社区视觉图像环境形成某种意识的作用下，儿童生命自然生长过程将普遍出现自主造"形"表现机能耗尽的现象。怎样的美术教育可以改善这一现状呢？

案例 3：孩子的世界如此精彩

当每个孩子来到这个世界的时候，他（她）的生命基因里已经有着独立视觉感受与自我表达的成长因子。在自己社会生活的视觉图像环境中，从孩子眼睛感受到的，到孩子脑海里联想和发散出的视觉印象，再到孩子笔下独特的线形表达、勾勒、描述，以及独自诉说，是全世界任何族群、任何肤色、任何经济条件下出生的任何孩童，都会经历的一段生命成长过程。

孩子的社会生活环境，是他（她）进行视觉感受生活世界、自我表达的基础。欣赏了广州王老师宝贝儿子彭望瑞小朋友的绘画表现之后，可以真切地感受到他对生活世界的独自领悟。人生中第一次乘坐高铁之后的他，一直给妈妈和长辈们念叨了很久、很久。高铁给他的奇妙感受，触动着他幼小的心境。他在画纸上留下了一列列不同样态的高铁。这样的表现，与他之前所体验到的其他车

第六章　美术活动中怎样呵护与引导儿童

图6-18 彭望瑞小朋友画车

的形态发生视觉记忆中形态的融合。他的笔下，线条如此自由，形态表现是这样潇洒，没有任何修饰，完全是自己对高铁乘坐体验的感悟和理解。

看着彭望瑞小朋友一幅幅主题为"车"的作品，可以想到，他在画出一列列"高铁"的时候，心境是多么的自信、安稳、沉静！此刻，无须妈妈以及各位美术教师的打扰，他所需要的就是自我，以及将个人内心感悟用线画方式去全部释放。望瑞小朋友的妈妈王老师说："他还在我肚子里的时候就坐过一次高铁。出生之后，他一直念叨要坐高铁，我和他爸爸平时工作都很忙，也没时间带他去坐高铁。每次他在家玩高铁玩具的时候，都在幻想他坐着高铁去远方。每次别人问他坐过高铁没，他都自我安慰说，在妈妈肚子里坐过。这次去深圳，刚刚下了高铁找到地方坐下来就画了那张高铁图。"（图6-18）

讨论： 幻想力，是一个孩子感悟生活世界后的视觉表达中能够得以彻底释放自我的内在能力。孩子眼睛的观察、记忆、视觉图像储存、归纳判断思维力、思考与想象力等伴随着他（她）的幻想力，经由小手的以线造"形"之路径，在可以留下自己痕迹的一切地方，表达着个人的主观心意。

自由，作为孩童来到世界后最理想的生存状态，势必要受到后天以来各类教育的控制。任何教育都带有不同的控制性，总是想将孩子身上"本来的他"这些潜在能量给予改变。作为社会的人，孩子的行为规范是需要适应未来发展的需要而进行改变。但作为发展中的人，其主观视觉感受与表达的原发性生命基因，最佳的状态是尽可能地自由保留，而且时间持续得越长久越好！这是儿童美术教育必须要遵循的目标取向和人的可持续发展取向。

案例 4：提倡儿童以线造"形"的"自由画"

充分尊重儿童天性的美术活动，教师引导某"自由画"的主题，儿童就能够释放出巨大的潜在能量。高峰老师特别尊重儿童的原发性表现。他在自己的工作室里坚持为儿童引导自由表达的空间，并利用微信平台不定期刊发一个栏目——《读画时间》，发表儿童作业。将儿童口述的画中故事写出来，供家长和全国的其他美术教师参考。图6-19是基于联想的自由画，孩子将自己真实的、无拘束的自然表达呈现出来。图6-20是浙江诸暨梁裴老师指导的儿童画。看着画面中的线条痕迹，可以知道有着很丰富的故事情节。有时线条运行中会发生颤抖，但儿童依旧尽情地画着心里的故事。图6-21是在自由状态下的"画爸爸"写生。这是每个孩子童年期都可能出现的纯真瞬间，希望多看到这样的画作。

讨论：任何人其童年的线造"形"本能，经历了儿时自由的美术活动、学校美术课，或者经历过校外美术机构强制给予美术学科知识、技能后，还是没

图6-19 高峰工作室儿童作业

图6-20 梁裴老师指导的儿童画　　图6-21 "画爸爸"写生

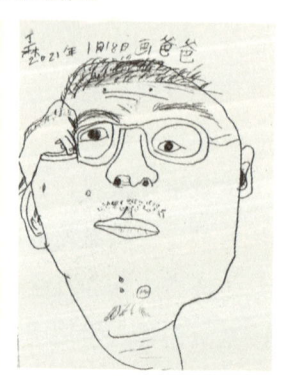

有再延续下去，没有成为他们一生可以受用的手上功夫。这证明儿童潜在的自主造"形"能力、个体视觉思维智慧的内在机能，都将会在其生命成长的某个时段完全耗尽。人，作为地球上的高级生物种属，所具有的这一内在潜能、动手表现能力之最终下场，是否太悲哀了一点呢？

2. 儿童期的美术课是否要依据学科体系

既然儿童在来到世界的最初十四五年时间里，不足以接受成人美术世界的学科性、技能规则以及要求，那么，作为育人目标的基础美术课程，是否不应该基于美术学科知识技能本体构建课程内容，而应以教育原理、人的发展原理（心理学）为依据，关联美术文化宏观理念及人文属性，构建相应的课程体系呢？

第一，面对十四五岁以下的儿童，如果实施提升他们以线造"形"能力的教学，必须尊重儿童心理、生理发展，关注儿童生命自然生长和社会生活经验，舍弃美术学科知识技能本体的造型要求、规则程序。学习评价，要以儿童内在生命自然生长的需要作为实施教学的根本。这里所说的"形"，与成人（教师或家长）认识上的形有所不同。如，魏瑞江老师的教学过程、作业结果，是尊重儿童内在感受、自主表达的育人目标在课堂中的具体落实。

❖ 案例5：如何评价学生画作

小学3年级学生临摹范作时，有自己的视觉感知系统和表现方式。其作品用线肯定、扎实，人物形象刻画清晰，单勾线将整个人物形态的上半身画出，没有任何修饰和改错的地方，说明这个儿童很自信。（图6-22）

注意，大多数学生在临摹的时候，画出的是自己对范作的主观感觉。

这幅作品用线流畅，人物头部到上身的衣纹都画得非常好。头发的线条处理非常洒脱，人的脖子与衣服领口的线条处理特别顺畅，虽然左右肩膀的高低有落差，但丝毫不影响画面整体的精彩度。（图6-23）

人物的头发与领口线条处理得太好了。自然形成画面中线条的疏密组织和相应的节奏感，形成强烈的画面对比。儿童就是凭着观看范作时的感觉在勾勒，她在按照魏瑞江老师方法要求"从头部开始画"，这一要求的运笔实践中，线条是随着自己的意愿行进的。（图6-24）

图 6-22 选自魏瑞江老师教学现场的大屏幕学生作品展示　　图 6-23 选自魏瑞江老师教学现场的大屏幕学生作品展示　　图 6-24 选自魏瑞江老师教学现场的大屏幕学生作品展示

第二，1989年至今，以往和现行义务教育阶段美术教科书（一纲一本、一纲多本，现行12个版本），给予小学生的、看似有体系的美术学科知识技能，在很多内容中呈现的、准备给予学生的那些知识、技能、方法等，都有一定程度的违背儿童生命自然发展规律、强行灌输美术学科知识技能的行为。如小学四、五年级就直接教"透视"知识，又如"画同学""画老师"等人物画写生、临摹教学，看似关联学生的生活，但将"三庭五眼""立七、坐五、盘三半"等成人标准（口诀）直接传递给儿童。依据儿童生命自然生长的状态看，儿童即便到了初一、初二年段，还是无法顺利接受和理解以写实表现为目标的造型方法，也无法接受实现这一目标所需要的美术学科知识与技能体系。

案例6：儿童临摹作业评价

图 6-25：课堂临画环节，某女生给魏瑞江老师说"我的人物耳朵画大了"的那幅作业。实际画得很生动！儿童的画就是这样打动人，他们没有任何顾忌，但内心的取向是想画准人物形态。签字笔的好处就是不能涂改（修改自己认为画错的地方），在魏瑞江老师的鼓励下，她继续完成作品，效果是非常好的。

图 6-26：这幅作业运用的是儿童线造"形"方式中的典型方法，由人物（物象）的外轮廓展开勾勒的运笔，线条的运动是整体行进，哪怕线与线接洽的连接部，也是这样运动。人物头部特别整体，没有勾勒一笔头发，全部用空白的方式，说明这个学生的观察是由外到内的。人物的眉毛画成"倒八字"，没有

第六章 美术活动中怎样呵护与引导儿童

看到他的范作是哪一幅，他之所以这样画，肯定有他的道理。

图 6-27：这幅作品中人物的五官是自然扭曲的，为何出现这样的情况？因为学生看到的魏瑞江老师的示范作品中，3个人物的头部都没有画上五官，他们很听魏瑞江老师的话，按照用线条画出整体脸部后再添画五官的顺序画，添画的时候，学生特别关注局部的认知心理，造成了安排五官形态时的"拥挤"，以致其产生了自然的"歪"。这是特别生动的表现，并不影响整个画面的效果。

图 6-28：这是魏瑞江老师在课堂上分析过的作品之一，当时展示的是

图 6-25 选自魏瑞江老师教学现场的大屏幕学生作品展示

图 6-26 选自魏瑞江老师教学现场的大屏幕学生作品展示

图 6-27 选自魏瑞江老师教学现场的大屏幕学生作品展示

图 6-28 选自魏瑞江老师教学现场的大屏幕学生作品展示

该作品的头部。学生画得太生动了，头部、手部的刻画都是那么整体和精彩。他对范作画面的观察很仔细，在落笔的时候用自己的感觉画出，他的画面里没有琐碎的东西，说明他抓大形的能力很强，大拇指的结构都刻画出来了，很不简单。他留在画纸上的痕迹属于自己的感受，而不再是那幅范作中的人物。

第三，学校美术课目标、学业评价不能以个别学生的课外作业、社团作业、校外培训机构的作业样态为标准。教师自己对于美术学科造型表现目标的认识、理解，不能直接传递给儿童。如果要给，需要转化在生活情境里，以生活里的实例唤起学生曾有的经验，以此来帮助儿童去理解美术学科知识和技能表现要

求。生活化的融入，是基础美术课程课堂教学育人目标落地，转化为学生自主能力的唯一路径，是学生持续美术学习兴趣、探索美术文化的最好方法。

讨论：在儿童期（4—15岁）美术活动里，可否持续采用"不教而教"的方法？即4—11岁年龄阶段，教师提供儿童线造"形"写生、线造"形"主题构成表现的平台。如，主题情境的创设，启迪儿童沉浸其中进行自主表达；如，写生活动的项目化，由不同物象内容的写生组成，采用螺旋上升的评价方式，进行相应表现作业量的练习，增加其体验性。这个阶段，教师尽量不给学生示范，如果示范，就采用局部表现性引导。重要的教学内容应该是美术欣赏课，要给儿童提供大量观赏中外艺术家以线造型的作品，启发、引导儿童欣赏内化艺术家作品的感悟，逐渐在自己的线造"形"表现过程吸收这些营养，形成自己的线造型表现语言。到12—15岁年段，开始少部分渗透成人美术造型训练的学科知识、技能表现要求。这样方可以尽最大可能保护全体学生对美术学习的兴趣，防止儿童过早地在自己线造"形"表现受到挫折之后，最终选择远离美术的现象发生。

第二节 儿童造"形"能力发展需要"转型"吗

儿童都喜欢画画，但儿童用线条造"形"的能力肯定随着年龄逐年增长、心理上不断变化而发生退化，会出现一个儿童原本对画画很有兴趣，最终却选择提及美术立刻拒绝、远离美术的状态，这是许多儿童的生命成长过程都无法回避的现实。我国儿童美术教学中，提出儿童美术造"形"能力发展"转型期"的概念，目标是改变上述现状。

一、儿童美术表现"转型期"究竟转向何方

儿童美术表现能力的"转型期"本身是个悖论。试问，儿童美术表现能力"转型"究竟转向哪里？是转向"高考美术"吗？是要求孩子在儿童期美术活动的

几年中，儿童手头表现的画面样态转向"成人美术"写实造"形"吗？

1. 由"转型期"教学引发的教育思考

儿童的心理生理发展规律证明，所有儿童9—11岁前后，都会关注自己画出的"形"写实程度究竟如何，无成人干预，儿童会自然产生此种心理。每个儿童这一天到来的时间并不固定，但迟早都会发生这样的心理变化。而且，儿童出现这样的心理变化决定了自己是否再对美术学习有兴趣，或者是因为视觉心理上不认可自己所画出的形态，从此就远离美术。从美术学科知识技能本体发展的角度看，小学阶段的美术教学中是否必须教学生画出"写实的画"？这样的教学目标合适吗？教师是否应该在儿童不断长大的过程里，持续尊重儿童心理生理发展规律，将保护儿童主观感知、自由表达方式作为自己教学的首位指导原则？教师引导儿童对现实景物造"形"表现时，按照一定造型方法和规律去表现，力图解决学生小手的造"形"表现能力，这样是否会逼迫儿童潜在的造"形"表达能力和视觉图像感知思维心理的机能提前耗尽？

诸多校外儿童美术培训机构，甚至在儿童六七岁时，就安排其画石膏素描的教学内容，这种教学是严重的反教育行为！在我国人口众多，各省市社会、经济、文化等发展极不平衡的情况下，此类教学几乎成为国民认识美术的较普遍途径，这是一种扭曲儿童身心的现状。更为可悲的是，在某些小学美术社团活动里（美术兴趣小组），也安排这些素描教学，美其名曰对接"高考美术""专业美术"，成为校外机构和某些小学美术社团实施其教学的借口。高考美术考试科目、考试方式、评价标准等，是否符合美术学科本身发展所共识的人才培养规则（规律）？高考美术，作为一种遴选人才进入高等教育深造学习的评价方式，仅属于一种具有"特色"的考试制度与评价程序。对其考试方式、优劣生的淘汰手段等评价方式尚不做论证，但将此接续国民美育培养的基础教育美术课程肯定是错误的。

基础美术教育，是"面向人人"的美育工程。由于普通公民整体上对美术认识的不全面，造成了一定的对儿童美术认识的误解。成人的、写实的美术表现结果，能否是全体儿童都需要训练的技术手段？儿童小手的美术造型表现能力作为技能学习，对于全体儿童进入其未来人生发展有何帮助？固化的训练要求是人的发展方向吗？是育人的目标吗？很多成人说，儿童用线造出的那些

"形"实在太幼稚,试问,成人美术作品的造型是否可称为"成熟"呢?究竟如何认识、看待儿童画,怎样理解儿童美术的本质,如何认识儿童美术对于一个人日后可持续发展的作用,关系到儿童培养,关系到每个家庭的教育投资,更关系到国家未来发展中人的素养目标如何实现。

当儿童从幼儿时自由涂鸦,到三四岁开始用线造"形",到八九岁时画出象征符号的线造"形"画面,再到向着认同生活物象"形似"造型心理开始转变的时候,直至某些儿童在儿时的主观认知、自我表达等潜在造"形"心理机能耗尽,决定选择抛弃绘画活动,不再愿意用绘画方式表达个人的内心想法时,是否都需要由美术教师带领,去专门学习成人美术"写实"造"形"的表现方式呢?自幼儿园到初中阶段的美术活动中,教师对儿童主观认识、个性表现的尊重,到底需要持续多少年?是否不顾儿童成长发展期的心理生理特点,强行灌输给儿童美术学科知识与技能,让他们必须接受呢?

反思:假如按照20世纪80年代末到90年代期间,某些美术教育工作者提出的儿童美术表现能力发展需要度过"转型期"心理障碍的论点,强化安排给予儿童绘画转型表现训练,是否确定儿童一生必然要走美术学科之路呢?基础美术教育作为国民美育养成教育,有必要让全体儿童都经历"转型期"美术学习吗?儿童按照"转型期"方向进行美术技能训练或学习,肯定不是育人的美术课。"转型期"之论,不仅对整个儿童美术表现能力发展定位不恰当,而且还带来错误的连锁反应。如,横行我国社会20多年之久的"儿童画考级",就属于在"转型期"教学目标幌子下,应运而生的、畸形的儿童美术表现结果产物。"儿童画考级"评定范作中,提供的那些画出某物或者是画"像"某物的儿童画图式标准,明显是反儿童天性的,是抑制各年龄段儿童身心自然发展的,是违背儿童心理、生理发展规律的。梳理1989年之后,小学、初中统编美术教科书内容、教学方法、学生学习方式等,有哪些方面属于"塑造美好心灵"的美术教育?哪些内容具有育人功效?哪些方法是将育人目标作为学生成长评价路径的?

2. 抑制儿童内心自由的"转型期"美术课

尊重儿童心理、生理发展规律,呵护儿童生命自然生长,尊重儿童主观感受与个性表达的美术课,要以美术欣赏活动调动学生的感知觉。引导儿童主动感知，生发思维，向个性表现迈进，普通儿童完全有能力画出写实性很强的线描作品。美术学科要素、知识技能、表现规则、学习评价等，需要在尊重儿童、启迪其思维的基础上，引导儿童自己探寻、自己领悟、自己感受、自己表现、自己诉说，要在与同伴互动交流、与教师对话、与美术文化对话的过程中，在感知与表达的整合过程中完成自己的认识和理解。提升儿童小手的表现技能，并不是教师强行"教"出来的，而是儿童自己领悟出的，是思维方式作用下的潜在能力释放。

（1）社会上的校外儿童美术机构，为了机构运行效益需要安排所谓"课程"内容，有多少具有育人功能？花样繁多的课程能否真正培育全面发展的人呢？校外美术机构要思考："塑造美好心灵"的美术课程，应该是怎样的美术学习内容，什么样的课程形态，学生呈现出怎样的学习方式，有什么样的学习态度及课堂效度，以及如何评价学生美术能力和提升素养？

（2）基础教育美术教科书，无论"大纲"版还是"课标"版，尚存在缺少对儿童原创美术作品系统分析的问题。各版本教材的具体内容，并没有对儿童自主美术表现目标与价值取向做正确引领。从美术学科角度看，教材视觉呈现形成某种"暗示"，即美术的"再现"物象功能。这些内容对引导学生及国人理解美术在思维方向上造成了某种"误读"。

（3）不少教师会以"儿童美术教育"标榜自己是如何明白、懂得儿童美术，但普遍缺乏基本的教育观。儿童期的涂画活动，是人类的重要心理、生理特征表现，源自人类本性上的自由自在。自由的心理状态，立刻生发快乐，快乐的心境对于成人来讲，是一件很幸福的事情。儿童，特别是幼儿，暂且对"幸福"这一概念的感悟与理解比较浅，也不可能用语言说给成人听。但儿童在画画（涂鸦）时的"自由和幸福"，往往是一种无以言表的内心感觉，这是每个儿童特有的体会。美术教学不能以扼杀儿童发自内心的自由和幸福之感为代价。

案例7：认同这些人物写生作业吗？

湖南朱文智老师的写生教学，尊重儿童自发的、主观的个人感受，作为教师，他很少干预孩子们在写生中的第一感觉，包括如何用笔、线条的组织、形态的把握等，均以写生过程中儿童当时的个人体悟为基础。（图6-29）

图6-29

　　儿童线造型绘画中，形态语言的建立与构成，依赖于每个孩子不同的主观意志、心理、生理、意识、认识、思考等，以及一系列形象化思维状态作用下的自主表达。造"形"活动中，儿童在这种形象化的思考过程中，他们笔下的形态痕迹，并不只是对生活物象客观的思考，也不是对自然物态简单的模仿、记录与再现，更多的是带有主观意念的自我表现。每一幅人物写生，是小孩子内在情感通过这种形象化思考，形成了自己的外在反应，这包括他们在成长过程和所谓的绘画表现转型期画出的某些"写实"作品。美术教师需要明白，在整个儿童期，儿童画面所表现出的"写实"形态，与成人美术的"写实"造型有着本质区别。朱文智老师并没有给学生规定必须用什么样的线条、怎样构图、怎样画等。学生笔下的人物写生，呈现出的样态自然带有主观感受和个性表达。

　　讨论："转型期"美术学科技能教学的致命问题及危害是，用习得美术学科知识技能的名义，在专门的美术学科实践中抑制儿童的自由心境。本来儿童画画是很自由、快乐的事情，个人的幸福感就是由此产生的。"转型期"学习强制性实施美术知识技能教学，给儿童造成的不自由状态，必然成为儿童心理、生理发展的"杀手"。儿童在"转型期"学习中被美术学科知识、技能训练要求控制后，不自由、不快乐、没有幸福感的状态，立刻会让儿童失去对美术的兴趣和爱。如果教师把儿童美术教学推落到心境不自由的地步，会使儿童潜在的自由表达能力被美术学科知识、技能捆住手脚，沦落到难以自由伸展和释放的境地，抑制儿童自由天性的发展。

二、"转型期"别论之"高原期"辨析

在对儿童美术表现能力"转型期"的论述中,还有一种论点叫"高原期"。似乎,这样称谓儿童美术表现能力在程度上更加合适一点。也就是说,当儿童随着年龄增长,美术造"形"的表现方式越来越追求"像"某物体形态的时候,由于眼睛看到的、心里想的、手上表现的三者之间有较大落差,于是出现类似攀登高原时的状况:由于空气稀薄,随着海拔的增加,会出现高原反应,如呼吸不畅、困难等。"高原期"论说的提出,似乎是针对学生在一定年龄段出现的问题现象,此时段需要强行令其向成人美术表现方式"转型"。

按照儿童的绘画表现进入对写实造型的"高原期"阶段分析,当儿童画作呈现的状态让个人缺乏自信,或者根本没有了自信时,孩童会对自我下结论——我不是学画画的材料。于是,在小学阶段四、五年级开始,有大批学生对美术课失去兴趣,最终选择远离美术。这是儿童心理生理发展过程必然经历的一个阶段,用"高原期"定位或者描述,能够提醒美术教师和家长儿童绘画造"形"能力出现"瓶颈"。对于儿童绘画造"形"出现的"高原期",对策是调整美术活动内容、课程结构,改变、调整教学方式和学习方法。假设,给教师出一个命题作文,请各位教师回答:面对某四年级、五年级或六年级各自然班全体小学生,究竟用怎样的方法让学生能够画出较为客观的写实性表现作品呢?教师们会各自使出浑身解数,设计相应的教学体系并实施教学,看看究竟如何达成目标。

需要认真思考尹少淳先生的论点:"儿童美术(儿童画)是人一生发展中的阶段性成果。从人的种属、智力发展等角度,儿童画都不足以代表人的某种美术能力。""当下的儿童美术教育存在严重地背离现代儿童观的现象。如今的儿童美术带有明显的伪成人化特征,脱离了儿童的真实认知与情感状态,而基于现代儿童观的儿童美术教育应是让其回归本真。"[1]当下,许多美术教师失去正确方向,审美观念混乱,"论画以形似"的社会状态早已不是个别现象。特别认同代大权先生的论点:"我主张儿童画画要'放天足而不裹小脚',任其乱画胡画少说为佳。儿童的涂鸦是在其思维尚未成形、语言组织能力不足、

---

[1] 尹少淳:现代儿童观与儿童美术教育,《中国美术》2014年06期。

词汇的质与量都不能满足准确自由的表达时的再自然不过的行为。儿童用造型和色彩替代语言和文字，造型的严谨与否、色彩的准确与否都比不上思想的自由与否。让儿童想象自由飞翔，才是儿童美育应尽职责。"①

1995年，我发表论点："儿童期美术表现学习成绩最好的孩子，未来的文化课（语文、数学、英语等）也是最好的。参加儿童期的美术学习，未来不建议去学习专门的美术。和美术最近的专业为建筑学，如果真喜欢，长大成人之后就去学建筑吧。"2001年，在著作《萌动与发展——儿童美术教育学研究》中提出"儿童美术教育与人的可持续发展论"，尹少淳先生论说，这是构建的"美术教育的'大房子'"，是全面、综合的美术教育。

案例8：阅读公众号文章后的感言

儿童期的美育所需要解决的问题，所需要进行的首要工作，并不是让孩子们掌握成人世界已经成熟的、流传下来的美术学科技能、表现技巧，而是儿童身心发展中逐渐形成的某种思维方法。这些作业之所以好，是看上去稚拙、但确是孩子真实的内心抒发，是每个小孩子个人思想的生发。

唯有在充分保护孩童期自由涂鸦的基础上，逐渐感受、尝试、体验涂鸦游戏、造"形"游戏、创想游戏、感悟游戏，并对宏大视觉文化主题形成自我反思的过程性理解、心灵升华，才是孩童应该在13周岁以下需要得到的养育。

拜读您最近的文章，着实令我感慨，两岸美术教师面临同样的困境：知易行难。几年来和大陆老师交流，了解大陆老师对美术教育的热衷投入，他们观课后的心得分享，字里行间都阐述得头头是道，如尊重孩子的想法、讲究人文……，但一回到教学现场面对教育主管人员与家长的审美观就又被打回原形：孩子就是该表现出能受大人与现实社会所接受的审美眼光……

就如台湾省在小学初中高中第一阶年段同步实施十二年一贯的素养新课纲教学，新课纲极力强调打破学科的藩篱，转向跨学科甚至跨领域的统整教学，但最难推动的是基层教师固有僵化的教学观念与方法，与其苛责教师不求长进，应该设法帮教师解开背后广大家长对考试成绩的要求的枷锁。

美术老师亦然，当体制外美术机构所制造出来谄媚广大家长的学童作业充

---

① 代大权：儿童美术教育：要让孩子的想象自由飞翔，《中国艺术报》2021年6月3日。

斥整个社会时，让体制内教师拥有真正美育育人的实力并发挥影响，才能扭转目前的困境。什么时候真正能在全国公开平台来展现，如何看见孩子、理解孩子以及孩子的真作业，而不是在秀老师多会教及自我演示。"

（台湾省小学"生活"教科书"南一版"主编陈致豪）

论点1：美术活动对儿童人格养成的作用在于释放其天性，开启其潜在创造性、主动探寻问题的本性，形成面对生活世界的自我认知与学习。在儿童美术能力发展过程中，不提出、不提倡"转型期"美术学科知识技能教学与指导，使儿童期的美术活动真正回归儿童真性情之本能，回归"儿童美术是人生发展中的阶段性成果"[①]这一本质、自然发展之境。这才是没有各种功利需求，落实育人导向，这才是达成"塑造美好心灵"的美术教育终极目标的美育课程。

论点2：回归儿童真性情本能的美术活动，需要彻底颠覆传统美术学科教学观、教学惯性，改变以往的课程内容、结构、实施方法、学习方式。如，义务教育阶段艺术课程美术课"造型·表现"艺术实践活动的美术作品，要改变以往用大量写实性美术作品进入教科书内容的编写套路，转变为以人文主题统领下，在大单元内呈现儿童原创性美术作品，亲和儿童自己的生活，引导学生欣赏同伴作品。又如，"欣赏·评述"艺术实践活动作品的选择要多样、多元。例，同样是用线条画出的某地古民居采风写生作品，要选择3幅以上不同用线条造"形"方式表达的作品，提供给学生欣赏，引导他们能够在自己的线描写生中，逐渐自主寻找出个人的线条造"形"语言。

论点3：淡化儿童美术表现能力"转型期"教学取向，在儿童3—15岁的美术课中，引导儿童尽情感受人类历史上的经典美术作品，以及同年龄段小伙伴的作品，充分进行自主性美术活动体验，倡导过程性评价，推进学生自评与互评活动，考量每个儿童在美术活动视觉感知与思维生发的过程中，强化对实践体验活动之后心理变化的监测，少一点对儿童画、各类美术作业优劣的量化评价甄别。感知与表达的美术课，将给儿童、学校、社区文化、家长群体带来尊重"人"观念上的变化。儿童美术学习需要回归关注儿童自主感悟体验、构建个体思维方式，独立思考、质疑，在探寻问题中形成批判思维，促进可持续发展的美术课程目标的达成。

[①] 尹少淳先生名言，自1998年在《儿童线描集成》"序言"中提出，22年来在诸多文本反复论及。

第三节　美术活动中为何特别需要呵护与引导儿童

著名教育学者扈中平先生在《人是教育的出发点》中提出，教育的直接目的不应该是满足社会需要，而应该是满足人自身生存和发展的需要。促进人的自由和全面发展是教育的最高目的。从根本上讲，教育应当把人作为社会的主体来培养，而不是把人作为社会的被动客体来塑造，这是现代教育观的核心。人的问题是教育的中心问题，人是教育最基本的着眼点。[①] 儿童，是儿童美术活动中的主体，儿童怎样在美术活动中自由发展，不仅是儿童个体发展问题，更重要的是决定整个国家未来是否具有创造性、创新力的核心问题。为何在美术活动中要尊重儿童生命的自然发展和主动表达，而不是硬性接受教师、父母等给予的美术学科知识技能表现要求，原因就是要以儿童生命的自由、自然生长，作为儿童美术教育实践要求和评价的基础。自由是人的生命中最重要的因素之一。无论是活动的自由、身体的自由和思想的自由，都能够在儿童参与美术活动的过程中得以舒展、释放和坚守。然而，没有教师的责任，儿童便没有自由。教师的责任，是尊重与呵护儿童生命，关注每个儿童视觉感受后的自发感悟、独立思考、个性表达。呵护的含义与策略：

（1）呵护不是放任孩子乱画。含义：帮助儿童建立感知生活世界的独特观看方式，特殊思维方法：如何看，怎样想。

（2）呵护并不是放弃美术学科知识与技能。含义：帮助儿童建立个人视觉辨别的图像思维路径，探寻恰当的表现语言。

（3）呵护需要美术教师不断地指引方向。含义：帮助儿童深刻认识美术文化，建立独立表现的自信和多元文化意识。

义务教育阶段的儿童美术教学，必须强化推进"教育与人"的研究。任何学科教育的终极目标都是为了人的发展，并不是为了学科本身。当代中国教育价值取向的偏差，是在长期以来的顶层设计过程中，教育决策者为了强调教育的社会工具价值，忽视了教育在培养儿童的个性及促进人的潜能得到尽可能释放、发展的问题。儿童美术教育涉及的本质问题就是，作为儿童个体的人的生

[①] 扈中平：《人是教育的出发点》，教育研究，1989年第8期，第33-39页。

命价值问题，需要在美术实践活动中落实"有理想、有本领、有担当"育人目标，以艺术课程核心素养的逐步养成，促进儿童个体独立性、创造性能力发展。

讨论：美术活动中，儿童需要保持身心整体的自由。大家都知道，儿童在10岁左右，会突然出现在画作中画不出自己想表达的真实物象形态，就自暴自弃，没有信心，开始表达要远离美术的心理问题。此问题根源是儿童在4—8岁年龄阶段，其心理上或多或少受到的直接压抑。特别是中国儿童，这方面的心理压抑是全世界最大、最广泛的。儿童生命的智慧存在于其参与学习的自由活动里，美术教育是让儿童"智慧"觉醒、心灵自由的良药。

一、实现育人的美术课堂

我曾在成都师范学院为"国培计划"示范性项目——"全国美术教研员培训""美育骨干教师培训"两个班学员做"何为育人的美术课"专题讲座，分析魏瑞江老师在广东中山执教的"临摹人物速写"一课。以学生现场表现和魏瑞江老师的教学引导、作业评价为案例，详细阐述在美术学科核心素养目标下，育人的美术课应该如何上。当时魏瑞江老师恰好到成都再次执教公开课，我抽时间与魏瑞江老师在成都双流机场见了一面，提醒他在成都泡桐树小学天府校区上课时，学生群体可能会出现的问题，做到预案在胸，把握课堂全局。魏瑞江老师展示课结束后，引发"朋友圈"热议，大家纷纷在"朋友圈"交流这堂让人"意想不到"的课。

◆ 案例9：魏瑞江的诠释与奉献

李力加（下简称"李"）：瑞江，看你执教后的学生作业，这所名校四年级学生比广东中山三年级学生显得还"生"，暴露出其日常教学中的问题……

魏瑞江（下简称"魏"）：是的，越高的年级问题越大，还好作业中能出来孩子的特点，很难得了。这节课，比你想象的还要有意思，跟我上次的课（2018年5月广东中山"名师教研"全国中小学美术教学研讨会）是截然不同的。因为，课一开始，学生的问题就暴露出来了，当我出示这个课题，告诉学生要学习"临摹速写人物"后，好多学生反对。学生说，我们不需要临摹，我们要有想象力，我们要有创新。还有学生说，我们需要有自己的个性，我们不临摹别人。一下子就把这节课的问题，在课堂一开始的时候凸显出来了。

　　这样的师生对话，在日常教学当中，特别是在公开课教学当中，真是很少有。在这种情况下，我跟他们一边对话，一边将他们引导到课题上。开始的时候，这个班有一半的同学都不敢画（不敢动笔）。

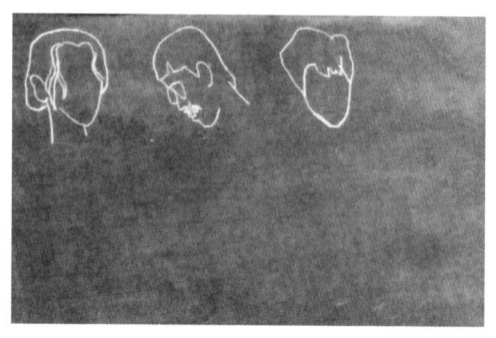

图6-30 魏瑞江老师还是以局部示范引导学生

小孩子年纪越大心理上越恐惧，另外，再加上您分析的，这个学校美术各方面都很不错，但是，确确实实忽视了学生儿童期的美术学习心理。（图6-30）

　　这个班有一个孩子，还是保持着儿童图式期的表现状态，她始终不让我给大家看她的画，然后呢，她强烈要求我给她换纸，而且，全班将近有十个同学也要求换纸，画了几笔之后要求换纸，他们认为自己画错了。这个学生跟我说，老师，你必须给我换纸了，我这个画得不好，我这个作业像儿童画。我说，能不能给我看一看？她也不给我看，我说，你给我看一看，我可以帮助你啊，这时候她的眼泪要掉下来了，我一看这样的心理状态，就尊重她的意愿，没有再要求去看她的画，但是我同意给她纸，因为她的画确确实实仍保留着孩子的（儿童画年龄时期分类）特点，她的画就像上次教学（广东中山）三年级时遇到的那个同学一样，但是，那个孩子他还给我看作业，这个孩子始终不给我看她的画。

　　这个停留在图式期的孩子是女生，她自己感到像简单的儿童画，认为不好，要求换纸，我说帮她看一看，她坚持不让看。我尊重了她的选择换了纸，同意她再画。这个例子说明，儿童画作水平伴随着儿童年龄的增长也应该有所进步（学科知识技能和审美），但不少孩子年龄长了，绘画却永远地停留在原点。美术学科核心素养目标的要求能够让孩子们的五项素养均衡发展。

　　本课开始，当学生们强烈反对临摹学习时，我坚定地说，这节课的内容已定，不能改变，但我可以让你们的想象、你们的个性在临摹中发挥出来。此刻学生们不说话了，默认。我接着导入，好，我们一同走进速写。我在具体教学方法上做了调整：第一，示范时减去一个人物，节省了时间，因为四年级学生的接受能力比三年级学生要强一些；第二，示范画了倒面；第三，快速示范，显摆技艺，调动他们的积极性。（图6-31）

图6-31 教学现场

李：泡桐树小学的学生给了你新的挑战。他们日常接触的美术文化（其地域性、对美术本体的认识、教师的引导、学校的人文性）是不同的，你所带来的教育理念、教学实施策略以及现场感受会让他们内心很久、很久得不到平静：这个天津的美术老师怎么这样呢？（图6-32）

魏：那个说要呈现个性的学生，临不出来，画了几次都不行，她改画写生，画对桌的同学，我尊重了她，并给她展示的机会。其实她所谓的个性是来自个人的不自信，这是学生的普遍心理，也反映出我们教学中教师泛个性、泛创造的假象表征。

我上课一开始就问学生，你们喜欢速写吗？结果一个学生起立说，我不喜欢。这发生在首次与学生对话的时候，我心里想，如果李教授在场，这课就更有意思了，没想到他第一句话就把我的想法给闷回来了。这样的教学，也是我很少见的。所以，这个教学确实是非常、非常有意思，也正像我们在机场相遇，所预见的将会发生的教学问题那样，确确实实就在这一天的教学当中发生了。这是那个孩子画的同学，这个人物形象是一个亮点。（图6-33）

李：学生不自信的情况在培训老师发的作业图中已经看出来了，这是很明显的。之后的作业我也看到了，这是真实的教学、真实的对话、真实的学生心理。

魏：实际上，这次教学最有意义的事在于，现场的这些各省市骨干美术老师（教研员）他们所产生的真实感受。特别是您讲座中跟这一批国培学员讲到了我的教学，所以我的感受是，他们对本次课堂的期待是非常强烈的，可能跟您的讲座有很大关联。另外一点，他们心里也有另外的一种想法，老魏的课会像李教授讲得那么感人吗？所以他们有这样的期待。结果课上反响最强烈的就是这批教研员，他们确实看到了这样真实的课堂。学员中有一位教研员，主动

243

图6-32 四年级学生真的不敢画。在魏瑞江老师的不断鼓励、引领下,学生才开始留下自己的痕迹。实际上,学生画得很好,就是缺乏自信。

图6-33 这是那位学生的作业,她画的人物形象成为关注点。

图6-34 魏瑞江老师现场展示学生作业

图6-35 教学现场

跟陈实老师说:"我要点评魏老师的这节课。"结果陈老师就让他去评这节课,确确实实他是真的有感而发。(图6-34)

这节课,实际上也是把您倡导多年的,在美术学习规则当中怎么样去破规则,进行具体实践。我定的规则就是要画这个主题,所以我尊重孩子个性,让那个学生去选择画同学;另外的就是按照规则,不允许换纸。但我最终还是让那个孩子换了纸。我觉得在规则和破规则当中,不仅是教学中的一个方法问题,更多的是关注学生的生理和他们的心理,还有他们日后的这种发展。(图6-35)

国培学员陶力文老师的观摩感想写得真切、感人。她说:"魏老师的课就是一节赤裸裸的课,从课堂上那位不愿意回答问题的学生可以看出,这是一群不好驾驭的学生,魏老师完全没有在课前对学生进行预设安排。真是太牛了!在魏老师的'人物速写临摹'一课上,我几乎把他与学生的所有对话记录下来了,因为那些对话太精彩!"

案例10:观课的感慨

这个班的学生非常有个性,他们不想临摹,因为他们想做独一无二的事。魏老师说:"学习临摹的过程中不会泯灭你们的个性。"事实上,整堂课魏老师都是这样做的。他站在艺术家的角度去评价每个学生的画，肯定他们画中独特的线条，无论是犹豫的还是果断的，紧张的还是流畅的。在他不断地鼓励中，不动笔的学生开始动笔画了，不愿临摹的学生开始越临越起劲了，他们对临摹的态度从抵抗到接受，再到喜欢，转变十分明显。

有两个特例，一个学生始终不愿把画展示给大家，魏老师没有强求，而是让她只给魏老师看，魏老师对她的画同样是肯定的，最大限度地保护了学生的自尊。有些学生觉得自己画坏了，要求换纸，魏老师都没同意，而是肯定其画作的独特性，鼓励他们继续画。但是有一个学生的换纸意愿特别强烈，魏老师经过"鉴定"，同意给她换了。不同性格的儿童有不同的引导方式，因材施教，才是尊重每一个儿童。

美术学科核心素养目标下的美术课堂应该是育人的课堂。魏老师站在教育家的角度，教学生画画，教学生做人。有些学生的画遭到其他同学嘲笑，魏老师说："艺术家欣赏画的时候是笑而不出声，听清楚，我说的是欣赏，不是嘲笑。"那些看起来很糟糕的画总能被魏老师找出闪光点，后面就没再出现嘲笑声了。（图6-36）

图6-36 屏幕上呈现的作业遭到同学们嘲笑，此作业的视觉感同时给予全体学生怎样的心理变化呢？

美术学科核心素养目标下的美术课同样要立足于学科，魏老师的语言都是美术的语言："画耳朵的时候紧张了，但这种曲线更美了，比原作还美！""这幅画让我感动的是胡须的线条很果断。""头发更有节奏感。""你的画所有的线条都有波动，形成了特别的美。""母性的憨厚和质朴，我在你的画作中找到了。""这样忧郁的人旁边给他画了一个太阳，太阳的光芒像子弹一样射进了他的心里。"……学生们在魏老师这样美术的表达中感受到了美术的魅力。

魏老师说，他用二十年的时间实现了做画家的梦想，还想用一辈子去实现当教育家的梦想。他说，我们老师要从骨子里相信所有孩子。课后，我问了魏老师一个问题："有小孩子的画一看就是线条不肯定，为什么您还说那线条有波动，形成了特别的美？"魏老师说，他的线条不肯定也许是因为紧张，也许是因为不恰当的模仿，但是一旦表扬了这个孩子的画，他有自信了，他的线条就会越来越肯定，渐渐地加以引导，他就能形成一笔画成的流畅线条。（图6-37）

每个来到世上的人都是独一无二的，每个人一生都渴望被看见，被看见的那一刻，就是人性的光被点亮的一刻。在魏老师的课堂中，每个学生都被看见了，他们独一无二的特性在魏老师的包容下，被尊重，被理解。有个学生的画，左边的线条是犹豫和断断续续的，越到右边越果断、粗犷，那是从不自信到自信的心理过程在笔下的表现，而这就发生在短短的一节课中。

图6-37 学生作业

大音希声，大象无形。魏老师的美术课没有一张PPT，没有花哨的形式，然而，正是一堂朴实的美术课，却透着教育家的情怀与人性的光芒！听完魏老师的课，我激动不已，因此有很多话想说，您别嫌我啰嗦！像您这种大师级教师的美术课能亲眼观摩，我十分珍惜，您的课是真正的育人的课。您的讲座以及尹老师、钱老师、段老师的讲座，使我更新了核心素养理念，您是将理念付诸实践的真实案例。感恩！

（国培学员观课感想）

讨论：本课教学一大特点是我和魏瑞江老师在成都双流机场的短暂交谈中，预计到的困难、问题都出现在课堂上，但是，谁也没有想到，成都泡桐树小学学生会在课堂上直接质问魏瑞江老师，甚至直接拒绝"临摹"学习任务。

案例11：魏瑞江老师的课后思考

片段1：有一个学生认为自己画错了，强烈要求换纸，向我提出了三次，均被我拒绝。

第一次提出换纸，我回答，这节课就用一张作业纸。（这是规则）

第二次提出，我对全班说，刚刚画出几笔也不像，但不要认为画错了，要继续去画。（对全部同学的心理指导）

第三次提出换纸，我提出条件，我要看看你的画是不是真的画错了。（来决定换不换纸）他临摹的是侧面，只画了头发和一侧的耳朵。我首先肯定他没画错，画得很好，并表扬他侧面头像最难发现的地方被他发现并表现出来了（通常儿童画人的侧面形象，会把耳朵外轮廓与后边头发连在一起）：你将耳朵外形与头发分开，这么细微的变化你都能观察出来，可见你的观察力和表现力，相信你一定能把这个人物画好。（专业的指导解决专业问题）后来这个学生再也不提换纸了，而且画得很完整，还主动到前面展示。

思考：如何对待学生在美术课堂上细微的心理变化与行为，是美术教师教学基本功力究竟达到何种水平的试金石。魏瑞江老师的应对，是在充分尊重学生心理状态与课堂行为的基础上，坚持教师应该给予的引领，而绝不放任与敷衍，他那契合学生心理的教师智慧，值得全国美术教师认真学习和反思。

片段2：当一个学生画完后，想给我看又很犹豫。我将这幅画展开，面对全班分析：第一，画面完整；第二，线条有自己的特点，她的每根线条都是犹豫的、断断续续的，形成了她的线条特点，使画面更加生动。其实，你们每个人的线条都有你们自己的特征，因为它来自你们的生命。

课后一个老师追问，为什么表扬学生，在老师们看来这样的学生显然没有美术表现基础，是不会画的，碎线也并不美。我答，我首先赞同你们的意见，她就是没有美术表现基础，所画的线条很碎。但整个画面形成了一致性，而这种不自信加抖动的线形成了这个学生的绘画语言，当然，这一次是偶然出现。被老师点醒后，她会从不自觉走向自觉，坚持画一段时间，她会相信她线条的美和与众不同。

讨论：临时借班上课，在没有事先见学生，没有师生共同体默契合作的前提下，魏瑞江老师的教学启示我们：作为教师，面对陌生的学生，究竟应该如何对待每位儿童独特的生命生长状态？如果教师觉得学生的作业不好，应该如何做？是批评？是拒绝学生的表现？教师能够说得出口吗？

片段3：那个追求个性的学生边画边说，我画得好，我有点"疯"了。学生们也说她疯了。我立即请这个同学到前面展示。她一边笑，一边展示。我笑着说还真的疯了，绘画很有意思，有许多艺术家有这种感觉，我也有。

一位从课堂开始就反讨临摹、要追求个性的学生，在我的美术课，真的从始至终坚持了个性，而我又给了这个学生个性的发展，这个发展是沿着学科本体、学科的素养发展。她从一开始大家认为的个别，到课后的个性，就是美学科素养育人的过程。假如在其他老师课堂上，会给她或他以尊重吗？可能第一个"灭掉"的就是她或他。

讨论：魏瑞江老师课堂上用亲切的、带有调侃式的幽默话语描述这个学生的表现，让学生感觉到教师关注她的温度与尺度。教师面对不同学生的时候，需要用不同的方式，解开学生美术表现时的心结。如何处理好学生不同心理、生理发展阶段中美术作业呈现出的差异性，是美术教师都要自我修炼的基本素养。（图6-38）

片段4：一位特别不自信的学生到投影仪前面展示自己的作品，观摩的全体老师和学生为她鼓掌。掌声过后，我问她听到掌声了吗？她点头。老师的掌声是轻视你的画了？她摇头。老师的掌声是给你肯定，因为你的画打动了我们。

讨论：课堂中，魏瑞江老师"魔术"般的评价鼓励话语，让每一位学生都能够在面对自己作业的时候，逐渐建立起自信。这份自信是引导学生逐步认识美术表现的多种评价，从看不上眼到开始认同教师对作业的评价标准，认同教师对小伙伴作业的分析，深化自己对美术的理解，进而更深入地认识自己、建立自信。（图6-39）

图6-38 成都泡桐树小学天府校区学生，之前从未接触过这样的美术课。他们惧怕画不好的心理是课堂常态。魏瑞江老师把握了学生不自信的心理状态，顺势而导，启发同学们逐渐找到自信。

图6-39 这些作业，整体上似乎不如5月广东中山那些三年级学生的画作。这就是儿童画的发展过程所呈现的必然，魏瑞江老师很清楚学生的心理状况，他努力用自己的智慧打开学生心理上怕"画不像"的"魔结"。

二、对现场展示课的点评

案例12：点评"老魏"的课

今天，魏老师给我们"上了一课"。我用几个字来概括对魏老师课堂的感受。

第一个是"真"。昨天，我问魏老师，要不要先到学校跟学生见面、做个铺垫，魏老师说"不用"。今天，魏老师和我们一起来到这所学校，大家看到，绘画用具、材料是现场发给学生，学生也不知道今天要学的内容是什么。教学课件也是到了这里才完善的，魏老师一定要在PPT中加上"泡桐树小学天府校区""四年级四班"这些字样。看得出，魏老师很尊重学校、尊重班级、尊重儿童，非常珍惜与成都市小学生进行美术活动的机会。（图6-40）

图 6-40

第二个是"实"。魏老师的课很"实"，是很实在的美术课。课件很简单，就是几张人物速写范作。没有豪华道具，也没有什么精美的环境布置，是一节朴实的课，一节很常态的课，追求在有限的四十分钟里，让学生用自己的线描方式完成对一个人物速写的临摹。

第三个是"生成"。魏老师的课是"生成"的。看似一节平凡朴实的课却又很不平凡。本课有明确的造型目标，但没有明显的教学环节，教学的走向完全是根据学生的反应和表现而自然进行的，感觉每一个教学细节都发自教师的内心，发自学生真切的艺术感受，是一节真正意义上的生态课。

早就听说过魏老师的课能打动学生,也能打动听众。通过现场观摩,我们看到,魏老师在课堂上时刻关注着学生,学生每一个细小的语言和动作,都能被魏老师发现,并能给予及时的建议和指导,不仅限于美术技法,还能体现全面地育人。可以用这么两个词来描述,那就是"顺势而导、育人无痕",这样的教学状态完全是教案写不出来的。如果只看魏老师这节课的教案,会觉得这是很一般的课。但是到了现场,就会觉得魏老师无时无刻不在用心,无时无刻不在育人,无时无刻不在传播美术文化。整个课堂有着浓厚的育人氛围和艺术气场。

四年级的美术课并不好教。9到10岁是孩子从意象绘画到具象绘画的"转型期",也是他们学习美术兴趣急剧下降的阶段。大家知道,三年级以下我们对学生都很宽松,他们可以用图式来画画,随便一个符号,随便一个三角形、一个圆形就可以画个人,体现出强烈的儿童画特征。而到了四年级,儿童的认识观察能力增强了,认识能力提高了,表达的要求也高了。学生想写实,但是能力跟不上,"眼高手低",对自己的儿童画形式很不满意。因此,这个阶段如果美术教师没有好好引导,儿童就会失去美术学习的兴趣,就会离美术渐行渐远。而今天魏老师的课给了我们一把钥匙,原来美术课还可以这么上!(图6-41)

图6-41

魏老师的教学评价,是一种非常宽松的激励性评价。通过丰富的激励语言,让每个儿童都能通过美术学习,找到感觉、找到快乐、找到成长。这个座位上有一个学生非常调皮,画着画着就手舞足蹈,如果我遇到这种情况,真不知道怎么来调控。魏老师评价她"画疯"了,并给同学们说:其实艺术家有时候就是疯子,就是这种状态。魏老师的评价针对性很强,表扬学生"画出了头发的厚度""波动的线条很自然"……完全是针对学生最容易出现的问题进行点评指导。同时,魏老师也不是一味地迁就学生,而是通过评价向学生传达明确的学习要求:"必须临摹,必须参照范例进行临摹""不能换纸""放下你的橡皮擦"……美术学习也是要有底线的,该掌握的技能必须让学生掌握。魏老师的评价还有明显的育人指向:"画完了还可以加点什么、写点什么呢?能不能把自己的愿望也加进去呢""我们观赏作品应该——笑不出声""分享也是艺术活动的一部分"……魏老师敏锐的课堂观察能力，及时准确的指导能力充分展现了名师的教学风采，这样的教学艺术是很难模仿和复制的。

魏老师的课是一种特别自信的课，课堂上无论出现什么问题都能成竹于胸，一切皆在掌控之中。学生在课堂中的各种问题，魏老师都有预备的方案，真是"水来土掩，兵来将挡"，教学非常有底气。这就是沉淀，因为魏老师本身就是画家，他说自己用了二十年来做画家，还要用一辈子的时间来做教师，这就是我们应该具备的教学思想——要用一辈子来准备课！

当你对美术有深刻的理解，对教育有着到位的认识的时候，你就不会害怕美术课堂了！当你跟学生有着充分的交流，完全理解儿童、赏识儿童的时候，你就会对课堂上学生的一举一动及其所有表现了如指掌，能随机应变。感谢魏老师带给我们的精彩课堂，让我们分享到美术教育的幸福！

（国培示范性项目主持人、成都师范学院美术学院陈实主任，文本根据现场录音整理）

❖ 案例13：国培学员观摩课感想

早就听说过魏瑞江老师，今天有幸现场听了魏老师的课，才发现传言非虚。真实的课堂就当如此。

开课时才与学生交流，语言诙谐地放松学生情绪。没有对学生在课堂的要求，也没有跟学生交代课程的目的。不需要提前的准备，不需要学生虚假的配合。

开课后，我能明显感觉到学生的放松状态。有许多课堂生发的语言，面对学生的抵触言语，魏老师也能轻松驾驭，这样的驾驭不是偶然，是课堂背后长期的文化积淀和人文情怀积累的结果。允许你的个性存在，但课堂得听老师的，因为魏老师给出的理由不容拒绝，学习并不会让你的个性磨灭而是会彰显它。对于学生的真实反映不是堵，而是疏。

欣赏速写作品的过程中，悄悄地把人体的基本结构讲解了，速写的技法也很灵巧地穿插进去，让学生说一说对人物的感受：它给你的这种感觉在什么地方凸显了？为什么会有这样的感受？对，是线条给予的！速写的魅力就在这里，学生循序渐进地、悄悄地就把技法了解了。

在处理两位学生不同的换纸请求时，魏老师进行了不同的处理，一个学生是不自信，需要鼓励才能接着画下去，不换纸！另一个学生是意识到自己绘画方法的不正确，努力想从图式绘画中挣扎出来，老师给她换了纸——保护学生脆弱的进取心。

魏老师在课堂中，时常提醒学生注意坐姿。从这一个小小的点可以看出魏老师满满的人文情怀。我们教师不单只教知识技能，更应该关注学生的身心发展，由我们的改变去影响学生的人生。不为教而教，只为人而教才是核心素养下的未来教育。

图6-42

从魏老师的课堂教学细节，可以看出他是一位非常负责、也非常"本分"的老师，我深深地认同他的理念，关注孩子成长才是教育的出发点，实际教学中我也在做着一些改变，但还需要好好学习，没有深厚的文化功底，是没办法上出像魏老师这样自然的课的。（图6-42）

（国培学员、江西肖春玉老师）

国培学员、广东江门市教研员刘民毅老师，在魏瑞江老师教学后第一个自荐点评。他从"语言的输出的艺术""美术教师的示范""教学质量保证体系""学生的学习效度"四个方面，对魏瑞江老师的课堂教学进行点评。

案例14：主动要求点评的教研员

这是一个极具代表性的"常态课"案例。国培班150名学员、李力加教授、魏瑞江老师共同研讨、剖析，立体式地从课堂教学"表皮"走到了育人的"内核"，给全国美术教师提供了深刻思考核心素养本质，研究"育人的美术课究竟如何上"这样一个思考平台。（图6-43）

图6-43

（1）语言输出的艺术。魏瑞江老师的经典话语"让我们一起走进速写"，而不是一般美术老师所常说的"我们上速写课"，魏瑞江老师这样的话语拉近了学生和老师的距离，生活化的情境性使学生感到更亲切。又如："这么好的画，为什么要'换纸'？坚持把它画好吧！"还如："我们今天多难忘啊！"这些语言的表达说明魏瑞江老师心中有学生，一切围绕学生的发展而设置自己的行为和课堂语言。

（2）美术教师的示范。示范，是美术教学独有的形式。但现状是，在美术教学中有一种常态——"不教则乱，一教就死"。而魏老师的教学是以学定教、边学边教（边教边学）相互转化的，更倾向于"不教"的思维引领。充分展示出名师、特级教师、正高级教师的教育教学智慧与策略，体现了教师的基本功。例如，魏老师示范的时候，学生们的眼睛都是目不转睛地静看，这是一种高级的参与，学生们被老师精湛的功夫所震撼和吸引，因而，学生们的佩服是由心底生发的。音乐学习中，学生的最好状态是"静听"；美术学习中，学生的最好状态是"静看"。

（3）教学质量保证体系。在整个教学过程和时间段里，魏瑞江老师对学生作业的教学反馈（过程评价）是非常及时的，充分体现了以学定教的思路。他在整个教学过程里，对学生作业的分析、激励性评价是贯穿始终的，而且，有着及时的局部展示和具体指导意见。这样，就将学生的学习很好地引导到教师所期望的轨道上，同时，又充分尊重了学生个体的意愿和心理活动状态。

（4）学生的学习效度。整个课堂学生思维活跃，由一开始的学生给魏老师"出难题"：为什么要临摹啊？转化为平等、自由、活跃的自主学习状态。作业都完成得很好，而且，都在自己原有的基础上发展了。这说明魏老师心中有学生、有爱心、有引领。

整个教学体现了新时期核心素养目标下"确定主题""创设情境""交流互动""解决问题"的教学目标与思路。如，学生自主"解决问题"是由怎么临摹、如何临摹的指导学习与自我探究展开的，小问题的解决是：头部怎么画？如何与身体结合等？在边教边学、边学边指导的过程中，解决了学生如何临摹人物速写的问题。学生获得了如何看、怎么表现、如何评价自己作品的能力，达成了会看、会表现的能力。

（文本根据现场评课视频整理）

国培学员"朋友圈"留言节选：

乔老师：魏老师的课是一节常态课，真正的常态课，没有花哨的磨课表演。

黄老师：说真心话，如果在基层学校，这样的课做公开课一定是不被主流接受的。魏老师作为教研员还坚持课堂教学真的很不容易。

三、教学引出的问题讨论

案例15：魏瑞江老师课堂中给学生的话语

（1）学习临摹不会泯灭你们的个性，通过临摹可以感受画家画作的美。

（2）你的画中，耳朵和头发连接的地方画得很好，说明你观察得很仔细，不需要换纸，要有自信。为什么大家今天没有自信？因为临摹得太少。

（3）这幅完成的画我相信会得到所有听课老师的掌声。这幅画所有的线条都有波动，形成了特别的美。我画不出你的线条，因为你有你独特的个性。

（4）你的画可以不展示，但你可以给我看，因为我是老师。（学生给魏老师一个人看了之后）你的画很有价值，记住，你的画很有价值！你觉得你的画还停留在幼儿识图（图式）期，但你对艺术的追求比较高，你不接纳自己。

（5）现在很多临摹画没有儿童的味道，太成人化了，但今天我找到了。

（6）艺术家欣赏作品笑而不出声。

（国培学员陶力文老师记录）

讨论：魏瑞江老师的教学，之所以值得深入研究与思考，在于长期以来大多数美术教学往往只盯住"美术学科"知识和技能的传递，忘记了学生，特别是忘记了学生心灵瞬间的活动状态，忘记了去研究自己的课堂教学究竟能够带给学生们怎样的身心感受与变化。

1. 公开课前是否要见学生

课堂图片、现状、评价等在微信"朋友圈"传播之后，全国美术教师反馈强烈。成都泡桐树小学天府校区陈冠夫校长给我发信息说："我在现场，有些争议与反思，我觉得主要是课前对学情估计与沟通不足，因为没有见学生就直接进入正课。但正因为不同所以课堂随机生成更有新意，学生是无原罪的，现场国培学员也觉真实和生发的好，事后我也给魏老师致以歉意，安排班级是下边美术组长安排的，这个班经常接各学科公开课，学生太活泼了，真不好意思，总体是和谐与优质的。希望魏老不要介意。"我回复："冠夫，这才是好事！学生们非常好！说明你们的教学和引导是开放的，是关注孩子的。正因为他们真实的生活状态，才生发出这样的精彩。谢谢！"

案例 16：魏瑞江老师读陈校长信息的反馈

"应该谢谢陈校长！谢谢陈校长在课后与我交流。我内心非常感谢学校、感谢这个班。课前不见学生是出于对教学的尊重，是针对当下各种假课的一种最无奈的选择，而课堂的真实恰恰来源于此。当然课上师生也会有一个相互适应或对立，以及彼此不接纳的过程。这本身就是教育。我们很多老师的公开课，在课前把课上的一切问题都解决了，结果课上就是一次演练。我非常反对这样的教学，所以为了呈现真实，只能选择不去见学生。就让课堂的一切真的在那里发生。

谢谢泡桐树小学！谢谢四年级四班的学生，因为你们才成就了这节真实而有意义课。"

我再回复："瑞江，你做得很对！课前不见学生，真实课堂才能发生。这些年，很多公开课现状，的确就是"演戏"给观摩教师看。当然，从学习共同体的视角看，学生遇到陌生老师，自然有想表现自己的心愿，他们对某老师的态度，教师对陌生学生的适应，就看教师的教育素养和自身功力了。因而，本课意义更加深远，特别是进入美术学科核心素养目标的新时期，更需要思考这些深层次的问题。感谢陈冠夫校长！感谢四年级四班的学生们！更感谢瑞江的教育智慧和爱！"（图 6-44）

图 6-44 实际上学生画得很好！就是从未这样认识美术，也不了解美术可以这样表现。

讨论：对于新教师、一般教师，在公开课前先与学生见面，彼此熟悉、认识一下，此做法是常态。但是，那些在公开课前先给学生上几遍课，把教学主题给学生们上熟悉了，再到公开课上"表演"一遍给大家看的方式，则是一种典型的假课行为。任何教育的发生，都应是在学生日常行为中自然生发出来，使学生在生命生长的自然状态里得到教师的教导和润泽。强制预设课堂行进路线，让学生们照此行走的美术课，本质上不是教育。而那些提前设定好美术作业效果，按部就班照教师思路完成课堂教学流程的美术课，仅仅是教师获取任职利益过程里的一个"生存套路"，一个特定的"游戏规则"，更不是教育。

2. 教育教学的出发点及归宿必须是人

教育教学的出发点和归宿是以人的发展为主旨。美术教学的根本目的是人的发展，是促进学生美术学科核心素养基本形成，并非美术学科本身。魏瑞江老师本课的教学意义和价值在于，他始终以学生发展为出发点，始终在保护学生心理生理阶段特征上实施教学。临摹，作为美术学习中一个基本的方法与过程，需要小学生们正确认识和理解。学生嘴巴所说的那些"个性""创造力""想象力"等词语，与美术的临摹学习本身并不矛盾。成都泡桐树小学天府校区四年级四班是一个优秀生班级，参与学校里各学科公开课较多，学生用自己"见世面"多、"很自信"的心理，来应对魏瑞江这位远道而来的老师。学生之所以在课堂一开始就以"我们不要临摹"为理由，"抗拒"魏老师的主题，其中，有着此年龄段学生喜欢在公众面前显现个人的表现心理，他们原以为自己现场说出的理由，足可以让这位外貌上看起来"并不太震撼"、远道而来的老师妥协。但没有想到，魏瑞江老师亲切、幽默又不失严肃，学习主题确定后，他们已被魏瑞江老师的美术表现（示范）所征服。

通过本课的学习，四年级四班学生对美术有了新的认识，他们所知道的"个性""创造力"概念，其内涵并非自己原本粗浅的认识，在与特级教师对话中，在师生共同交流中，他们图像识读能力的提升表现在：能否看明白魏瑞江老师的评价，即为何表扬那些常态里他们看着不顺眼的线描作业，能否认同魏瑞江老师对每一位同学作业的评价和不断褒奖的引领。改变学生这些思维，将导致其审美判断能力发生变化。随着这两项能力交织在一起的共同心理作用，其动手画（临摹人物速写）的表现过程，个人的运笔、勾勒、塑造形态的行为动机也在发生着或多或少的变化。

以人的发展为出发点的教育以及教学行为,是优秀教师为师的准则。魏瑞江老师秉持一切为了孩子的教育宗旨,在整个教学过程所给予学生的引导、帮助、激励、评价,为学生深度认识美术文化打开了一扇新的窗子。在"教育教学的出发点及归宿必须是人"的宗旨下,之前所提到的公开课"是否要提前见学生"的问题,就成为不是问题的一个自我狡辩了。只有当教师真正将学生作为人看待的美术课堂,才会生发出真正服务于学生心灵的共同学习、切合实际的引导和帮助。在践行教育宗旨的路途上,魏瑞江老师是一位不断锤锻自己教育初心的人,为何在他的课堂上总是遇到这样、那样的"稀罕事"?为何学生在面对"老魏"的时候,总喜欢和他"对抗"呢?深度思考"教育教学的出发点及归宿必须是人"这一宗旨,或许可以得到满意的答案。国培学员陶力文老师的话非常精辟:"美术学科核心素养只是理论吗?那是真真实实的人与人的相互成全!"

任何教育教学活动都有着对人的自由控制作用。儿童在美术活动中对成人(教师)指令的恐惧,滋生了教师的权威,无论是教师的权威、学校的权威、课程目标的权威,都会对儿童的健全心理、完整发展给予最大的破坏。魏瑞江老师的教学没有任何权威性的压抑,看上去是孩子们挑战本教学课题,实际上是大多数孩子在美术活动中,特别是自己的绘画表现进入视觉观察心理发生变化的过渡阶段,"临摹人物速写"课题不能如意地以画的方式表达他们的感觉、愿望、意志等心理。学生心思的纷乱是由眼睛观察后的思维引发的,笔下的表现往往无法满足他们当下的愿望值。压抑情绪会延续在此刻明显地出现,儿童在不知不觉地受自己内心苦恼、不满、厌恶画画等心理影响。很多已经十一二岁的儿童,虽然外表看起来像个小大人,个头也蹿得特别高,但是他们的心理年龄,他们的情绪、思维状态,他们认识问题的基本感觉还停留在5—8岁阶段,也似乎是长不大的感觉。这样的情况在很多孩子身上都存在着,而且,很多初中生,甚至部分高中生,其心理上也有这样的情况存在着。

长期以来,家长对于儿童成长中"好学生"概念与内涵的认识,基本停留在"听话,按照大人要求认真读书,日常行为规范顺应家长和老师要求,不做那些'出格'的事情"等类似认识上。这些学校生活里的"好学生"行为以及形象,会潜移默化地影响儿童在美术活动中的状态。如果遇到良好的美术教育环境和优秀教师，会给儿童提供完全开放的空间，会帮助儿童将潜藏在内心深处的某些能量在美术活动里释放出来，能够令儿童原本压抑的心理得到舒缓、得到解放。成都泡桐树小学天府校区学生，虽然见世面多、个性强，但对美术文化的认识并非真正到位。在魏瑞江老师亲切引导下，课堂上践行了美术教育与学生人格发展的互动与激励。在良好课堂环境中的探究活动，使学生得到心理上的释放，身心发生变化。

案例17：魏瑞江老师教学启示

（1）何为美术教师尊重学生？

基础教育中，任何年龄段的美术活动、任何年级（小学、初中、高中）的美术教学，其本质不是美术教师教学生们学习美术！但绝大多数美术教师长此以往的思维是：我教你们（学生）学美术！你们都要听我的，按照我教的美术学科知识与技能，去一步步练习。我（美术教师）是美术学科知识的拥有者，是美术表现技能的掌握者。这样的思维，是美术教师不尊重学生的体现！

每个学生，即便是四五岁的孩子，或是小学生、中学生、高中生，他们都有着自己的精神哲学。他们对于世界的认识是他们生长环境所给予的，他们来到美术课堂时，并不是"白板"。

美术教师应该持有的态度与行为是：和学生们一起，在某个主题里与所呈现的艺术（具体的美术作品、美术家、当时的社会、历史状态、美术表现方式等）相遇，这样的相遇可能是"不期而至"，也可能是"偶遇"，或是"相见恨晚"。在与艺术不断的相遇中，总有机会与某某"交朋友"。

和某个主题所呈现的与艺术"交朋友"状态，是美术课里学生参与活动的最佳境界。当学生在美术活动中与某件作品、某个美术家、某种独特思想"交朋友"，必然产生"文心""触及心灵"的个体心理活动。美术课堂上学生与艺术发生了"交朋友"的"故事"，才能生发出在课堂上自己的"高投入"状态（崔允漷教授语），也才能引发教师不断思考与持续反思，进而发生深度学习。

倡导与艺术"交朋友"的美术教师，与学生是一种平等的、亲密无间的共同"玩"的关系。这个持续"玩"的过程里，是需要相互启发、相互影响，再共同到图书馆、书架上去找寻：用何种艺术思维方法、美术知识、技能、表现形式、美学形式等，来解决这个主题里的艺术问题。

（2）教师如何指导学生的自主奔跑过程？

在教师提供的某个美术学习主题里，重要的并不是学生画出什么、做出什么、展示出什么，而是悟出了什么道理！这个道理就是大观念，这个道理就是积淀在学生内心深处的人的可持续发展潜在能力。即便是涉及非常具体的美术技能表现，也并不是美术教师教给学生的，而是学生自己感悟出来的。

在美术课上，教师别以为某某学生会画、会制作、会呈现是你教的，能够启迪学生与众不同地会画、会制作、会表现（呈现），才是优秀的美术教师！长期以来那种"师傅带徒弟"式的传授某具体美术技法、知识点的美术教学，只能面对着单个的学生施教。

面向人人的美术教育，为学生提供"塑造美好心灵"的美术课堂，教师角色是搭建让学生们自由奔跑的平台（特殊跑道），教师要与学生们一起奔跑，帮助在奔跑中那些跟不上领先学生的孩子，给他们助力，给他们策应，给他们在奔跑的途中提供矿泉水。跑道转换的美术课堂，绝不是美术教师在教什么！

讨论：长期以来，多数美术教师秉持的都是教知识技能的思维。在这种习惯思维下，给学生的都是历史以来由成人总结的"美术事实"。将"事实性美术知识与技能"，用灌输方式让学生接受，这样的教学与学生心理发展、生理自然生长现状并不契合，因而，无法实现"面向人人"的美育。"事实性的美术知识与技能"需要迟几年给学生，如果非要强行给，就需要与学生的生活经验相连接，这样方能够帮助学生产生愿意和美术学科知识与技能交朋友的心理，有了这样的变化，教师的传递才容易与学生心理契合。

重要问题在于：那些需要传递的"事实性美术知识与技能"，面对学生的时候，在具体操作层面直接给学生时还是无法达成教师想得到的效果，是因为，任何知识与技能的基础是观念，也可以称之为艺术观念，或者艺术思维方法。有了观念、方法的引领，具体的美术知识与技能才能在某个主题表现时使学生们生发精彩呈现！教师必须以观念、思维方法来开启学生的思维，这就是美术学科核心素养目标要求的教学样态。观念、思维方法如何教呢？需要美术教师在传递具体的美术学科知识与技能之前，提炼出为何这样表现的观念和思维方法。

第七章

儿童美术活动与人的可持续发展

问题 如何打破美术学科体系对儿童身心发展的制约?
解析 基础美术学科课程体系的重构与实践。

第一节　如何由美术学科本位转向育人为本

自幼儿园到高中长达十多年的时间里，如何将人类历史上的美术创作成果纳入基础教育美术课，是一门学问。教师需要把握的是，第一，在真实生活情境中，关联学生的生活经验。由人类自身创造性地改变自己生存状态的发展历史，认识美术和美术表现的不同样态。第二，厘清"学院美术"与基础美术教育的不同。不能照搬专业的、学科化的美术知识与技能在幼儿园、小学、初中里施教，哪怕第二课堂（美术社团活动）时间，也应该尽可能采用关联学生生活经验的方式展开美术学习。第三，儿童能够自己主动"创造"。在义务教育美术表现实践活动中，需要始终贯穿的理念为激发儿童的主动创造。

人类的诸多思考、行为、相关联系需要通过视觉来完成。美术活动可否由儿童"记忆的视觉印象（意象）"这一思维目标出发，研究视觉环境对儿童思维形成的基础素材，由此，对儿童的美术表现能力发展做出较扎实的研究。儿童是怎样生长的？生命的能力是如何发展的？要弄明白这些问题，需要研究儿童为何用涂鸦的方式、以直觉感受为思维基础来画画。儿童的绘画作品，没有一幅是现实世界的直接翻版。儿童所看、所想，肯定会在自己画画时有所反映，从而在画面里体现出来。教师需要了解的是，儿童这种反映和体现在画面里的详情。虽然成人的美术表现学习归纳起来就是三种方式——临摹、默写、创作，但创造意识特别需要从小播种在儿童心里，这样，才有可能达成真正的、育人育心的美育目标。美术教育的根本意义和目的不在于教授美术学科知识与技能，而在于润泽、养育学生的人格和心灵。

一、美术学科技能习得中的育人路径

1. 知童善教，育人为本

十多年来，天津市特级教师、正高级教师魏瑞江的课堂教学，不断给美术教师以精神启示及实践引领。2019年11月10日，魏瑞江老师在"千课万人"小学"中国画与民间美术"课堂教学高峰论坛执教"水墨画——人物头像"一课，给了我们诸多启示。（图7-1）

图7-1 魏瑞江老师执教"水墨画——人物头像"

案例1："诸个一"的体悟与实践

此主题曾在深圳举行的"名思教研"活动中展示过，我在现场观摩，并拍摄诸多教学瞬间照片。本次教学，魏瑞江老师对教学设计进行了改进：首先，以水墨表现为主，放弃彩墨；其次，采用一张纸、一支笔、一滴墨、一个调色盘、一个涮笔筒、一瓶墨汁等"诸个一"材料、工具等限制性实践形式，调整教学过程。魏瑞江老师秉持一个观点：教学时，自己使用与学生一样的、由公开课主办单位集体提供的毛笔、宣纸、墨汁等工具材料（这些毛笔、纸张在性能上是达不到画家个人对工具要求的个性化及专业化指标的，不是专业美术用品）。这样的课堂教学才更具说服力。

第七章　儿童美术活动与人的可持续发展

课堂实录：观看人物头像图片，引导学生观察人物头像正面与侧面造型特征。然后，呈现4位当代画家的水墨人物画作品，引导学生欣赏并发表评述。课堂上，有一位小女孩，面对魏瑞江老师的提问，非常积极地举手回答，她的表现让人特别惊艳。特别是围绕着画家袁武先生作品欣赏时，她的应变分析能力，以及语言表达的丰富性、描述问题的深刻性等，赢得了全场美术教师的热烈掌声。（图7-2、图7-3）

图7-2 魏瑞江老师引导学生观看人物头像照片 　　图7-3 魏瑞江老师与学生的课堂互动

另一个重要环节，魏瑞江老师特别选择之前的两幅学生彩墨人物头像作业，让大家共同欣赏，并对画面表现进行分析，指出其中表现方式的不足。这是之前的公开课教学时不曾有的探讨活动，对学生们在本课学习中如何进行表现有启发作用。（图7-4）

呈现4幅教师作品后，魏瑞江老师选择一个线描人物范作，示范"以线为主"的表现方法，引导学生如何进行水墨表现的转换，全体学生认真观看，并发表自己对水墨表现的看法。随之，课件上简单呈现"线面结合"的表现方法，启发学生进行由照片的视知觉感受到人物线描、再到自己的水墨表现这样的思维转换。（图7-5至图7-12）

图7-4 魏瑞江老师讲解学生的彩墨人物头像作业　　图7-5 师生讨论及教师作品呈现

图7-6 魏瑞江老师示范一滴墨方式  　　图7-7 魏瑞江老师示范如何用毛笔蘸水、如何把握水分等

263

图 7-8 魏瑞江老师表现示范　　　　　　图 7-9 魏瑞江老师为同学讲解

图 7-10 魏瑞江老师画五官和点睛之笔　　图 7-11 呈现及方法之二

图 7-12 进入学生表现，魏瑞江老师将评价贯穿全部过程，　图 7-13 学生表现及魏瑞江老师及时跟进的评价
对学生每一笔都鼓励和肯定

图 7-14 不同学生表现的局部图　　　　　图 7-15 课堂影像记录

　　随即，课堂进入学生自主表现环节。魏瑞江老师的教学特点是，对学生表现的即时评价贯穿课堂全过程，帮助学生在不断建立自信过程中，使自己的表现能够顺利完成，而且能达成自己满意的作业效果。魏瑞江老师在巡视过程中不断呈现学生作业的即时画面，以持续鼓励话语，评价学生作业局部表现，为全体学生构建自己的信心。（图 7-13、图 7-14）

　　无论学生的作业画成什么样，魏瑞江老师的评价话语都是满满的鼓励，为学生暂时不明白的心理带来既满足又疑惑的状态。这样的激励性评价为同伴视觉表现的"自我认同"和"优秀作业"的审美价值取向建构起一个标准。至少在个人视觉审美心理尚且不太明白的情况下，学生的内心是有信心的。（图 7-15）

　　如图 7-16，这一作业，学生在心理上肯定是不满意的。因为，所有儿童

到了小学四、五年级的年龄，已经进入追求写实性表现阶段，在心理上并不认可自己的作业水平，而且，这种不认可自己的心理长期存在，并影响其选择逐渐远离美术学习，觉得自己"并不是学美术的料"。这些年来，魏瑞江老师在课堂上，都会以各种方式鼓励学生画完、画好自己认为不好的作业。

图 7-16 魏瑞江老师的课堂注重以各种方式鼓励学生　　　图 7-17 课堂记录影像

在鼓励评价学生的同时，魏瑞江老师再次对自己的范作进行墨色表现的局部小示范，他在右边脸颊旁涂上一笔墨色。就在魏瑞江老师与大家对话的过程，这笔墨色突然自然渗化开来，令画作中的人物脸部形态发生了变化。宣纸与墨色发生这样的渗化虽然是偶然发生的状况，但带来的课堂现场效果却是相当好的，因为，当学生看到这样的画面，自然会对自己作业中出现的不满意有着冲淡作用。"原来老师的画上用墨时也会出现意外啊！"（图 7-17）

魏瑞江老师继续鼓励学生按照自己的意愿、当下的心理状态、作业的现实效果努力完成画作。问题：为何学生作业看上去很一般，魏瑞江老师却总是表扬大家呢？

讨论：

（1）美术课，学习目标并非培养美术学科的专门技术和表现技能，即便是对美术学科知识、技能做了解、学习及初步把握，也是为学生之后的全面成长与可持续发展服务。魏瑞江老师课中传递的所有水墨表现技能、知识点，不应该被认为是所谓的美术"基本功"。教师需要明白，面向人人（全体学生）的美术课本质目标是育人，美术课当中学生获得的美术专业性技术能力，并不是作为未来社会公民"都应该具备的能力"。魏瑞江老师在课堂中反复对每一位学生进行的鼓励、激励性指导（随堂即时评价），是引发学生思考能力、创造能力、趋异性思维能力、解决问题的能力、联想能力等的积淀与养成的过程，这些能力是"核心素养"的价值取向+必备品格之美术关键能力。证明魏瑞江老师的课堂教学指向落实育人目标，指向培育学生的核心素养目标。（图 7-18）

（2）美术课，并不是要求全体学生都必须掌握美术专业知识、形式表现方法等专业素质。中小学美术课必然无法实现学生人人都掌握专业美术知识与技能。一直喊着要让学生达成一种美术学科技能的教师，其本质是根本不明白美育目标。基础美术课程目标是：通过美术表现（实践性）的体验活动，使全体学生养成对中国传统文化的认同、初步理解，并能产生共鸣，从而乐于参与活动、尝试社会关怀等人文素养。水墨人物画课的实践体验过程，可帮助学生形成审美知觉的感悟力与价值观，了解视觉审美的多元价值取向以及水墨表现对于生命的人文关怀等视觉审美素养。魏瑞江老师的课堂，时时处处都是为了帮助学生形成美感经验，其关爱、指导、引领、充分赞赏等课堂教学细节，是美术教师的表率。（图7-19）

图7-18 魏瑞江老师非常悉心关照这样的作业，目标指向育人

图7-19 课堂影像记录

随后的环节，魏瑞江老师结合自己范作人物脸颊部分的墨色渗化，与学生作业的即时点评，引导学生继续按照自己的意愿完成作业表现。杭州青华小学学生的整体作业效果（表现的完整度、造型的基本样态等），均好于2019年6月在深圳上课时的作业。学生作业的展示、魏瑞江老师的评价，赢得全场热烈掌声。（图7-20至图7-23）

图7-20 魏瑞江老师不断呈现学生作业，给予鼓励和表扬

图7-21 魏瑞江老师给学生讲墨色渗化的状况

图7-22 在比较分析中给同学们以信心

第七章 儿童美术活动与人的可持续发展

图 7-23 学生展示作业

教学结束，魏瑞江老师将自己的范作送给了课堂上回答问题最踊跃的女生，并与她合影留念。贵州省特级教师潘彬评价："魏瑞江老师有效利用课堂教学鲜活的诠释，使得理论可视化，为一线的我们提供优质示范、彰显偶像风采！"南宁师范大学杨小羊老师评价："惊艳四座的效果，娓娓道来的节奏，只有老魏的课堂能做到。"

依据魏瑞江老师的课堂实践，以及学生的学习心理反馈，可知教师需要把握的教学设计与实施要点在于：

1. 学生视觉审美感知水平与教师引领的差距如何缩短？

（学生的心理生理发展、社会环境造成视觉审美限制）

2. 工具、材料把握的生疏性与作业效果是怎样的关系？

（学生对于水墨工具、材料特性的知觉水平与操作熟练程度）

3. 理解儿童用水墨工具造型表现的本质意义是什么？

（学生对于用水墨语言进行美术表现的核心观念理解水平）

学生需要理解：水墨人物头像表现的视觉审美特征和尝试体验表现方法。

引导性问题	学生需要知道什么	学生能够做什么
●为什么要学习水墨人物画？	▲中国独有的美术表现方法和视觉审美方式 ▲感知水墨人物作品、体验基本表现方法 ▲提高自己视觉审美水平、感知和欣赏水平	▲欣赏水墨人物头像作品，初步描述分析 ▲初步认识水墨人物头像表现方法 ▲结合教师示范过程，提升感知和欣赏水平
●如何把握水墨人物头像的表现方法？	▲宣纸、墨分五色、控制水分等基本表现方法 ▲结合教师范作，基本理解人物造型与墨色表现之间的关系	▲体验在宣纸上用水墨表现人物头像的方法 ▲能够按照教师引导，初步认识、尝试水墨表现技法

引导性问题	学生需要知道什么	学生能够做什么
●感觉自己画得"好丑",为什么?	▲儿童(自己)对水墨画工具、材料把握过程能力的局限性 ▲欣赏画家及儿童水墨作品,认同自己和同伴的水墨人物头像作业	▲依据教师引导,对儿童水墨人物表现有基本认识 ▲在提高欣赏水平的基础上正确评价自己和同伴的水墨作业
●怎样欣赏、评价自己与同伴的水墨画作品? ●为什么说眼光决定表现的品质?	▲凭着直觉大胆描绘出的作品是最珍贵的 ▲儿童的水墨绘画最重要的是质朴和意外(偶然)的画面效果	▲认同教师的评价和引导,理解儿童期水墨表现作业样态 ▲在提升自己审美眼光的基础上深化水墨表现

2.对"老魏"教学案例的探讨

追踪、分析魏瑞江老师现场教学活动已经十多年时间,从《名师如何练就名课(美术卷)》(西南师范大学出版社,2010年版),到"领雁工程"培养系列活动,以及"浙派名师"培养活动;从2010年开始历届"国培计划"示范性项目、中西部项目的特级教师教学专场,再到"千课万人""名思教研""名师之路"等大型美术教师现场教学观摩研究活动示范教学课堂,魏瑞江老师的课堂教学有太多可以探讨、研究的话题。

(1)课堂范作与儿童绘画表达

近两年,魏瑞江老师执教的几次课都采用呈现课堂范作,以引发学生临习或转换水墨表现的教学方式。本课选用的范作是韩玮先生的人物速写。韩玮先生为山东师范大学教授,20世纪90年代,山东美术出版社出版其多部人物速写范作。1998年,山东美术出版社副总编王恺先生策划出版《儿童线描集成》,韩玮先生一起参与讨论。儿童的线描造型能力,曾带给韩玮先生深刻的启发。儿童用线造型表达与成人美术表现二者之间有何种关联,需要教师认真思考、研究。魏瑞江老师选择韩玮先生人物速写范作作为美术课堂临习范本,究竟能产生怎样的作用?为何要选择使用这样的范作?

首先,以线造型中之"形",是儿童面对陌生世界自主表现的天性使然。韩玮先生人物线描速写,同样运用线造型作为表现手段,儿童在感悟韩玮先生线描人物范作时,视觉上不会有陌生感。其次,儿童线描造型表现可以自主画出相当精细的写生作业,其造型方法、观察方式、思维判断能力、表现决定等视觉心理、思维方法都能与韩玮先生范作发生自然连接。因而，魏瑞江老师选用的成人美术作品是合适的，教学中首选的表现方式是"以线为主"，这样可以引发小学生产生视觉共鸣。（图7-24）

图7-24 学生作业

（2）儿童造型表现的评价方式

评价儿童造型表现，是决定儿童能否有兴趣持续自己的美术学习并对美术文化持有探究意愿的心理基础。1994年，尹少淳先生著作《美术及其教育》，对于"形"的认识、理解、表现、表达、思考等做了一系列精辟分析和阐述，之后著作《走进美术》，又对此问题进行了深入阐释、论证。教师群体对此问题的理解、认识水平，决定美术教学研究的程度，制约全体学生美术能力发展水平的提升。教师自身对于"形"的认识、理解、应用水平，在教学中自然会影响学生个体的造型表达和美术学习兴趣的浓厚，也自然会造成学生由于造"形"问题的心理困惑，导致过早选择远离美术的行为。魏瑞江老师的课堂，总是以褒奖话语不断鼓励学生，那些被诸多教师看不上眼、进入不了优秀作业范围的画作，魏瑞江老师的评价话语都是对其优点的描述。观摩教师甚至在怀疑，魏瑞江老师是否在说"反话"呢？

论点：形与心——儿童的生命本源和生命觉醒。

①形，是困扰每位儿童对美术活动保有兴趣心绪上的一座"大山"。

②形，是美术造型活动中需要自我认识、解释、把握的学科元素。

③形，是儿童参与美术活动中，时时与个体心理发生纠结的"一道坎"。

魏瑞江老师的鼓励话语和具体引导，是为了每个儿童生命个体继续热爱美术、逐渐喜欢和走进美术文化的心理基础的建造。魏瑞江老师对每个学生在美

269

术课上的悉心呵护，是引领他们走向未来、构建自我的有效措施。学生只有认识自我，坚守自我，在自我中领悟，才能真正对美术文化产生深度理解。

（3）教师应该如何教学与恰当引导

在小学阶段"造型·表现"艺术实践活动中，教师的教学目标指向不应该以写实"形"的描绘作为学生作业指导、评价标准。在生活常态中，成人不用过问，所有儿童在生命成长过程中都会自然走向写实心理，追求写实表现。如果将美术课目标确定为"提高儿童对物象造型认识和表现水平"，教师就必须坚持对意象性美术作品做专题欣赏的单元学习，要通过对学生眼睛自主观看与思维方法的不断影响，持续改变学生对美术的基本认识、整体理解。这种多元思维方式和视觉引导，需要和具体造型作业评价结合，引导学生能够在心理上认同某种取向的线造型作业属于优秀儿童线描范畴。学生需要这样的指导和引导，帮助其改变视觉思维的认识。只有学生眼光发生改变，其思维方法才会有变化。如果教师坚持以写实性美术作品作为教学目标，将会出现越来越多的学生选择远离美术。当学生自己感觉"不是画画的材料""没有学画的天赋"的时候，当不断的挫折袭击其内心的时候，必然就出现讨厌美术课的心理。

具体的教学引导，教师要花气力选择教材上没有的某些意象美术表现资源，强化欣赏和学生表现时的视觉感知参照系。在实践表现作业中，遴选这类儿童线描造型作业，给全体学生展示和欣赏，有了欣赏感知量的积累，学生眼光的改变就会到来，整体的作业情况和学生对美术的学习热情都会好起来。基础美术教育，特别需要魏瑞江老师这样的课堂，引领教师们改变对学生造"形"能力发展、提升表现方式的认识与理解，如此，才能更好地落实美育目标。

讨论：美术课表现实践环节对学生进行观念形态的构建，需要改变：

（1）从美术教科书编撰的框架、内容、构成方式等开始，确立视觉造物艺术观，以此统领学生对于美术文化较全面的认识和理解；

（2）美术教师艺术观念、教育观念更新的培训，涉及基础美术教育的"教育属性第一，从视觉造物观视角认识、理解美术"两个方面；

（3）教师的教学方法、教学设计思路、学生具体表现的指导方法引领，其关键点在于构建学生作业评价体系及评价方法、评价案例分析。

上述改变基于以下的理解：

（1）进入人工智能时代的美术教育是什么？美术活动中，为儿童带来的哪些东西是不断发展的人工智能高科技所无法替代的？

（2）在未来社会里，人自己的什么是最重要的？是思想？是手上功夫？是学习方法？是思维方法？还是独特眼光作用下的独立思考？

感知与表达是儿童在美术活动中的两个具身体验。任何具备、可以实现以美术育人功能的课堂活动，都必须引导学生经由这两个具身体验过程。

二、教学方式与学习方式的转变

2000 年，第八次基础教育课程改革课标研制时，提出转变教学与学习方式。落实美术学科核心素养，美术课必须由传统的知识为本的教学，转变为素养为本的教学，把讲授为中心的课堂，转变为在真实生活问题情境中学生自主学习、自主探究为中心的课堂，这是直指"靶心"的紧迫而艰巨的任务，是基础教育课程体系建设和完善的攻坚战。同时，核心素养的落实，既需要重组美术学习内容，又需要美术教师变革自己的教学方式，两者密不可分。

传统的美术教学，一般是教师预先设计相对严密的教案，教学过程沿着既定程序性环节行进，学生在教师有序指导下进行美术学习。传统课堂上的美术学习内容，并不是随着课堂情境自发产生（生成）的，而是经过美术教科书编写者选择，经由美术学领域学者加工过的人类已经创造出来的、最基本的美术学科知识与技能。传统教学看上去是有目的、有计划、有组织的传递与接受活动，缺乏关联学生日常生活经验、面对真实问题情境习得解决问题方法的内容，无法根据主题延伸出可迁移的心理认识过程。

长期以来的美术公开课，现场观摩有两个焦点，其一，主要关注点集中在教师的教，忽视学生如何学，特别是学生群体怎样在课堂中展开自主探究性学习；其二，重视美术学科知识、技能的传递与习得方法，严重忽视学生内在能力的养成，忽视学生群体在学习中其非智力因素是如何释放并影响其美术学习的。

案例 2：你喜欢临摹吗——一张有意思的学习单

时间与地点： 2020 年 11 月 10 日 11 点，成都泡桐树小学。

活动主题： 2020 年"国培计划"美术示范性项目全国美术教研员、小学骨干教师培训现场公开课展示与交流。

历史情境回顾： 2018 年 11 月，在成都泡桐树小学举行的"国培计划"美术公开课现场，学生向魏瑞江老师质疑：临摹学习影响创造力、想象力、个性等问题，引出对美术学习相关问题的深度思考。两年之后，魏瑞江老师再次来到这所学校，把当年学生们提出来的问题做现场呈现。魏瑞江老师和一个新班级的同学们一起，围绕落实美术学科核心素养目标，在真实问题情境中，以大观念统领，用基本问题、问题串，构建起学生自主探究、理解、认知这一艺术表现问题的对话场域。参加本次公开课的学生已不是两年前的学生，如果还是那批学生，本堂公开课就更加有意义。本课教学的探究问题：如何改变美术教师群体的思维方法和教育观念？在美术学科核心素养目标背景下，如何实现美术课育人？（图 7-25）

图 7-25 教学现场

教学主题： 你喜欢临摹吗——一张有意思的学习单。

大观念： 临摹是美术学习的重要方法之一。

研究与思考： 小学阶段美术课如何进行临摹学习？需要依据不同年段儿童心理、生理发展水准进行。

基本问题：

（1）怎样认识和理解临摹？

（2）临摹对于儿童的美术学习有何作用？

（3）如何临摹才能不抑制儿童的想象力和创造力？

讨论： 落实美术学科核心素养目标的美术教学，强调以学生为本，以学生自主探究、挑战学习问题为主旨的自我学习。以新的学生观、学习观、教学观视角，观摩魏瑞江老师的课，不难发现，其教学出发点和归宿都是为了学生。其开场白、问题引导、问题辨析、讨论、小练习、临摹表现作业推进、贯通式评价等，所有环节的指向都是以学生自主思考、质疑、探寻、确立思路、学习、表现及自我评价为原则，以学生个体对"临摹"这一问题的深度学习为展开核心。

开场，魏瑞江老师首先向同学们抛出问题，围绕"你喜欢临摹吗——一张有意思的学习单"，探讨一个关于艺术的话题，思考和回答"什么是临摹？是否认同美术学习中的临摹？"。这是没有确定答案的问题，是基于学生自主探究学习展开的持续而有深度的思考与体验活动。学生们需要依据自己以往的美术学习积累，根据自己的社会生活经验，结合课堂中临摹表现学习的真实情境，反复应对和回答此问题，自主探究出对此问题的体悟，或延续到课后继续对此问题做再探究。

临摹、写生、默写，共同构成习得美术表现技能的基本方法，是任何类型美术学习都无法回避的通用学习方式之一。在中小学公开课展示现场，将临摹学习完整呈现在学生和观课教师面前，并不是一件容易的事情。美术课上，临摹学习如果简化为学生对美术学科知识、技能的一般认识与接受活动，既忽视了作为独立个体处于不同状态的学生在课堂学习过程中的多种心理需要与潜在能力释放，又忽视了作为学习共同体的教师与学生在课堂活动中多边、多重、多种形式的交互作用和创造能力。将丰富、复杂的美术课堂教学和学习过程从学生（儿童）整体的生命活动中抽象、隔离出来，是以往所见美术课堂教学的根本缺陷和问题所在。

魏瑞江老师本主题教学恰恰是对以往美术课堂教学弊病的挑战与革新。学生在真实的问题情境中，对基本问题、小问题不断探问，共同对"什么是临摹"展开深度思考，结合自己临摹学习的切实体验，解决真实学习情境中遇到的问题：临摹究竟是抑制小学生的创造力、想象力的美术学习，还是有益于小学生的美术学习？

成都泡桐树小学的同学们与"你喜欢临摹吗？"这一问题"相遇"，源自他们学长学姐（某年级）的真实课堂情境。问题的提出，带来对学生群体智慧的挑战，同时，基本问题和随之而来的问题串，刺激了学生个体的好奇心，他们之前从未对"临摹"这一学习方式进行过认真的思考和深入探讨。对于美术学习中"临摹"这一学习方式的思考、探讨、质疑、辨析，尚不确定问题答案的师生对话，课堂上分层次的临摹实践体验活动，激发了成都泡桐树小学学生内在生命力在课堂中的充分释放。

第一个教学环节伊始，充分体现出魏瑞江老师的教育观、学生观、学习观、教学观，其关注点始终是课堂教学过程中的人（学生），学生群体心理变化因素引出的对美术学习价值取向的深度思考，聚焦在学生群体在课堂上的各种细微表现中。此探讨环节耗时5分多钟，学生的深度反思与讨论，完全有别于一般临摹学习那种机械、沉闷、程式化、缺乏生气与乐趣的课堂现状。

小练习环节，学生根据以往的美术学习经验，用记忆画形式，画出曾经临摹过的某个物象。魏瑞江老师现场巡视，不断随机拎起某个同学的学习单，展示、评价其作业，启发、引导其他同学大胆画出自己过去美术学习之后留在记忆中的形象。课堂上，魏瑞江老师关注每一个学生的尊严，也关注学生的每一个思考、每一幅记忆画中的形象、每一个停顿下的迟疑、每一个不安的眼神或动作，他对每一个学生的瞬间表现进行思考，把学生不自信行为都视为精彩的表现来接纳，他认真倾听每一个学生在记忆唤起的线描表现中出现的困惑和沉默。

"走进临摹"环节，学生在学习单上画出一个记忆中的人物头像。这又是对学生自我表现能力的一次考验，因为，当下小学生群体，即便是省会城市名校的学生，也不具备整体的动手造型能力。采用默写方式画出自己记忆里的头像形态，学生的手上功夫"露怯"是很正常的事。可以看到，魏瑞江老师非常耐心地展示每一位学生的作业，评价时全部给予鼓励话语和引导性意见。

"走进临摹"环节第二步，临摹艺术家作品。魏瑞江老师采用基本大形和局部引领示范相结合的方式，并非将整个形象完整画出。这样的示范可以起到引领学生视觉联想，不至于控制学生自主表达的效果。学生们在魏瑞江老师贯穿全课堂的激励性评价过程中，实现了由不愿意向大家呈现自己的作业，到逐步轻松快乐地享受课堂氛围，再到对问题做逐步深度探究与理解这一成长过程。（图7-26）

图7-26 魏瑞江老师耐心地对学生作业进行评价和分析

案例2 精彩瞬间之一：

魏瑞江老师在展评学生作业时发现，一个学生将一个画家人物头像作品变成了一个小猪八戒的形象。课堂上遇到这样的问题，面对这样"淘气"的学生，教师怎么点评他的作业？是表扬还是批评呢？魏瑞江老师选择从艺术的角度，和这个同学进行对话："你为什么把画家作品画成这个形象？"学生说："我开始画的时候画着画着画不好了，我就把它变成一个这样的形象。"他说的时候同学们及现场观摩的教师都笑了起来。魏瑞江老师说："我们这位同学在学习画家作品的时候，在临摹的过程当中，在遇到问题的时候，自觉的本能会主动发生改变，这个改变就是通过我们自己的方式进行一个图像的转换，这就是儿童与生俱来的一种能力。"（图7-27至图7-29）

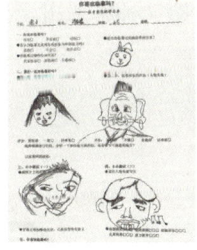

图7-27　　　　　　　图7-28　　　　　　　图7-29

图7-27 面对这一作业，虽然同学们都在笑，但魏瑞江老师的分析让大家安静了下来，并思考其中的原因。
图7-28 该同学的学习单。可以看出他经魏瑞江老师的评价，转化心态到最终完成作业的过程。
图7-29 展示作业现场。

讨论： 任何课堂教学都是教师与学生人生中一段重要的生命经历，每个课堂上的40分钟都是教师与学生生命中有意义的构成部分。对成都泡桐树小学学生而言，魏瑞江老师本次公开课教学，是学生在学校生活里有生命意义的一次经历。本次课堂的感受，直接影响到这些学生当下以及今后多方面的发展和成长。对魏瑞江老师而言，从甘肃支教现场乘坐20个小时的绿皮车，连夜赶到成都教学现场，是其职业生活中常态的、最基本的构成部分，因而，本次课堂的质量，直接释放出魏瑞江老师对职业的切身感受与高度负责的态度，以及美术学科专业水平的发展和生命价值的体现。在每个环节里，都体现出本次公开课教学对于参与者（魏瑞江老师、成都泡桐树小学学生）具有特殊的个体生命价值。

案例2 精彩瞬间之二：

教学高潮是学生由临摹艺术家作品进入"挑战自己"环节——直接转换到进行人物写生环节。此刻，魏瑞江老师亲自为同学们做模特，请学生画自己。大家在非常放松、开心的状态中，用稚嫩的线条描绘魏瑞江老师的时候，任何

275

惧怕之心、畏难情绪顿时没有了，这是他们从未有过的学习经历呀！

　　此环节中魏瑞江老师对学生作业的评价给我们一个重要启示：通过教师对学生作业的解读，孩子之后就会更加自信。反过来说，如果教师坚持那种所谓学科性要求、准确造型的要求（评价），而不站在学生的心理角度去看待这个问题的话，很有可能造成这个孩子今后再也不去画画了。所以，在美术教学当中，教师要关照每一个学生心理成长的过程。同时，教师也应该认真对待学生的淘气，或者他们有些自己想法的个性表现。经过这样的一个过程，学生在下一次学习或者其他内容（主题）的学习中，更能自由地表达，所以，这个孩子后面的作业画得是越发的好。（图7-30至图7-32）

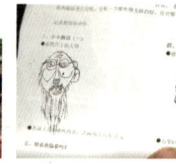

图7-30 学生有"淘气"的本性，教师如何引导，是课堂上的关键因素

图7-31 魏瑞江老师笑言：把我画成了"齐白石"！很开心啊

图7-32 魏瑞江老师讲评作业

　　讨论：在美术教学过程中，教师不仅要把学生看作课堂上的"主体"，更重要的是，要将学生看作是美术教学"资源"的重要构成和生成者。如，魏瑞江老师的课堂上，学生进入学习初始状态，问题探讨与临摹教学的各环节能否成为对学生能力发展起到真实、有效作用的基础性资源，是课堂上师生交互作用的起点。泡桐树小学学生在课堂各活动环节的现实状态，包括他们对临摹学习的兴趣、积极性、注意力、学习方法与思维方式，对"什么是临摹"问题发表的意见、观点，提出的质疑与争论，包括错误的回答等，无论是以言语方式表达，还是以行为、情绪方式表达，都是魏瑞江老师教学过程的生成性课堂资源。而在课堂教学活动后学生所呈现的变化状态，则是魏瑞江老师课堂教学的评价性资源，以及下一课时教学流程的基础性资源。当美术教师自己的教育观、教学观、学生观中有了这种"活资源"的意识，才会在课前教学设计、课堂实施及把控、课后反思与研究中，将自己的思绪不只是放在美术教材、教参和教案设计上，而是努力地放在研究学生、倾听学生、发现学生的视角上。这样才会不把学生在课堂活动中的行为、回答等，看作是一种对教师教的配合，而是看作是对教师教的积极参与，看作是教学过程意义和文化创生的不可缺少的重要组成部分。

魏瑞江老师的反思：

"美术教师应该站在孩子们如何认知的视角，了解这些美术学科知识如何成为他们学习当中特别感兴趣的内容，逐渐地进行恰当的引导。本课时教学内容容量很大，但是，学习效果比上一次课（两年前）更加贴近每一个孩子。所以，我也是在实践过程当中逐渐实现美术学科核心素养目标的转换，逐渐地改变自己习惯性的思维。所以，听课学习，实际上是我们教育观念共同改变的过程，我们美术教师群体看问题角度、看我们的美术课程的方式等，一些旧有的观念，逐渐向着美术学科核心素养目标这个方向去改变。"

讨论：实现美术学科核心素养目标的课堂，教师在教学过程中的角色不仅仅是美术学科知识与技能的"呈现者"和"传递者"，也不仅仅是课堂问题对话活动的"提问者"，学生临摹学习的"指导者"以及临摹表现学业水平的"评价者"，或者是课堂纪律的"管理者"、课堂进程顺利推动的"把控者"，更重要的是，教师是课堂教学过程中呈现出的各种新信息的"重组者"和新问题生发、研究的"引导者"。当学生们都行动起来，绝不意味着美术教师无事可做了，魏瑞江老师的课堂看上去如此轻松，如此常态，却意味着魏瑞江老师在收集处理这些课堂信息的水平上有着超乎一般美术教师的水平。本教学启示我们，只有、也应该由美术教师来发起和组织学生群体完成更高水平的"行动"，经过美术教师在处理课堂上多种信息之后这一层面上发动形成新的、又具有连续性的兴奋点（教学指向），才可以使教学过程真正呈现出动态生成的创生性质。注意，美术课堂绝不是学生的个体活动能自发推进教学进程的，没有美术教师担任起课程"重组者"这一重要角色，就不可能有高质量且有效的师生互动，就不可能有学生身心发展的未来，学生在美术课上可能会变成一盘散沙，教学也必然失去它的意义。魏瑞江老师以自己的亲身实践，诠释了"美术教师在美术学科核心素养目标背景下课堂教学中的决定性作用"。（图7-33、图7-34）

小结：在落实美术学科核心素养目标的新一轮课程改革中，美术课教学育人价值观的重建，是美术教师亟待解决的重大问题。美术教师必须重新认识美术课教学在育人中的价值，思考美术课培养怎样的人、如何培养人的问题。单一强调美术学科知识本位，单一进行技能传递的美术教师，实际上是在以被动接受、服从和执行他人思想和意志为教学出发点，在这种课堂教学中，学生内在于生命中的主动精神和探索欲望，常常受到压抑，甚至被磨灭。美术教师在

图 7-33 课堂最后的展示评价环节,学生们特别兴奋

图 7-34 四川省特级教师辜晓平与魏瑞江老师共同展示学生的学习单

进行教学设计时,要认真地分析一节美术课对于学生人生成长的独特发展价值,需要明白自己执教的美术课究竟应该怎样育人,而不是先考虑和把握某节课教学中将要灌输的美术学科知识、技能表现的重点和难点,教师所有的教学行为必须服务于"育人"这一根本目的。美术课堂教学的价值观,需要从单一地传递教科书上现成美术学科知识与技能,转向美术教师如何认识美术学科的育人价值。

教师真正实现美术学习方式和教学模式的改变,需要深刻理解儿童是如何学习的。美术课堂需要回归学习的本质,回归对问题的探求,而不是学生的单一接受。"你喜欢临摹吗?"用真实情境,将问题矛盾摆在学生面前,在这个过程中,既能促使学生对外部世界(怎样临摹)进行探究,同时也能实现儿童在课堂上对自我精神家园进行建构。美术学习不再只是"把外部世界的美术学科知识与技能强行装进学生脑袋里",而更应该是引导学生持续地发现问题,自主解决"什么是临摹""临摹对自己的美术学习有什么帮助"等问题的探究,探索未知、认知自我、发展理性、强化实践,从而实现深度视觉感知。

美术教师要为学生提供一种唯有在美术学习中才可能获得的经历和体验,提升独特的思维方法和发现探究、自主欣赏、独立表达能力。唯有如此,学生精神世界的发展才能从美术课上获得多方面滋养,才能在发展自己对外部世界的感受、体验、认识、欣赏、改变、创造能力的同时,不断丰富和完善自己的生命世界,体验小学到高中阶段丰富的学习人生,满足生命成长的需要。(图7-35)

图 7-35 部分学生的学习单

讨论：

（1）儿童本原的潜在造"形"能力如何在美术活动中被激发出来？教师能否让儿童这些潜能更长久地保留？用什么办法来保留？怎样持续和发挥每个儿童个体潜在的生命能量？

（2）儿童本原的知觉（直觉）源发于生命本体的能力。儿童自由的表达方式，是否都需要在日后受教育的岁月中进行全面改造？真正育人的美术课中，教师如何才能将美术学科知识与技能这些"间接经验"的单一传递常态引向学生群体实现自主探究、分析、思考美术本质观念与"学科实践"深度的研究呢？

（3）为何在美术教育活动中需要唤起儿童本原的生命力量？这一力量的本质究竟是什么？这一本质力量对于儿童的一生发展有何作用？成人世界的美术学科知识、技能体系究竟是什么？是属于"惰性知识"吗？是"死知识"吗？教师如何才能将"死知识"转化为活的思想？

（4）在儿童期具体教学活动中，可否摒弃"以技入道"的传统美术学科知识技能传递与灌输方式，真正实现自主探究问题、深入反思自我，构建"以文载道"的启迪思维方法、独立思考的思维能力的学习方式呢？

第二节　构建基于视觉感知的独特思维方法

　　教师作为成年人，作为构成学校师生群体的"前辈"，与成长中的儿童究竟是一种怎样的关系呢？如何在美术课程中培育儿童才会做得更好呢？教师今天面对的孩子，他们将来会成为怎样的人呢？这些问题，作为教师，作为父母，每天都在认真思考。自己虽然是老教师，但无法得到唯一和明确的答案。作为教师，假如有一时不认真读书与深入思考的话，可能会沦落为每天都在犯错误的日子里度过。称职的美术教师，唯有真正读懂儿童，才能不断用美术文化给予儿童身心养育。上述这些话，可能让教师们产生不安，或许在10年、20年以后高速发展或剧烈变革的社会里，谁也不知道会有多少儿童家长以及教师能够理解这些话。在儿童造"形"表现实践中淡化美术学科，强化以美育人的教育目标取向，应该是当下乃至未来人的发展和社会进步的美术教育终极要求。对教师来说，特别希望自己曾教授过的儿童能够在童年期美术活动的激发之下，开始拥有自己的梦想，并逐渐拥有能够帮助自己实现梦想的力量。特别希望儿童在丰富的美术活动中，能够不断地积淀珍惜他人的心情和期望美好生活的心境，特别希望儿童能够拥有被美丽事物润泽的那颗真善美的心灵。美术学科的技术性训练（课堂练习），不应该作为美术教学目标和美术教育的终极目标。在义务教育到普通高中9—12年美术课程里，不能奢望和要求儿童能够人人都会画，人人都会背诵美术学科知识，这是极不现实的教学要求和扭曲的目标取向。无论数学课、物理课、化学课、英语课还是语文课，如何育人才是学科教学的终极目标。如，学习12年数学后，儿童长大成人，在自己生活里究竟能用到多少数学的学科知识呢？反思，成长中的人有没有从12年数学学习中获得数学思维的深刻性呢？这是非常值得思考和警醒的问题。美术学科绘画技能并非是小学、初中学生都应该把握的表现技术，已经实施三轮的国家基础教育质量监测"美术表现性能力"测评结果证明，由眼睛的审美感知体验引发的原初想法，以及构建起的创造性思维，才是美术课激发儿童潜在能量之后，特别需要培育的视觉审美素养及内在人文素养。

一、以儿童视角体验水墨之意

在儿童水墨画教学领域，胡陆葆老师不断实践、深度思考，《用水墨说话》、《水墨画》（上下）[1]两部著作完整展现了他尊重儿童以"线"造型的原发性特征，挥洒笔墨表达自己的感悟与心声，在水墨画教学中坚持文化育人的方向。（图7-36）

图7-36 《水墨画》（上下），胡陆葆编著，人民美术出版社

1. 站在儿童视角建构课程

案例3：基于儿童视角的水墨课教学

当儿童尝试用水墨说话，首先需要认定自我：我是谁？我用怎样的水墨进行自主表达？用什么说（材料）？怎么说（美术语言）？说什么（内容）？以儿童的心灵世界所呈现出的精彩图像贯穿课程，引出教师的沉思：为何儿童的水墨表达这样纯真？为何儿童的认识如此到位？为何儿童的理解走向艺术创作的本质？胡陆葆老师时刻担心的问题是："我教孩子们这样画、这样思考，孩子们是不是真正的认可？是否是屈服于老师之'淫威'？教师认为的原生态'好'画，孩子们能否也这样认为？"

儿童水墨画的自主表达，是区别于中国古代水墨画的，现当代儿童水墨绘画，是以表现当代儿童自己的内心感受、以表现其精神世界为主要内容的美术

---
[1] 胡陆葆特级教师的两部著作均由人民美术出版社出版。

活动形式。对此，胡陆葆老师有特别清晰的课程体系构架与教学思路。他引导学生完成的水墨表现活动，始终以儿童的自身感知、小手运用把握能力、文化理解水平为出发点，紧密契合儿童的生活世界，同时又给予儿童中国美术文化深厚营养之润泽。但是，让胡陆葆老师感到更重要的也是更纠结的问题是，从教孩子们画水墨的第一天开始，就教他们用水墨审美，这是另一个审美领域，可能要求对原来的审美标准进行超越，他们能否做到或者是永远地"臣服"？在儿童水墨画表现中，"造形"与"笔墨"是一对不可分割的整体。假如，儿童画出无笔墨的造型，虽能成其画，却失去了中国画的审美价值；如果是完全无形象的笔墨，虽具有一定的墨色之美，而不能成其形。那么，其留在宣纸上的痕迹似乎没有意义的承载。对美术教师和儿童们来说，需要共同把握和研究的是，"造形"成为儿童水墨画表现中主要的形式因素，应该具有自身的意义和身份。"笔墨"是儿童自主体验中国画表现魅力的个人感悟，究竟达成何种理解程度，完全由儿童审美判断基础上的初步文化理解决定。教学活动，建立在儿童审美眼光提升、思维方法逐渐改变和建立的基础上，引导学生即便在体验表现的当时有"臣服"教师的状态，但不断地体验和审美感受的积淀，总会给他们带来文化理解的逐步深化。（图7-37）

图 7-37 胡陆葆老师指导的儿童水墨作品

2. 儿童"造形"与"笔墨"统一

儿童水墨画中的造"形",是儿童使用水墨工具、材料,一定程度的表现手法,自己在宣纸上创造新的"形状"的过程。儿童的水墨画表现,突出的教学引导问题在于:儿童的造"形"基本方法为线条的勾勒造"形"。而水墨画工具、材料的限制,造成儿童在宣纸上造"形"过程产生大量的不可预测性。因此,在儿童水墨画表现中最大的矛盾为儿童的以线造"形"观念与水墨语言融合的关系怎样平衡和统一。由于儿童尚不明白水墨在宣纸上的"笔墨积结后的形态",也不明白如何按照预定方式表达自己主观认识的物象形态。因而,在儿童体验水墨画过程中,其视觉思维观念转化是教学引导需要解决的主要问题。怎样引导儿童用水墨说话?找到儿童自己的表现语言,是胡陆葆老师坚持站在儿童视角进行引导的课堂方向。作为名师,其高明在于,深知如何把握、保护儿童的天性并使其自然释放,儿童天性与其审美能力发展的平衡关系,是儿童体验水墨画表现时取得成功的决定因素。他将儿童以"线"造"形"本心,与中国画的以"线"造"形"(美术史论学者总结)原理紧密契合,在儿童与中国水墨表达方法之间找到无缝对接之点,彻底释放学生以线造"形"的自由心境,让儿童自己用小手运用毛笔、把控墨色,使落墨痕迹在宣纸上发生的偶然性,融汇在表现主题情境中,呈现出不同的精彩。探究体验水墨语言,是整个儿童期美术学习的阶段性课题。儿童水墨表现,是儿童对中国画表现语言和艺术观念的自主把握性体验活动。在这一过程中,手头上以线造"形"呈现能力比较强的学生,如,既有线描写生的功底,又有创造性思维,这样的学生展示的水墨表现语言、造"形"手段、画面效果,自然会相当惊艳。水墨画体验活动,虽然不是儿童在这一阶段学习中唯一的审美能力发展途径,但是,儿童美术活动中的水墨表现语言,是其他表现手段不能代替的。

讨论:如果美术教师用成人美术"造型为先"的观念作为儿童进入水墨造"形"的切入点,或为了强化儿童在水墨表现中的造"形"而回避笔墨语言的把握,势必从造"形"开始就忽略儿童对笔墨语言的认识、理解与把握水平。长期下去,就会形成较僵化的线描,或单一的毛笔点、戳、涂画模式,画面出现笔墨形态单调的现象,最终积习难改。对儿童来说,中国画工具特性因此失去审美引领的价值功能。教师在儿童水墨表现活动实践中可以发现,儿童使用硬笔进行线描造"形"与用水墨造"形"之间有一定必然的关系。因为,以线造"形"

图 7-38 胡陆葆老师公开课现场及学生作业

能力强的儿童，在运用水墨工具材料的时候，自信心会略强。虽然在开始体验阶段不一定马上适应毛笔、水墨造"形"（积墨结形、水分与墨色痕迹），但心态的调节，可以解除工具使用过程和适应材料差别造成的制约。另外，线描造"形"与水墨造"形"两者之间所造之"形"，是带有各自观念的特殊形状，水墨造"形"观念是指儿童对中国画造"形"的特征、笔墨内涵，以及对中国传统视觉审美习惯的正确理解、转化。

针对小学阶段长达 6 年之久的美术活动里儿童特有的心理表现，胡陆葆老师采用故事、儿歌、绘本引导等方法，构成学生喜闻乐见的主题活动，使思维调动、情境问题探究等贯穿整个学习过程，引导学生自己梳理出对于水墨语言的把握和理解。儿童用水墨说了一些什么话，是基于儿童天性保护基础上的文化引领，是审美感悟逐渐提升基础上的美术表现。（图 7-38）

3. 儿童如何获得对"近取其质"笔墨形式的理解

"质"为物质、质地、肌理。水墨画中"质"的意义与价值在于两个方面。一是由毛笔落在宣纸上的线条造成的物象（表现主题形态）形状本身，在中国水墨画中，其"形"是否有可赏性，体现在由毛笔笔触的组织安排所构成的画面笔墨效果上。儿童初画水墨的时候，其思维上往往以毛笔替代原先使用过的各类硬笔（彩色水笔、马克笔、签字笔等）来造"形"，但是，儿童无法立刻去理解毛笔的笔头在不同水分、墨色的浸泡后，在用擦笔纸吸去多余水分和墨色后，笔毛与宣纸接触过程呈现出的变化中的痕迹。这些痕迹均为水墨表现中"质"的意义与价值包含的东西。面对不同的主题内容，胡陆葆老师引导儿童从中国美术传统表现样态中找到自己的契合点，逐渐认识和理解水墨语言的本质。如，绘本故事一直是他教学里的主题，也是和学生生活关联最紧密、最容易引发学生兴奋点的主题，但如何引导儿童画出有格调的作品是个学问。

二是由毛笔、水分、墨色落在宣纸上的各种痕迹，所形成的画面意象。对儿童来说，他们无法熟练操作与掌控毛笔、水分、不同墨色在无意中形成的积墨（色）效果，这些画面的"质"地（宣纸上的墨迹），成为儿童理解水墨画、学习水墨表现语言的关键因素。儿童对于这一"质"的获取和提升，在胡陆葆老师结构化课程实施中完成。如，"怎么说"（美术语言）章节里，胡陆葆老师针对"对比、重复、疏密、干湿浓淡（用水）、整体美感、视角独特"六个方面，引导学生展开系列实践性体验，此处不断强化的是儿童对于"质"的深度理解。如，欣赏学习倪瓒作品，感知古人情怀和意蕴之后的表达。儿童如何走得更远，全靠胡陆葆老师的引导。一般情况下，画中的形质（造型特质）是非物理性的，它是画家（儿童）主观审美意识与自然物象形质特征相契合的产物。虽然此产物是意识的反应与表达，但墨迹落幅于画面之后，就成为非物理性的。此时的水墨表现中，儿童的用笔要完成两个任务：

第一，需要表现他所画主题物象的结构形象（尽管儿童造出的"形"是独特的，但本质上依旧是在完成个体的心愿）。

第二，通过水墨成分（含量）变化，力图用线条"编织"出具有个人审美意义的平面结构形象，也就是以平面特征的线（水分、墨色构成的不同线形），来暗示自己所表现的形象的存在。这是儿童特有的心理状态。

以线造"形"中对物象的结构表现，是传统中国画用线的根本任务。对儿童来说，由于其用线造"形"本质能力在心理上的驱使，儿童的水墨表现对形的塑造将一直困扰他们的表现过程。一般来说，虽然在美术教师不断鼓励下，儿童的内心有所认识水墨画表现的视觉样式，但造"形"本意的强烈心理将与如何把握水墨效果的意象性成为矛盾同体的存在。

每个表现主题蕴含着美术学科知识与技能、情感及审美价值取向。胡陆葆老师在设计某主题要传递的美术学科知识之前，始终在考虑儿童内心的感受是什么。但是，当水色与墨色渗化在宣纸上的时候，造"形"的线条多被不同的墨色痕迹所混合，线形游走的画面状态转化为不同的墨色痕迹，线条的轮廓改变为墨色渗化后的边缘。"近取其质"的笔墨形式在眼睛动觉方式下，出现了随着视点的变动，所看到的墨色痕迹并不完全是自己所要画的形态的轮廓，因此，儿童对于水墨痕迹在宣纸上的质地的理解，是伴随着自己不断的水墨表现体验而逐步深化的。教师必须引导儿童把所感受到的水墨痕迹解释为具有独立审美意义的笔墨形式，并体现出儿童对画纸平面空间分割的能力，以不同墨色的表现暗示物象结构的存在。

4. 传统中国画程式对儿童的影响

儿童水墨画教学在全国范围开展得很广泛。但能够像胡陆葆老师这样，特别关注儿童的身心发展规律，为儿童日后成长着想的教师并不太多。因为，当美术学科知识、技能、表现方法等都涌入一个美术门类传递的课堂时，往往会让执教的教师陷入学科，而忘记了儿童。教师如果对中国绘画蕴含的生命本质意义理解出现偏差，就会认为需要按照传统表现程式教儿童去画中国画。如，在山水、花鸟画的表现中，经过历史传承留下来的、完备的传统表现程式，不仅束缚儿童的水墨画学习，而且也会束缚众多画家笔墨个性的发挥，这是一个极其现实的问题。对于此，胡陆葆老师很清醒。教学中的普遍情况是，当儿童按照传统水墨表现程式学习水墨画时，大多数儿童会出现退缩的心理状态，因为，儿童自身的实际能力，无论心理发展水平，还是生理调控中小手的执笔能力，或是思维意识上，以及中国历史、文学相关知识学习的基础、了解的宽度、认识的深度等，均无法达到传统水墨表现程式对画面质地呈现的要求。"品画"，是胡陆葆老师贯穿教学始终的重要感知活动。他在课程实施中始终坚持美术欣赏学习，为学生铺垫认识传统、发现自我、提升素养、强化体验的路径。每个课时都设立"品画"环节，这对于学生眼光的提升、文化理解能力的提升特别重要。如，依据倪瓒、王时敏等中国古人的作品进行参照性表达，是由视觉思维的引领走向儿童个性语言释放的一个转化过程。抓住了感知与表达的主线，学生的文化理解必然走得很正。胡陆葆老师多年的教学践行，使得他对传统中国画的精神、文化内涵、水墨语言等均把握到位，这为他的教学提供了相当多有益的参照。

近年来，学校美术课、公开课，校外儿童美术机构美术课等，将现代水墨画表现方法应用于儿童水墨教学，似乎成为一种教学共识。水墨游戏成为不少老师在水墨教学中普遍的教学选择。但是，中国画传统笔墨语言也是需要学习的。如何学儿童在心理上才不犯怵，是美术教师要深入研究的教学难点。现代水墨画笔墨语言的概念区别于传统程式，具有鲜明的个性特征。而水墨表达的个性特征的完善，最终应以落笔线条、墨迹的和谐而定型化。水墨画面的"和谐"表现为，画面具有多样统一的辩证态势，如果儿童在画面上随意填凑，理路不明，或者笔势、线形重复而呆板，则不能以具有个性而论。再则，儿童水墨写生活动要与欣赏（品画）紧密契合，没有感知的单一对景写生，不是学生能够认知和理解的美术表现。如何在欣赏学习基础上，深化对生活世界的认识，是儿童走向独立思考的基础。

儿童的水墨表现中，无意性的墨迹效果比较多，这是由于儿童小手掌控毛笔、水分、不同墨色的能力限制所造成的。儿童的水墨画造"形"，最终是要表述具有可赏性的画面形象，而非纯粹的笔墨符号，即便是水墨游戏的教学。画面里的造"形"意义即在于此，如果美术教师忽视儿童水墨造"形"的观念出现偏差，将会直接影响儿童水墨画艺术特色的体现。儿童在用水墨工具造"形"与自主表现时，必然纳入形式构成的要素，使得自己的画面达成心中的理想样态。如，儿童水墨画出现的所谓"立体效果"，是线在宣纸上通过对结构的暗示产生的，给观者提供的是一种立体的视觉联想，而非成人素描式的直觉的立体效果。所以，儿童用毛笔画线的穿插组合，应建立在自己对所看到（感悟到）的物象形状的理解之上。对物象形状的理解，又建立在儿童思维方法基础上对活动主题的深化理解。达成这些目标，真正由儿童自己的水墨语言，说着自己的"地方话"，学生自己感悟生活世界，认识中国画工具、材料，体验水墨表现语言，用自己的话语体系、语气、个性"方言"表达童真世界。所有这些话（画），是胡陆葆老师"站在儿童的视角"，用育人的方法和过程获得儿童心灵润泽的逐步实现。儿童，是必须要尊重的。他们的童年是人类早期艺术创造思维的复演。当美术教师真正尊重了儿童，所得到的将是整个世界，教师会不断从中受益！吴冠中先生说："用学生教学生，受益最大的是教师。""向儿童学习，是落实在日常教学里的倾听和研究，是为儿童着想，设计自己教学和创意孩童未来的快乐生活！"胡陆葆老师这样行走着、思考着、改变着。

二、发现"原生态"美术作业

重庆市两江新区童心小学秦波校长及教师团队,特别关注每一位学生的成长。如图7-39,这些线描作业来自每个班级学生的常态中的美术课。按照秦波校长的说法,叫作"原生态美术作业"。作业可贵之处,就在于真实。

真实,是孩子们将来能够成为合格公民的基础。陈鹤琴先生将儿童教育视为"培养将来做公民的基础"。美术课堂上,学生原发性、原生态的作业,是他们从小秉持正直、真实、坦诚之人性的教育结果。这些年来,所看到的不真实的、由学校"出品"的儿童作业太多了,所看到的不真实的儿童美术活动展示也太多了。明眼人都明白,40分钟时间,学生能够完成怎样的美术作业呢?美术社团的作业,并不是一个人成长的真实写照,也不是基础教育目标要求的结果。接受美术教育的儿童,在于"润泽美术文化""养育生命自觉"。

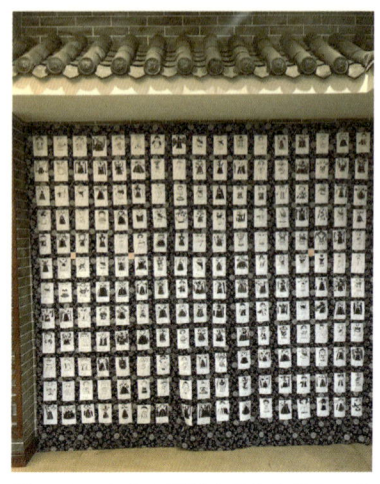

图7-39 童心小学学生的作业展示。以班级建制为单位,全体学生的作业都给予展示。

儿童是无辜的。从小让他们变着法儿去"造"一个原本不是自己能力可以达成的作业"作品",说轻一点儿,属于功利心作用下的"利己主义"行动,说真话,是从小开始学"造假",让纯真的童心走向"虚假的悬崖"。始作俑者竟然是美术教师。当然,教师自身也是"受害者",他们长期被某种框架、习惯、要求所绑架。

秦波校长早年在乡村学校任美术教师的时候,特别崇尚儿童的原创造与个性表现。在不断研修陈鹤琴先生教育思想的基础上,提出"向儿童学习"的教育目标,并不断践行。在担任校长的若干年中,他所倡导的"向儿童学习"教育理念,成为全校教师所秉持的为师原则。在常态课里,学生的"原生态"美术作业,成为教师发现儿童、尊重儿童、呵护儿童、向儿童学习的研究素材。每逢元旦、六一等节日,秦波校长都会在全校范围推出"向儿童学习"——"原生态"美术课堂作业展。每次展出的作业,都来自学校各年级朴素、真实的美术课堂。这一学生作业系列展示工程的持续开展，不仅仅是让学生、老师、家长看到一批批优秀的课堂美术作业，更主要的是，落实课程标准的评价要求：面向每一位学生的美术学习。"原生态"美术课堂作业是每一位学生参与其中的具体体现，是展现每一位学生智慧、感悟、潜能、思想的平台。这样的具体措施真正实现了"规定动作"（美术课程标准与课程实施）在一个学校里的全面落实，又为"自选动作"（校本课程、拓展性课程）的创新发展奠定了学生的群体能力提升基础。

真正的教育是什么？不是某些美术教学成果虚假的摆设，不是给上级领导检查的"面子工程"，不是学生们的集体失语，不是少数特长学生的展览舞台，而是为了每一位学生发展的以美育人、以文化人的具体落实。童心小学"原生态"美术作业的育人效应，可以帮助学生从小养成尚美、爱美、发现美、表现美的感知与表达习惯，可以涵养他们相互间的合作精神，爱护自己班级的团体精神，还可以促进他们掌握作为公民应掌握的知识与技能，由这一细小的美术活动过程，积累并砌成一个稳固的公民基础。

秦波校长要求所有教师"向儿童学习"，倡导"原生态"美术教育的具体做法带给美术教师多方位的思考。首先，美术教师必须在尊重儿童心理生理发展的基础上，认识、理解、包容儿童每一次具体的美术表现作业，真实地对待每一位学生，站在学生的视角认识美术活动对于儿童成长的作用；其次，要求美术教师真实地接受社会检验的美术教学成果，必须是面向全体学生的美术学习过程，而不是那些来自美术社团的所谓"优秀作品"，各年级所有学生都需要在学校美术活动中体验与享受自主的表达、创造的乐趣、成功的喜悦，美术教师由此提升自己对于"儿童美术本质"的深度理解；最后，由"原生态"美术作业的全面、持续展示工程，提升美术教师、公民（学生家长）对于美术教育本质意义的认识和理解。教育的真正内涵在于每位学生在学习过程生发出的热情、情绪、感受、表达、潜在能力释放等这些内驱力的随时展现。真正育人的美术课程与教学，是在这些细节呈现过程中得以实现的。

案例 4："原生态"美术作业评析

从造"形"表现样态、学生整体知觉感受力、小手表现力、学生美术学科能力发展水平来看，重庆两江新区童心小学"原生态"美术课堂作业十分精彩。

我们需认真反思：基础美术教育中儿童的美术造"形"，应该关注什么？

草鞋（4幅）。表现"草鞋"的线描作业，代表了不同孩子的主观认识与表达。"向儿童学习"，在这些作业里都体现了出来，为何孩子敢于如此表现呢？成人应该向他们学些什么呢？各自的线条表现语言呈现了不同孩子的主体表达。（图7-40至图7-43）

小草（3幅）。秦波校长一直倡导学生在课余时间的视觉审美修炼，如在自己熟悉的校园中，由之前视而不见的习惯，转换为观察一下校园里那些普通的小草、小花。虽然很多草与花都是叫不出名字的"野草、野花"，但亲身感受、视觉欣赏与画出它们来，对于孩子们的观察、思考、表达能力的提升，具有潜移默化作用。视觉审美感知能力的养育，要从这些细小的事情做起，孩子们的眼睛能在这样的持续历练中得以积淀。（图7-44）

爷爷（6幅）。在常态美术课堂里，请模特画写生是难以做到的事情。因此，小学低段的课堂教学，引入摄影照片进行感知与表现，也是一种可行的方法。同学们面对着爷爷的图像，有着各自不同的感受，因而，他们笔下提炼出来的结构与线条本身，都有着很大的区别。（图7-45）

美术教师在这样的课堂上，需要秉持的指导策略是：让孩子自己感受、自由表现，不下达规定性指令，仅仅提示画纸与落笔前对构图的要求就可以了。这6幅作业各有特点，都突出地表现了小孩子自己感受到的爷爷形象。

这些作业是学生以自己对摄影图像的直觉体悟，来提炼线条，表现人物结构与神态的。

竹篓（3幅）。是一组画得相当好的线描作业。画面上唯一的缺憾是，物体在画幅中的大小及位置的安放还有所欠缺。这些情况只要美术教师在日后下一主题表现时，给学生一个提示，就能很好地解决。因此，引导孩子们根据个人感受自由表现，是儿童美术造"形"表现活动里第一位的要求。（图7-46）

"花草日记"（3幅）。此课程在童心小学已经实施多年，是秦波校长基于儿童生命个体对自然植物全面的感知体验展开的。孩子们的表现非常生动。（图7-47）

教师指导原则：在儿童期的线描造"形"表现中，小孩子只要基于个人感受、现场体验，敢于下笔且线条肯定、表现出的痕迹具有张力，没有那些短短的、不敢画的接茬线，就是非常好的作业。美术教师特别需要呵护学生这样的表现

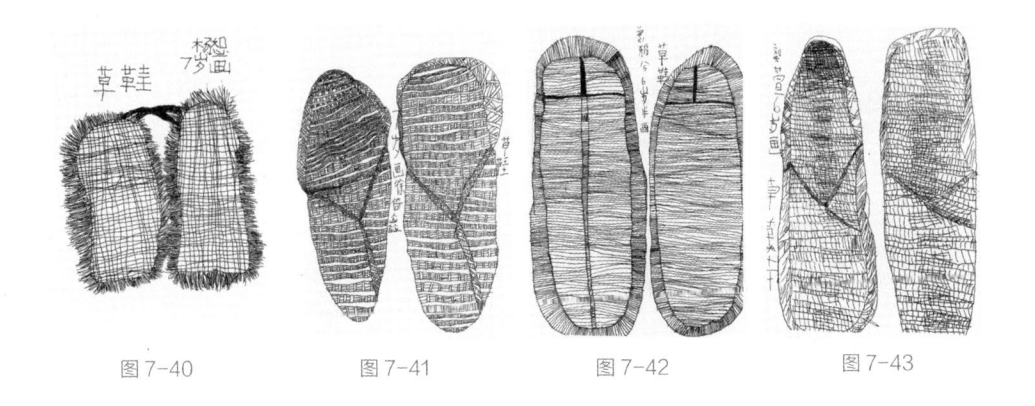

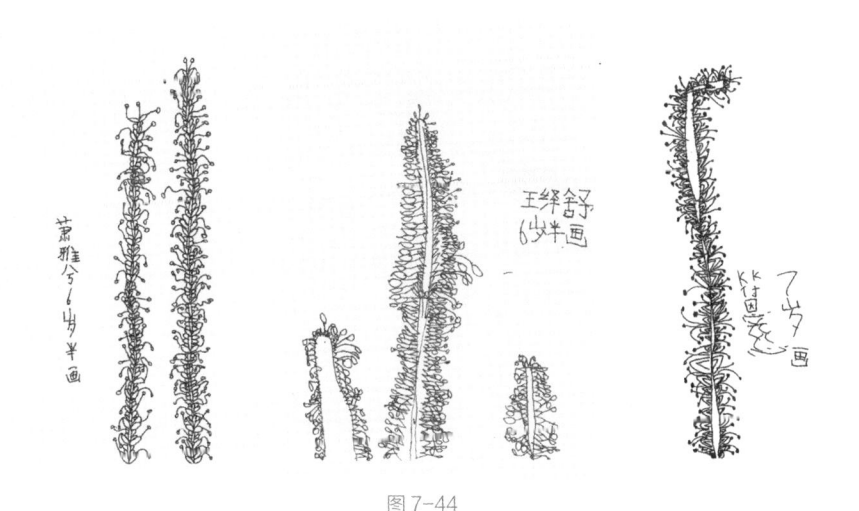

第七章　儿童美术活动与人的可持续发展

图 7-40　　　　图 7-41　　　　图 7-42　　　　图 7-43

图 7-44

图 7-40　整体感觉特别好。线条的组织和运用都特别流畅，孩子用得最多的线条是直线，以及自由勾勒的十字编织线。孩子将整个鞋掌画出，没有任何修饰痕迹，而四周的草伸展着，伴随着黑色的鞋绳，让作品具有了韵律、节奏。

图 7-41　可以看出孩子非常认真地用线条编织画面。小孩子的一丝不苟，表现出其性格上的严谨、做事情的认真程度。主观的认识决定了他主观的描绘，他不受其他同学的影响，把自己对草鞋的感觉画了出来。

图 7-42　这位同学使用的是单纯的直线。仅仅依靠单纯的直线，反复勾勒，不厌其烦地画出了直的、斜的、长的、短的各种直线。看上去并不复杂，但整体的作业效果非常好。同样都是画草鞋，这是孩子个人的表现语言。

图 7-43　这位同学的线条是断断续续的。但线条组织在一起的时候，产生了整体效果。一般情况下，学生的线描作业出现断断续续的、琐碎的线条时候，教师会感到不满意。没有关系，就由着孩子自己的感觉吧，他们想如何表现，必然有自己的道理。如果要引导画出这样作业的孩子专业点，那可能会出现的情况是，他就不画了。所以，尊重孩子的感觉，应该是低学段美术造"形"活动中教师的指导原则。

图 7-44　三幅线描作业的共同特点是：自由、主动、舒展。孩子们用特别自然的线条，画出了小草每一个伸展出的肢态（叶茎、叶须）。无论是上下、左右，还是穿插、交织，每一根线条和每一个小小的圆点（小圈圈），都体现出孩子在观察时的耐心状态。小草婀娜多姿，伸展着自己的肢体，吐露着对这个多彩自然世界的心声。这样的线描作业对于磨炼孩子们的性格，培育非智力因素，有着积淀作用。

291

图 7-45 学生们画的"爷爷"

心理，持续鼓励他们按照自己感受到的视觉形象的直觉，来提炼、组织、勾勒线条，形成自己的画面。

在小学日常美术课堂，短短 40 分钟的单课时学习，学生们不可能完成那些"鸿篇巨作"，因此，选择描绘主题很重要。教学主题联结儿童的生活是第一位的，启发感受随之进入，强化体验的个性表达，画幅也建议略小一点，便于孩子们在有限的时间里完成。

特别赞赏秦波校长的课程设计——为全体学生展现自己的表现而搭建学校层面的展示平台。以班级为建制，集体呈现所有同学的作业，便于大家互相观摩学习、共同提高，同时也能建立和提升其团队意识。（图 7-48）

图 7-46 学生们画的"竹篓"

图 7-47 学生们的"花草日记"　　图 7-48 作业展示

讨论：推荐儿童"原生态"美术作业，对美术教师的成长有重要意义。当下，全国中小学教师队伍的情况是，刚入职的新美术教师比较多。新美术教师进入教师队伍后，学校如何为刚入职的他们提供一个很好的为师引导，为其今后的发展铺垫基础，是秦波校长一直思考的问题。这些年，他在新教师的培养方面花费了很大的心思。童心小学美术学习研究中心负责人黄经老师是秦波校长在童心小学带的第一个徒弟，是入职四年多的初任美术老师。但是，她在这么短的时间内对"向儿童学习"的理解，已经有了一个比较全面深入的研究。她的成长启示：她在代理美术学科组长的时候，教学上没有太多的束缚，一开始进入学校就受到"向儿童学习"教育观念的影响，很快进入为了孩子发展而助力的工作状态。她带领孩子们在面向生活世界和自己个体成长的环境中，用美术的方式感受与表达自己的认识。童心小学"原生态"美术课堂作业的不断诞生，黄经老师付出了很大心血，做了相当多的研究。她的成长案例，对全国范围新入职的美术教师来讲，是教师成长的一个很好的范例。

儿童立场，在小学教育当中是成为一名合格美术教师非常重要的观念引领。美术教师将以儿童为本的教育思想作为其成长的基本原则，逐步形成遵循儿童心理、生理发展规律的观念，帮助学生自主、探究性学习，是年轻教师培养工作中的主要内容。非常有意思的是，童心小学并不像一般学校那样设立某某学科的教研组，而是命名为"教学研组"。在秦波校长的带领下，他们的视角是基于专门研究"儿童是如何学习"的育人目标的。这样的思路，能引导教师特别是新教师真正蹲下来去看待孩子们是如何成长的。

三、审美感知转变儿童思维方式

帮助儿童转变思维、实现梦想、陶冶心境、获得力量、养育心灵的，绝不是"将成人的愿望强加给儿童"的某种美术作品复制和低水平技能临习，而是作为实现每位儿童个体梦想、内心愿望的自主探究活动，是儿童经由"一般生活经验转向完整的、独特的审美经验"的生命历程。美术教育过程，与每个儿童生活经验、家庭环境、社区生长环境等相联结，美术课堂中对某美术主题的自主探究活动，使美术文化滋养着儿童生命主体并逐步使其融合。美术文化经由儿童的视觉审美感知，在润泽儿童生命的同时，也在儿童生命成长中得以成活和生长，帮助儿童逐步成长为拥有人类美术文化近现代水平的精神个体，这是儿童美术教育的本质要求。

1. 视觉感知构建思维方法

视觉接受是人类思维活动的基础。眼睛的重要性不用赘语，大家都明白！每个儿童经常冲着老师说"我不会画"。此时，学生的主要问题是心理记忆中储存的图像信息太少了！假如在幼儿期没有被某些视觉图像信息污染或者污染少一些的儿童，进入小学的时候肯定就好多了。但整个信息化时代视觉图像传达态势凶猛，对儿童眼睛的刺激，对其思维的影响，对奇妙发想的抑制，是社会大环境的现实存在。唯有强化美术欣赏，方能够让儿童达成形与心的融合。

案例5：儿童视觉心理意象的构建

建构儿童的意象思维是非常重要的视觉审美、思维发想、意识构建工程。如果小学生在幼儿园时眼睛感知力已经被损坏，那么，帮助其构建意象思维的首堂欣赏主题课可以是李奥尼的绘本《小蓝和小黄》（图7-49）。问题：①为何李奥尼爷爷随手撕出的纸片，被他称之为"小蓝"或者"小黄"？②假如大家各自随便使用不同的纸张，撕出与李奥尼爷爷不同大小、不同形状的纸片，也将其命名为"小蓝""小黄"或者"小红"……可以吗？用这样的引导改变学生视觉图像感受原记忆，构建意象性思维活动非常重要！这样的视觉图像感知引导，是改变学生眼睛体验的路径！

图7-49 《小蓝和小黄》（原版）

讨论：强化实施这类视觉图像欣赏主题活动，可以使学生的思维发生变化。问题：学生感知诸多现实主义美术作品怎么办？教育就是慢功夫，教师自己的课程体系需要同时构建。美术欣赏学习是贯穿儿童整个人生的基础审美素养培育工程，敏锐的视觉感受力，是人的第一内在能力。美术学习中，欣赏内容结构很重要，更重要的是，由视觉图像欣赏感知体验活动，帮助学生建立起多元思维方法！引导儿童始终带着问题去欣赏探究，观赏美术作品和生活世界后，第一是个人的"看法"，第二是自己的"想法"，儿童从小学一年级开始需要从这两个方面质疑问题。构建自己的"看法"与"想法"，随之才有可能产生对问题的"发想"，有了"发想"的不断冲动，才可能有"创想"，待"创想"逐渐多起来，必然会积淀自身创造力！儿童动手时之所以敢画、敢于表现，就在于自己视觉图像思维方式的转化。如，当儿童画不准对象的时候，他自己就会造出某条线或者某个形，自己为其命名！如果儿童升入四年级之后，能够持续用这种思维在绘画表现中自己画出某种线、形，坚持一年时间，儿童的身心肯定会发生改变。

案例6：儿童版画作品表现与赏析

教师在自己的专业成长中，需要不断反思和质疑。如，罗恩菲德关于"触觉型""视觉性"儿童的分类，在实际生活中，仔细观察和研究儿童，会发现还有更多处于两类型中间状态的儿童。即使有同样的经验，也有主观捕捉表现类型的孩子，更有中间类型的孩子。教师对于儿童表现类型差异性的认识和理解如果不充分，如果强行给某儿童以指导，就会出现抑制儿童心理发展的问题。广东省少儿版画教育名师黄丽莎工作室成果展作品带来启示：美术教师，太容易只关注儿童作品，太容易被儿童作业表面效果所迷惑。太关注学科，肯定就捕捉不到儿童的身姿，也无法做到和儿童处在一样的高度，教师必须把自己的视角对准儿童某个动作背后的事实。如果教师接触到儿童内心正在发生的"事情"，就会发现，事情是出奇的。随着教师对儿童的看法越来越深入，教育的方式就会改变，儿童创造性的作品才会不断诞生。（图7-50）

图7-50 这类表现语言的儿童版画作品，可以帮助学生改变视觉感知后的思维，引领其对形与表现语言有更全面的理解和认识。美术欣赏中，图像识读过程能帮助学生开阔眼界，对版画表现语言的审美判断，能改变之前对造型的看法，使自己对美术有更加深入、全面的理解。同时，这类作业也能增强学生的自信心——"我也可以这样"！（版画作业选自深圳黄丽莎工作室）

讨论：此案例说明，教师必须向儿童学习，和儿童一起成长。教师要秉持"童心说"，不断思考为何儿童的美术活动要回到人之自然的规定性（即人的天性或人自身的自然），为何要尊重儿童潜在美术表达能力的释放和持续存留，为何教师要坚持的人文原点是儿童自身的自然。具有"童心"，是为师的准则，保有"童心"，是优秀教师的内在品质。我们要以"童心"概念为核心，反思老子"复归于婴儿"、孟子"大人者不失其赤子之心"等思想在当下教育中的意义，对儿童美术活动，对美术表现习得和人的发展关系，对儿童心理学、生理学、认知科学等进行持续研读。

2. 表现语言的视觉心理转换

儿童参与版画活动的益处无须多言。但是，儿童如何理解版画语言，需要教师进行视觉感知心理的转换引导。版画中，木刻版画是教师特别熟悉的版画类别。进入中小学之后，考虑到小学生群体小手力量的不足之原因，诸多美术教师都在使用多种新版材作为制版原材料，供学生使用。

儿童版画的审美语言，是通过作品的视觉图像来打破语言障碍，儿童版画在互联网传播中为教师带来更加实用的信息源头。小学阶段，儿童在教师带领下初步接触版画，儿童平常用笔画线描的视知觉心理，在转换到版画表现时，用刀刻去版的"减法"造型似乎并非立刻得心应手。但是，儿童潜在的造型表现能力帮助他们在理解凸版或凹版版画语言的时候，会出现混沌与尝试性表现混合的心理状态，因而，这些版画作业样态就特别有味道。学生是在自主把握凸版和凹版版画制作表现的规则、规律、造型语言的基础上，完全凭借自己的感觉刻去了某些点、某些线（自画像造型的轮廓），加之在拓印时操作上的不熟练，自然形成的某些移版，更使得作品视觉效果上具有儿童画的率真感、稚拙感。在不断认识"以刀代笔"内涵的基础上深化对版画的理解。

（1）儿童在由一般的线造型表现活动转换到版画活动的学习时，教师首先给予学生的是版画作品的欣赏感悟和对版画制作过程的体验活动。特别需要先欣赏儿童版画，再少量欣赏成人版画，成人版画主要是开阔学生的视野，儿童版画欣赏是直接契合儿童心理活动中对同龄人的共鸣感的。欣赏活动要结合工具、材料的使用进行，这样初步的视觉感受可以为之后的操作过程体验积淀视觉经验。

（2）版画制作过程操作工序的秩序感、步骤完成的程序性，可以培养儿童做事情的态度、遇事的耐受力等。因而，教师在开展版画活动的时候，特别需要把控制作过程的程序性、严谨度。要在一开始就对孩子们提出端正态度、认真操作、把握正确步骤等程序化的要求。《义务教育艺术课程标准（2022年版）》要求"每一学段均以注重发展学生审美感知和文化理解的'欣赏·评述'为起点"[1]，强化审美感知艺术体验活动的力度，为培育学生的核心素养奠定了教与学过程的基础。

案例 7：绘本《有怪兽味道的小路》

如何看明白这样的绘本？是看（听）绘本故事，还是从美术语言视角理解？整本画册作品类似于儿童涂鸦，清晰的笔触、浓郁的色彩等，给人奔放、洒脱的视觉感受。初次观赏绘本画面，学生视觉感知上并不一定能够顺利接受，教师可以将每一页画面扫描或者拍摄下来，制作 PPT 呈现，逐步引导学生视觉感知的审美接受。（图 7-51）

图 7-51 《有怪兽味道的小路》[2]

问题：这样的画面有什么好？怎样欣赏这样的美术表现？

欣赏弥蕗真智子的绘本作品，能够帮助学生改变视觉图像审美的个体思绪，构建对于不同美术表现方式、语言的认识和理解，启迪运用眼睛感知画作后的独立思维。对图画中的视觉形式进行信马由缰的解读和挖掘，视觉思维引出的

---

[1] 教育部：《义务教育艺术课程标准（2022年版）》，北京师范大学出版社，2022，第49页。
[2] 作者：弥蕗真智子，株式会社 岩崎书店，2016年版，曾获第26届"布拉迪斯拉发国际插画双年展"金奖。作者另一著名绘本《我和耀眼的黄》的中译版，于2016年由山东教育出版社出版。

独立发想与联想空前活跃，可逐步提高学生身心整体的艺术鉴赏力和文化品位。（图7-52）

赏析图画书的感知与表达过程之所以重要，就在于视觉审美感知的内涵是以视觉感知为主轴，同时调动其他感官，让身心整体触摸生活世界和艺术作品。表达的内涵是在审美感知基础上，不断获得自我实现的内在心理体验。

图7-52 对这类绘本视觉表现的感知与鉴赏，可以帮助儿童改善对于美术的认识、理解

教师构建美术欣赏学习课程体系时，要与社会群体、图像环境给学生过早带来的玩世不恭、世俗眼光进行持续与坚决的斗争！纯真，是美术欣赏学习的终极目标！恢复儿童的纯真之眼、纯真之心，是艰辛的工作！每次欣赏活动时，教师如何面对学生的现实状态很重要。在启迪学生自己的"看法""想法"时提醒他们艺术家这样表现（画），来源于艺术家最初对某"物"的看法！为何这样表现，为何这样用笔，为何美术的构成形式是这样的，都是由前面他那个对某"物"的看法，引出了此刻想这样呈现给大家的"想法"！

讨论1：欣赏感知帮助儿童将"个体梦想、内心愿望"转化为自主探究活动。持续感悟实践，能够培育儿童生成一种力量，这就是"创造力"。每个儿童创造力的生发，来源于美术活动中的视觉图像感知体验，这是建立在儿童自己原有生活经验基础之上的心灵体悟。美术欣赏活动会给儿童的视觉思维带来转变，儿童的创造必须包括与艺术作品原初创造者所有的经验类似的关系，涉及作品的创造性结构和学习系统，如，欣赏感知上述绘本、版画作品的过程，是在引导儿童进行与作品原初创造者所经受的经验类似的体验活动。无论是李奥尼撕出的纸片（形），还是弥蓙真智子那奔放洒脱的笔触与色彩呈现，或是儿童版画作品，它们在给儿童带来视觉感知的基础上，又与儿童潜在的造"形"表达经验发生连接。

讨论2：教师要缜密计划自己课程的"创造性"。儿童全身心知觉、感受美术文化的过程，与作品的创造者在意识中所体验的工具、媒材等组织过程是相同的。无论是儿童还是美术教师，探究美术文化都必须以眼睛看得见的形式来实现。同时，教师要在儿童充满梦想并努力实现愿望的过程中，在考虑美术文化和生活环境等综合因素的前提下，帮助那些在"犯错"过程中实现了自己梦想和愿望的儿童能够一起创造新的社会文化。杜威名言"教育即生长"精辟提示我们，强化儿童期的美术欣赏感知体验活动，能够完全证明儿童接受美术教育的体验过程，就是美术文化和儿童生命主体共同生长的过程。美术欣赏活动，就是儿童的生命主体在重演美术文化历史的过程中，作品内含的美术文化滋养了儿童的生命主体并使其逐步生成。

讨论3：在复杂多元的社会图像环境中生活，李奥尼撕纸作品、弥蕗真智子绘本作品、儿童版画作品，给儿童视觉上带来巨大图像感知冲击，在作品的美术文化意义改变儿童思绪的价值取向的同时，美术文化历史也在儿童的生命主体那里获得了新生。美术作品的价值取向，代表某种美术文化的现实呈现。美术欣赏活动帮助儿童的生命主体成为某种美术文化的体现者，此刻的儿童具有美术文化的两种本性，即儿童个体生命对某种美术文化的自我肯定性，以及对这种美术文化的自我否定性，也就是美术文化的守成性和创造性。感知欣赏过程中儿童发生美术文化的守成性表现是，他愿意接纳美术文化的某阶段历史，并以此为自身生命存在的价值依据。美术欣赏的感知体验使儿童在童年期辩证地重演美术文化史，使儿童逐步地认同、理解和占有人类美术文化某种形态。在这些美术文化对儿童精神个体的重建过程中，儿童在美术活动中的创造性表现发生突变，在接受多元美术文化中不断否定自身，其精神个体不断地向更高级的文化形态迈进。

案例8："同学的爷爷"

这组写生作业（图7-53），呈现出每个孩子对"爷爷"的视觉感知后的独特表达。孩子用自己的线造"形"表现语言，诉说着自己对爷爷形象的真切感受，画得特别精彩。王晓野老师在乡村留守儿童学校，引领孩子们表现自己生活中的人与物，每个学生在美术课里快乐地成长。

让儿童欣赏自己同伴的画作，是儿童期美术活动中非常重要的学习内容。

图7-53 "同学的爷爷"写生作业

尊重、认同自己与同伴的表现，持续按照儿童个人对生活世界的感悟与体验，进行自由、自主的造"形"游戏，应该在小学阶段持续保留。当儿童心理、生理状态进入所谓"写实期"年段，更需结合大量的欣赏学习，帮助其解开内心惧怕"画不像"的心理。儿童美术是一个人生命历程中的阶段性成果，体现在儿童自我认识的升华上。

小结：

1.造"形"活动对每个儿童来说，是他们能够坚持美术学习的个人能力基础。教师在设计每个学习主题教学前要思考"我自己真的了解孩子吗""关注学生是很重要的一件事情"。小学生、初中生不是成人，儿童的美术学习不能太学科化。美术活动与表达，是每位儿童与生俱来的权利，是用于表达自己想法的一种语言，不是用成人（教师）"支援"他们的方式，在美术课上去做些什么。如果教师不遵循这一事实教学，必然会导致儿童渐渐远离美术。教师的态度对于儿童的影响太重要，教师的话语、行为，对于儿童生命自然生长的影响会在他们日后的生活中显现。在"造型·表现"艺术实践活动的每一个课时，教师有责任也必须让学生从范画的框框中跳出来，将学生想玩游戏的心引出来，并持续给他们创造运用美术工具、媒材的机会和可以自由玩耍的平台。对儿童来说，美术教育的目的是什么？是完成一件作品吗？实际上，完成作品并不是美术课上重要的事情。如若这样，教师仅仅是"传声筒""指令官"，这样的课堂不是艺术教育。但启发、引导孩子们在美术主题活动的探究中玩出"花样"、创生个体独特思维，肯定是艺术教育，这点不用怀疑。在造型表现中，每个儿童都有自己的表现语言和表达方式，都会用自己的方式回答对美术主题的感悟和理解，持续的发问和质疑是最好的美术学习方式。

2. 形与心，是始终影响和左右儿童美术学习心理的双生因子。儿童在美术学习中能够走多远，在于其形与心交互融合程度有多深。美术活动中，关键是帮助儿童建立起个体独立的思维方法。为什么儿童自发的、主体的学习可以让其对美术文化的探究兴趣得以持续？因为，在人工智能越来越发达的当今时代，知识、技能似乎越来越不重要，这些会被人工智能替代。生活中有很多新东西不断产生出来，要引导学生在美术活动中尝试做新的事情。美术教师要研究和思考，如何促进学生在美术主题中深化感悟、反复体验，尝试在学习过程中自主成长。美术课堂上，学生的任何心理反应都有价值。不管什么情绪，在学生心中的反应都是很重要的，教师要理解学生的每一个反应，这是为师的责任。要让学生感知当下、生发独立思考、领悟价值意义、强化切身体验、形成自我表达。强化美术欣赏感知活动，通过看、想、说、听、辨、思，提高学生独立思考的能力。面对美术作品和生活现象，同学间相互刺激、支持，进行同感点的转化，最终的回答不是只有一个结论！教师也不是回答的主角，每个同学站在自己的角度，连续地提问，推进讨论的深化。会思考的儿童，能意识到自己的问题线索，从而延伸、发想、追寻，抓住问题本质。美术学习活动要按照学生的思路发展，解答学生的疑问，记住：教师是探究问题的导演。

3. 尊重儿童与教育儿童的辩证关系。通过教育，儿童才能成为一个文明的人。不少教师说"我一直在认真教孩子习得美术知识与技能，帮助孩子达成对美术表现的理解"，这是教师的认识误区。所谓文明的人，是通过美术活动的教育性，逐步成长为达到人类美术文化近现代水平的精神个体，而并非临习那些美术学科技能的"死知识"。每个儿童个体精神的生发，是通过尊重儿童的教育过程，来复演人类文化的发生轨迹。从儿童画分期理论看，其研究的重要价值，在于儿童的任何一个生命自主表达阶段，都是与人类历史上某一阶段的文化相对应的，每一代儿童都在复演人类文化的发生轨迹。尊重儿童生命的心理、生理发展轨迹，就是尊重儿童生命这一短暂历史阶段的文化，儿童每个短暂历史阶段的文化都有其存在的价值。另一方面，儿童生命的心理、生理发展轨迹，每个短暂的历史阶段文化，又必然地是在实现自己对自身之前发展的否定。如从涂鸦期到图式期再到写实期的发展，儿童生命自然生长的这种否定的实现，是通过某个短暂历史阶段文化的发展而促成的。所以，向儿童致敬本身就是一种文化。儿童生命自然生长不同阶段社会文化的存在，是促成儿童自身文化发展的前提，是逐步达到人类美术文化近现代水平精神个体的准备。在儿童美术教育中，尊重儿童、向儿童学习、向儿童致敬这一文化阶段，对更高形态文化的生成有前提性、决定性意义。教师需要用自己一生的时间，不断学习、不断观察、不断研究、不断分析、不断思考、不断实践，并验证儿童生命的自然生长，和儿童共同走向未来。

第八章

不忘初心与落实核心素养目标

问题 普通公民一生发展需要何种美术教育？

解析 回归儿童生命本体自然生长的美术课程。

第一节　以史镜鉴，不忘初心

一、先哲的教育研究和思想给我们的警示

"不忘初心"，实施面向人人、真正育人的学校艺术课程，国民整体素质和视觉审美的人文素养方可以提升。回溯历史，以史镜鉴，儿童美术教育之源头，必须提到我国近代教育、艺术教育历史上的两位先哲——陈鹤琴与丰子恺。

1. 先生的实践研究和教诲你明白吗

陈鹤琴，我国学前教育奠基人，儿童心理学开创人。其教育思想、育人路径虽然有人在研究，但至今没有在我国师范教育课程中得以弘扬，没有成为学前教育课程的必修内容。当年，为了研究儿童心理、研究儿童绘画活动，陈鹤琴先生曾拜访齐泽克的儿童画室，先生的研究经历和一切努力，是当今我国大部分该领域教育研究者无法企及的。陈鹤琴先生对其儿子陈一鸣成长过程的持续观察及系列研究成果，并没有在学前教育、小学教育（初等教育）美术学科

课程中作为内容专题。这或许是教育科研领域缺乏文化自信的表现。陈鹤琴先生早就指出:"从前的艺术教育太注重技能,现在的艺术教育是注重儿童的个性、儿童的天真、儿童的创作。""但是技能应当什么时候开始教,这是我们研究教育的应当解答的。大概在九岁十岁以前,要注意想象这一方面,就是注重儿童天真的作品,就是尊重儿童的个性。那时候儿童自己所发表的,也不过是发挥他自己的意思,至于画得像不像,他是不管的。但是到了九岁十岁以后,他自己觉得许多意思不能用艺术工具发表出来,在那时候,我们就可以乘机慢慢地教导他,可是不能过分地注重艺术技能,而忽略思想。也不要只顾收效,而不顾儿童能不能够领会你的教法。所以,我们要教他艺术的时候,要注意他们的能力,所谓'循循善诱''因材施教'是了。"①"图画是儿童生来喜欢画的,我们可以利用这种心理直接去满足他的欲望,间接去丰富他的知识,怡养他的性情,并使他养成良好的消遣习惯。"②先生的论述对推进新时代美育工程有深刻的启迪作用。

丰子恺,我国近代艺术教育史上必须大书特书的教父级先哲。非常不解,丰子恺先生的艺术教育思想、教学实践研究并没有在高师美术教育和基础美术教育领域得以深度学习、全面传递和弘扬。"牢记使命",需由重温先生"人为了有眼睛,故必须有美术""美术是为了眼睛的要求而产生的一种文化""越是文明进步的人,眼睛的要求越是大""直接用'艺术'来启发人的'艺术的'心眼""面包是肉体的食粮,美术是精神的食粮。没有了面包,人的肉体要死。没有了美术,人的精神也要死——人就同禽兽一样"等精辟论断,反思学校艺术教育现状。但先生的论断至今没有引发业内对于理解何为美术的思维发生改变,更没有在全国范围得以传播、普及、弘扬。丰子恺先生明确指出美术教师特殊的内涵与工作性质:"'画'是一事,'教画'又是一事。即'画家'与'图画教师'是不同的两种人。"直逼问题要害。丰子恺先生告诫"切不可盼望儿童的像大人,切不可把儿童大人化"③。"儿童的这一点心,是与艺术教

---

① 引自陈鹤琴:《创造的艺术》,1930。载陈秀云、陈飞《陈鹤琴全集(第四卷)》,江苏教育出版社,2008,第88~89页。
② 参见《幼稚生的图画》(1927年),载陈秀云、陈一飞《陈鹤琴全集(第二卷)》,江苏教育出版社,2008,第169页。
③ 丰子恺:《儿童的大人化》,转引自殷琦《丰子恺集外文选》,上海三联书店,第38-51页。

育有关系的，是人生最有价值的最高贵的心，极应该保护、培养，不应该听其泯灭。"[①] 其不仅论述艺术教育问题的本质，还充分体现承认儿童、尊重儿童、了解儿童教育思想的时代性。

案例1：先哲的教诲

1932年，丰子恺先生在译著《艺术教育》（日本阿部重孝等著）出版同时，撰写《关于学校中的艺术科》一文。提出以下论点，今日读来，振聋发聩：

"艺术教育，是人生很重大的一种教育，非局部的小知识、小技能的教育。"

"（一）艺术教育，——倘要切实地达到所定的目的，——不是图画与音乐两种课业所能单独施行的。（二）况且学校中所实施的所谓图画音乐，有许多是与艺术无关的工作。"

"以'会唱'、'会画'为音乐图画教授的目的，是大错的见解。又是普通最易犯的谬误。"

"普通中小学校的学生，是学做人而来的，不是要做画家与音乐家而来的，更不是学做广告画与戏子而来的。"

"做人，不一定要会画画，不一定要会唱歌。不画画、不唱歌，尽能做一个很好的'人'。'生活'是大艺术品。绘画与音乐是小艺术品，是生活的大艺术品的副产品。"

"要之，'艺术教育'与普通所谓'艺术科'，意义不是一致的。学校的艺术教育，是全般的教养，是应该融入各科的，不是可以机械地独立的，也不是所谓艺术科的图画与音乐所能代表全权的。"

丰子恺先生当年所批评的"艺术科"教学现象，至今普遍存在：

"办学者聘请艺术科的教师，但以'会画'、'会唱'为最高目的。其教师也以教学时'会画'、'会唱'为最高目的。""于是教的时候，就以自己为模范，一味课以专门的技巧，似乎希望中学生小学生要个个像他一样地做了专门的画家才好。在这种教课之下，不知浪费了多少儿童与青年的努力！'画'是一事，'教画'又是一事。即'画家'与'图画教师'是不同的两种人。"

[①] 丰子恺：《童心的培养——儿童教育上的一要点——艺术教育上的一要点》，转引自殷琦《丰子恺集外文选》，上海三联书店，第71—79页。

讨论： 日常教学中，教师以成人美术学科知识与技能体系，设计教学和确定课堂教学实施细节，由一种看起来"很正确"的目标指向，呈现自然而然地抑制儿童身心发展的教学常态。教师普遍认为，课堂上教给学生美术学科知识，传递某种美术表现技能，是无可厚非的本职工作。当教学普遍指向学生低水平模仿的硬性接受，临习某种低水平美术学科表现技能，会使儿童偏离对美术文化的深刻认识与理解，造成儿童潜在的自发性创造意识及动手能力长期处于被成人美术学科知识与技能抑制的状态。有些美术教师，长期让小学生画"灯光石膏素描"，美其名曰从小打好基本功。这正是丰子恺先生半个多世纪前抨击的"儿童大人化"教育问题，家长根本搞不清楚"儿童美术"与"成人美术"的不同，家长被某些人"忽悠"误导，似乎孩子学了"素描"，就是走上美术学习的专业之路。中国美术以线造"形"的表现方式，没有在美术课中得到普遍应用和持续引导。儿童原本就是用以线造"形"方式来表现自己感受的生活世界，为何不能顺其心理生理规律，倡导与弘扬以线描造"形"的表现，由此形成中国特色课程体系，而不是过早去学"光影素描"？问题：15周岁以下儿童花费大量时间学素描，对其成长与终生发展有何用？映入眼帘的学校艺术教育成果，属于"打着美育之旗"造出一种看似繁荣的虚假表征。如果仅对学生群体逐一进行手上造型表现美术能力（学业水平）的测评，学生不会表现（不会画）、怕露馅心理，属于普遍现象。中小学校展示的美育成果，是美术社团部分美术优等生的作业，是在成人特意安排下，用学生小手，完成某些教师想要的美术表现结果的替代品。如此，滋养学生心灵，"面向人人"的美育目标无法落实。

新时代美术课，要不忘初心，回归陈鹤琴、丰子恺二位先生百年之前的理论源头、实践研究和教育目标，在二位先哲早已明确指引的道路上行进。陈鹤琴先生儿童心理学研究、儿童绘画研究，应成为学前教育、教师教育美术专业必修课具体内容，应在本科（高职）以及研究生课程中学习并实践。丰子恺先生剖析"教学法不良，偏重艺术的末枝而忽略艺术的精神"之师范美术教育发展中的问题，"多数学校中的图画先生和音乐先生，是画家（或工匠）与音乐家（或乐匠），而不是图画教育者和音乐教育者。画家与音乐家是专家，缺乏教育的修养与誓愿，不配当图画、音乐先生（画匠与乐匠更不必说）"，[①] 思考"美学、美育和美术教育的关系"[②] 等论点，应该成为构成具有中国特色高师教师教育美术课程、学前教育课程体系的理论基础。

2. 原本早就应该明白的道理

现今教师队伍里的年轻人对邵宇先生[③]大多不熟悉。1984年，邵宇先生为著名诗人柯岩、卜镝儿童画诗集《春天的消息》大型画册撰写前言，提出"属于儿童画的创作年龄，只有短促的十四五年，对儿童画这种自然淘汰是大量的无情的"。论点明晰地告诉读者（国民），儿童美术，作为一个人生命成长过程中的阶段性成果，这一潜在生命本质能力离开儿童肌体、身心的时间是确定的，不以人的意志为转移。学习邵宇先生"对儿童画这种自然淘汰是大量的无情的"论述，引发反思：每个人生命的前十四五年中，潜在的美术表现能力是任其自生自灭，还是顺势引导？美术教师有必要在儿童造"形"表现技能培育方面花费大量时间吗？是否每位儿童都需要经历告别儿童画，向成人美术转化的学习过程？难道每个儿童长大成人后都需要从事美术技能工作吗？在儿童期学习成人美术的造型表现技能，对之后的人生、基本生活、社会发展有何用处？家长在孩子15周岁以下儿童阶段，有必要严格要求其掌握成人美术中的写实表现技能吗？针对儿童美术活动中套用成人美术某种样式，施行扭曲儿童天性的教学问题，中国美协主席、中央美院范迪安院长提出，警惕"儿童美术中的'大人样'"；国家画院杨晓阳院长提出"儿童在13周岁之前不要学成人美术学科知识与技能"的论点。他们从艺术家角度批评了儿童美术教育现状。

学校美育必修的艺术课程内容，应该将美术学科教育重心放在对儿童"以美培元"上，儿童美术教育，需要建立以中国美术文化为基础的课程体系。美术课程应该在充分尊重、顺应儿童心理生理自然生长的基础上，在广域美术学

[①] 丰子恺：《卅年来艺术教育之回顾》（1940年），转引自陈建军《丰子恺全集·文学卷二》，海豚出版社，2016。

[②] 见《王天一美术教育文集》第179页。

[③] 1955年起，邵宇先生先后任《人民画报》总编辑，《人民日报》美术组组长，人民美术出版社社长、总编辑，中国美术家协会常务理事、书记处书记，《中国美术全集》编辑出版委员会主任，1990年起，任中国书法家协会主席、党组书记，等等。

（视觉艺术）课程基础上，融合中国文学、儿童文学，部分融合音乐学，少量融合数理化等学科知识，使之成为人文性整合课程，构成对儿童可持续发展有成长意义的文化育人课程。新时代，未来社会合格公民需要的基本能力之一，是对多种信息选择、筛选后的辨析整合能力。由美术学科核心素养关键能力的培育，逐步养成艺术核心素养，真正成为促进儿童生命力最为旺盛、全面发展的"通识教育"。

儿童日常在美术课中的造"形"表现（表达），不能成为其美术学业成绩整体评价指标中的要素，更不能成为评价一个学校美育工作优劣的要点。面向人人的学校美术教育，需要让全体学生在美术课学习过程，逐步形成"学会感受"美术文化的视知觉辨识、感受、思考、质疑、探寻等能力。以美育人的美术课，应该用中华优秀传统艺术、新时代的创造和世界艺术经典所构成的视觉符号系统、美感价值系统，塑造学生的视觉感受力，这是基础美术教育落实"以美培元"教育关怀的核心点。学前教育艺术领域，小学美术课程，需要回归儿童生命的自然生长过程，重新架构基于育人目标的课程。新颁布的义务教育艺术课程标准，将一、二年级美术课设立为"造型·美术"，倡导课程综合这是一个很大的教育观念转化。由此，改革的步子可否再大一点，可否在小学四年级以下规定的学校美术课中，由此年龄一直下延到幼儿期艺术领域活动，淡化美术学科知识与技能的传递，真正走向"一切为了儿童"的育人目标和实践。可否在儿童10周岁之前的美术活动中，不强行施教，不灌输美术学科知识与技能，走向尊重、呵护、珍惜儿童的童年时代原发性美术表达，启迪儿童奇异发想和探究思绪的游戏活动。在自发、主动探究的美术文化与生活经验关联的活动中，构建儿童个人独特思维方式，将发现、创想的思绪贯穿于孩子童年不可多得的生命年段中。这样，才能够实现"两办"文件关于"美育"是"审美教育、情操教育、心灵教育、丰富想象力和培养创新意识的教育"四个维度育人目标。特别是才能真正落实"丰富想象力和培养创新意识的教育"这一人的全面发展的根本要求。

在儿童10周岁以下的时段（3—10岁），学前艺术活动和美术课，是否还有必要再去"教"成人美术学科知识、抽象概念与低水平技能？美术课程与教科书内容能否以儿童的生活为基础，在真实生活情境中，给儿童提供自由释放心灵、自己创造图式、自己创造某物的实践体验活动机会，让儿童个人的原初发想与逐步形成的想象思维建构起来。教师要思考，在可预见的未来时代，人工智能将代替人类大部分工作，作为人，学生每个生命个体特有的东西在哪里？在未来 AI 等数字科技发展所无法取代的人的特性又是什么？美术课能给儿童带来什么？

美术教育，被誉为培养人的创造力最具特性的学科。但是，回顾我国基础教育美术学科教学历史，当儿童潜在的、原发的艺术创造思维 DNA，在童年期过早地被"正规的""学科的"美术知识、概念、技能传递过程所不断抑制，当儿童纯净的心灵与独特思维方式伴随着年龄增长的心理、生理机能提前耗尽且丧失了继生性生发根基的时候，"丰富想象力和培养创新意识的教育"这一美育目标就沦落成无法实现的、遥远的美景幻象。相信，任何有教育情怀的美术教师，都不愿意在不经意间就做了这样的历史罪人。我们要让美术教育回归到"对于塑造美好心灵具有重要作用"的本质上来。

二、为师者应有的教育观共识

幼儿期的自由线画活动，伴随儿童生命成长的细小瞬间。具有教育性质的幼儿园美术活动，并非是以美术知识与技能的单一传递为目标的学科性技术学习，也不是单纯为了培养儿童造型感觉和审美情趣。学前儿童美术教育通过图画表现、手工操作过程，发挥儿童身心内在想象力、磨炼儿童意志，在主题引导下，主观地进行自主造"形"活动，以实现美术教育全面发展儿童人格的育人目标。

教育，是认识每个人的价值，发挥每个人潜在能量，使每个人取得全面发展的实践活动。美术教育，是通过造"形"活动使孩子认识自我（自身）、发挥可能性，从而得到全面发展的主体实践活动。作为一个人，自幼儿期开始的自发造"形"活动，是使自己最大限度发挥自己能力，表现出旺盛的生命力，完成人生变革的自主性体验活动。幼儿期的持续涂鸦活动是人生变革体验中心灵和真实生命的交融过程。用自己的小手完成图画、制作一件东西，这种行为是人类文明发展的原动力。自由地握住笔，画出自己心中所想的、所要诉说的话，是涂鸦活动本源的意义所在。当儿童在涂鸦（画画）、动手做手工时，他们集中注意力进行这些艺术表现，可以看到他们的目光专注、明亮，神采飞扬，精神高度集中，是一种投入神圣工作的心理状态。这就是美术教育的独特之处！

儿童期美术学习，绝不仅仅是儿童进行低水平模仿操作、临习表现，以及认识、了解美术工具和材料，而是需要尊重儿童心理生理发展规律，以人文主题统领，在真实情境中，构成具有充分感知体验的活动性课程。要在关联学生经验基础上，以单元化课程，分课时展开探究活动，联结多学科知识要素，引导儿童在图像识读、视觉思维启迪后的看法与发想当中，自主构建起如何整合不同学科知识的独特思维方式，探索形成个人处理问题的方法，用以应对多样美术活动和未来生活世界。

当今视觉艺术领域多样化的艺术表现展示活动，涉及的工具、材料不仅仅是笔墨纸砚、水粉、水彩、油彩、油画棒、色粉笔等常态画具和材料；不仅仅是泥巴、彩泥、超轻黏土等多种替代性塑造材料；也不仅仅是某一类版画材料与工具，而是涉及版画领域广泛的尝试性表现。需要引导儿童切身关注个人的生活体验，关注自己生命需要的思维状态与主动改变，关注自然生活里一切可以利用的材料、物件，结合各类数字媒介（多媒体）的使用，独立探究、展示。儿童期美术活动需要涉及一切生活物品和材料，在自身逐渐形成的独特视觉思维方法指引下，动手完成基于个人感悟、体验之后的视觉造物手作实践。所有儿童都应该在基于文化主题的问题情境中，主动探索学科表现的方法和自由创想，而不是单一接受那些成人总结的、间接的美术学科知识与技能。儿童要在审美感知的基础上，在观念形态发生变化的引领下，通过对美术文化主题的探寻，深化自己的看法与想法，发展对美术的学科理解与思维。

何为儿童的创造？如，在一个线画造"形"活动里，只有把每个儿童对主题感悟后的内在表达的可能性，用线造"形"方式发挥到最大限度的时候，才能叫作创造。儿童的成长是在不断对自己各种潜力的触动中，把自己的某种潜力发挥到极致的时候，才会向前迈进一步。也正因为有这样的每一次迈进，儿童才能在创造作品时感受成功的喜悦和享受艺术，才能磨炼出一颗善于追求目标并锲而不舍的心。也才有可能积累日后人生坚不可摧的意志力，感觉到自己具有强大的能量，充满自信的勇敢面对生活。经历美术教育活动，儿童自由地掌握材料和某种技术，有目的地制作，对于启发儿童潜在的无限智慧和潜在的天资，具有重要意义。进入人工智能时代，人体机能的衰退和低下，是人类发展的悲哀。美术教育活动，可以唤醒与促进人类的自我发展。

第八章　不忘初心与落实核心素养目标

人类的天生基因中，从娘胎孕育开始，就对绘画有着特殊的敏感及生命发展需求。涂鸦活动，是所有人从幼童开始的成长过程里，必然要经历的生命律动、肌体生长阶段和游戏活动。人类与生俱来就对未知世界充满好奇心和探求心。每个孩童来到这个世界后，基于个体生命需要，会不停地想要去看，想要更多地去了解自己所不知道的事物。儿童由线条造"形"的知觉表达方式，是一种生命体 DNA 原发性的、自然的、自由的面对个体感受对象的主观创造。儿童潜在美术表达能力的释放，是伴随着自己涂鸦活动生成、发展的。无论是用自然物树枝、树叶、泥巴、小石头，生活物品线绳、布头等，还是转换为使用版画刻刀，其所形成的造"形"语言体系都陌生又新鲜。而版画中摆弄、镂刻后的"白"痕迹，令儿童的视知觉混合（线与形），每次的动手造"形"活动都使其发生认识上的颠覆。为何说版画活动对于孩子们成长特别重要？因为由脑海里的创意，到落笔成为草稿，再制成版画稿，誊写在木板上，再用不同刀子刻出，整个制作过程，包含了各种制作工艺程序，一直都在要求儿童动脑进行思考和创作表现。动手活动与用脑思考互为表里，缺一不可。在创作版画过程中，儿童把想做想画的东西表现出来需要进行诸多思考并运用不同表现技巧，其意义不仅在于驱使儿童自己动手和思考，发挥自己的潜能，集中全身心的精力，还包括对工具使用方法、材料物质的判断等，在作品完成时，所体会到的满足感、自信等心智，其体验的深刻性是超出其他美术活动的。同时，这一体验能够增长改变事物的勇气、向困难挑战的信心。因此，儿童参加美术活动时，其潜在造"形"能力不能按照成人美术学科体系的训练路径行走，应将儿童视觉审美感知的自主表达意识作为启迪动手的基础。教师需持续研究和分析的问题：

（1）儿童如何认识自己的表达？如何认识他人的感受与表达？

（2）如何引导儿童的视觉感知体验？需要强加给儿童某种意识吗？

（3）儿童期图像识读的程度是什么？改善儿童视觉审美眼光的欣赏资源有哪些？

（4）生活环境对儿童身心发展产生不可抗拒影响，如何调整儿童的心理、生理生长状态？

为了每个儿童都能长时间保持美术兴趣，需要做好以下三方面实践研究工作：

（1）儿童原发性美术造"形"潜能向主动建构造型表达转化。
①儿童独有的造"形"认知与心中的"意"象。
②儿童造"形"能力发展的核心源头在哪里？
（2）儿童视知觉心理与中国民间美术文化心理相似性原理研究。
①民间美术的信仰观及文化观作用下"形"的构成方式。
②基础美术课如何适应儿童心理、生理现状与发展？
（3）普通公民（儿童）一生发展需要的审美素养教育。
①构建和实现美术文化对儿童心灵滋养的美术课。
②如何用中国哲学/美学思想引领儿童的精神世界？
基础理论研究：
（1）视觉造物观与思维方法。
（2）育人的美术课程实践研究。
（3）美术活动与人的可持续发展。

三、高师教师教育（美术学）课程需要转型

1. 缺乏教育性的高师美术学课程

我国师范类高校"大学合并潮"前的美术系，以及中师教学体系，或是当下高师美术学院人才培养体系，都是源自"奇妙混合物"的美术学科本位取向。长期以来，高师美术学及幼师"美术基础"课，用学院美术评价系统制定人才培养方案。从中等师范、师专、师范学院，到师范大学的美术学课程，是专业美术学院课程内容的简化版，虽在面向师范专业课程设置时，尽量伸学生"国油版雕"都知道，并加上了设计类内容，采用"什么都学点"的多点、多能方式，教授某种表现技能，但毕业后走上学校教师岗位的人，考虑最多、放在首位的仍是美术的"写实"表现思维，恰恰缺少"儿童视觉心理"或"儿童早期艺术创造"等课程。必须认真反思：师范教育应该培养什么样的美术教师呢？

学前教育，明知道练习"简笔画"是违背儿童心理生理发展规律、是不利于儿童美术成长的成人概念套路，但还将此课作为学前教师的一门基本课程。更不可思议的是，某些师范大学初等教育学院、教师教育学院的小学教育专业，

也在开设"简笔画"课。高师准教师培养现状，严重落后时代对教师人文素养要求，固化准教师思维的"大棒"，是由"简笔画"课抡起来，狠狠地砸在学生群体的头上。

高师院校师范专业存在三个明显问题：其一，研究基础教育教学现场的教师太少；其二，学生以谋生为起点来读大学，根本没有为师之心和教育情怀；其三，扭曲的"艺考"满眼看去好一派繁荣的美术教育景象，实则"假大空"。师范大学美术学方向并不缺画家，但缺少研究基础美术教学的名教师，美术教育专业学科建设在师范大学处境尴尬。全国师范类大学里真正研究基础美术教育的教师总共有多少人？真正脱鞋子、下到田里（到基础教育一线教学现场）研究美术教育的大学教师更少。当然，师范大学不研究教育的问题，并不是美术学专业本身的事。回首百年前，常道直先生提出"教育化教师"的培养目标，高师美术学专业方向人才培养的成果不应该是"美术家"，而是基本合格的、有教育情怀的教师！

儿童在成长过程中，其原发性的、潜在的美术表现能力自然消亡，并非一定需要全盘接受成人"学院美术"内容（知识与技能）来弥补。美术表现规则的立与破是一对双生关系、协调关系，不是必然的遵循和执行关系。并不是每个有美术学院学习经历的人都可以去教儿童美术，任何成人也别以为自己学过几年美术就可以去教孩子！基础教育领域教师应是懂得孩子，明白儿童认知与发展心理学，知道如何引导、尊重、陪伴儿童，愿意成为儿童的朋友，可以帮助儿童形成与发展视觉审美素养的人。坚持育人导向的美术教师、幼儿教师培养轨道，需要专业课程内容的转型。

其一，补充儿童艺术心理与艺术发生学课程内容。儿童原本就具有自发感受、自主表达、主动创造的原发能力（表现力），这一能力指向原始人类初期的造物活动，如同人类早期艺术创造活动中的能力。在儿童期（3—15岁），不适合向儿童强行传递成人美术学科内容，特别是技能表现规则。美术知识技能体系如何适应和恰当引入儿童美术活动，促进其成为自由、主动探究的审美感知活动，是一门特殊的学问、专门的学科教育。进行儿童潜在造"形"能力与民间美术造"形"原理研究、艺术发生学原理研究，能深化对儿童美术教育的认识和理解。如此，"面向人人"的美育工程，才能在高师教师教育课程阶段得到基础性养成。

其二，学前教育专业"美术基础"课程转换为改变固有学科观念、开拓思维、引领探索、实践体验并行的综合课程。这门课不应是"学院美术"学科体系内容的简化版。我们需开设一门相当重要的造型基础课如"自由手绘"，替代原先师范生群体学习了几十年的"简笔画"课，要悉心研究儿童原发性美术表现感知觉心理与表达方式，研究儿童在自己生活经验中建立的思维方法、个人表达方式。高师、幼师美术课程基于儿童生命的自然生长和发展做出积极改变，平衡、协调儿童生命成长本原状态与成人教育干预性指导。

其三，研究儿童审美感知发生的美学素养课程。儿童审美知觉如何发生？如何引领儿童进行美术欣赏？美术欣赏学习的逻辑关系表现为欣赏感知—生发思想—主动观看—自我辨析—感知能力发展的梯度变化。儿童凭借个体眼睛为主的（视觉观赏后触发的）直觉，以及结合听觉感受，生发图像的直观想象、发想和联想，获取对生活、自然现象的审美感知，获得对艺术作品的认识、分析、理解。对自然生活物象的审美感知，是儿童身心整体感觉被触动的情况下发生的审美活动。审美对象（美术作品）直接与儿童的味觉、嗅觉、触觉等感觉器官接触，儿童主要是由眼睛的视觉感知为导向进行个体思维发展。要注意在培养准教师课程中构建上述理解。

其四，中国美术造型表现体系课程的建构。在高师美术学专业里，中国壁画、雕塑（彩塑、泥塑）造型方式，长期以来并没有成为美术学造型体系课程，也没有对壁画、汉画像石（砖）的造型等进行专题研究，更缺乏与儿童美术发生的关联性原理研究。我们应注重并进行这方面的研究，如，西安美术学院程征先生曾进行汉画像石（砖）的造型与儿童造"形"表现原发性视角的深度分析研究，汉代陶俑造型与儿童泥塑造"形"活动相关联的造型表现原理研究，山西晋祠、双林寺彩塑等民间工匠造型方式研究等。传统美术文化课程，在高师美术教育中是亟待解决的研究方向。

2. 作为美育的美术教育目标

美育，区别于"美术学科知识技能化"的教育，区别于"美术本体"的学科教育，强调的是通过日复一日浸润式的熏陶，持续滋养人（儿童）的个体心灵意识发生审美自觉。当下严重存在着"技术训练化"取向的美术课，尽管高喊着美育口号，但实质仅属于低水平模仿，同美育目标有着巨大差异。义务教育的美术课不是专业教育，尽管课程内容中不能缺少对美术学科知识与技能的把握，但涵养学生心灵，注重学生内在精神层面的发展，用美术文化构建起一种高贵的生命信仰和审美价值观，引领学生超越有限的人生追求，逐渐积淀独特思维方法，形成"从自我创造"出发的让人全面发展的教育，才是"塑造美好心灵"的美术教育。

儿童美术教育，归根结底是人的成长教育。儿童美术教育要跳出美术学科知识与技能的单一视界，超越美术学科本位，走向立德树人的教育高度，思考其在学校育人整体系统和全面过程中，作为系统的一部分功能，使儿童美术教育真正成为面向全体学生的美育课程。在所有学科教育中，唯有儿童期的美术游戏活动能够帮助孩子养成自发的、自主的学习习惯。人类其他的学科教育都会或多或少抑制儿童心理、生理的发展。美术活动体验，基于每个儿童生命体内在情感、整体知觉、面向社会生活世界的，自主释放、自主探寻、自主思考、自主构建的独立表达能力逐渐养成。儿童美术教育要在为孩子们创建自发、主体的学习场域、活动平台提供可持续性的支撑。更应该去探讨，如何从幼年开始，在儿童美术活动中，培育学生更好地适应未来社会的发展。在数字技术越来越发达的社会，美术活动能够帮助儿童构建独立观看方法与独特思维方法，为儿童适应未来社会的发展提供基于个性创想实现的可能。在每个儿童接受教育的初始阶段，一个明确指向是，通过美术教育，儿童能成为怎样的一个"人"。在充分保护儿童天性及生命个体潜在能力的基础上，实施美术教学活动时，要特别研究和持续思考构建儿童视觉感知的思维方法，通过多样化的美术活动，强化儿童自己发现问题、解决问题的能力。要允许儿童在反复试验、挫折、尝试、学习、逐步成功的过程中，成长为一个可以独立思考的人。美术教育能够帮助每个儿童逐步成为与众不同的人！

3.美术教师自身学科专业的发展

在职美术教师的学科专业或者其他学科专业表现活动，是为了丰富自己生活、改善精神状态而应该持续坚持的长期生命状态。但是，教师职业和工作现状，往往给美术教师自身自觉画画（创作）的学科创作生活带来矛盾，更限制了美术教师能够正确、客观、全面地认识美术、理解美术文化的继续学习动力和提升自身修养的机会。教学生活中，美术教师在一种强迫性的，某系统组织的绘画、写生、创作活动里，往往会将自己对于写生、对于绘画、对于创作、对于美术的认识和理解趋于僵化。这种僵化思绪则会不断地、不自觉地带入自己的课堂里，在面对孩子们的时候，特别顺手地用这些习惯思维、熟悉的美术学科要素、规则、规律概念、表现技法、训练手段等，去对待和要求孩子们，因而造成伤害全体儿童美术能力发展的普遍事实（现状）反复出现。也就是呈现出"抑制学生创造力发展"的美术教学。上述情况是美术教师自身特别需要反思与警惕的，需要在不断读书、内涵修炼、审美观提升的基础上自己做出调节与改善。

尹少淳先生提出"美术—教育"，执两用中、两腿不能偏移的论点。我的观点是师范大学美术学课程体系，两者应该稍微偏移，呈现为"美术45%、教育55%"的比例，课程内容与实施都需略偏重教师教育方向。很赞同浙江省特级教师、正高级教师章献明校长的观点：新美术教师入职后第一天，请别张开嘴就说"我是美术教师"，应该先思考自己是否为一名基本合格的教师。新教师应首先考量是否基本具备一名合格教师应具备的素质。如果在教育观、课程观、学生观、教学观、评价观诸方面，不尊重儿童，不关心儿童，不认识儿童潜在创造能力，必然不是一位合格的教师。不管是哪个师范院校的毕业生，请先静心反思：我是一位合格的教师吗？教师是怎样的人？自己能否成为一名有教育情怀的美术教师？基础美术教育必须有一批并逐渐到有一大批，能够在中小学教学现场真正干事情的人，能够认真研究如何教学、如何落实以美育人的扎实肯干的人。唯有这样，高师培养的人，才可以真正做到为培养中华民族"梦之队"的"追梦人"而努力工作。才能够落实党中央关于教师队伍培养，建设"在新时代建设教育强国、实现中华民族伟大复兴伟业中的基础性和战略性作用"育师育人目标。

每一位幼儿教师、美术教师，自己为师工作的第一天起，以及之后教师生活的所有过程，应持有的核心教育信念为：儿童（学生）大于天！必须在以学生生命自然成长为前提的基础上，做出自己任何一个细小的决定。哪怕是已经成为"名师"、特级教师、正高级教师、教授、硕导、博导等所有从事美术教育之人，必需始终反思自己，审视与调整自己的教育思想。学生观、教学观、教学行为、教学设计思路、实施方法、教学评价等，称之为"永远的变"！这种"变"是伴随教师一生的不断学习和反思，是教师永远随着学生发展与时代变化而改变的、调整的、恰当的、适应性的教育理念、方法和实践行动。当某课时活动中，如果出现了太注重按照教师设定的路去走的现象，那就应该立刻改善！教师要反思自己，且明白对儿童来说，创造到底是什么？

第二节　实现核心素养目标的美术课

一、由"一课一练"走向单元学习探究

1. 美术学科知识结构与单元教学

美术学科作为一种知识体系，自然包含着多种要素及关系，美术学科知识体系所包含的诸多要素及其关系形成了美术学科的知识结构。按照知识的抽象程度，知识至少可分为三个层级，呈现一种由事实或概念性知识、方法性知识与价值性知识构成的层级结构。

对美术学科核心素养目标达成来说，其至少呈现为三种形态：一是从结果上看，由事实或概念性知识、方法性知识与价值性知识构成的层级结构；二是从过程上看，由"价值旨趣＋问题＋方法（论）＋事实或概念性知识"构成的顺序结构；三是从过程的结果上看，由事实或概念性知识、方法性知识与价值性知识构成的层核结构。

◆ **案例 2：现行教材中的"造型·表现"课题**

以往的美术课教材内容，过于关注对美术学科知识、概念、技能方法等认识的结果，仅仅将美术学科知识界定为"经过美术家、美术史论学家论证的真理"，甚至将美术学科知识的记录当作知识本身，如杜威评论过的："在今天大多数人看来，知识一词的最显著含义不过是指别人所确定的许多事实和真理；就是在图书馆书架上一排排地图、百科全书、历史、传记、游记、科学论文里面的材料。"[①] 而遗忘了从原初的意义上思考与探寻，所有的学科知识皆是知识创生者基于自己求知的价值旨趣，运用某（些）方法、思想与思维，对某（些）问题展开尝试性求解和探寻实践。本主题是以地方乡土环境资源为素材，引导学生关注家乡、故土，力求达成不忘乡愁的美术育人目标。（图 8-1）

---

① [美] 约翰·杜威：《民主主义与教育》，王承绪译，人民教育出版社，2001，第 204 页。

图 8-1 《老房子》

  尹少淳先生在论证美术学科核心素养目标达成时提出，美术学科知识、技能、表现方法等，是放在书架上的资源，教师要引导学生根据解决问题的需要，自己到书架上去寻找本主题能够运用的知识技能及方法，启迪学生自主探究学习。倘若落实美术学科核心素养目标的教学，不能引领学生基于对美术学科知识创生的时序性，未能展示美术学科知识形成的过程，而是教师"掐头去尾烧中段"式地陈述知识的结论，未能让美术学科知识与技能的学习成为学生们的发现之旅、探究之旅、身心体验实践之旅，那么，学生对美术学科知识的学习就会停留于事实或概念性知识的表层，难以体会、认知、感悟事实或概念性学科知识背后蕴含的基础观念，无法实现落实美术学科核心素养目标的教学。

  任何学科知识呈现为由显性的事实或概念性知识与隐性的方法性知识、价值性知识相融合而构成的层核结构。《老房子》一课的学科知识为民居写生，属于美术学科的显性事实或概念性知识。一般情况下，显性事实或概念性知识表现为各学科可视、可读的文化符号，诸如数学、物理、化学等课程中的事实描述、概念定义与公式原理等；语文、英语、历史等课程中的字、词、句、时间、地点、人物、事件等；思品、哲学等课程中的告诫、隐喻等；美术课程中的造型、色彩、黑白灰、比例、疏密关系、冷暖对比、节奏韵律等。

美术学科中隐性的方法性知识或价值性知识，是知识创生者（艺术家）"化之于心、践之于行"的操作规范与价值信念，既为显性的事实或概念性知识的创生提供着不竭的价值动力，也为显性的事实或概念性知识的创生指示着学理路径。如，美术学科知识中的整体观察、大处着眼、细节处理、局部与整体的统一等，又如，线条、笔墨表现技能中蕴含的情感性等价值取向（信念），面对主题、物象，作画之前艺术家创作观念及独特的想法与表现方法的预设等。

2. 怎样进行单元设计

如何按照美术学科核心素养目标要求，以大观念统领方式设计和推进此主题教学，实现基于学生理解的美术教学设计与实施？

（1）提炼大观念；

（2）引导性问题；

（3）学生需要知道什么；

（4）学生能够做到什么；

（5）评价指南。

需要研究的问题：

第一，依据美术学科素养目标要求重新审视原教材内容；

第二，教材单课时内容，可以设计为一个系统的单元课；

第三，何种大观念可以包裹本主题原本想传递的美术学科知识与技能？如何确立本主题的大观念（艺术本质问题）？

💡 案例3："老房子"单元设计

原教材主题承载着文化传承与美术观察、感知表现的综合育人功能。如何依据核心素养本位的艺术课程目标要求，设计单元课程呢？

大观念：故乡的老房子寄托着无尽的乡愁。

背景素材：故乡的老房子是什么？

伴随社会经济高速发展、城镇化进程不断更新，越来越多故乡的老房子逐渐消失。故乡"老房子"（古民居）的印记是历史，是文化，其是不可复制的。经过时光、岁月的沉淀，老房子就似饱经风霜的父辈，静静地感悟时代、历史留下的沧桑，那一道道坚毅的伤痕下，隐藏着父辈人儿时的影子。老房子就如同慈祥的母亲，把一切善良、包容岁月的痕迹在屋脊、房梁、花窗、格栅上沉淀。

老房子是乡情魂牵之音韵，是地方文化之根基，是乡土民俗之灵魂，是乡村振兴、可持续发展之镜鉴……古民居、古村落、古街、古巷、古井、古树，"古老"印记尚在我们身边。面对迅猛的时代变迁，故乡的老房子犹如一片心灵的净土，让人能够静静地找回自己。

大任务：用线造型的方式表现故乡的老房子（古民居）。

基本问题：故乡的老房子是什么？

经济飞速发展的新时代，故乡的老房子还有保留价值吗？

主题一：用美术的方式认识故乡

小任务1：用线描初步表现故乡的老房子。

小问题1：怎样对故乡的老房子进行审美感知（看什么，怎么看）？

小问题2：如何提炼青山绿水间木结构老房子的线条语言？

小问题3：表现徽派古民居粉墙黛瓦特征选择何种线描语言更恰当？

小问题4：怎样用线描语言表现出对老房子（古民居）的特殊情感？

学业质量水平描述

评价要点	具体表现	核心素养
感知青山绿水间的老房子	能对青山绿水间的老房子认真观察、判断和分析表面特征	审美感知
提炼老房子的线条语言	能对老房子周围环境、建筑主体、基本结构等提炼出线条表现语言，并尝试表现实践和自主调整	审美感知
表现徽派古民居粉墙黛瓦特征时线描语言的选择	能自主分析粉墙黛瓦老房子的基本特征，选择运用恰当的线条对其基本结构进行表现	审美感知
线描表现语言的情感表达	能体悟线描表现语言在描绘老房子时个体的情感驱动与文化承载力	艺术表现

主题二：雕梁花窗寄托着前辈人的审美情思

小任务2：用线描表现老房子的房梁木雕、花窗、格栅等局部。

小问题1：选择描绘老房子某个木结构局部可以怎样表现？

小问题2：在木结构老房子局部观察刻画过程有什么新发现？

小问题3：木结构老房子局部线描表现语言可采用哪些变化？

主题三：不同媒材表现语言的审美价值旨趣

小任务3：由老房子线描稿进行媒材转换再创作。

小问题1：怎样依据老房子的线描写生稿用水墨表现？

小问题2：如何将老房子线描写生稿转换为版画创作？

小问题3：怎样运用其他媒材转换表现木结构老房子？

"故乡的老房子"——"知道、理解、做到"

学生应该知道	学生可以理解	学生能够做到
对故乡老房子的视觉审美感受体验	老房子承载着故乡世代人们的基本生活需要和特有的审美追求	观赏体悟故乡老房子外观形态以及局部肌理呈现出的历史沧桑感
用线描造型方法表现故乡老房子	表现老房子的个性化线描语言	以自己感知理解运用线描方法表现老房子及周围环境
表现老房子局部独特的线描语言	用线描表现老房子局部的方法	依据自己的认识理解，用独特线条表现老房子的局部特征
老房子呈现出特有的历史沧桑感	不同的线条组织和运用能够表现老房子历史沧桑感	组织和运用不同线条表现老房子外观以及局部肌理
不同媒材表现语言的审美价值旨趣	不同媒材表现语言承载着不同情感表达和价值取向	尝试体验水墨、版画和其他媒材对老房子线描稿进行转换创作
故乡老房子的历史价值和文化意义	对故乡老房子视觉审美感知与表达水平源自文化理解的程度	体悟故乡人们对老房子的特殊情感、故乡的民俗传统和老房子的历史文化意义

指向美术学科核心素养目标的学习任务单

大任务	学习阶段（小任务）	活动内容	核心素养	课时
感知故乡老房子，以线造型的方式表现老房子	对老房子的审美感知	在真实生活情境中，感知和体悟故乡老房子的形态结构、环境	图像识读 审美判断	1
	观察老房子如何由基本结构提炼线条	尝试在自己审美感知基础上，用以线造型方法，表现自己感受到的某个视角的老房子造型	图像识读 审美判断 美术表现	1.5
	以线造型的情感、价值意义	根据老房子某视角写生造型，体悟、研究、尝试用何种线条造型时，将自己的情感和表现意图赋予以线造型表现中最为合适	图像识读 审美判断 美术表现	1.5
	老房子的局部观察和写生表现	用线描方式对老房子房梁木雕、花窗、格栅等局部进行观察与写生，探究局部细节刻画过程如何运用线造型表现手段	图像识读 审美判断 美术表现	2
	不同媒材的转换表现	以老房子写生稿转换不同媒材创作表现，尝试运用媒材特性，进行有创意的主观表达	图像识读 审美判断 美术表现 创意实践	3

图8-2至图8-4是用刻撕纸表现方式，转换老房子写生稿之后的创意表现。

其中图8-2是六年级赵沸诺同学根据自己的写生稿，利用多层彩色卡纸，采用表层刻划与揭撕纸等方法制作而成。房顶形态和树的枝叶形态分别撕出泛白色的表层肌理，而第二层的大红卡纸又采用了镂空刻纸方式，不同色纸的呈现使整个画面形成了不同的层次效果。

图8-4使用三层色纸套刻镂空表现方法制作而成。六年级褚梦玲同学根据自己的民居写生稿，采用大红色卡纸表现整个画幅主体形态结构，中黄色卡纸作为主要形态的底衬，而白色卡纸作为民居结构大形态的镂空部分，形成画面的凹凸起伏感和通透感。

图8-2 　　　　　　　图8-3 　　　　　　　图8-4

图8-5

图8-6

图8-7　　　　　图8-8　　　　　图8-9　　　　　图8-10

图8-5至图8-10这六幅作业，是古民居线描写生稿转换运用废旧纸箱板刻与撕综合表现创作。学生们利用日常生活里的旧纸箱，裁切出纸箱的某个平面，先根据自己古民居写生稿选择纸箱板外形大小进行默（视）布局，再用水粉颜料厚涂纸箱板平面，然后根据自己线描写生稿，直接在涂有底色的纸箱板上落稿、刻制，包括将表层纸刻破后，对内层瓦楞纸进行"破坏性"处理，形成特有的作品肌理效果。这一创意性表现方法极大激发了儿童潜在的创造力，如二年级学生王大可，他的民居线描写生并非像中高年级同学作业造型那么精准。但是，纸箱板媒材创作实践活动极大地激发了他的奇思妙想和释放了其个体动手表达的潜能，作品表现特别精彩（图8-7、图8-8）。表现时用肯定的刀痕形态刺破纸箱板内层瓦楞纸，与纸箱板表层残留水粉颜料形成特殊画面肌理，产生的画面效果是教师没有想到的。体现了儿童自主创生的表达。

讨论1："由技入道"的美术教学带来了什么？

一直以来的美术教学，是由秉持美术的写实表现与评价，导致国民对美术的认识、理解，停留在用某种约定俗成的思维、或某种固定的方法表现所谓写实形态的结果上。正如中山大学杨小彦先生所说："中国艺术教育问题很大，其中最严重的是所谓写实，有一套固定方法，已经存在了大半个世纪，是徐悲鸿和苏联画法的奇特混合物。"①由此造成观赏美术展览和儿童画作品时，国民的眼光、心理取向，都以某造型是否"像"生活中物象的写实性程度作为评价标准。在儿童美术活动中，不少美术教师尚不明白，自己对儿童画的评价是错误导向，反而还主观认为，是严格按照美术学科知识给予儿童们教导，做了应该做的事情。可悲的现状证明，"艺术不可教！艺术是领悟，是智性，是突然一闪念间的莫名的狡猾"②。孩子在儿童期处于原发性美术表现阶段时，其心理状态和行为指向恰恰体现出艺术表现的本质，如儿童刻撕纸和废旧纸箱板刻撕创作。儿童会以一种个人对生活世界某个事物的突然领悟，将其潜在的智性释放，是其心灵一闪念中的自由感觉发泄在笔尖或手上的状态。但是，长期以来，基础美术教学强调所谓美术学科本位，对儿童心理、生理的自然生命成长形成严重制约，使儿童认知心理和身体机能的自然生长处于一种"过度教育"之中。

一般人和大多数美术教师的眼光、心理取向都以造型"像"生活中物象的写实性程度为评价标准，这种做法对儿童心理、生理的制约显而易见，大多数美术教师对这一错误指向尚未理解透彻。国民认同的"美术"，是将某"画画的技术、技巧"，作为对"何为美术"的认识约定俗成的思维基础，并直接影响国民对"儿童美术"认识、理解上出现完全性偏差。提及"儿童美术"，会立刻想到"教"给儿童何种美术技术，教某种表现技巧就是教"美术"。这一社会环境下，国民群体自然发生"目中看不到儿童"的常态！更有甚者，根本不知道哲学（美学）、文化人类学、民俗学、艺术学、社会学等构成的系统课程，方是美术学课程的内核。

讨论2：误读"美术"与过度的"儿童美术教学"。

依据汉字发生学原理，从词义学解析"美术"和"艺术"，词源上有着"技艺"的源头。英文"ART"（鲁迅称谓"爱忒儿"）由日本转译进入我国之后，"美术"一词成为国民的认知基础。普通国民并不了解"美术"的学科发展和意义，"美术"并非仅仅是单一"技术"（技巧）本身可以承载的。"美术"一词自日本引入我国100多年，国民对"何为'美术'"的认识和理解，始终处于思

---

① 杨小彦：《艺术意味着什么，如何看懂艺术》，原载：雅昌艺术网、写生啦，2018年2月4日。
② 同上。

维含混状态。国民之所以对"美术"认识、理解肤浅,是因为思维停留在"美术的结果"——"画"或"雕塑"等初级层面。这对于"美术的事实"之理解,必然导致无法认识构成美术的观念这一本质问题。由于国民对"美术"认识状态肤浅,自然对儿童美术缺乏基本认识。当一种错误认识成为国民共识,必然导致社会整体缺乏美育素养。基础美术教学中,用成人美术学科知识与技能体系的固化思维,对待儿童并教其习得美术,成为业内人普遍做法,同时也构成普通百姓对儿童美术的基本认识水平。引导国民认识、理解美术家的艺术观念、思维方法、情感表达才是美术发展的本质,这也是一项相当有难度、亟待进行普及的社会美育内容。

学前教育、美术教师教育,所传递的"美术知识、技术、技巧"是一种什么样的学科知识呢?其充其量属于由"间接经验"构成的美术学科事实。如,美术基础课"素描""色彩",或更专业的"人体""油画""中国画""雕塑""版画"等,都属于由任课教师将自己的"间接经验"——某种"现成的美术学科知识"传递给本科学生。正是由于"我国学科教育界长期秉持'间接经验论',即认为学生以学习各门学科中的'间接经验'或'现成知识'为主,学生既不需要直接探究学科,也不需要直接探究现实世界,而是通过掌握'现成知识'而间接地认识学科、认识世界。这就使学生(以及教师)的经验依附在别人的间接经验之上,过寄生性的学习生活。由此导致的结果是,学生不仅丧失了独立思维和判断能力,而且泯灭了自由人格。学生经年累月地接受着、训练着、掌握着学科结论,但从未真正经历过这些结论的诞生过程,也就从未接触过真实的学科,从而无缘发展学科思维与理解。"[1] 没有经历过、接触过真实的美术表达,不理解美术学科思维、艺术观念的人,去担任美术教师,承担学前教育艺术领域活动指导工作,由于内在文化素养"残缺",所给了幼儿、小学生、初中生的美术知识、技能、技巧,究竟将学生引向何方?"'会画画教美术'的观点是很不全面的观点,这也如'会打球教体育','会唱歌教音乐'是片面的观点,一样不适合教学大纲的基本要求。"[2] 美术教师、学前教师知识结构片面、

---

[1] 张华:《论学科核心素养——兼论信息时代的学科教育》,《华东师范大学学报(教育科学版)》2019年第1期。

[2] 王天一:《对普通学校美术教育的再认识》,《当代教育科学》1987年第1期。

内在素养欠缺的情况长期存在。面对学前教师、美术教师素质与国家美育目标要求不适应现状,"重建学科教育的关键,是摒弃延续了近70年的'间接经验论',让教学成为每一个学生真实的学科问题探究过程;将所有固定学科结论转化为在真实的生活问题情境中,让学生在直接经验基础上亲身经历学科知识的诞生过程;让每一个学生的学科学习变成像学科专家那样去思维和实践的过程。"[①]这种转变是新时代美育对教师素养的基本要求。

二、儿童的美术能力与人的可持续发展

1. 超越美术学科本位,实现立德树人教育目标

美术课落实立德树人根本任务,需要转变观念,超越学科,走向育人。把美术学科知识与技能为本的教学转变为提升素养为本的教学,把讲授为中心的灌输行为转变为以学生自主学习为中心的课堂。面对学生,启迪当下感知、生发独立思考、领悟价值意义、强化切身体验、形成自我表达。

案例4:美术学科结构中的"基础观念"

任何学科的学科结构都是灵活的"基础观念",而并非固定学科事实,其本身具有可理解性。如果教师提炼出作品蕴含的学科事实中的"基础观念",设计出的单元教学脉络必然指向学生艺术核心素养目标。如木刻,作为版画最古老的表现形式之一,刀味、木味,黑白效果处理方法等,是长期以来学校教学里一直讲授的知识技能点。黑白木刻之所以具有强烈艺术感染力,也来自艺术家在作品中对刀法、画面黑白效果的特殊运用。艺术家创作作品时运用黑白木刻特点的想法与创意,就是学科结构中提及的灵活的"基础观念",因而,在教学设计时,教师需要从黑白木刻的刀味、木味,黑白效果处理方法等学科事实中,提炼出该主题的"基础观念"。

人的心灵是基于个体生命的、活的有机体。教师必须时刻警惕,不能让"惰

[①] 张华:《论学科核心素养——兼论信息时代的学科教育》,《华东师范大学学报(教育科学版)》2019年第1期。

性知识"充斥于自己的教学过程。所谓"惰性知识",是由零散的学科事实所构成,仅适应学生身心情感外部单一操作评价的需要,并不是能在生活中应用和解决问题的知识。也就是说,在一切教育中,提出与探究"基础观念"(大观念)核心问题,是让教师所教授的学科知识保持鲜活(生命力),避免陷入知识惰性化的关键点。因此,落实核心素养目标的美术课,需要依据学科结构"基础观念"设计课程与教学。

如,黑白木刻基础的表现技法练习,属于惰性的、无用的、僵死的、无生命的知识技能,根本没有触及黑白木刻作品《鲁迅先生》的本质,更没有从革命文化的高度,认识和理解作品的价值意义,无法引导学生自主思考问题和主动探究作品的内涵。设计这一主题教学,要站在观念形态高度思考与认识问题,由提炼版画(黑白木刻)学科结构"基础观念",展开深度学习的设计。

"黑白木刻版画怎样刻画、塑造鲁迅先生","鲁迅先生是一个怎样的人",是本单元学科结构的基础观念,又称"大观念"。教学由学生自主探究观念问题出发,既可转化为学生的年龄阶段特征,又可转化为学生的个性心理特征,不同年段学生可以随着年龄增长和个人境遇的变迁,不断对此学科结构产生个人理解。

浙江湖州市湖师附小教育集团林晨栎老师的教学活动,由学生体验木刻刀的真实情境,生发体验、感悟刻刀法的问题。随后呈现的PPT,是结合学生用刻刀在木板上留下的刀痕,结合对画面图像识读的辨析,展开思考与探寻。这是什么样的刀痕?这些刀痕带给大家怎样的视觉感受?从刀痕的视觉线索中,能够猜测和判断出艺术家创作了怎样主题的作品吗?(图8-11、图8-12)

图8-11

图8-12

教学设计的实施路径,是在确立大观念基础上,由对基本问题的质疑,引导学生不断地、想方设法地、千方百计地去解决问题,而后探究问题、再解决问题,通过这一过程学生肯定能得到进步,能力也能得以提升!呈现出的

PPT，始终围绕作品画面的图像辨析，在识读过程深化学生的思维。（图8-13、图8-14）

图8-13

图8-14

学生围绕图像识读的体悟过程，发表看法，艺术家的作品与鲁迅的照片相比较，有哪些地方进行了艺术处理？其中涉及的学科知识技能、表现方法、怎样运用等问题，都要共同探讨。面向人人的美术教育，要摆脱知识、技能、概念的纠缠，要回到学生经验、回到社会生活，坚持问题导向，引导学生自主进行问题解决。（图8-15）

"基于问题的美术学习"是以学生为主体，以问题的思考探寻为中心，更关注学生是怎样获得感知（欣赏）方法和实践思维的。如，木刻作品在对鲁迅头发的表现方面，进行了怎样的改变？具体的刀法是怎样的？此环节在对美术作品引出的问题进行主动探究过程中，引导学生积极地将某些学过的美术知识与技能，运用到某一特定的问题情境中，实现有效学习。（图8-16）

图8-15

图8-16

基本问题包括两个层级的要素：核心要素与过程要素。其中核心要素包括"问题的内容指向""问题情境的真实性"和"学科的相关联系"；过程要素包括"思考探究""认识推理"和"自我反思"。

有教师会问：学生原本不知道《鲁迅先生》这件版画作品，也不会木刻版画的技法，怎样把之前某些学过的美术知识与技能，运用在特定的问题情境中？回答此问题，需要教师改变观念：

第一，问题设置是否站在培育学生视觉审美判断价值取向的角度来考虑？

第二，美术课不是单一技能表现传递的低水平教授，而是以审美价值认同、文化理解、"三种文化"的观念引领课程，是审美价值引领、构建的育人工程。

小问题导入：

（1）看到了什么？什么样的刀痕？视觉上有怎样的感觉？

（2）是否见过这样的美术作品？作品有颜色吗？

最终推出这一帧PPT，呈现下列问题。（图8-17）

图8-17

学生需要理解的内容：版画《鲁迅先生》的意义与内涵。

引导性问题	学生需要知道	学生需要做到
▲看上去这是一件怎样的作品？	◆黑白木刻，版画，作者：赵延年	◆描述作品表现的基本特点，以及创作者的基本情况
▲作品的主题表现什么？	◆鲁迅先生——新兴木刻版画的推动者	◆作者用黑白木刻表现方式塑造鲁迅先生形象
▲作品用了怎样的表现方法？	◆黑白木刻版画的艺术特点与基本表现方法	◆尝试用木刻刀体验刀味与木味，以及画面黑白效果
▲作品的局部处理表达了什么意涵？	◆对鲁迅先生形象的艺术化塑造与独特表现	◆尝试用黑白木刻的方式表现生活主题
▲作品表达了怎样的意义与情感？	◆艺术家创作该作品的想法和创意	◆认识、理解中华民族曾经的历史和奋斗精神

案例片段：鲁迅先生（木刻版画）。"求真"的概念性理解在具体美术课堂中，由学生的自主探究思考（学科的概念性理解）逐步得以清晰。通过图像识读，引领学生视觉审美感知，自主探究由生活照片转换为木刻版画作品过程，了解画家采用了怎样的表现刀法，形成了怎样的画面形态结果（版画语言），作品的画面图像效果如何高于生活照片？学生自主探究主题人物生活照片的真

实与艺术作品的真实，是本主题的概念性理解，此教学环节将立德树人目标内涵自然隐喻在学生审美感知、判断思考过程之中。（参见图 8-11 至图 8-17）

问题："写实"作为美术学科要素，与"生活的真实"有何不同？"艺术表现""艺术美"等关系的分析，帮助学生深化对学科知识的概念性理解。

讨论：落实核心素养目标的教学，需要超越学科，走向育人。美术的"学科结构源自人对世界日益深入的理解，它们将文化知识组织起来，建立联系，赋予意义"[①]。不同形式的艺术作品都存在自己的"基础观念"。艺术家为何这样表现，为何这样创作，作品《鲁迅先生》为何要刻出如此斑驳、有力度的刀痕？观看作品可知，其是以灵活的"基础观念"为支撑的，是有思想基础的。教学设计要由此提取单元主题中的大观念，引导学生围绕其基本问题形成持续探究和持续理解。大多数教师的习惯思维，仅仅看到某个教学主题需要传递的美术学科知识与技能本身，如，黑白木刻版画，相应的知识技能是运用不同的刀具，在木板上表现出黑白效果，体现出木刻版画的味道。在教材中，一般的教学主题也都是将某美术学科知识、技能的传递，作为设计教学和实施教学的逻辑。在核心素养目标要求下，这样的教学无法使学生发生深度学习。现行教科书的主题，如果按照核心素养目标要求展开单元设计与教学，就需要教师暂且放弃美术学科知识点的习惯思绪，首先思考此学科知识、技能的发生基于何种"基础观念"。形成对"画家想要展现的是一个怎样的人？"的持续理解。

作为美术教师，是否相信学生，是否认同在具体的美术教学活动中学生是可以自主创造的，是具备创造性潜能的。艺术课程美术课上，教师应该做的事情、美术课终极目标并非是直接教给学生美术知识与技能，而是引领学生在自我感知体验美术文化过程中，逐步释放出其潜在的创造性基因，生成创造性思维，建构可以应对未来世界发展的素养。

2. 木刻版画单元教学设计

"为什么学艺术？""学艺术有什么用？"是《义务教育艺术课程标准（2022年版）》提出落实立德树人根本任务目标的学科教育命题。立德树人是教育的

[①] 张华：《论学科核心素养——兼论信息时代的学科教育》，《华东师范大学学报（教育科学版）》，2019 年第 1 期。

宏大命题，包含太多内容，其最根本的是要引导学生追索人生的意义。美术课作为学科课程，怎样体现出人要明白自己为什么活着的历史话题，这又是一个十分艰难的事情。艺术课程美术课堂上落实立德树人目标并不是喊口号、说大话，并不是用某些文件词语笼罩在学生头顶上，而是要经由图像识读和审美判断，强化学生审美感知的艺术体验过程，帮助学生领悟美术作品蕴含的道理（对美术学科知识与技能的概念性理解）。以核心素养为导向的艺术课程美术课教学，就是要确立核心素养在教学中的核心地位和统帅地位，使课堂教学的一切要素、资源、环节、流程、活动、学业质量评价都围绕核心素养组织和展开，并最终指向学生核心素养的生成和发展。

其一，核心素养是艺术课程美术课教学的出发点。教学的首要问题是教师为什么而教？是为美术知识，还是为了学生逐步成为"三有"时代新人（全面发展的人）？

其二，核心素养是艺术课程美术课教学的落脚点。美术教学（学习）不能仅满足于美术基础知识与技能的掌握，最终成果要落在学生核心素养的逐步形成和人的全面发展上，特别要关注学生美术思维方法的建构和审美价值观念的确立。

其三，核心素养是艺术课程美术课教学的着力点。传统美术课教师把教学的力量都用在学科知识点的掌握和技能训练上，没有关注美术学习如何育人的本质目标，学生如何形成初步的核心素养迄今一直是被边缘化的任务。

案例 5：木刻版画教学设计与作业评价

问题难点：怎样从木刻版画制作技能、程序中提炼意义（学科的概念性理解）？

新时代素养导向的艺术课程美术课，要凸显美术学科知识与技能的价值旨趣。例，版画学习中木刻版画的学科概念性理解：木刻刀具（工具）、刀法、操作方式、版面刀痕等为美术学科表现知识与技能。

真实生活问题情境：小强同学接受任务，设计校运动会班级参赛宣传海报。用什么方式好呢？小强一直纠结。小强的爷爷是老一代革命战士，瞅着小强心思，爷爷说：小强啊，用木刻版画来设计海报吧，爷爷当年就参与过战地海报的创作。很方便表现，又可以复制多幅，宣传力度强啊……

大任务：木刻版画表现语言的内涵（意义）。

大观念（引领性学习主题）：木刻版画不同刀具、不同刀法可以表达形状和物体的大小体积、肌理质感、黑白明暗、情感情绪和作者的特殊意图等。

学生应该知道：木刻版画不同刀具、刀法表现语言的呈现形式。

学生可以理解：不同刀具、刀法产生的版面肌理蕴含作者的创作意图。

学生能够做到：尝试体验不同刀具、刀法在版面上的肌理效果和表达思路。

基本问题：操作应用不同的木刻刀具可以在哪些主题创作中发挥其特有的表现力？

小问题1：圆口刀的持刀方法、力度、刀痕所形成的版面肌理呈现什么样的"木味"和"刀味"（版味）？

小问题2：使用三角刀排线刻法产生的版面肌理能够表现物体的哪些特征？

……

学生由对版画作品的审美感知（图像识读、审美判断）开始，调动自己观看作品图像后的视觉思维，形成个人的判断，并表达给同伴们。

木刻版画表现方法的概念性理解。

大任务：以刀代笔的主观意义表达。

任务1：大小圆口刀排线刻制后产生的刀痕与版面肌理。

任务2：大小三角刀排线刻制后产生的版面肌理与表现。

任务3：平口刀的功用及表现方法。

任务4：综合刀法在具体表现中的尝试性体验。

任务5：应用大小圆口刀表现人物主题组合画面。

任务6：综合应用大小圆口刀和三角刀表现主题画面。

……

强化学生的具身体验艺术实践活动。在对作品、表现方法的审美感知（图像识读、审美判断）基础上，体验木刻版画表现过程，逐步深化自己的理解，尝试创意实践（激发学生潜在的创造性）。

讨论：美术课的育人价值，包括美术学科独特的育人价值和跨学科的共性育人价值，它是"培养什么人"这个教育核心问题在中小学美术课的具体反映。《义务教育艺术课程标准（2022年版）》确立的艺术课程核心素养，是为美课要培养的学生是什么样的人"画像",艺术课程核心素养是美术课育人的规格要求,是"培养什么人"的具体化。依据核心素养目标,学生对木刻版画的审美感知,由自主体验不同规格木刻刀运动轨迹,刀痕的肌理效果,不同刀法操作运用意图,体悟具体学科表现技能的价值旨趣,以及审美价值、主题意图引领下特有的技能表现方式。艺术课程美术课上,教师先不要给学生空喊"美"与"不美"这种口号式话语,要从真实生活问题情境出发,引领和强化学生对版画作品图像的审美感知,自主挖掘和体悟美术作品(文化)中蕴含的意义,也就是做人的道理,就是"真"与"善",就是如何做一个真人,做一个善良的人。教师群体几乎人人都知道陶行知先生的名言:"千教万教,教人求真;千学万学,学做真人。""求真"的学科概念性理解在美术课里怎样探究呢?

案例片段:木刻刀痕被作为学科表现技能的具体呈现。刀痕具有特殊的美感,学生能够识别出来吗?不同规格的木刻刀与版材相触之后,表现出不同的情感与价值取向。木刻刀法、刀痕的价值旨趣体现作品的价值意义(木刻版画的育人价值)。学习任务要首先解决学生价值观理解和美术(木刻版画)学习意义的问题,这是美术学科育人的核心!

讨论:理想的美育和理想的艺术课程,是用艺术作品和艺术文化唤醒儿童(学生)的感性,也就是对学生审美感知能力的培养。在人工智能全面覆盖的当下和未来,唯有人的感性、感知是独特的。在美术主题单元课程设计、教学实施、自主探究学习、合作学习等环节,教师需要把这个事情研究透。因为,唯有人的感性、独特的审美感知是人工智能无法替代的人的本质力量[1],这是课标育人导向落地的核心问题。艺术课程核心素养之审美感知、艺术表现、创意实践、文化理解,是艺术课程五个学科育人的共同目标和任务。在信息传播视觉可视化的当今时代,美术学习对强化学生视知觉感受水平、提升审美感知素养具有独特功效!

案例片段:学生美术学习的核心本质由视知觉审美感知体验为起点(课标

---

[1] 只有凭着从对象上展开的人的本质的丰富性,才部分地第一次产生着人的主观的感受的丰富性:欣赏音乐的耳朵,感到形式美的眼睛——简单地说,能够从事人的享受和把自己作为人的本质力量来肯定的各种感觉。因为不仅五官的感觉,而且所谓精神的感觉,实践的感觉(意志、爱情等)……都只凭着相应的对象的存在,凭着人化了的自然,才能产生。"人的本质力量的对象化"论说见马克思《1844年经济学哲学手稿》,《马克思、恩格斯全集》第42卷,人民出版社,1985。

以"欣赏·评述"艺术实践活动为起点）。学生如何经由对作品图像的审美感知，自己识读出木刻刀痕的意义（内涵）？艺术家表现作品时为什么要用这样的刀法形成这样的版面肌理效果？艺术家想用作品表达出（传达给观者）什么？学生经由木刻版画《鲁迅先生》的学习，形成图像识读、审美判断能力的迁移。

木刻作品赏析案例：刀刻的信念，牛文作品赏析。（图8-18）

案例片段说明，教师依据艺术课程核心素养要求，选择和组织美术学科知识内容，使美术学科知识、技能内容直接服从、服务于学生达成艺术课程核心素养的需要，必然引发中小学艺术课程美术教学的课程观、学生观和知识观向"以人为本"转型。即，义务教育艺术课程美术课不能再以美术学科知识与技能为本，不能再纠结于美术学科知识的容量、知识的难度和知识的类型，而应该切切实实地把学生的全面发展，把学生艺术课程核心素养的形成置于课堂学习的中心。

图8-18《小萝卜头的梦》（小说《红岩》插图） 牛文 35.5cm×27.3cm 1961年

3. 儿童美术造"形"问题研究结论

儿童美术，是伴随每一个人生命自然生长的精神活动。儿童美术，是每一个人生命发展中的阶段性成果。"形"是认识、理解儿童美术与评价儿童美术的关键概念。"形"所引发的思考和问题探寻，涉及如何落实美术课育人目标。

"形"是构成美术表现的基本要素。在儿童美术活动中，教师对"形"的引导和学生对"形"的认知及把握能力，"形"所具有的基本存在方式和表现方法，是儿童美术教学中的关键问题。儿童对"形"的认知与掌握程度，受到不同年龄、心理、生理、智力、文化等方面的影响，以及成年人和环境的影响。在中外美术史业已存在的各类美术作品中，美术学科中的"形"可基本分为"写实、变形（意象）、抽象"三种类型。对一般人来说，对"形"的认知和理解，均与自己视觉所感知到的印象（图式）相联系，即现实物象的"形"与美术作品的"形"相互一致性的认识会导致其认为儿童画出的"形"，也应是基于对视网膜映象图式的再现，即所谓写实绘画。这也造成教师、儿童、家长在观念上产生较大的理解偏差。

儿童绘画中形态语言的建立与构成，依赖于儿童个人主观意志的发展情况。儿童心理、生理、意识、认识、思考等一系的形象化思维与表达，促使儿童在这种形象化思考中，并不只是对物象进行客观的思考，也不只是对自然物态做简单的"摹仿"与"再现"，更多是带有主观意念的自我表现。因而，儿童画是儿童内在情感通过形象化思考所形成的外在反应，这包括儿童在所谓"转型期"年段所画出的某些"写实"作品。注意，儿童写生时所表述的形态与成人美术的"写实"表现有着本质区别。

美术表现中的视觉形象要素，点、线、面的组合与构成，形成了作用于视觉的形态语言，它是儿童个体思想、情感、意图和对生活的体验的形象化表述，这一过程是儿童经过自主发想、想象、创想以及最终的创造性思维完成的。儿童绘画作品的形态语言的形成与表达基本上由"线描"与"色彩"完成。联结这两种表达方式的主要因素，由儿童自身对"形"的理解，展开个人的阐释、构成、把握以及思维发展。儿童围绕着"形"所进行的一系列思维活动，是儿童心理、生理、人格及全面成长的重要素养发展指标，同时，也是美术学科教学的检验标尺，人们几乎都以儿童对"形"的理解与把握程度，来衡量儿童的美术作品、儿童自身的美术表现能力。

案例6：美术教师对"形"的认识与理解

（1）教师对"形"的理解和认识水平，决定了其儿童美术教学的方向及教学品质。由此，产生一系列问题，如"怎么教""教什么""把握何种分寸""对作业的评价""不同年段儿童对'形'的知觉水平"等。

（2）教师对"形"的理解和认识水平，直接影响幼儿园、小学、中学美术课堂教学方向和怎样育人问题。基础教育课程改革已经走过20多年时间，但在学校美术课教学实践层面，并没有对此进行专题研究和解析。

（3）教师对"形"的理解和认识水平，还直接影响到校外儿童美术培训班、工作室、少年宫、儿童中心的美术教学，直接影响到一代代儿童参加社会美术活动的评价，直接影响到社会美育的价值导向。

讨论：造型表现，是学科本位问题。基础美术教育中任何问题产生的根源，都是由如何认识"形"这个具体的学科问题引出的，都是由对其理解水平决定的，这是国家美育目标能否真正落实的关键点。教育问题必须回到事实本身说话，美术教学只求表征的虚假繁荣，无法让全体儿童美术表现的"本质力量"释放。当儿童经历了从幼儿园到小学的美术课，上初中之后，依旧不敢动手画。因为，他们怕画不"像"。在对自身动手能力没有自信的持续心理的打击下，他们选择远离美术学习。历史实践证明，全体学生的造"形"表现能力，无法在义务教育阶段美术课学习中达到成人所期望的"写实"目标，只能在不同年龄段心智发展基础上自然生长。

日本冈山大学教授大桥功提出："应对未来时代迅猛社会变革的美术教育的教学内容，并非让孩子们再去对着实物做描摹式的技能练习，或者是再现某物体，这些表现和技术终将被人工智能替代。未来社会只是需要个别学美术的人掌握这一表现技能，绝大多数学生的生存需要、生命成长、人生发展，指向的并不是在童年期美术课中把握这等技能表现，而是从小构建基于自己不断具身体验过程的思维方式、表现尝试、亲历探索。"

"我们为什么要在美术活动中培养孩子养成自发的、自主的学习习惯？这是因为自发的、自主的学习是可持续的。在AI发展越来越强盛的当代社会里，知识和技能的教学将会变得越来越不重要（因为这些知识和技能都将渐渐被AI所替代）。而在美术活动中帮助孩子建立起个体独立的思维方法才是适应未来社会发展趋势的。在实施美术教育的初始阶段，要有一个明确的指向，就是通过持续的教育活动，我们的孩子能成为怎样的一个'人'。"①

尊重儿童，保持儿童的天性，使其不被成人美术的学科知识与技能体系所抑制和禁锢心灵，是一个社会、一个国家保持创造力的认识、思维基础。唯有充分尊重儿童，保护儿童在美术活动中释放出的潜在能量，不在儿童期的美术活动中强行对儿童实施某种"教育"，不在儿童期的几年中过度地消费儿童，方可以让儿童从思维的禁锢中走出来，拥有自我和未来可持续发展的可能。

4. 儿童审美素养的获得与评价

多年前有部电影叫作《终结者》。设想，随着移动互联网科技迅猛发展、人工智能不断改变生活，《终结者》当年所预测的事情是否会发生呢？当整个人类社会发展由"石器"时代走向"电汽"时代，再由"电汽"时代走向"互

---

①2019年11月，日本实践美术教育大会，2019年名古屋会议现场报告（录音记录）。

联网数字"时代,再走向"人工智能更迭"时代,未来 10—20 年如何变化,谁也无法预料。人类作为高级动物与一般动物的区别就在于:人类是能够制造、拥有和使用工具的动物。但是,人类在不断发明、使用、更新这些工具的时候,同时出现一个严重问题:人类自身会不断被某种工具所奴役(好听的话叫"替代",如,人工智能下的"无人仓库""无人超市"等)。电脑、移动互联网、智能手机、高清数字传播技术、人工智能的 AI 与 VR,以及更多新的人工智能产品(深度模仿)等,都是人发明的,但可否想过,电脑、人工智能会控制人脑并使之出现问题呢?也就是说,人工智能是否会脱离人脑的控制,而反过来再控制人的脑子呢?在互联网数字科技、人工智能技术革命性发展控制下的当今和未来时代,人类所制造的所有先进、方便的工具是否会给人类带来"养虎伤身""机关算尽,反误了卿卿性命"等不可逆转的灾难呢?以移动网络为基础的游戏、商品广告、电视等视觉传媒疯狂制造的图像信息像洪水一样冲击着社会生活的方方面面,其对儿童眼睛的影响,是难以估量的。儿童在被视觉图像包围的环境中,其眼睛受到极其严重的污染,长期这样下去,怎能保护孩子们天真、淳朴的心灵呢?儿童在眼睛强制性接受大量视觉图像的过程里,逐渐精神贫乏和颓废、价值观念混乱。不可否认,丰富的视觉图像信息对儿童成长有着极为有利的一面,但在移动互联网和人工智能时代,人体机能的衰退和低下,成为影响儿童身心健康的大问题。人的类型化和孤立性日益加深,越来越多的人变得自我封闭、人情淡漠,这是人类社会发展的悲哀。

  古人云,生于忧患,死于安乐。在移动互联网、人工智能等现代科技不断带给人类进步、惊喜、方便的同时,儿童眼睛里出现太多的问题(视觉思维与行为),其是否会给整个人类带来毁灭性的灾难?美术教育活动,可以唤醒与促进人类感知觉和身心的自我发展。美术活动的自我表现过程,可以达到开放人性、发展人的本质之目的。遵循"儿童美术是每个人生命发展过程中的阶段性成果"这一必然规律,落实五育并举教育目标,需要普及以视觉审美"感受体悟"唤醒身心潜在能量的"自主表达",获得润泽儿童精神世界的完整"体验",实现以满足心灵"享受过程"为目标、面向人人的基础教育艺术活动。这里的"体悟""表达""体验""享受",是全体学生身心整体在一定程度上为视觉审美感受体验活动所触动、获得愉悦心境的质性描述(评价)。这一理想的、终极的艺术教育活动,是以感受与体验过程性评价作为儿童审美能力发展的水平监测点，不能被学校小部分学生的美术社团活动及作业展示成果所遮蔽。

儿童自发的造"形"表现，是由"图像识读"（感知），引发"自由手绘"（表达），而涂画的某图或塑造的某物，由本源的"发想"（创想），构成"塑造"（造型）的"主体表达"，这一整合性活动，实现了儿童的人格涵养、生命本体感悟、文化理解目标。一个孩子，在经历了9—12年的基础美术课程学习之后，能否还保持着符合他们年龄的天真烂漫，或是具有童心的生命状态，是一个国家国民素养能否应对未来时代发展的主要评价指标之一。纯真（单纯）、质朴、真实、专注、坚韧不拔……这些品质经由美术教育是能够形成的。（图8-19）

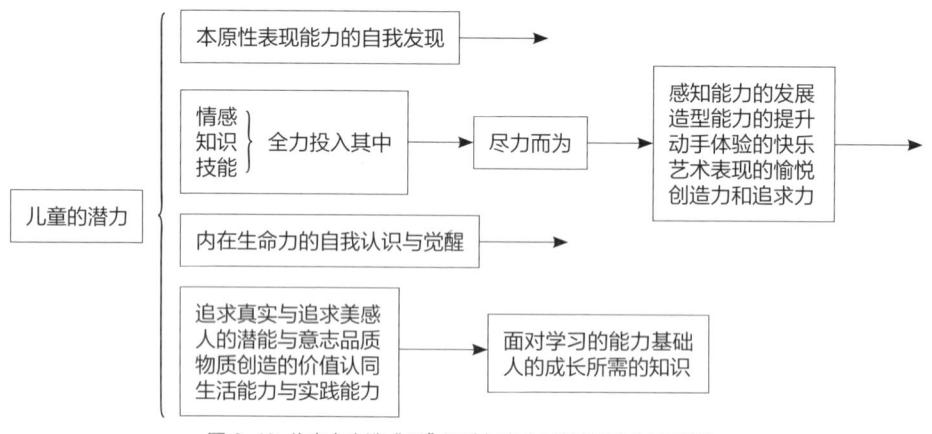

图8-19 儿童自主造"形"活动与身心可持续发展过程示意

当下及未来，儿童的眼睛究竟看到的是什么呢？以美育人、以文化人、以美培元的教育，需要强化对儿童视觉感知习惯、视觉观看价值判断力的培养。"学会感受"，是实施难度最大的艺术文化教育。培养儿童的视觉感受力，构建儿童的视觉文化价值观，是实现面向人人美育目标的本质要求。儿童具备何种视觉感受力，决定了其在感受生活世界的时候，能够看到什么、看不到什么，眼睛（思维）特别关注什么、又会自然忽视什么。以美培元的润泽，体现在儿童把握视觉符号语言系统时，所呈现出的特点和深度水平，这是难以综合评价的儿童内在审美素养。面对千变万化的信息化世界，儿童生活周围的"视觉图像环境"究竟是怎样的？儿童的感受、认知、体验、理解、想象、联想、决定、行动关系与方向，与基础教育阶段美术（视觉艺术）课程学习所给予儿童的视觉符号语言系统把握水平密切相关。

儿童视觉审美感受的过程性评价：

（1）儿童在学校班级的小团体中是重要的。儿童面对生活与自然世界及艺术作品会有不同的视觉审美感受，并且需要表达出来。教师需要做到"不会否定儿童的发言"，使儿童在教室中得到心灵的解放，内心畅快、舒适。

（2）在儿童进行个人表达的同时，能够察觉到他人的存在，以此逐步引导儿童具有社会化的能力。美术欣赏活动中，同学们怎么进行交流，是课堂活动的重点。教师必须以学生为学习活动的主人，让学生的自发性释放出来，每位儿童如何做交流是评价的重点，让学生用自己的语言去创造性地表达，不要加入教师的观点。

（3）教师在日常美术教室里是怎样对待学生的？给儿童不同的回馈，会造成其不同的表现。面对生活、自然世界，面对美术作品的视觉审美感知，并没有唯一的答案，而应该让学生自己去体验，自己表达个人的感受及观点。教师不能决定什么是好的、什么是不好的，不能要求学生做到怎么样，要研究不同学生在同一主题图像环境中视知觉感受的独特表达。

理想的美育：

美育进中考，只是美育评价的一个点。美术（艺术）教育作为美育的重要组成部分，美术（艺术）专项技能、特长的考评，目标指向应该是业余爱好者、艺术发烧友、终生爱好者。基础教育阶段美术技能的表现学习，绝不能滑向功利化、单一技术化的误区。儿童自幼年原发性的用线造"形"表现能力，经由9年义务教育阶段的美术课，需要在视觉感知、审美体验的基础上，深化对美术学科知识与技能的全面理解，并与提高自身艺术审美素养融为一体。如，一个儿童接受9年义务教育后，具备一定的自由手绘表现能力，他可以在之后人生各阶段的生活中，用自己的方式表达对所生活的世界和所接触的社会事物的独特看法，并由此释放自己的心境。我们要按儿童生命自然生长的逻辑理解美术课程，认识儿童的用线造"形"表现能力的发展。美术活动，让每个儿童潜在的感性能力充分释放出来。感悟美术，可以使儿童有一双明亮而深邃的眼睛！眼里有光的儿童，能以独立的思想助力人生的持续发展！

维度1：反思当下及未来，面对不断发展的人工智能体系，对着一片璀璨夜空，学习过美术的孩子,会不会像文森特·凡·高那样，双眼发光、内心激荡，转、转，翻转出那搏动的"星月夜"呢？当儿童明白了眼睛是人类最重要的感觉器官，明白了视觉审美感知对自身发展之特殊重要性，懂得视觉审美道理，永远也不会被人工智能所"替代"。后人工智能时代，唯有独特的人性光辉是难以被数字科技估算的，唯有个人的思维方法和独特创造力是无法被智能技术所复制的。视觉审美感知体验令儿童精神自由，令儿童人性圆满，能引领儿童创造性地看待生活世界，创造性地表达自己。问：孩子，你凭什么在人工智能时代"不可替代"？答：美术活动中不断积淀的视觉思维！

维度2：在美术活动中，教师需要让每一个儿童都拥有实现自己梦想和愿望的机会。唯有强化运用视觉感知方式润泽和改变学生既定思维的美术活动，才能给儿童带来成功的快乐和想象、探寻未知领域的痴迷。当儿童在美术文化的滋养下，在所生活的世界独特的视觉感知觉激发下，心中盛开出一朵美丽的花，它的美会展露出一张张甜蜜的笑脸。当儿童通过美术活动实现了自己的梦想和愿望，此时的儿童会变得特别坚强，同时也会变得非常温柔，这就是美术文化、自然万物及世界给予儿童内心的力量，并使儿童在儿童期即将结束的小学阶段生活里，身心主体发育达到与成熟美术文化价值相对应的程度。教师要持续深度反思：究竟怎样的美术活动才能激发出每个儿童潜藏在内心深处的创造性呢？

答：唯有触及儿童心灵感悟的美术实践活动，方能为儿童奠基一生可以受用的创意思维和动手能力！

附录

《形与心·儿童的生命觉醒——基础美术课"学科本位"辨析》案例一览表

案例所在章节	案例
第一章	
第一章第一节	案例1：某重点师范大学附属幼儿园的一次儿童美术活动
第一章第一节	案例2：保护原创，尊重生命
第一章第一节	案例3：学者的预言
第一章第一节	案例4：与好妈妈对话
第一章第一节	案例5：有必要按照成人作画步骤学画写生吗？
第一章第一节	案例6：朱文智老师指导的儿童线描写生
第一章第二节	案例7：儿童生活中的自然表达（三则）
第一章第二节	案例8：24年前一位儿童的画作
第一章第二节	案例9：由儿童造"形"本原到美术能力发展
第一章第二节	案例10：儿童写生表现依靠什么？
第一章第二节	案例11：学生为何这样画？
第一章第二节	案例12：何种木造型更为可贵？
第二章	
第二章第一节	案例1：这样教学的危害及历史原因
第二章第一节	案例2：历史上的小学美术教科书
第二章第一节	案例3：常见的教学现象
第二章第一节	案例4：创造图式——儿童美术造型问题
第二章第一节	案例5：儿童美术教学里的概念图形（与××老师对话）
第二章第一节	案例6：观《丰碑》一课的思考
第二章第一节	案例7：幼儿园美术活动应该教"简笔画"吗？

343

第二章第二节	案例8：这是儿童美术作品吗？
第二章第二节	案例9：家庭早教中的美术活动
第二章第二节	案例10：生活中的发现与自主表达
第二章第二节	案例11：儿童如何把握所谓的"再现"与"表现"？
第二章第二节	案例12：马葆程小朋友"奇特的脸"
第二章第二节	案例13：社团教学的一般内容
第二章第二节	案例14：学生自主美术欣赏社团
第二章第二节	案例15：青岛江苏路小学学生写生作业
第二章第二节	案例16：一年级美术教学问题的讨论
第二章第二节	案例17：牛脊背上的"共同线"
第二章第二节	案例18：宋金墓砖雕"牛"造型
	第三章
第三章第一节	案例1：《弯弯的小路》学生作业问题
第三章第一节	案例2：浙派名师林大康校长的课堂
第三章第一节	案例3："小路"一课伴随几届学生
第三章第一节	案例4：儿童的"X胸透式线画"
第三章第一节	案例5：俯视状形态铺满画纸
第三章第一节	案例6：民间美术是"老土"吗？
第三章第一节	案例7：儿童独特的造"形"思维
第三章第一节	案例8：美术欣赏学习特别重要
第三章第一节	案例9：儿童民居写生
第三章第二节	案例10：儿童造"形"与民间剪纸造型的视觉思维方式为何如此相似？
第三章第二节	案例11：这还是小狗吗？
第三章第二节	案例12：更认同这样的小狗形态
第三章第二节	案例13：民间剪纸主题单元教学设计思路
	第四章
第四章第一节	案例1：画作《桥桥眼中的妈妈》
第四章第一节	案例2：孩子为何这样画？
第四章第一节	案例3：缺乏读书与历史的局限

第四章第一节	案例4："儿童自由画"
第四章第一节	案例5：不应该有的学校美术教学现状
第四章第一节	案例6：让人敬佩的妈妈（美术教师）
第四章第二节	案例7：幼儿怎样把握大篇幅的表现？
第四章第二节	案例8：儿童用线造"形"中的偶发图形
第四章第二节	案例9：LIA 小朋友的画
第四章第二节	案例10：西安儿童的写生作业
第五章	
第五章第一节	案例1：安徽师大幼教集团的美术活动
第五章第一节	案例2：舞蹈学习的启示
第五章第一节	案例3：朱文智老师"万楼"采风写生教学
第五章第一节	案例4：广场中画画的幼儿
第五章第一节	案例5：比较这样的形态构成
第五章第一节	案例6：儿童画不出透视很正常
第五章第一节	案例7：儿童成为主体的活动——美术表达的体验
第五章第二节	案例8：探寻儿童个体真实的表达与体验
第五章第二节	案例9："抗疫"儿童记忆画解析
第五章第二节	案例10：回复某教师微信问题
第五章第二节	案例11：水的样子
第五章第二节	案例12：期待更多的机器人
第五章第二节	案例13：张晨扬小朋友的自由手绘
第六章	
第六章第一节	案例1：老魏执教："人物速写　临摹"
第六章第一节	案例2：部分学生作业分析
第六章第一节	案例3：孩子的世界如此精彩
第六章第一节	案例4：提倡儿童以线造"形"的"自由画"
第六章第一节	案例5：如何评价学生画作
第六章第一节	案例6：儿童临摹作业评价
第六章第二节	案例7：认同这些人物写生作业吗？

第六章第二节	案例8：阅读公众号文章后的感言
第六章第三节	案例9：魏瑞江的诠释与奉献
第六章第三节	案例10：观课的感慨
第六章第三节	案例11：魏瑞江老师的课后思考
第六章第三节	案例12：点评"老魏"的课
第六章第三节	案例13：国培学员观摩课感想
第六章第三节	案例14：主动要求点评的教研员
第六章第三节	案例15：魏瑞江老师课堂中给学生的话语
第六章第三节	案例16：魏瑞江老师读陈校长信息的反馈
第六章第三节	案例17：魏瑞江老师教学启示
第七章	
第七章第一节	案例1："诸个一"的体悟与实践
第七章第一节	案例2：你喜欢临摹吗——一张有意思的学习单
第七章第二节	案例3：基于儿童视角的水墨课教学
第七章第二节	案例4："原生态"美术作业评析
第七章第二节	案例5：儿童视觉心理意象的构建
第七章第二节	案例6：儿童版画作品表现与赏析
第七章第二节	案例7：绘本《有怪兽味道的小路》
第七章第二节	案例8："同学的爷爷"
第八章	
第八章第一节	案例1：先哲的教诲
第八章第二节	案例2：现行教材中的"造型·表现"课题
第八章第二节	案例3："老房子"单元设计
第八章第二节	案例4：美术学科结构中的"基础观念"
第八章第二节	案例5：木刻版画教学设计与作业评价
第八章第二节	案例6：美术教师对"形"的认识与理解

参考文献

1. 丰子恺.丰子恺文集（1-7卷）[M].杭州：浙江文艺出版社、浙江教育出版社，1993.
2. 陈鹤琴.儿童绘画之研究[M].上海：上海教育出版社，1986.
3. 刘晓东.儿童精神哲学[M].南京：南京师范大学出版社，1999.
4. [日]东山明.孩子与美术[M].王晓平，夏河，译.北京：中国林业出版社，1994.
5. [美]拉尔夫·史密斯.艺术感觉与美育[M].滕守尧，译.成都：四川人民出版社，2000.
6. [美]罗恩菲德.创造与心智的成长[M].王德育，译.长沙：湖南美术出版社，1993.
7. [美]约翰·杜威.民主主义与教育[M].王承绪，译.北京：人民教育出版社，2001.
8. [美]罗达·凯洛格.儿童画的发展过程[M].夏勋，译.台北：世界文物出版社，1988.
9. Rhoda Kellogg, Scott O'Del. The Psycology of Children's Art [M]. New York: CRM-Random House Publication, 1967.
10. Rhoda Kellogg. Analyzing Children's Art [M]. Palo Alto, California: National Press Books, 1969.
11. 李力加.儿童线描集成[M].济南：山东美术出版社，1999.
12. 李力加.萌动与发展——儿童美术教育学研究[M].济南：山东美术出版社，2001.
13. 李力加.儿童美术教育的真谛[M].济南：山东教育出版社，2016.
14. 李力加.唤起知觉经验的美术学习——小学美术课堂教学研究[M].济南：山东美术出版社，2013.
15. 李力加.给幼儿教师和家长的81条美术教育建议[M].北京：中国轻工业出版社，2015.

后记

一百多年前，"美术"一词传到我国，在历史发展中形成一种习惯思维，基础美术课程的操作范式偏向学科性。作为有着9年民间美术研究，18年校外儿童美术教育实践，18年以上高师美术教育、基础美术教育经验的研究者，始终坚持进行"回到原点"的基础美术教育教学实践研究。笔者不以教育理论逻辑和相关论述作为本著作构成的主线，而是本着记述先哲教诲，体悟点睛明目之理，实录当下实践的思路，从儿童生命自然生长的视角，对美术教育和人的发展关系展开实证研究。在课堂现场连接一线教师群体，深入研究儿童，反思教师行为，是更重要的工作。

在《义务教育艺术课程标准（2022年版）》颁布，基础美术教育进入新时代课程改革之际，著作对于深入思考和研究美术学科教学如何育人，怎样在儿童原发性造型能力基础上，提升其视觉审美感知思维方式为内在能力积淀，促进儿童逐步形成一定的手绘表现和手作创造能力，提出思考、建议。教育者（美术教师）唯有对美术造"形"之"术"的把握与儿童心智发展的关系有深度研究，方可以在真正的美育之路上行走。著作以大量案例证明，在基础美术教育中，不应过早地给儿童传递和灌输美术学科知识和技能，教师需要充分尊重儿童原发性、潜在的美术表现能力，保护儿童天真、畅想的思绪，强化视知觉感知体验，用美术欣赏活动贯穿儿童期美术课。在引领和改变儿童视觉审美感受水平的基础上，提高儿童眼睛的感受力，激发和形成儿童思维的意向性。

1987年开始，我从事校外儿童美术教学及研究，有着诸多迷茫，一直在读书中求知问道。1993年，尹少淳先生领衔主编"外国美术教育译丛"，让我找到了儿童美术教育的方向。1004年，阅读先生著作《美术及其教育》，深感我国的儿童美术教育当是先生思想的引领，于是，即刻写信求教，之后与先生多次书信往来，直至1996年先生奉调首都师范大学，才有吾奔赴北京在当时首师大教工住的"筒子楼"相见。之后的1999年3月，我的第一本学术著作《儿童线描集成》，以及2001年的著作《萌动与发展——儿童美术教育学研究》之长篇序言，均由先生所赐，先生当年在序言中所论："儿童美术是人一生发展中的阶段性成果……"，一直引

348

后记

领笔者对儿童美术教育以及之后的基础美术教育研究、教师教育美术教师专业成长研究展开深度思考和实践。特别感谢尹少淳先生28年以来在儿童美术教育研究中给予的教诲，感谢他在担负国家基础美术教育重任百忙之中，抽时间为"形与心"这一命题的著作再赐序言。

魏瑞江特级教师、正高级教师，是2000年6月2日，在尹少淳先生主持美术教师"国家园丁班"首期培训讲座相识的优秀美术教师。著作较多篇幅对魏瑞江老师的系列公开课进行了追踪研究，以此验证：儿童在自主视觉思维作用下，改变以往对美术的"学科性"认知，回归到生命本源的自主表达状态，才可能清晰梳理出美术与自己身心成长的关系。如此，儿童才能在享受美术文化、感悟美术表现过程中用美术的方式表达自己对生活世界的认识和理解，也才有可能实现以美育人、以美培元的目标。

著作结合我国儿童画进行分析性阐释，简介美国学者罗达·凯洛格的儿童画研究、儿童艺术心理学分析，帮助教师群体反思自己面对儿童时的状态，能够在充分尊重儿童心理、生理发展的基础上，恰当给予儿童视觉审美感知引领。

鸣谢朱文智、秦波、高峰、崔苓、梁裴、周永军、王晓野、黄丽莎、吴苏等老师，其指导的儿童画为著作增添精彩视觉呈现、案例范作；鸣谢"朋友圈"诸多老师发出的让我眼前一亮的儿童画，让我有机会将其作为分析案例；鸣谢所有为了孩子身心健康成长而不懈努力的美术教师！

著作整体成稿阶段，西南大学出版社美术分社王正端社长、邓慧编辑对书稿结构及观点聚焦等提出建议，专门设立"案例索引"栏目，为读者提供阅读方便。特此感谢！感谢龚明星社长为本著作出版的辛苦付出！

李力加